D1735816

Betriebswirtschaftliche Steuerung und Kontrolle

Theorie & Aufgaben

Zweistufige Wirtschaftsschule Bayern

Hartmut Umhöfer
Yvonne Kopp
Svenja Hausener

Hartmut Umhöfer

Hartmut Umhöfer verfügt über eine langjährige Unterrichtspraxis in der Wirtschaftsschule. Er unterrichtet dort die kaufmännischen Fächer (Rechnungswesen, Betriebswirtschaft, Volkswirtschaft, Übungsfirmenarbeit, Datenverarbeitung). Er ist an seiner Schule neben der Schulentwicklung auch als Multiplikator für die Umsetzung von „LehrplanPLUS", des kompetenzorientierten Lehrplans an Wirtschaftsschulen in Bayern, zuständig.

Vor seiner Tätigkeit als Lehrer arbeitete Herr Umhöfer in mehreren Unternehmen der Logistikbranche und hat daher eine klare Vorstellung von den Anforderungen, die an die Auszubildenden in der Unternehmenspraxis gestellt werden.

Yvonne Kopp

Yvonne Kopp hat ihr Studium zur Diplomhandelslehrerin an der TU Chemnitz (in den Vertiefungsrichtungen Personal und Finanzen) absolviert. Zuvor schloss sie erfolgreich eine Ausbildung zur Bankkauffrau ab, sammelte mehrere Jahre Berufserfahrung und erwarb den Bankfachwirt an der IHK. Im Referendariat an der Berufsschule in Neumarkt (i. d. OPf.) und in Bad Kissingen erlangte sie ihr zweites Staatsexamen.

Seit 2012 ist sie als Lehrkraft an der Wirtschaftsschule in den Fächern Betriebswirtschaftslehre, Volkswirtschaftslehre, Rechnungswesen, Datenverarbeitung und Übungsfirmenarbeit eingesetzt.

Svenja Hausener

Svenja Hausener verfügt über langjährige Unterrichtspraxis in den Klassen Bürokaufleute, Kaufleute für Bürokommunikation, weiteren Berufsschulklassen sowie im Wirtschaftsgymnasium und in der Wirtschaftsschule.

Sie ist Prüferin bei der IHK für verschiedene Berufszweige (Bürokaufleute, Kaufleute für Groß- und Außenhandel, Kaufleute für Einzelhandel). In ihrer Schule ist sie u. a. zuständig für Individualfeedback und die Förderung der Methodenkompetenz der Schülerinnen und Schüler.

© by KLV Verlag GmbH

Alle Rechte vorbehalten

Ohne Genehmigung des Herausgebers ist es nicht gestattet, das Buch oder Teile daraus in irgendeiner Form zu reproduzieren.

Layout und Cover: KLV Verlag GmbH

2. Auflage 2018

ISBN 978-3-95739-084-4

KLV Verlag GmbH
Bellamonter Straße 30
88463 Eberhardzell
Tel.: 07358 9610920
Fax: 07358 9610921
www.klv-verlag.de
info@klv-verlag.de

Inhaltsverzeichnis

1 Lernbereich 10II.1: Kaufverträge abschließen   14

2 Lernbereich 10II.2.1: Einen geeigneten Beruf wählen   32

3 Lernbereich 10II.2.2: Sich bewerben   42

10 Lernbereich 10II.4: Die Beschaffung neuer Waren organisieren   266

11 Methodenpool   282

Anhang   311

Vorwort

„Kompetenzen werden nicht unterrichtet, sondern erworben"

Im Schuljahr 2014/2015 startete der neue Lehrplan Plus der Wirtschaftsschule, der es sich zum Ziel gemacht hat, dass die Schülerinnen und Schüler von nun an im Unterricht dauerhafte Kompetenzen erwerben sollen. Mit Kompetenzen werden „erlernbare, auf Wissen begründete Fähigkeiten und Fertigkeiten verstanden, die eine erfolgreiche Bewältigung bestimmter Anforderungssituationen ermöglichen." (ISB)

Damit einher geht nicht nur eine neue Aufgabenkultur, sondern auch ein neues Unterrichtskonzept, das neben realitätsbezogen Arbeiten auf eine stärkere Selbstständigkeit und Eigenaktivität der Schüler sowie auf verstärkte Teamarbeit abzielt.

Weg vom klassischen Frontalunterricht hin zu Lernsituationen über die eigenständige Erarbeitung und der Reflexion der eigenen Arbeitsschritte gestaltet sich diese neue Unterrichtskultur für viele Kollegen, in der sie die Rolle als Berater, Organisator und Begleiter übernehmen, als Herausforderung.

Eingebettet in die „Vollständige Handlung" sollen anhand von zielgruppenorientierten Lern- und Anwendungssituationen den Schülerinnen und Schülern Wissen, Können sowie die Fähigkeit, Aufgaben selbstständig lösen zu können, vermittelt werden.

Der vorliegende Band 5 beinhaltet die Kompetenzerwartungen der zweistufigen Jahrgangsstufe 10. In der 2. Auflage wurden Fehler korrigiert, die sich durch Anpassungen beispielsweise der Merkhilfe ergaben und Aktualisierungen vorgenommen.

Die Lehrwerksreihe der zweistufigen Wirtschaftsschule besteht aus zwei Jahrgangsbänden (Klassenstufe 10 und 11). Jeder Jahrgangsband besteht aus Theorie & Aufgaben und Lösungen.

Einige Dateien als Kopiervorlagen finden Sie unter www.klv-verlag.de/BSK.

Nobody is perfect! Wir sind daher jederzeit für Anregungen und Kritik aufgeschlossen.

August 2018   Das Autorenteam

Erklärung Icons

Kompetenz

Lernsituation

Arbeitsaufträge

Informationen

Beispiel

Hinweis/Merke/Achtung

Aufgaben

Qualitätsansprüche

KLV steht für **K**LAR • **L**ÖSUNGSORIENTIERT • **V**ERSTÄNDLICH.

Bitte melden Sie sich bei uns per Mail (info@klv-verlag.de) oder Telefon 07358 9610920, wenn Sie in diesem Werk Verbesserungsmöglichkeiten sehen oder Druckfehler finden. Vielen Dank.

Konzeption und Aufbau des Buches

Die Konzeption des Lern- und Arbeitsbuches orientiert sich an dem Anspruch des kompetenzorientierten Lehrplans. Die geforderte Handlungskompetenz, d. h. die Fähigkeit und die Bereitschaft der Schüler, in lebensnahen Situationen eine vollständige Handlung selbstständig und eigenverantwortlich durchzuführen, ist Richtlinie für die Bearbeitung der einzelnen Lernbereiche.

Ausgehend von einer am Anfang einfachen, später komplexer werdenden, praxisbezogenen Aufgabenstellung (= Lernsituation) erhält der Schüler Handlungsaufträge, die ihn nach der Informations-, Planungs- und Entscheidungsphase schließlich zur Erstellung eines Handlungsproduktes auffordern. Zusätzliche Aufgaben runden die jeweiligen Kapitel ab.

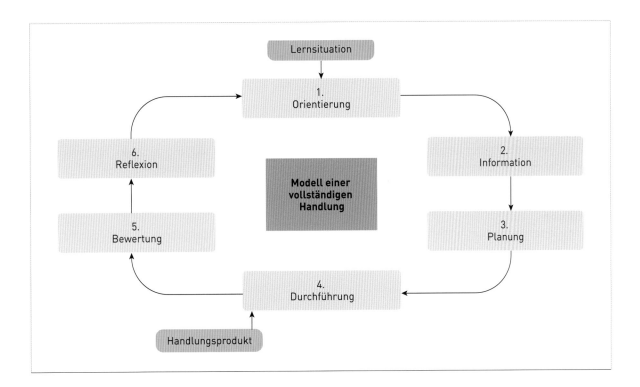

1. Orientierung
Die Schüler machen sich mit der vorliegenden Lernsituation vertraut und ermitteln das gestellte Problem.

2. Information
Die Schüler besorgen sich die benötigten Arbeitsmaterialien und informieren sich selbstständig zur Lernsituation. Im vorliegenden Buch besteht diese Informationsbeschaffung natürlich hauptsächlich aus den beigefügten Informationstexten. Daneben stehen natürlich noch weitere Methoden und Techniken zur Verfügung

- Referate
- Informationsbeschaffung über das Internet
- Brainstorming
- Brainwriting
- Stationenlernen
- Pro-und-Kontra-Debatte
- usw.

3. Planung

Die Schüler planen selbstständig, wie sie die Aufgaben bearbeiten wollen, d.h. sie planen ihre Vorgehens- weise. Dies kann sowohl in themengleichen als auch thementeiligen Arbeitsgruppen geschehen. Als mögliche Methoden und Techniken stehen ihnen dabei unter anderem das Mind – Mapping und ein Ar- beits-, Maßnahmen- und Zeitplan zur Verfügung.

4. Durchführung

Die Schüler bearbeiten selbstständig die Aufgaben und erstellen das Handlungsprodukt, wenden also das gewonnene Wissen an. Als mögliche Handlungsprodukte kommen infrage:

- Vortrag
- Referat
- Hefteintrag
- Antwortschreiben in Form eines Briefes, eines Faxes oder einer E-Mail
- Rollenspiel
- Plakat oder Folie
- PowerPoint-Präsentation
- usw.

5. Bewertung

Nach der Bearbeitung der Lernsituation präsentieren die Schüler ihr Handlungsprodukt. Nachdem die- ses gegebenenfalls verbessert wurde, sichern sie die Ergebnisse in ihren Unterlagen.

6. Reflexion

Am Ende jeder Lernsituation reflektieren die Schüler sowohl das Arbeitsergebnis als auch den Arbeits- prozess. Auch hier stehen wieder mehrere Methoden und Techniken zur Verfügung:

- Feedback
- Bewertungsbogen „Zielscheibe"
- Bewertungsbogen „Gruppenarbeit"
- Stärken- und Schwächen-Analyse
- Punktabfrage
- Beobachtungsbogen zur Selbst- und Fremdeinschätzung
- usw.

Unsere Familie stellt sich vor

Die Familie Zimmermann wird dich durch die nächsten zwei Schuljahre begleiten. Georg und Veronika Zimmermann stammen aus Burghausen in Niederbayern. Georg fand nach seinem Studium eine Arbeitsstelle bei einem Maschinenbauunternehmen in Rosenheim, sodass die Zimmermanns vor 15 Jahren nach Prien am Chiemsee umzogen.

Veronika arbeitete als gelernte Einzelhandelskauffrau bis zur Geburt ihrer Tochter in einem Sportgeschäft in Burghausen.

Vor fünf Jahren stieg Veronika wieder ins Berufsleben ein; seither ist sie bei der Chiemgauer Sportmoden GmbH beschäftigt.

Vater Georg Zimmermann

Mutter Veronika Zimmermann

Tochter Lisa (18) besucht die 12. Klasse des Gymnasiums

Luca (15) besucht seit diesem Schuljahr die 10. Klasse der Wirtschaftsschule

Maria (13) besucht die 7. Klasse der Realschule

Lena (6) Nesthäckchen, kommt erst nächstes Jahr in die Schule

Lernbereich 10II.1: Kaufverträge abschließen

Kapitel 1

1

1 Lernbereich 10II.1: Kaufverträge abschließen

Kompetenzerwartungen
Die Schülerinnen und Schüler

- schließen im Rahmen ihrer rechtlichen Möglichkeiten persönlich Kaufverträge ab.
- übernehmen Verantwortung für ihre Kaufentscheidungen. Dazu sind sie sich ihrer Verpflichtungen und Rechte aufgrund der von ihnen abgeschlossenen Verträge bewusst. Bei Fehlkäufen nutzen sie Möglichkeiten, die ihnen ihre Vertragspartner freiwillig gewähren, z. B. Kulanz.
- vermeiden im Internet unbeabsichtigte Kaufvertragsabschlüsse, indem sie z. B. Internetangebote kritisch hinsichtlich möglicher Kostenfallen überprüfen.
- schließen Kaufverträge im Internet ab und nehmen ihre besonderen Rechte beim Internetkauf wahr.
- ordnen eine eingehende Rechnung ihrer Bestellung zu.
- überprüfen bei Barzahlung das Wechselgeld durch Kopfrechnen.

1.1 Lernsituation 1: Wir lernen rechtliche Grundlagen kennen

Maria war mit ihrer Klasse auf einer Klassenfahrt in München. Neben dem Besuch des Deutschen Museums blieb noch genügend Zeit für eine Shopping-Tour in der Innenstadt.

Am Abend wieder zu Hause angekommen, präsentiert sie ihrer Mutter stolz ihre neueste Errungenschaft.

Mutter: Na, und wie war euer Ausflug nach München?

Maria: Klasse, na ja, das Museum ging so; aber wir hatten danach ja noch fast drei Stunden Zeit zur freien Verfügung. Und da haben meine Freundinnen und ich gleich mal einige Geschäfte in der Münchener Innenstadt durchstöbert. Und schau mal her, ich habe mir ein neues Smartphone gekauft.

Mutter: Wie bitte?? Zeig mal her.

Mutter:	Oh nein, mein Kind. Ohne uns zu fragen? Das schicken wir gleich morgen früh wieder zurück.
Maria:	Das geht nicht, Mama. Ich habe das schon gekauft. Und 200,00 € habe ich doch auch schon angezahlt. Alles von meinem Taschengeld. Und du hast selbst einmal gesagt, ich kann damit machen, was ich will. Und den Rest bezahle ich von dem Geld, das Oma mir zum Geburtstag geschenkt hat.
Mutter:	Vergiss es, liebe Tochter. Du bist erst 13, und da bestimmen immer noch wir, ob du dir so ein Smartphone kaufen darfst.

1. Macht euch mit der Situation vertraut, indem ihr euch zunächst orientiert: Betrachtet hierzu die erhaltenen Unterlagen zur Rechts- und Geschäftsfähigkeit und stellt sicher, dass ihr genau wisst, was eure Aufgabe ist. **(Orientierung und Information)**
2. Plant euer weiteres Vorgehen, indem ihr euch Gedanken macht, was in dieser konkreten Situation zu tun ist, und notiert diese. **(Planung)**
3. Entwerft ein übersichtliches Mindmap zum Thema „Rechtliche Grundlagen". Nehmt insbesondere unter eurer Mindmap zur konkreten Situation Stellung. **(Durchführung)**
4. Präsentiert eure Ergebnisse und diskutiert sie im Plenum. Nehmt ggf. Änderungen/Ergänzungen vor. Findet einen Lösungsvorschlag, damit Maria ihr Handy vielleicht doch behalten kann. **(Bewertung und Reflexion)**
5. Bearbeitet die Übungs- und Vertiefungsaufgaben. **(Vertiefung)**.

1.1.1 Rechtliche Grundlagen

Die Gesamtheit aller in einem Staat geltenden Rechtsvorschriften ist die **Rechtsordnung** des Staates. Die handelnden Personen in einer Rechtsordnung sind die **Rechtssubjekte.** Rechtssubjekte sind

Natürliche Personen	Juristische Personen
... sind alle Menschen. Sie erlangen ihre Rechtsfähigkeit durch Geburt und verlieren sie wieder durch den Tod.	... sind künstliche Rechtsgebilde in Form von Personenvereinigungen oder Vermögensmassen, die über ihre Organe (z. B. Geschäftsführer, Vorstandsmitglieder, Vermögensverwalter, Bundesregierung) genauso am Rechtsleben teilnehmen können wie Menschen.

	Juristische Personen des Privatrechts z. B. Aktiengesellschaften (AG), Gesellschaften mit beschränkter Haftung (GmbH), eingetragene Vereine (e. V.), Genossenschaften und private Stiftungen. Sie erlangen ihre Rechtsfähigkeit durch Eintragung in ein Register (z. B. Handelsregister) bzw. durch behördliche Genehmigung und verlieren ihre Rechtsfähigkeit durch Eintragung der Löschung im entsprechenden Register bzw. Aufhebung der Genehmigung.	**Juristische Personen des öffentlichen Rechts** z. B. öffentliche Körperschaften (Bund, Länder, Gemeinden), öffentliche Einrichtungen (z. B. öffentliche Schulen, Arbeitsagenturen), Kammern (z. B. IHK, Handwerkskammer) und öffentliche Stiftungen (z. B. Deutsche Studienstiftung). Sie erlangen ihre Rechtsfähigkeit durch Verleihung oder durch ein Gesetz.

Alle Rechtssubjekte können *Träger von Rechten und Pflichten* sein und besitzen damit die **Rechtsfähigkeit.**

Rechte und Pflichten entstehen entweder unmittelbar durch Gesetz oder durch ein Rechtsgeschäft. Die für alle privaten Rechtsgeschäfte geltenden Voraussetzungen sind in den §§ 104 bis 185 BGB (Bürgerliches Gesetzbuch) geregelt.

Jedes Rechtsgeschäft erfordert als wesentlichen Teil mindestens eine Willenserklärung, das heißt eine auf eine Rechtswirkung gerichtete Willensäußerung. Die Willenserklärung kann dabei auf verschiedene Arten abgegeben werden:

Art	Beispiel
Mündliche Erklärung	– Telefonische Bestellung einer Pizza – Einkaufen in einem Geschäft
Schriftliche Erklärung	– Unterschrift unter dem Ausbildungsvertrag – Schriftliche Kündigung – Schriftliches Testament
Schlüssiges Handeln	– Heranwinken eines Taxis – Handheben bei einer Versteigerung – Einsteigen in den Bus oder die Bahn – Wegnehmen der Zeitschrift am Kiosk
Schweigen	– Gilt nur unter Kaufleuten als Zustimmung, bei Privatpersonen als Ablehnung.

Es gibt Rechtsgeschäfte, die man ohne Mitwirkung eines anderen vornehmen kann, z. B. die Kündigung eines Vertrages oder die Errichtung eines Testaments. Andere Rechtsgeschäfte kommen nur zustande, wenn mehrere zusammenwirken. Das ist der Fall beim Vertrag. In einem Vertrag übernimmt jeder Beteiligte eine Verpflichtung (z. B. Kaufvertrag: Ich verpflichte mich zu zahlen, wenn und weil du dich verpflichtest zu liefern).

Rechtsgeschäfte

Einseitige Rechtsgeschäfte d. h., für die Wirksamkeit des Rechtsgeschäftes ist nur die Willenserklärung einer Person notwendig		Mehrseitige Rechtsgeschäfte d. h., für die Wirksamkeit des Rechtsgeschäftes sind mindestens zwei übereinstimmende Willenserklärungen notwendig	
empfangsbedürftig d. h., das Rechtsgeschäft wird erst dann wirksam, wenn die Willenserklärung in den Verfügungsbereich des Empfängers gelangt	nicht empfangsbedürftig d. h., das Rechtsgeschäft wird schon mit der Abgabe der Willenserklärung wirksam	einseitig verpflichtend d. h., nur ein Vertragspartner verpflichtet sich zu einer Leistung	mehrseitig verpflichtend d. h., alle Vertragspartner verpflichten sich zu einer Leistung
– Kündigung – Mahnung – Erteilung einer Vollmacht	– Testament – Auslobung[1]	– Schenkungsversprechen – Bürgschaft	– Kaufvertrag – Mietvertrag

Die Fähigkeit, Willenserklärungen rechtswirksam abgeben und entgegennehmen (empfangen) zu können, bezeichnet man als die **Geschäftsfähigkeit.** Während alle juristischen Personen mit Erlangen ihrer Rechtsfähigkeit gleichzeitig unbeschränkt geschäftsfähig sind, erwerben natürliche Personen ihre Geschäftsfähigkeit in drei Stufen. Dadurch werden Kinder, Jugendliche und geistig schwache Menschen vor unüberlegten Rechtshandlungen geschützt.

Geschäftsunfähigkeit (§ 104 BGB)

– Alle natürlichen Personen unter sieben Jahren
– Personen mit andauernder krankhafter Störung der Geistestätigkeit

Folge	Willenserklärungen von Geschäftsunfähigen sind nichtig (= unwirksam). Daraus folgt, dass sie auch keine rechtswirksamen Verpflichtungen eingehen können. Somit kommt auch kein Rechtsgeschäft zustande.
Ausnahme	Handelt eine geschäftsunfähige Person nur als Bote, überbringt sie nur die Willenserklärung ihres Auftraggebers. Geschäftsunfähige handeln in diesem Fall als Erfüllungsgehilfe ihres Auftraggebers. Beispiel: Die Mutter schickt ihre fünfjährige Tochter Lisa zum Bäcker, um fünf Brötchen zu kaufen. Sie gibt ihr einen Einkaufszettel und abgezähltes Geld mit. In diesem Fall ist Lisa Bote, der Kaufvertrag kommt zwischen der Mutter und dem Bäcker zustande.

---

1   Die Auslobung ist im § 657 BGB geregelt: „Wer durch öffentliche Bekanntmachung eine Belohnung für die Vornahme einer Handlung, insbesondere für die Herbeiführung eines Erfolges, aussetzt, ist verpflichtet, die Belohnung [...] zu entrichten."

Beschränkte Geschäftsfähigkeit (§ 106 BGB)

Alle natürlichen Personen vom vollendeten siebten bis zum vollendeten 18. Lebensjahr

Folge	Willenserklärungen von beschränkt Geschäftsfähigen sind bis zur Zustimmung des gesetzlichen Vertreters schwebend unwirksam. Daraus folgt, dass Rechtsgeschäfte von beschränkt Geschäftsfähigen erst mit der nachträglichen Genehmigung der gesetzlichen Vertreter wirksam werden. Verweigert der gesetzliche Vertreter seine Zustimmung, so ist das Rechtgeschäft nichtig.
Ausnahme	In einigen Fällen ist die Zustimmung des gesetzlichen Vertreters nicht erforderlich: – „Taschengeldparagraf" § 110 Bestreitet der beschränkt Geschäftsfähige das Rechtsgeschäft mit Mitteln, die ihm zu diesem Zweck zur freien Verfügung überlassen worden sind, so ist das Rechtsgeschäft gültig. Nicht gedeckt durch den Taschengeldparagrafen sind Rechtsgeschäfte, die zukünftige Verpflichtungen beinhalten (Ratenkäufe, Kreditgeschäfte). Beispiel: Der 17-jährige Nico kauft sich von seinem Taschengeld eine Hip-Hop-CD. Obwohl seine Eltern damit überhaupt nicht einverstanden sind, ist der Kaufvertrag gültig. Beispiel: Die 16-jährige Katharina kauft sich von ihrem Taschengeld einen gebrauchten Roller. Da dieser Kauf zukünftige Verpflichtungen nach sich zieht (Versicherung, Sprit etc.), ist die Wirksamkeit des Kaufs von der Genehmigung der Eltern abhängig. – Rechtlicher Vorteil § 107 BGB Erlangt der beschränkt Geschäftsfähige nur einen rechtlichen Vorteil, wie z. B. bei einer Schenkung, so ist das Rechtgeschäft gültig. Beispiel: Die 12-jährige Anna erhält von ihrer Tante zum Geburtstag 500,00 €. Auch wenn ihre Eltern nicht damit einverstanden sind, darf Anna das Geld behalten. Anders wäre der Fall, wenn die Tante ihre Schenkung an eine Bedingung knüpft (z. B. jede Woche einmal Rasen mähen). Dann fehlt der rechtliche Vorteil, und die Wirksamkeit des Rechtsgeschäfts wäre von der Genehmigung der Eltern abhängig. – Selbstständiger Betrieb eines Erwerbsgeschäftes § 112 BGB Ermächtigt der gesetzliche Vertreter mit Genehmigung des Vormundschaftsgerichts den beschränkt Geschäftsfähigen zum selbstständigen Betrieb eines Erwerbsgeschäftes, so ist dieser für alle Rechtsgeschäfte, die der gewöhnliche Geschäftsbetrieb mit sich bringt, voll geschäftsfähig. Beispiel: Der 17-jährige Marcel betreibt mit Genehmigung der Eltern und des Vormundschaftsgerichts einen kleinen Copyshop. Er darf selbstständig das Kopierpapier kaufen. – Rechtsgeschäfte im Rahmen eines Arbeits- oder Dienstverhältnisses § 113 BGB Auch Rechtsgeschäfte im Rahmen eines Arbeits- oder Dienstverhältnisses, das der gesetzliche Vertreter genehmigt hat, sind wirksam. Nach dem Gesetz gilt diese Regelung allerdings nicht für ein Ausbildungsverhältnis. Beispiel: Der 16-jährige Schüler Max hat mit Zustimmung der Eltern einen Ferienjob bei der Mühle Mahler AG. Er darf selbstständig Rechtsgeschäfte tätigen, die mit diesem Arbeitsvertrag zusammenhängen (Arbeitsmittel bzw. Arbeitskleidung kaufen, Konto eröffnen).

Unbeschränkte Geschäftsfähigkeit

Alle natürlichen Personen ab dem 18. Lebensjahr

Folge	Erklärungen von unbeschränkt Geschäftsfähigen sind voll wirksam.

Rechts- und Geschäftsfähigkeit (Auszug aus dem BGB)

§ 104 Geschäftsunfähigkeit
Geschäftsunfähig ist:
1. wer nicht das siebente Lebensjahr vollendet hat,
2. wer sich in einem die freie Willensbestimmung ausschließenden Zustand krankhafter Störung der Geistestätigkeit befindet, sofern nicht der Zustand seiner Natur nach ein vorübergehender ist.

§ 105 Nichtigkeit der Willenserklärung
(1) Die Willenserklärung eines Geschäftsunfähigen ist nichtig.
(2) Nichtig ist auch eine Willenserklärung, die im Zustand der Bewusstlosigkeit oder vorübergehender Störung der Geistestätigkeit abgegeben wird.

§ 105a Geschäfte des täglichen Lebens
Tätigt ein volljähriger Geschäftsunfähiger ein Geschäft des täglichen Lebens, das mit geringwertigen Mitteln bewirkt werden kann, so gilt der von ihm geschlossene Vertrag in Ansehung von Leistung und, soweit vereinbart, Gegenleistung als wirksam, sobald Leistung und Gegenleistung bewirkt sind. Satz 1 gilt nicht bei einer erheblichen Gefahr für die Person oder das Vermögen des Geschäftsunfähigen.

§ 106 Beschränkte Geschäftsfähigkeit Minderjähriger
Ein Minderjähriger, der das siebente Lebensjahr vollendet hat, ist nach Maßgabe der §§ 107 bis 113 in der Geschäftsfähigkeit beschränkt.

§ 107 Einwilligung des gesetzlichen Vertreters
Der Minderjährige bedarf zu einer Willenserklärung, durch die er nicht lediglich einen rechtlichen Vorteil erlangt, der Einwilligung seines gesetzlichen Vertreters.

§ 108 Vertragsschluss ohne Einwilligung
(1) Schließt der Minderjährige einen Vertrag ohne die erforderliche Einwilligung des gesetzlichen Vertreters, so hängt die Wirksamkeit des Vertrags von der Genehmigung des Vertreters ab.
[…]

§ 110 Bewirken der Leistung mit eigenen Mitteln
Ein von dem Minderjährigen ohne Zustimmung des gesetzlichen Vertreters geschlossener Vertrag gilt als von Anfang an wirksam, wenn der Minderjährige die vertragsmäßige Leistung mit Mitteln bewirkt, die ihm zu diesem Zweck oder zu freier Verfügung von dem Vertreter oder mit dessen Zustimmung von einem Dritten überlassen worden sind.

§ 111 Einseitige Rechtsgeschäfte
Ein einseitiges Rechtsgeschäft, das der Minderjährige ohne die erforderliche Einwilligung des gesetzlichen Vertreters vornimmt, ist unwirksam […]

§ 112 Selbstständiger Betrieb eines Erwerbsgeschäfts
(1) Ermächtigt der gesetzliche Vertreter mit Genehmigung des Vormundschaftsgerichts den Minderjährigen zum selbstständigen Betrieb eines Erwerbsgeschäfts, so ist der Minderjährige für solche Rechtsgeschäfte unbeschränkt geschäftsfähig, welche der Geschäftsbetrieb mit sich bringt. Ausgenommen sind Rechtsgeschäfte, zu denen der Vertreter der Genehmigung des Vormundschaftsgerichts bedarf.
(2) Die Ermächtigung kann von dem Vertreter nur mit Genehmigung des Vormundschaftsgerichts zurückgenommen werden.

§ 113 Dienst- oder Arbeitsverhältnis
(1) Ermächtigt der gesetzliche Vertreter den Minderjährigen, in Dienst oder in Arbeit zu treten, so ist der Minderjährige für solche Rechtsgeschäfte unbeschränkt geschäftsfähig, welche die Eingehung oder Aufhebung eines Dienst- oder Arbeitsverhältnisses der gestatteten Art oder die Erfüllung der sich aus einem solchen Verhältnis ergebenden Verpflichtungen betreffen. Ausgenommen sind Verträge, zu denen der Vertreter der Genehmigung des Vormundschaftsgerichts bedarf.
(2) Die Ermächtigung kann von dem Vertreter zurückgenommen oder eingeschränkt werden.

www.gesetze-im-internet.de

Aufgaben zur Lernsituation 1

Aufgabe 1
Ordne folgende Positionen dem richtigen Bereich zu.

	Natürliche Person	Juristische Person	Keine Person
Auszubildender Marco Friedrich (17 Jahre)			
Hugo, Berner-Sennen-Rüde			
Skatklub „Halb Elf"			
Naturfreunde „Wiesengrund e. V."			
Klasse 7a			
Freistaat Bayern			
FlexBau Aktiengesellschaft			
Motorradklub „Gold Wing"			

(TIPP: Bearbeitet die Fälle mithilfe des Schulbuches und des Gesetzestextes.)

Aufgabe 2
Martha Mustermann (84 Jahre alt) möchte ihr gesamtes Vermögen ihrem Lieblingsurenkel Julian (1 Jahr alt) schenken. Die Familie glaubt: „Der ist doch noch viel zu jung. Das geht doch gar nicht!"

Aufgabe 3
Der 6-jährige Moritz erhält von seinem Onkel 20,00 €. Sein Onkel möchte seinen Beitrag leisten, dass sich Moritz ein neues Fahrrad kaufen kann. Doch Moritz setzt einen Teil des Geldes gleich um und kauft Süßigkeiten. Seine Mutter ist damit überhaupt nicht einverstanden und fordert das Geld vom Verkäufer zurück.

Aufgabe 4
Der 17-jährige Tommi erhält von seinen Eltern monatlich 100,00 € Taschengeld. Er kauft bei einem Händler einen gebrauchten Roller für 1.200,00 € und vereinbart monatliche Raten von 80,00 €. Seine Eltern sind damit nicht einverstanden.

Aufgabe 5
Maik (6 Jahre) hat zu seinem Geburtstag von seiner Oma 20,00 € geschenkt bekommen. Da er ein besonders cleverer Junge ist, kauft er davon auf dem Weg zum Kindergarten ein Spielzeugauto für 7,20 €.

Aufgabe 6
Am nächsten Tag wird Maik von seiner Mutter mit einem Einkaufszettel und 10,00 € zum Bäcker geschickt. Er gibt der Verkäuferin in der Bäckerei den Einkaufszettel, erhält die entsprechende Ware und bezahlt sie.

Aufgabe 7
Julia Förster (17 Jahre) möchte sich unbedingt einen Roller kaufen. Als ihre Eltern dies ablehnen, denkt sie: Ich brauche euch doch gar nicht. Dann gehe ich halt alleine los und kaufe mir den Roller.

Aufgabe 8

Dominik (12 Jahre) bekommt von einer Tante 200,00 € geschenkt. Seine Eltern meinen: „Von der lassen wir uns nichts schenken!", und verlangen, dass Dominik das Geld zurückgibt.

Aufgabe 9

Julia geht für eine Woche auf eine Sprachreise nach London. Kurz vor der Abreise kauft Julia sich von ihrem Taschengeld einen Reiseführer von London für 9,90 €. Da ihre Schwester Kristin bereits in London war, haben die Försters schon einen Reiseführer. Sie möchten daher den gekauften Reiseführer wieder zurückgeben.

Aufgabe 10

Dominik (16 Jahre) hat einen Ferienjob bei der FlexBau AG mit der Zustimmung seiner Eltern angenommen. Nun möchte er ein eigenes Konto eröffnen, damit die FlexBau AG den Lohn überweisen kann.

Aufgabe 11

Julia kennt sich hervorragend in der EDV und im Internet aus. Deshalb gründet sie mit Zustimmung ihrer Eltern und des Vormundschaftsgerichts ein Unternehmen und erstellt Internetseiten. Muss Julia ihre Eltern fragen, wenn sie einen neuen Drucker für 89,90 € für ihren Geschäftsbetrieb kaufen möchte?

Aufgabe 12

Kristin (18 Jahre) kauft sich einen flotten Porsche. Als sie die erste Rechnung für die Autoversicherung erhält, erschrickt sie über die Höhe der Versicherungsprämie. Wenn sie gewusst hätte, wie hoch die Unterhaltskosten sind, hätte sie sich den Porsche nie gekauft. Kann Kristin unter Berufung auf ihre Unerfahrenheit den Kauf des Porsches rückgängig machen?

1.2 Lernsituation 2: Wir schließen einen Kaufvertrag ab

Lucas ältere Schwester Lisa (18) hat an einem Tanzkurs in ihrer Schule teilgenommen. Nun rückt der Tag des Abschlussballes immer näher. Aber was anziehen? Bei solch einem Anlass möchte man natürlich elegant aussehen. Doch auch nach mehrmaligem Durchstöbern ihres Kleiderschrankes findet sie kein passendes Outfit. Also bleibt ihr nur noch eine Lösung: Ein neues, elegantes Abendkleid muss her.

Aus diesem Grund macht sie sich am Nachmittag gleich auf den Weg ins „Marions – Mode für die Frau", ein kleines Geschäft in der Stadtgalerie.

Nach dem Probieren von mehreren eleganten Abendkleidern ist sie zwischen zwei hin- und hergerissen.

Verkaufsberaterin: Haben Sie schon eine Wahl getroffen?
Lisa: Ich kann mich nicht entscheiden. Besteht bei Ihnen die Möglichkeit, die beiden Kleider zurückzulegen? Ich möchte es noch mit meiner Mutter besprechen und würde Ihnen dann spätestens morgen früh Bescheid geben.
Verkaufsberaterin: Ja, klar geht das.
Lisa: Vielen Dank, bis spätestens morgen dann.

Zu Hause bespricht Lisa ihr „Problem" mit der Mutter. Nach längerem Hin und Her und nach langer Überlegung entscheidet sie sich für das rote Abendkleid mit dem „Glockensaum". Sofort ruft sie bei „Marions – Mode für die Frau" an:

Verkaufsberaterin: Marions Mode für die Frau, Schneider am Apparat, guten Tag.
Lisa: Ja, hallo, Frau Schneider, hier ist Lisa Zimmermann. Ich habe zwei Abendkleider bei Ihnen zurücklegen lassen.
Verkaufsberaterin: Ja, ich erinnere mich. Haben Sie sich etwa schon entschieden? Das ging ja schnell.
Lisa: Ja, habe ich. Ich nehme das rote Abendkleid mit dem Glockensaum.
Verkaufsberaterin: Sehr gute Wahl, Frau Zimmermann. Ich mache dann so weit alles zurecht. Sie können das Kleid morgen abholen.
Lisa: Vielen Dank noch mal. Bis morgen.

Am nächsten Morgen möchte Lisa ihr rotes Abendkleid abholen und bezahlen. Auf dem Weg zur Stadtgalerie kommt sie auch am Bekleidungsgeschäft Bauer vorbei. Sofort sticht ihr ein grünes Abendkleid in der Schaufensterauslage in die Augen.

Wow, das ist es, denkt sie, das muss ich haben. Und 20,00 € kostet es auch noch weniger! Na ja, gerade noch rechtzeitig. Das von „Marions" habe ich ja noch nicht gekauft. Das kriegen die bestimmt auch anderweitig verkauft.

Etwas verwundert ist Lisa schon, als sie 3 Wochen später einen Brief öffnet, in dem sie von Frau Merz, der Inhaberin von „Marions – Mode für die Frau" angemahnt wird, das rote Abendkleid abzuholen und den Kaufpreis von 149,99 € zu zahlen. Ziemlich verunsichert fragt sie ihren Bruder Luca, der die Wirtschaftsschule besucht.

Lisa: Du, Luca.
Luca: Ja, Lisa, was ist denn? Du klingst so aufgeregt.
Lisa: Ja, ich glaub, ich hab ein Problem.
Luca: Es gibt kein Problem, das man nicht lösen kann.

1. Macht euch mit der Situation vertraut, indem ihr euch zunächst orientiert: Betrachtet hierzu die erhaltenen Unterlagen zum Kaufvertrag und stellt sicher, dass euch klar ist, wie eure Aufgabe aussieht. **(Orientierung und Information)**
2. Plant euer weiteres Vorgehen, indem ihr euch Gedanken macht, was in dieser konkreten Situation zu tun ist, und notiert diese. **(Planung)**
3. Entwerft ein Schreiben an „Marions – Mode für die Frau", in dem ihr ausführlich zum rechtlichen Standpunkt Stellung bezieht. Schlagt dem Modegeschäft eine für beide Seiten akzeptable Lösungsmöglichkeit vor. **(Durchführung)**
4. Präsentiert eure Ergebnisse und diskutiert sie im Plenum. Nehmt ggf. Änderungen/Ergänzungen vor und haltet die Ergebnisse in euren Unterlagen fest. Was ratet ihr Lisa für den Fall, dass sie sich wieder in einer solchen Situation befinden sollte? **(Bewertung)**
5. Überlegt, wo eure Stärken und Schwächen während der Arbeitsphase lagen. Notiert und berücksichtigt diese in der Zukunft *(TIPP: Stärken nutzen – Schwächen erkennen und an diesen arbeiten!)* **(Reflexion)**
6. Bearbeitet die Übungs- und Vertiefungsaufgaben. **(Vertiefung)**.

1.2.1 Der Kaufvertrag

1.2.1.1 Zustandekommen des Kaufvertrages
Ein Vertrag kommt zustande durch **zwei übereinstimmende Willenserklärungen** (= Einigung), die in der Absicht abgegeben werden, einen bestimmten rechtlichen Erfolg zu erzielen.

1. Willenserklärung: Vertragsantrag

2. Willenserklärung: Vertragsannahme

Genauso verhält es sich beim Kaufvertrag. Sind sich zwei Personen darüber einig, eine Sache kaufen bzw. verkaufen zu wollen, liegt ein Kaufvertrag vor. Beide Vertragspartner müssen dabei zu allen Teilen des Kaufvertrages den gleichen Willen haben und diesen auch erklären. Die beiden Willenserklärungen müssen also übereinstimmen.

Die erste Willenserklärung heißt Antrag, die zweite Willenserklärung Annahme.

Es gibt zwei Möglichkeiten, wie es zum Abschluss eines Kaufvertrages kommen kann:

	1. Möglichkeit	2. Möglichkeit
Antrag	Verkäufer gibt ein verbindliches Angebot ab.	Käufer macht eine Bestellung.
Annahme	Käufer nimmt genau dieses Angebot an.	Verkäufer nimmt genau diese Bestellung an, indem er entweder die Bestellung bestätigt oder sofort liefert.
Beispiel	Die Berger & Thaler Sportswear OHG sendet ein Angebot an den Einzelhändler Sportladen Müller e. K.: „20 Trikots der Deutschen Nationalmannschaft, Größe S, zu einem Preis von netto 79,00 € je Trikot." **(= Antrag)** Am nächsten Tag ruft Herr Müller vom Sportladen Müller e. K. bei der Berger & Thaler Sportswear OHG an und sagt: „Ich bestelle die 20 Trikots zu den im Angebot gemachten Bedingungen." **(= Annahme)**	Herr Müller vom Sportladen Müller e. K. blättert im Katalog der Berger & Thaler Sportswear OHG. Er füllt ein Bestellformular aus und schickt es an die Berger & Thaler Sportswear OHG. **(= Antrag)** Eine Woche später liefert die Berger & Thaler Sportswear OHG die bestellte Ware an den Kunden. **(= Annahme)**

Möchte sich ein Kunde im Vorfeld erst erkundigen, wird er zuerst einmal beim Verkäufer anfragen:

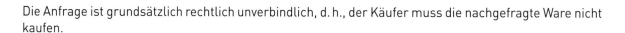

Allgemeine Anfrage	Spezielle Anfrage
Der Kunde hat noch kein bestimmtes Produkt vor Augen, möchte sich also zuerst einmal allgemein informieren. Er wird um – ein Muster, – einen Katalog, – eine Preisliste, – ein Warenverzeichnis – etc. bitten.	Dem Kunden schwebt schon ein ganz bestimmtes Produkt vor, er möchte es aber vielleicht erst mit anderen, gleichwertigen Produkten vergleichen. Er wird also ein ganz bestimmtes Produkt unter Angabe von – Artikelnummer, – Güte und Beschaffenheit, – Menge, – Preis, – Liefer- und Zahlungsbedingungen anfragen.
Frau Gerber möchte sich für die bevorstehende Abschlussfeier ihrer Tochter neu einkleiden. Ihr fehlen allerdings zum neuen Kleid die passenden Schuhe. Sie geht deshalb in ein Schuhgeschäft und fragt die Verkäuferin: „Ich möchte Schuhe kaufen. Könnten Sie mir bitte welche zeigen, die zu diesem Kleid passen?"	Herr Fries vom Sportverein SV möchte seine Fußball-Herrenmannschaft mit neuen Trikots ausstatten. Er schreibt einen Brief an die Berger & Thaler Sportswear OHG: „Wir beabsichtigen, 18 Trikots Art.-Nr. 2356, Farbe grün, Größe L zu kaufen. Könnten Sie uns dazu noch nähere Informationen geben?"

Die Anfrage ist grundsätzlich rechtlich unverbindlich, d. h., der Käufer muss die nachgefragte Ware nicht kaufen.

Genauso ist es bei Angeboten wie z. B. Prospekten, Werbeflyern, Katalogen, Schaufensterauslagen etc., die der Verkäufer macht. Sie stellen keine rechtlich verbindlichen Angebote, sondern lediglich Anpreisungen dar, weil sie nicht an eine bestimmte Person oder Personengruppe, sondern an die Allgemeinheit gerichtet sind. Auch diese Anpreisungen sind rechtlich unverbindlich.

1.2.1.2 Pflichten des Käufers und des Verkäufers aus dem Kaufvertrag

> **Pflichten aus dem Kaufvertrag (Auszug aus dem BGB)**
>
> **§ 433 Vertragstypische Pflichten beim Kaufvertrag**
> (1) Durch den Kaufvertrag wird der Verkäufer einer Sache verpflichtet, dem Käufer die Sache zu übergeben und das Eigentum an der Sache zu verschaffen. Der Verkäufer hat dem Käufer die Sache frei von Sach- und Rechtsmängeln zu verschaffen.
> (2) Der Käufer ist verpflichtet, dem Verkäufer den vereinbarten Kaufpreis zu zahlen und die gekaufte Sache abzunehmen.
> *www.gesetze-im-internet.de*

Kommt ein Kaufvertrag durch zwei übereinstimmende Willenserklärungen zustande, so leiten sich nach dem Gesetz folgende Pflichten der beiden Vertragspartner ab:

Pflichten des Verkäufers	Pflichten des Käufers
– Lieferung der Ware: – rechtzeitig – ohne Mangel – an den richtigen Ort – Übertragung des Eigentums auf den Käufer	– Annahme der Ware – rechtzeitige Zahlung des Kaufpreises

Der Kaufvertrag begründet ein Schuldverhältnis. Die Vertragspartner werden hierdurch zur Erfüllung der versprochenen Leistung verpflichtet **(Verpflichtungsgeschäft)**.

Das Schuldverhältnis erlischt, indem die Vertragspartner die jeweils geschuldete Leistung erbringen. **(Erfüllungsgeschäft)**.

Bei den alltäglichen Kaufverträgen fallen Verpflichtungsgeschäft und Erfüllungsgeschäft zeitlich zusammen.

Ein Schüler kauft in der Schul-Cafeteria ein belegtes Brötchen.

Es kann aber auch ein längerer Zeitraum dazwischenliegen.

Familie Maier kauft einen neuen Pkw. Aufgrund einiger Sonderwünsche müssen die Maiers allerdings ca. vier Wochen auf die Auslieferung des Fahrzeugs warten.

Mit der Unterschrift von Vater Maier und dem Verkäufer des Autohauses kommt der Kaufvertrag zustande (= Verpflichtungsgeschäft). Aber erst mit der Auslieferung ca. vier Wochen später erfüllt das Autohaus den Kaufvertrag (= Erfüllungsgeschäft).

1.2.1.3 Inhalte des Kaufvertrages

Ein Großteil der Kaufverträge im Alltag wird mündlich geschlossen. Mögliche Unstimmigkeiten werden dabei im Regelfall direkt durch Nachfragen aus dem Weg geräumt

Die Kundin betritt den Getränkefachhandel und möchte 4-mal Mineralwasser kaufen. Da der Verkäufer sich bei der Mengenangabe nicht ganz sicher ist, fragt er einfach nach: „Meinen Sie vier Flaschen oder vier Kisten?"

Bei schriftlichen Verträgen sollten Käufer und Verkäufer darauf achten, dass alle wichtigen Inhalte schriftlich im Kaufvertrag festgehalten werden:

- Genaue Anschrift von Käufer und Verkäufer
- Genaue Angaben zum Kaufgegenstand (Art, Güte und Beschaffenheit)
- Genaue Menge und Mengenbezeichnung (Stück, Liter, Meter, Palette etc.)
- Genauer Preis inkl. möglicher Preisnachlässe
- Lieferbedingungen
- Zahlungsbedingungen
- Erfüllungsort

Sollte über diese Vertragsinhalte nichts vereinbart werden, so gelten gesetzliche Regelungen. Aber selbstverständlich können davon abweichende Regelungen getroffen werden.[2]

1.2.1.4 Kaufvertragsarten

Es gibt viele Möglichkeiten, Kaufverträge nach bestimmten Kriterien zu ordnen:

- **nach Art und Beschaffenheit der Ware:**
    - Kauf auf Probe
    - Kauf nach Probe
    - Kauf zur Probe
    - Gattungskauf
    - Stückkauf

- **nach dem Zeitpunkt der Lieferung**
    - Sofortkauf
    - Fixkauf
    - Terminkauf
    - Kauf auf Abruf

- **nach dem Zeitpunkt der Zahlung**
    - Barkauf
    - Zielkauf
    - Kauf gegen Anzahlung
    - Ratenkauf
    - Kommissionskauf

Daneben kann man Kaufverträge auch noch nach den beteiligten Personen unterscheiden. Diese Unterscheidung ist vor allem deswegen so wichtig, weil sie teilweise unterschiedliche Rechte und Pflichten der Kaufvertragspartner nach sich ziehen.

Bürgerlicher Kauf	Beide Vertragspartner sind Privatpersonen (= Nichtkaufleute). Für beide gelten die Vorschriften des BGB. Hans Hingsen verkauft seinen gebrauchten Pkw an Lisa Müller.
Einseitiger Handelskauf	Ein Vertragspartner ist eine Privatperson, ein Vertragspartner ist ein Kaufmann. Für die Privatperson gelten die Vorschriften des BGB, für den Kaufmann gelten darüber hinaus die Vorschriften des HGB (= Handelsgesetzbuch). Sonderfall: Ist der Verkäufer ein Kaufmann, der Käufer eine Privatperson, so spricht man von einem **Verbrauchsgüterkauf**. Hier gelten die besonderen Vorschriften der §§ 474 ff. BGB. Frau Bayer kauft im Bekleidungsgeschäft Shoppy ein Sommerkleid.
Zweiseitiger Handelskauf	Beide Vertragspartner sind Kaufleute. Für beide gelten sowohl das BGB als auch das HGB. Die Berger & Thaler Sportswear OHG verkauft Trikots an das Einzelhandelsgeschäft Sportladen Müller e. K.

---

2 Eine ausführliche Darstellung der Angebots- und Kaufvertragsinhalte erfolgt auf den Seiten 26 ff.

Aufgaben zur Lernsituation 2

Aufgabe 1

Auf die Anzeige des Großhändlers Speed KG in der Fachzeitschrift „Biker" hin bestellt Herr Maier ein Mountainbike des angebotenen Modells zu 300,00 €. Prüfe, ob die Speed KG liefern muss.

Ja, die Speed KG muss liefern, da es sich bei der Bestellung um die zweite notwendige Willenserklärung für das Zustandekommen des Kaufvertrages handelt.

Ja, die Speed KG muss liefern, da es sich bei der Anzeige in der Fachzeitschrift „Biker" um ein rechtlich bindendes Angebot handelt.

Ja, die Speed KG muss liefern, da es sich bei der Anzeige in der Fachzeitschrift „Biker" sonst um ein Lockvogelangebot handeln würde.

Nein, die Speed KG muss nicht liefern, da es sich bei der Anzeige in der Fachzeitschrift „Biker" nur um eine an die Allgemeinheit gerichtete Anpreisung handelt.

Nein, die Speed KG muss nicht liefern, da die Anzeige nur an interessierte Privatpersonen gerichtet war.

Aufgabe 2

Welche Geschäfte führen zu einem

EH   einseitigen Handelskauf,
ZH   zweiseitigen Handelskauf,
BK   bürgerlichen Kauf?

a) Frau Weiß ist Inhaberin eines Blumengeschäftes. Sie kauft von einem Autohändler einen Kleintransporter für ihr Geschäft.

b) Frau Weiß kauft sich im Modehaus „Lafontaine" ein Kostüm.

c) Die Hausfrau Bruns kauft einen Staubsauger in einem Warenhaus.

d) Ein Unternehmer kauft für private Zwecke einen Pkw von einem Gebrauchtwarenhändler.

e) Der Geschäftsführer eines Unternehmens schließt einen Kaufvertrag über den Bezug von Stoffen für die Produktion.

f) Der Bäckermeister Gravenkamp entnimmt Backwaren aus seinem Laden für private Zwecke.

g) Peter verkauft sein Handy an seine Freundin Judith.

1.3 Lernsituation 3: Wir prüfen einen Kauf im Internet

Luca hat sich heute Nachmittag mit seinem Freund Richard getroffen, um eine Präsentation für den morgigen Schultag vorzubereiten.

Plötzlich wird das gemeinsame Arbeiten durch das „Piep-piep" von Lucas Smartphone unterbrochen.

Luca:	Schau mal, Richard. Komm, lass uns doch eine Pause einlegen und auf diese Seite gehen. Ich wollte schon immer „La La La" von Shakira als Klingelton haben. Das ist total cool.
Richard:	Ja, schon. Aber kostet das denn nichts?
Luca:	Nein, hier steht doch, dass es kostenlos ist.
Richard:	Also, ich wäre da vorsichtig. Lass uns das erst einmal genauer anschauen.

1. Macht euch mit der Situation vertraut, indem ihr euch zunächst orientiert: Betrachtet hierzu die erhaltenen Unterlagen zum Thema Kauffallen im Internet. Nutzt auch die Möglichkeit zur Informationsbeschaffung im Internet. **(Orientierung und Information)**
2. Plant euer weiteres Vorgehen, indem ihr euch Gedanken macht, was in dieser konkreten Situation zu tun ist, und notiert diese. **(Planung)**
3. Entwerft ein Plakat zum Thema Kauffallen im Internet. Gestaltet es ansprechend und übersichtlich. Achtet darauf, dass alle wichtigen Informationen zu eurem Themenbereich auf dem Plakat enthalten sind. **(Durchführung)**
4. Präsentiert eure Ergebnisse und diskutiert sie im Plenum. Nehmt Stellung zu Richards Bedenken. Hat er recht? Prüft die Plakate auf Vollständigkeit und Richtigkeit und nehmt ggf. Änderungen/Ergänzungen vor. Haltet die Ergebnisse in euren Unterlagen fest. **(Bewertung)**
5. Überlegt, wie ihr mit dem Internet/App-Store „umgeht", und reflektiert euer eigenes Verhalten. Zieht aus diesem und den neu gewonnen Informationen Schlüsse für die Zukunft und berücksichtigt sie. **(Reflexion)**

1.3.1 „Kauf(fallen) im Internet"

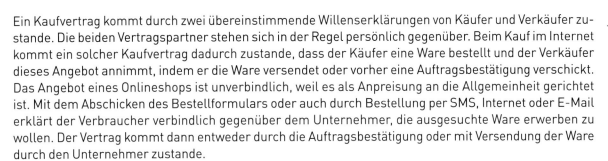

Ein Kaufvertrag kommt durch zwei übereinstimmende Willenserklärungen von Käufer und Verkäufer zustande. Die beiden Vertragspartner stehen sich in der Regel persönlich gegenüber. Beim Kauf im Internet kommt ein solcher Kaufvertrag dadurch zustande, dass der Käufer eine Ware bestellt und der Verkäufer dieses Angebot annimmt, indem er die Ware versendet oder vorher eine Auftragsbestätigung verschickt. Das Angebot eines Onlineshops ist unverbindlich, weil es als Anpreisung an die Allgemeinheit gerichtet ist. Mit dem Abschicken des Bestellformulars oder auch durch Bestellung per SMS, Internet oder E-Mail erklärt der Verbraucher verbindlich gegenüber dem Unternehmer, die ausgesuchte Ware erwerben zu wollen. Der Vertrag kommt dann entweder durch die Auftragsbestätigung oder mit Versendung der Ware durch den Unternehmer zustande.

Wird ein Kaufvertrag ausschließlich unter Verwendung von Fernkommunikationsmitteln wie beispielsweise das Internet geschlossen, so spricht man von Fernabsatzverträgen (§ 312c BGB). Dabei sollte man sich aber im Klaren sein, dass Jugendliche nicht (voll) geschäftsfähig sind, bis sie ihre Volljährigkeit erreichen. Nur in bestimmten Ausnahmefällen (z. B. mit dem Taschengeld) dürfen Jugendliche Waren eigenverantwortlich bestellen. In allen anderen Fällen müssen die Eltern dem Kauf der Ware zustimmen. Tun sie dies nicht, ist der Kaufvertrag unwirksam. Dann reicht es aus, wenn die Eltern dem Onlineshop gegenüber erklären, dass sie ihre Genehmigung zum Kauf der Ware verweigern.

Gerade für Fernabsatzgeschäfte sieht das Gesetz noch einige verbraucherfreundliche Regelungen vor: Der Verbraucher kann die Ware vor dem Bestellen nicht ansehen und prüfen. Dieser Nachteil wird dadurch ausgeglichen, dass für ihn ein generelles Widerrufsrecht gilt. In einer Frist von 14 Tagen kann der Verbraucher ohne Angabe von Gründen vom Kauf zurücktreten. Dazu reicht es aus, wenn er rechtzeitig in Textform widerruft und die Ware innerhalb der Frist zurücksendet. Die Frist beginnt mit dem Erhalt der Ware und nur im Falle einer entsprechenden Belehrung durch den Onlineshop.

Bestimmte Waren fallen nicht unter die gesetzlichen Vorschriften über Fernabsatzgeschäfte, sie sind also auch vom Widerrufsrecht ausgeschlossen – unter anderem bei maßgeschneiderten Waren, bei schnell verderblichen Lebensmitteln, vom Kunden entsiegelten Datenträgern usw. (§ 312 g BGB).

1

Lernbereich 10II.1

Ein besonderes Problemfeld beim Kauf im Internet stellen sogenannte. „Aboverträge" dar. Gibt man zum Beispiel „Klingeltöne" bei einer Suchmaschine ein, so landet man oft auf Seiten, die alle am Verkauf von Abos interessiert sind. Das steht sehr oft im Kleingedruckten und ist damit vor allem für Kinder und Jugendliche nur schwer zu erkennen. Und gerade hier kann das Handy in vielerlei Hinsicht zur Kostenfalle werden: Beim Download von Klingeltönen, Logos oder Spielen erkennen sie nicht, dass sie gleichzeitig einem Abo zustimmen. Das Gesetz sieht zwar vor, dass die Kosten aufgeführt werden müssen, doch werden sie häufig geschickt im Kleingedruckten versteckt. Teilweise können sogar SMS als Zahlungsmittel verwendet werden, allerdings sind die Kosten nicht über eventuelle Flatrates abgedeckt. Die böse Überraschung kommt mit der Handyrechnung.

Lernbereich 10II.2: Berufsorientierung

Kapitel 2

2 Lernbereich 10II.2.1: Einen geeigneten Beruf wählen

Kompetenzerwartungen
Die Schülerinnen und Schüler

- reflektieren im Hinblick auf eine spätere Ausbildung ihre individuellen Stärken und Schwächen und beziehen Fremdeinschätzungen Dritter mit ein. Dazu holen sie sich Rückmeldungen zu ihrem Verhalten und ihrer Arbeitsweise ein. In der Folge vergleichen sie ihr Selbstbild mit dem Fremdbild, um sich persönlich weiterzuentwickeln.
- setzen sich für ihren beruflichen Werdegang realistische Ziele und fixieren diese schriftlich. Sie verfolgen diese Ziele.
- treffen eine für sie passende Berufsentscheidung. Dazu sondieren sie mithilfe verschiedener Informationsquellen die für sie infrage kommenden Berufe. Sie berücksichtigen Anforderungs- profile der Berufe und Aufstiegsmöglichkeiten in den Berufen und beurteilen jeweils ihre persönliche Eignung.
- erkunden den regionalen sowie überregionalen Ausbildungsmarkt, um ihren Berufswunsch zu realisieren. Sie reagieren flexibel auf das Angebot des Ausbildungsmarktes, passen ihren Berufswunsch an und ziehen auch räumliche Veränderungen in Betracht.

2.1 Lernsituation 4: Wir reflektieren unsere individuellen Stärken und Schwächen in Bezug auf die Berufswahl

Nach den Ferien treffen sich Luca und Richard, Schüler der zweistufigen zehnten Klasse der Wirtschafts- schule, auf dem Pausenhof.

Richard: Hey, Luca, wie geht's dir? Was hast du in den Ferien gemacht?

Luca: Hi, Richard. Mir geht's super. Wir waren an der Nordsee, sind stundenlang durchs Watt gewandert und haben die Krabben und andere Meerestiere untersucht. Hier, schau mal, auf meinem Smartphone habe ich total viele Bilder ...

Richard: Igitt ... Krabben und Seetang, das ist nichts für mich. Da bin ich froh, dass ich mit meinen Eltern in Istanbul war. Wir haben viele schöne Gebäude und Museen angeschaut. Ich kann dir jetzt alles über die Geschichte von Istanbul erzählen. Bereits 685 vor Christus nutzten die Griechen die Meerenge, um ...

Luca: Stopp! Du klingst ja schon wie Herr Wunderlich im Gsk-Unterricht – und das ist so langwei- lig. Apropos Stundenplan: Schade, dass wir keinen Biologieunterricht haben. Tiere zu erfor- schen war echt spannend.

Richard: Na, ich bin froh. Von mir aus könnte es nur BSK und GsK geben. Hoffentlich haben wir nicht immer so lange Unterricht.

Luca: Hmmm, in BSK und Mathe muss ich mich dieses Jahr echt anstrengen, um einen guten Ausbildungsplatz zu finden. Herr Weiß hat uns doch gleich zu Beginn gesagt, dass wir diese Fächer später auf jeden Fall benötigen.

Richard: Ach Quatsch, es gibt auch Berufe, für die man keine Mathematik braucht. Denk doch mal an dein Praktikum im Pflegeheim. Komm, lass uns doch mal aufschreiben, was wir gut können und was nicht so.

Luca: Super Idee.

1. Mache dich mit der Situation vertraut, indem du dich zunächst orientierst: Stelle sicher, dass dir klar ist, was deine Aufgabe ist. **(Orientierung und Information)**
2. Plane dein weiteres Vorgehen, indem du dir Gedanken machst, was in dieser konkreten Situati- on zu tun ist, und notiere diese stichpunktartig. **(Planung)**
3. Erstelle eine Übersicht (Tabelle) mit deinen Stärken und Schwächen im Hinblick auf die Berufs- wahl. **(Durchführung)**

4. Präsentiere deine Ergebnisse zunächst zwei Klassenkameraden und später im Klassenplenum und diskutiert über sie. Ergänze gegebenenfalls deine Übersicht. **(Bewertung)**
5. Reflektiere deine Übersicht, indem du überprüfst, ob deine Eigeneinschätzung mit der Fremdeinschätzung übereinstimmt. Lege ein Portfolio für deine Berufsorientierung und Berufsentscheidung an, in der du dein Stärken-Schwächen-Profil und weitere Maßnahmen festhältst. **(Reflexion)**

Stärken und Schwächen erkennen

Die Wahl eines Ausbildungsberufes rückt immer näher und du weißt noch nicht, in welche Richtung es gehen soll? Dann solltest du dich zunächst mit deinen Stärken und Interessen, aber auch mit deinen Schwächen auseinandersetzen.

Bei der Beurteilung individueller Fähigkeiten und Begabungen helfen teilweise die Schulnoten in den einzelnen Fächern. Es ist aber auch sinnvoll, Antworten auf die folgenden Fragen zu notieren:
Was macht mir Spaß? Kann ich etwas besonders gut? In welchen Bereichen werde ich gelobt? Was ist mein Hobby? Bin ich in einem Ehrenamt tätig? Was mag ich gar nicht? Was gelingt mir meist nicht so gut?

Die einzelnen Merkmale lassen sich auch in Kategorien in einer Tabelle zusammenfassen und bewerten (siehe nachfolgendes Beispiel).

Persönlichkeitsmerkmal	Selbsteinschätzung			Fremdeinschätzung		
	+	o	–	+	o	–
Personelle Kompetenz						
– Flexibilität						
– Lernbereitschaft						
– Sorgfalt/Genauigkeit						
– Zuverlässigkeit						
– Kreativität						
– Belastbarkeit						
Soziale Kompetenz						
– Teamfähigkeit						
– Einfühlungsvermögen						
– Kritikfähigkeit						
Methodenkompetenz						
– Präsentationsfähigkeit						
– logisches Denken						
– Problemlösefähigkeit						
– Organisationsfähigkeit						

+ stark ausgeprägt, o durchschnittlich ausgeprägt, – schwach ausgeprägt

Um sicherzugehen, dass du deine Stärken und Schwächen nicht über- oder unterschätzt, solltest du Freunde, Eltern oder auch Lehrer fragen, wie sie dich einschätzen. Hinterfrage unterschiedliche Einschätzungen, um deine eigene Meinung zu überprüfen und gegebenenfalls zu korrigieren. Um sich über seine eigenen Stärken und Schwächen und die dazu passenden Ausbildungsberufe klar zu werden, bieten sich auch Betriebspraktika an. Zum einem können persönliche Interessen ausgetestet werden, zum anderen erhält der Jugendliche in der Regel Rückmeldung über die Eignung durch die betreuenden Mitarbeiter.

Lernbereich 10II.2.1

2.2 Lernsituation 5: Wir suchen einen passenden Ausbildungsberuf

Toll, jetzt kenne ich meine Stärken und Schwächen, aber ich weiß immer noch nicht, welcher Beruf nun zu mir passt …

1. Macht euch mit der Situation vertraut, indem ihr euch zunächst orientiert: Stellt sicher, dass euch klar ist, was eure Aufgabe ist. **(Orientierung und Information)**
2. Plant euer weiteres Vorgehen, indem ihr euch Gedanken machst, was in dieser konkreten Situation zu tun ist, und notiert diese stichpunktartig. **(Planung)**
3. Erstellt ein Plakat zu eurem Traumberuf. Ordnet diesen Beruf dabei in das Berufsfeld ein und gehe auf die speziellen Voraussetzungen für den Beruf und eure Stärken ein. **(Durchführung)**
4. Präsentiert eure Ergebnisse als Galerie. Prüft die Plakate auf Richtigkeit und Vollständigkeit. Diskutiert über notwendige Stärken zu den einzelnen Berufen. **(Bewertung)**
5. Übernehmt die Plakatgalerie (z. B. durch ein Foto) in euren Hefter.
6. Ergänzt euer Portfolio, indem ihr einen passenden Ausbildungsberuf und seine spezielle Anforderungen festhaltet. Notiert euch zwei Alternativberufe. **(Reflexion/Übung)**

Du hast dich mit der Wahl der Wirtschaftsschule dazu entschieden, den „Mittleren Schulabschluss" zu erwerben. Wie du bereits weißt, stehen dir danach mehrere Wege offen:

Die Frage nach dem richtigen Ausbildungsberuf ist schwierig zu beantworten, jedoch sollten die persönlichen Interessen und Stärken in den wichtigsten Punkten mit den Anforderungen des Berufsbildes übereinstimmen.

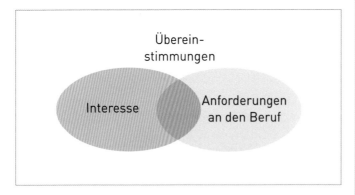

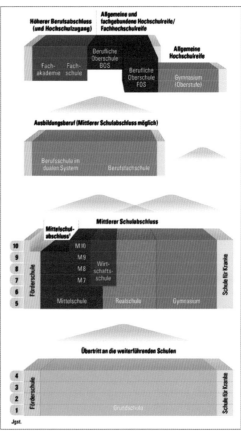

Doch neben der persönlichen Eignung und den Anforderungen des Berufsbildes sind auch die Zukunfts-
aussichten in dem Beruf und das aktuelle LehrstelLucangebot von Bedeutung. Nachfolgend sind die be-
liebtesten Ausbildungsberufe des letzten Jahres abgebildet.

TOP 10 der Ausbildungsberufe

Neu abgeschlossene Ausbildungsverträge in Deutschland im Jahr 2015*

FRAUEN

Kauffrau für Büromanagement	21 402
Medizinische Fachangestellte	14 262
Verkäuferin	14 052
Kauffrau im Einzelhandel	13 863
Zahnmedizinische Fachangestellte	12 096
Industriekauffrau	10 716
Friseurin	9 555
Hotelfachfrau	6 591
Fachverkäuferin im Lebensmittelhandwerk	6 417
Bankkauffrau	5 937

MÄNNER

Kraftfahrzeugmechatroniker	19 818
Elektroniker	12 441
Kaufmann im Einzelhandel	12 360
Industriemechaniker	12 162
Anlagenmech. f. Sanitär, Heizungs- und Klimatech.	11 214
Verkäufer	10 566
Fachinformatiker	10 242
Fachkraft für Lagerlogistik	8 994
Kaufmann im Groß- und Außenhandel	8 622
Kaufmann für Büromanagement	7 575

Quelle: Bundesinstitut für Berufsbildung   *Stand 30. September   © Globus 11041

Um den richtigen Beruf auszuwählen, ist es oftmals hilfreich, sich zunächst für ein Berufsfeld zu entscheiden. Das Bundesinstitut für Berufsbildung (BIBB) unterscheidet insgesamt 54 verschiedene Berufsfelder[1]. Wir haben daraus sechs verschiedene Kategorien gebildet, die wir dir nachfolgend nochmals ins
Gedächtnis rufen möchten. Genauere Auskunft zu den einzelnen Berufen erhältst du unter anderem bei
der Bundesagentur für Arbeit.

Bundesagentur für Arbeit
Die Bundesagentur für Arbeit hat der Arbeitsagentur in vielen Städten ein Berufsinformationszentrum, kurz
BIZ genannt, angegliedert. Diese Berufsinformationszentren arbeiten eng mit den Industrie- und Handelskammern sowie den Handwerkskammern zusammen und können so Auskunft zu über 400 dualen[2] und schulischen Ausbildungsberufen geben. In zahlreichen Informationsmappen vor Ort oder auf der Internetseite berichten sie über den Traumberuf. Sie beschreiben die einzelnen Berufsbilder und deren Tätigkeiten, führen
Zugangsvoraussetzungen und Aufstiegschancen auf und geben durchschnittliche Verdienstmöglichkeiten an.

2.2.1   Berufsfeld kaufmännische Berufe

Wer denkt, es gibt nur den Industrie- und Einzel-
handelskaufmann, der ist auf dem Holzweg. Kaufmännische Ausbildungsberufe gibt es in vielen
Branchen und verlangen daher vielfältige Fähigkeiten. Man findet sie sowohl in Industrie und Handel als auch im Dienstleistungssektor und der öffentlichen Verwaltung.

Aus diesem Grund ist auch das Betätigungsfeld
sehr vielfältig: Banken- und Versicherungswesen,
Spedition und Logistik, Tourismus, Sport und Freizeit usw.

---

1   vgl. hierzu: Bundesinstitut für Berufsbildung (BIBB), „Berufsfeld-Definitionen des BIBB", Bonn 2008
2   Als dual wird eine Ausbildung bezeichnet, wenn sie sowohl im Ausbildungsbetrieb als auch in der Berufsschule stattfindet,
     wie z. B. bei einem Einzelhandelskaufmann oder Industriekaufmann.

Obwohl die kaufmännischen Berufe in vielen verschiedenen Branchen ausgeübt werden, gibt es doch einige Schlüsselqualifikationen, die in allen Ausbildungen gleich sind. Dazu gehören beispielsweise Kommunikations- und Teamfähigkeit, gute Kenntnisse in den Bereichen Rechnungswesen, Personalwirtschaft, Marketing, Einkauf und Verkauf und insbesondere natürlich der Umgang mit Kunden und Lieferanten.

Welche Voraussetzungen sollte man mitbringen? Da man mit Geld verantwortungsbewusst umgehen muss, sollte man gute Noten im Fach Mathematik haben. Der „richtige" Umgang mit Kunden und Lieferanten erfordert vor allem gute Noten im Fach Deutsch; wenn das Unternehmen möglicherweise auch Kunden im Ausland hat, ist eine gute Note im Fach Englisch oftmals eine wichtige Voraussetzung. Und schließlich ist es immer von Vorteil, schon betriebswirtschaftliche Grundlagen zu beherrschen. Deswegen sind gute Noten gerade im Fach „Betriebswirtschaftliche Steuerung und Kontrolle" für viele Ausbildungsbetriebe enorm wichtig.

2.2.2 Berufsfeld handwerkliche Berufe

Vor allem praktisches Können sind im Berufsfeld Industrie und Handwerk notwendig. Ob Industriemechaniker, Mechatroniker, Maurer oder Schreiner: Genauigkeit und handwerkliches Geschick sind oberstes Gebot; also zwei linke Hände sind in diesem Berufsfeld fehl am Platz.

Im Handwerk gibt es ca. 150 einzelne Berufsbilder in den verschiedensten Branchen (Bau, Metall, Holz, Papier), die alle ihre eigenen Anforderungen an die Auszubildenden stellen. Neben den körperlichen Voraussetzungen ist aber gerade auch Kopfarbeit gefordert, denn jeder einzelne Arbeitsschritt muss schließlich geplant werden. Es wird viel gebaut, repariert oder instand gesetzt.

Somit setzen die Ausbildungsbetriebe logisches Denken voraus; d. h. gute Noten sollte man vor allem in den naturwissenschaftlichen Fächern Mathematik und Physik mitbringen. Da aber natürlich auch das ständige Eingehen auf Kundenwünsche und damit verbundene Kommunikationsfähigkeit vorausgesetzt werden, sollte die Note im Fach Deutsch entsprechend gut sein.

Hinzu kommen Kreativität und die Kompetenz, Probleme zu lösen. Denn letztendlich soll das, was man macht, auch funktionieren. Schließlich arbeiten fast alle Unternehmen mit der neuesten Technik; daher sind oftmals auch gute EDV-Kenntnisse gern gesehen.

2.2.3 Berufsfeld soziale Berufe

Die zentrale Kompetenz aller sozialen Ausbildungen ist das Arbeiten für und mit Menschen, ob jung oder alt, ob gesund oder krank.

Bei fast allen Ausbildungen im sozialen Bereich ist vor allem auch eine pädagogische Grundausbildung gefragt.

Dieses Berufsfeld hält eine ganze Reihe unterschiedlicher Berufe bereit: von der Kindergärtnerin/dem Kindergärtner und der Erzieherin/dem Erzieher über die Altenpflegerin/den Altenpfleger bis hin zur Sozialhelferin/den Sozialhelfer.

Immer im Vordergrund dieser Berufe steht die Arbeit mit Menschen; neben guten Noten in Mathematik, Deutsch und naturwissenschaftlichen Fächern ist vor allem die Zeugnisbemerkung zum Verhalten, der Teamfähigkeit und den Umgangsformen von zentraler Bedeutung.

Ausbildungen im sozialen Bereich finden oft an Berufsfachschulen statt, also nicht im sogenannten dualen System (Kombination aus schulischer und beruflicher Ausbildung). Dafür gibt es Einblicke in die Berufspraxis durch intensive Praktika. Diese Praktika sind nicht nur theoretisch vorgesehen, sondern verpflichtender und zentraler Bestandteil der Ausbildung.

2.2.4 Berufsfeld medizinische Berufe

Um eine medizinische Ausbildung im Dienste der menschlichen Gesundheit zu beginnen, stehen ganz unterschiedliche Berufe zur Wahl. Von ganz nah am Menschen bis zur technischen und kaufmännischen Seite der Medizin ist für alle medizinisch Interessierten etwas dabei.

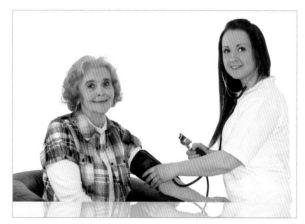

Das medizinische Berufsfeld ist sehr weit gefächert: von der (Zahn-)Medizinischen oder Pharmazeutischen Fachangestellten über den Rettungsassistenten und die Krankenschwester/den Krankenpfleger bis zur Kauffrau/zum Kaufmann im Gesundheitswesen. Auch in diesem Berufsfeld steht der Mensch im Vordergrund.

Voraussetzungen in all diesen Berufen sind vor allem die Umgangsformen und die Teamfähigkeit. Denn zum beruflichen Tagesgeschäft gehört die Betreuung von Patienten und Angehörigen. Aber natürlich spielt der Spaß am Umgang mit technischen und medizinischen Geräten ebenfalls eine Rolle, vor allem beim Assistieren während einer OP.

Neben den Ausbildungen, bei denen die Medizin im Vordergrund steht, gibt es auch noch diejenigen mit dem Schwerpunkt im kaufmännischen Bereich: Arzneimittel und Arztbedarf bestellen, verwalten und natürlich verkaufen (speziell in der Apotheke). Somit spielen gerade hier gute Noten im Fach „Betriebswirtschaftliche Steuerung und Kontrolle" eine wichtige Rolle.

2.2.5 Berufsfeld gestalterische Berufe

Kreativität ist die wohl wichtigste Voraussetzung im gestalterischen Berufsfeld. Ob im Architekturbüro, in einem Unternehmen der Mode-, Kunst- oder Musikbranche oder auch in Unternehmen, die Spiele und Software entwickeln: Entscheidend sind immer die Ideen, die der Mitarbeiter hat. Aus diesem Grund schauen Ausbilder gerne auf die Noten in den künstlerischen Fächern. Aber eine künstlerische Ader allein reicht nicht aus. Auch technisches und kaufmännisches Grundverständnis spielen in vielen Berufen eine Rolle. Denn was nützt ein neu entwickeltes Computerspiel, das entweder nicht funktioniert oder aufgrund sehr hoher

Entwicklungskosten viel zu teuer ist? Auch ein Gebäude mag auf dem Zeichenbrett noch so kreativ und schön wirken: Ist der Bau technisch nicht möglich oder viel zu kostenaufwendig, wird niemand die Zeichnung realisieren, also das Gebäude nie bauen. Daher spielen gute Noten in Mathematik sowie Betriebswirtschaftlicher Steuerung und Kontrolle eine besondere Rolle.

2

Lernbereich 10II.2.1

Wer eine gestalterische Ausbildung machen will, kann zwischen Foto, Grafik, Informationsdesign, Kommunikationsdesign, Mode oder Schmuck wählen.

2.2.6 Berufsfeld informationstechnische Berufe

Ohne Computer geht es in unserem Zeitalter so gut wie gar nicht mehr. In den meisten Jobs wird nicht nur mit dem Computer gearbeitet, sondern auch kommuniziert. Doch wer kümmert sich darum, dass immer alles funktioniert und wer installiert die Programme? Für diese Aufgaben hat sich in den letzten Jahren der IT- und Telekommunikationssektor entwickelt. Da es sich um eine sehr junge Branche handelt, ist der Bedarf an guten Fachkräften natürlich groß. Die passende Ausbildung dazu gibt es im Bereich Informations- und Kommunikationstechnik: Fachinformatiker, Informatikkaufmann, IT-System-Elektroniker und IT-System-Kaufmann. Typische Aufgaben in der Informations- und Kommunikati-

onstechnik sind z. B. das Programmieren von Betriebssystemen und deren Wartung, das Beraten von Kunden oder die Leitung von IT-Projekten.

Schulische Voraussetzungen sind selbstverständlich sehr gute Noten im Fach IT sowie ein gutes Verständnis von mathematischen Fragestellungen und deren Lösungsansätze. Durch die internationale Vernetzung ist Englisch die Geschäftssprache; deswegen müssen die Kompetenzen in diesem Fach ebenfalls sehr gut sein. Darüber hinaus muss gerade der Informatikkaufmann Kompetenzen im Fach Betriebswirtschaftliche Steuerung und Kontrolle vorweisen, da zu seinem Hauptaufgabenfeld das Planen und Berechnen von IT-Projekten gehört.

2.3 Lernsituation 6: Wir erkunden regionale und überregionale Ausbildungsangebote

Dienstag, kurz vor der ersten Stunde: BSK steht auf dem Stundenplan. Luca checkt noch einmal kurz sein Handy und sieht eine WhatsApp von seinem Freund:

HELP!!! Du musst mir unbedingt helfen ... Wir sollen den Wandertag auf eine Ausbildungsmesse organisieren???!!! Hast du davon Ahnung und kommst du nach der Schule bei mir vorbei???

1. Macht euch mit der Situation vertraut, indem ihr euch zunächst orientiert: Stellt sicher, dass euch klar ist, was eure Aufgabe ist. **(Orientierung und Information)**
2. Plant euer weiteres Vorgehen, indem ihr euch Gedanken macht, was in dieser konkreten Situation zu tun ist, und notiert diese stichpunktartig. Teilt euch ggf. in Gruppen auf. **(Planung)**
3. Erstellt eine Mindmap über Ausbildungsmessen und andere Ausbildungsinformationsangebote (ggf. in thementeiliger Gruppenarbeit) im späteren Berufsleben. **(Durchführung)**
4. Präsentiert eure Ergebnisse im Klassenplenum und diskutiert über sie. Prüft eure Mindmaps auf Vollständigkeit und Richtigkeit und bewertet sie mithilfe eines Bewertungsbogens. **(Bewertung)**
5. Übernehmt die Mindmaps (z. B. mithilfe eines Fotos) in euren Hefter. Überlegt und notiert euch im Anschluss, was euch bei der Erstellung gut gelungen ist und was bei nächsten Mal noch verbessert werden sollte. Berücksichtigt eure Erkenntnisse in der Zukunft. Haltet in eurem Portfoliohefter außerdem fest, welche Termine ihr in der Region wahrnehmen möchtet. **(Reflexion)**
6. Verfasst einen Bericht zum Besuch einer Ausbildungsmesse (Verknüpfung Deutsch). Organisiert den Besuch einer Ausbildungsmesse bzw. Informationsangebote im Haus. **(Übung)**

2.3.1 Möglichkeiten zur Berufsinformation

Neben der Bundesagentur für Arbeit helfen gerade Ausbildungsmessen oder der Girls- und Boys-Day, bei denen Auszubildende und Mitarbeiter vor Ort sind, in kurzer Zeit viele Informationen über verschiedene Berufe oder Berufsfelder zu erhalten.

2.3.1.1 Girls- und Boys-Day[3]
Einmal jährlich findet in Deutschland der Girls- und Boys-Day statt. Dabei stellen Betriebe Ausbildungsberufe vor, bei denen der Männer- bzw. Frauenanteil unter 40 % liegt. So können die Mädchen in Berufe wie Berufsfeuerwehrfrau, Informatikerin, Tischlerin, Schornsteinfegerin oder Industriemechanikerin hineinschnuppern und die Aufgaben der einzelnen Berufe kennenlernen. Die Jungs hingegen probieren sich in Berufen wie Erzieher, Kaufmann für Büromanagement, Florist oder Altenpfleger aus.

2.3.1.2 Berufsausbildungsmessen

Viele Betriebe informieren auf Ausbildungsmessen über sich, ihre Arbeit und Ausbildungen sowie freie Ausbildungsplätze. In Vorträgen berichten sie über ihre Tätigkeiten und in Gesprächen stehen die Mitarbeiter der einzelnen Betriebe für Fragen zur Verfügung. Berufsausbildungsmessen helfen Schülern so, sich über einen Beruf und dessen Ausbildung klar zu werden und Kontakte für zukünftige Ausbildungsplätze zu knüpfen. Ein Jahr vor dem erwünschten Schulabschluss beziehungsweise im Abschlussjahr ist die Berufsausbildungsmesse des Weiteren eine gute Möglich-

keit, um Bewerbungsunterlagen abzugeben oder Vorstellungsgespräche direkt vor Ort zu führen und sich so einen Ausbildungsplatz zu sichern. Es ist empfehlenswert, sich dafür kurz am Stand vorzustellen und sich bereits zu Hause über das Unternehmen zu informieren und Fragen vorzubereiten. Beispielhaft sollen drei Messen für zukünftige Ausbildende kurz vorgestellt werden:

---

3   weitere Informationen und Veranstaltungstermine abrufbar unter www.girls-day.de/ und www.boys-day.de/

2

Lernbereich 10II.2.1

Internationale Handwerksmesse in München

Auf dem Messegelände präsentieren sich seit vielen Jahren jedes Frühjahr über 1 000 Aussteller aus über 60 Gewerken. Sie laden die Besucher ein, Trends in den Handwerksberufen zu entdecken und zu bestaunen oder in Live-Werkstätten, Diskussionsforen und Sonderschauen die Handwerksberufe besser kennenzulernen. Dies ist für Schüler eine gute Möglichkeit, vielfältige handwerkliche Berufe hautnah zu erleben und den Entscheidungsprozess über zukünftige Ausbildungsberufe entscheidend voranzutreiben.

Vocatium

In verschiedenen Regionen des Freistaates Bayern finden die Vocatium-Messen, die Fachmessen für Ausbildung und Studium, statt. In Vorbereitung auf eine Messe erhalten die Schüler ein Messehandbuch mit den einzelnen Ausstellern und den Angeboten. Am Messetag können die Schüler sich in Fachvorträgen zu den einzelnen Ausbildungsberufen informieren, Unterstützung für zukünftige Bewerbungen in Anspruch nehmen und in vereinbarten Vorstellungsgesprächen direkt vor Ort die Personaler der Unternehmen von sich überzeugen.

Parentum

Das Institut für Talententwicklung unterstützt Eltern und ihre Kinder einmal im Jahr an mehreren Messestandorten bei der Beantwortung der Frage: „Was macht mein Kind nach der Schule?"

Die Besucher können sich über aktuelle Ausbildungsmöglichkeiten informieren, Bewerbungsunterlagen überprüfen lassen, Einstellungstests und Vorstellungsgespräche üben oder sich über finanzielle Hilfen und Überbrückungsmöglichkeiten beraten lassen. Regionale und überregionale Unternehmen stehen den Schülern und deren Eltern zu vielen Fragen rund um die Ausbildung Rede und Antwort.

Informationen über Messen in deiner Region findest du bei den Industrie- und Handelskammern oder Handwerkskammern, bei der Arbeitsagentur oder durch einen Blick in die Tageszeitung.

2.3.1.3 Berufsinformationstag

Eine Alternative zu den verschiedenen Ausbildungsmessen bieten einige Schulen, die einen Berufsinformationstag organisieren. Sie laden dazu mehrere Vertreter aus Betrieben ein, damit diese über ihre Tätigkeit und Zugangsvoraussetzungen berichten und Fragen der Schüler beantworten können. Doch auch verschiedene Unternehmen bieten einen Schnuppertag oder einen Tag der offenen Tür, um einen Einblick in die einzelnen Berufe und deren Zugangsvoraussetzungen zu geben.

Die Industrie- und Handelskammern bieten den Schulen den Besuch von sogenannten Ausbildungsscouts an. Dabei berichten Auszubildende verschiedener Ausbildungsberufe in den Vorabgangsklassen von ihrer Motivation zu diesem Beruf, dem Ablauf der Ausbildung und beruflichen Perspektiven nach dem Abschluss. Unterstützt wird dieses Programm durch das Bayerische Staatsministerium für Wirtschaft und Medien, Energie und Technologie. Alle Beteiligten profitieren davon: Die Schüler erhalten durch die Scouts einen authentischen Einblick und Hinweise für die Berufswahl. Der Besuch ergänzt in den Schulen die Berufsorientierung und unterstützt die Schüler bei ihrem Weg in einen neuen Lebensabschnitt. Die Präsentationsfähigkeit und das Engagement der Auszubildenden werden gefördert und die Unternehmen bestärken die Schüler bei der Wahl einer Ausbildung, sichern sich ihre Fachkräfte und bauen ihr Netzwerk zu den Schulen aus.

Lernbereich 10II.2.2: Sich bewerben

Kapitel 3

3 Lernbereich 10II.2.2: Sich bewerben

3.1 Lernsituation 7: Wir erstellen ein Bewerbungsanschreiben

Kompetenzerwartungen
Die Schülerinnen und Schüler

– wählen für sie passende Ausbildungsbetriebe anhand selbst gewählter Kriterien aus.
– erstellen mit geeigneten Informations- und Kommunikationssystemen eine normgerechte und ansprechende Bewerbungsmappe, auch für den E-Mail-Versand. Sie nutzen die Möglichkeit einer Online-Bewerbung.
– achten bei allen Kontakten mit potenziellen Arbeitgebern auf ihr Auftreten und auf ihr äußeres Erscheinungsbild.
– lösen mögliche Einstellungstests und bewältigen weitere Auswahlverfahren, z. B. Assessment-Center, Präsentation der eignen Person. Dabei zeigen sie Einsatzbereitschaft, Selbstvertrauen, Ausdauer und strategisches Handeln.
– führen ein Bewerbungsgespräch. Sie bereiten sich auf das Gespräch vor, indem sie sich über das Unternehmen informieren, mögliche an sie gerichtete Fragestellungen antizipieren und eigene Fragen formulieren.
– reflektieren ihr Auftreten, Verhalten und ihr äußeres Erscheinungsbild im gesamten Bewerbungsverfahren und leiten daraus Schlussfolgerungen für weitere Bewerbungen ab, die sie schriftlich fixieren.

Erik, Schüler der zweistufigen 10. Klasse, erhält von seinem Kumpel Clemens eine E-Mail:

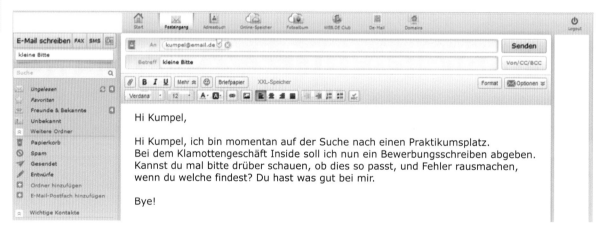

Hi Kumpel,

Hi Kumpel, ich bin momentan auf der Suche nach einen Praktikumsplatz.
Bei dem Klamottengeschäft Inside soll ich nun ein Bewerbungsschreiben abgeben.
Kannst du mal bitte drüber schauen, ob dies so passt, und Fehler rausmachen, wenn du welche findest? Du hast was gut bei mir.

Bye!

Bewerbungsschreiben

Hallo, Leute,

wie telefonisch mit dem Chef Lars abgemacht, schicke ich euch mal mein Bewerbungsschreiben. Wie ihr ja bereits wisst, bin ich total hipp und steh voll auf Klamotten und wollte einfach mal bei euch ein paar Tage Praktikum machen. Denke, dies kommt voll cool bei meinen Kumpels an, und in der Schule meinten die auch, das wäre ganz gut, so ein Praktikum.
Also ruft mich an oder schreibt mir ne WhatsApp, ob es passt, wenn ich so gegen 09:00 Uhr am ersten Tag vorbeikomme.
Clemens

1. Macht euch mit der Situation vertraut, indem ihr euch zunächst orientiert: Stellt sicher, dass euch klar ist, was eure Aufgabe ist. **(Orientierung und Information)**
2. Plant euer weiteres Vorgehen, indem ihr euch Gedanken macht, was in dieser konkreten Situation zu tun ist, und notiert diese stichpunktartig. **(Planung)**
3. Erstellt je Gruppe ein Bewerbungsschreiben und achtet dabei auch auf die DIN-Vorschriften. Präsentiert eure Ergebnisse anschließend im Klassenplenum und diskutiert über sie. **(Durchführung)**
4. Bestimmt im Anschluss das beste Bewerbungsschreiben durch eine Punktebewertung. **(Bewertung)**
5. Erstellt euch eine Vorlage für ein Bewerbungsschreiben mit den wichtigsten Punkten und DIN-Regeln und heftet diese in eure Portfolio-Mappe. **(Reflexion)**
6. Erstellt für euren Traumberuf ein Bewerbungsschreiben für eine Praktikums- bzw. Ausbildungsstelle. **(Übung)**

Das Bewerbungsanschreiben ist das Kernstück einer Bewerbung und dient als Visitenkarte deiner Persönlichkeit, mit ihr wirbst du für dich selbst. Es sollte grundsätzlich mit einem Textverarbeitungsprogramm, z. B. Word, unter Beachtung der DIN-Regeln sowie der deutschen Rechtschreibung und Zeichensetzung erstellt werden.

Verwende eine Standardschrift wie Times New Roman oder Arial mit Schriftgröße 12 und beschränke dich auf eine DIN-A4-Seite. Achte beim Ausdruck deines Schreibens auf gutes Papier.

Jedes Bewerbungsschreiben sollte sinnvoll aufgebaut, auf das Wesentliche beschränkt und dennoch informativ sein sowie durch individuelle Formulierungen eine persönliche Note erhalten und nicht die reine Abschrift von Musterbriefen werden. Gestalte das Schreiben in einem seriösen Ton, argumentiere schlüssig und klar.

Beantworte dir bei der Formulierung des Anschreibens die Fragen: „Warum interessiere ich mich für diesen Beruf/die Ausbildung?", „Warum bewerbe ich mich bei diesem Betrieb?", „Welche Fähigkeiten, die in dem Beruf verlangt werden, bringe ich mit?"

Knüpfe im Hauptteil an die StelLucausschreibung oder ein absolviertes Praktikum an, indem du auf die gewünschten Anforderungen des Ausbildungsberufes eingehst. Schildere dem Personaler deine derzeitige schulische Situation und deinen angestrebten Schulabschluss sowie deine Fähigkeiten und Kompetenzen, damit er sich schnell ein Bild von dir machen kann.

Bestandteile des Bewerbungsanschreibens:

1. Absenderdaten mit E-Mail-Adresse
2. Ort und Datum
3. Empfängerdaten unter Nennung des Ansprechpartners
4. Betreffzeile: Bewerbung um den Ausbildungsplatz als …
5. Anrede
6. Einleitungssatz (Hier kannst du auf eine StelLucanzeige oder ein Telefonat verweisen.)
7. derzeitige Situation (derzeitige Schule, voraussichtlicher Abschluss zum …)
8. Begründung des Berufswunsches und Hervorhebung der eigenen Fähigkeiten
9. Schlusssatz (Hier kannst du schreiben, dass du dich über die Einladung zu einem Vorstellungsgespräch freuen würdest.)
10. Gruß
11. (handschriftliche) Unterschrift
12. Anlagenvermerk

Max Steinert bewirbt sich bei dem Versicherungsunternehmen Sorglos, bei dem er bereits ein Praktikum absolviert hat.

❶ Max Steinert
Bamberger Str. 88
97084 Würzburg
Telefon: 0931 875220
E-Mail: steinert.m@googlemail.de
.
.
.
.
.
.

❸ Versicherung Sorglos
Personalabteilung
Frau Maren Lang
Bahnhofstr. 26
96050 Bamberg
.
.

❷ Würzburg, 13. März 20XX
.
.

❹ **Bewerbung um einen Ausbildungsplatz als Versicherungskaufmann zum 1. August 20XX**
Ihre Stellenanzeige in der Frankfurter Allgemeinen Zeitung vom 10. März 20XX
.
.

❺ Sehr geehrte Frau Lang,
.

❻ mit sehr großem Interesse habe ich Ihre Anzeige gelesen und bewerbe mich um einen Ausbildungs-platz zum 1. August 20XX in der Filiale Würzburg.
.

❼ Ich besuche derzeit die 10. Klasse der Städtischen Wirtschaftsschule Leonberger, die ich im nächsten Jahr mit dem Abschluss der Mittleren Reife verlassen werde.
.

In einem einwöchigen freiwilligen Betriebspraktikum bei der Versicherung Unendlich konnte ich bereits erste Eindrücke zum Berufsbild des Versicherungskaufmannes und dessen Anforderungen sammeln. Zusätzlich habe ich mich bei der Berufsberatung im Berufsinformationszentrum über die Ausbildung informiert.
.

❽ Da ich sehr kontaktfreudig und offen bin, freue ich mich auf den Kundenkontakt. Die Arbeit im Team bereitet mir große Freude, so habe ich mit meinen Klassenkameraden im Landesschulwettbewerb zum Thema Sparanlage den zweiten Platz errungen. Die Kenntnisse in den Office-Programmen Word, Excel und PowerPoint habe ich im Team der Schulhomepage perfektioniert. Ich bin überzeugt, dass ich die Anforderungen des Berufes sowohl im Betrieb als auch in der Berufsschule meistern kann, da ich gute Noten im Fach BSK mitbringe.
.

❾ Ich kann mir gut vorstellen, dass ich Ihr motiviertes und junges Team tatkräftig mit neuen Ideen unter-stützen kann, und freue mich bereits jetzt auf eine Einladung zum Vorstellungsgespräch.
.

❿ Mit freundlichen Grüßen
.

⓫ *Max Steinert*
Max Steinert
.

⓬ Anlagen

3.2 Lernsituation 8: Wir erstellen einen Lebenslauf

Erik berichtet seinem Klassenkameraden Thomas von seinem Kumpel.

Erik:	Oh Mann, mit meinem Kumpel Clemens habe ich gestern was durchgemacht ...
Thomas:	Du klingst ja total geschafft, was gab es denn?
Erik:	Naja, Clemens brauchte ein Bewerbungsschreiben für einen Praktikumsplatz und hatte echt keine Ahnung! Bis ich alles berichtigt hatte, war es Abend.
Thomas:	Ein Glück, dass wir das im BSK-Unterricht besprochen haben. Hat er auch einen Lebenslauf geschrieben?
Erik:	Lebenslauf? Nein, aber da kenne ich mich auch nicht aus.
Thomas:	Komm, ich erkläre dir, wie ein guter Lebenslauf aussehen sollte.

1. Macht euch mit der Situation vertraut, indem ihr euch zunächst orientiert. (**Orientierung und Information**)
2. Plant euer weiteres Vorgehen, indem ihr euch Gedanken macht, was in dieser konkreten Situation zu tun ist, und notiert diese stichpunktartig. (**Planung**)
3. Erstellt in der Gruppe einen Lebenslauf für Clemens. (**Durchführung**)
4. Präsentiert eure Ergebnisse dem Klassenplenum und diskutiert über sie. Verbessert ggf. die einzelnen Lebensläufe. Bestimmt im Anschluss den besten Lebenslauf durch ein Blitzlicht. (**Bewertung**)
5. Erstellt euch eine Vorlage für einen Lebenslauf mit den wichtigsten Punkten und DIN-Regeln und heftet sie in eure Portfolio-Mappe. (**Reflexion**)
6. Erstellt euren persönlichen Lebenslauf. (**Übung**)

Lebenslauf

Der Personaler erhält mit dem Lebenslauf einen schnellen Überblick über deine Schullaufbahn, deine Kenntnisse und deine Fähigkeiten. Der Lebenslauf kann in tabellarischer oder ausführlicher Form gestaltet sein. Aufgrund der Übersichtlichkeit bevorzugen die Ausbildungsbetriebe in der Regel jedoch die tabellarische Form. Damit die Bewerbung einheitlich wirkt, sollte auch der Lebenslauf mit einem Textverarbeitungsprogramm (wie Word) und in der gleicher Standardschrift wie das Bewerbungsanschreiben (Times New Roman oder Arial, Schriftgröße 12) gestaltet sein. Achte beim Ausdruck auch hier auf gutes Papier.

Inhaltlich kann der Lebenslauf in fünf Abschnitte gegliedert werden: persönliche Daten, Schullaufbahn, Praktika, spezielle Kenntnisse und Fähigkeiten sowie Sonstiges.

Nach dem Allgemeinen Gleichbehandlungsgesetz ist ein Bewerbungsfoto auf dem Lebenslauf nicht verpflichtend, aber ein professionelles Foto kann einen positiven Eindruck hinterlassen. Der Personaler möchte sich von seinen zukünftigen Mitarbeitern ein Bild machen und spätestens beim persönlichen Kennenlernen muss die Identität sowieso offenbart werden. Da es für den ersten Eindruck bekanntermaßen keine zweite Chance gibt, gehören Urlaubs-, Party- und Automatenbilder nicht in eine Bewerbung. Ein kompetenter Fotograf hilft bei der Farbgestaltung und dem Hintergrund und gibt Hinweise, wie man sich sympathisch und dennoch seriös präsentiert. Dazu sollte die Kleidung lieber etwas feiner als zu leger sein und bei Tattoos, Piercings und Make-up ist weniger mehr. Das Bewerbungsfoto kann im 3 : 4-Hochformat oder im 4 : 3-Querformat erstellt werden, die Größe beträgt ca. 6 × 4,5 cm.

Bestandteile des Lebenslaufes:

❶ Absenderdaten mit E-Mail-Adresse
❷ Lebenslauf (Überschrift)
❸ Name, Vorname
❹ Geburtsdatum
❺ Geburtsort
❻ Staatsangehörigkeit
❼ Konfession

❽ (Eltern mit Berufsangabe und Geschwister)
❾ Schullaufbahn
❿ Praktika
⓫ besondere Kenntnisse und Fähigkeiten (Hobby, Ehrenamt)
⓬ Ort und Datum
⓭ (handschriftliche) Unterschrift

Max Steinert erstellt seinen Lebenslauf für das Versicherungsunternehmen Sorglos.

Max Steinert
Bamberger Str. 88
❶ 97084 Würzburg
Telefon: 0931 875220
E-Mail: steinert.m@googlemail.de

❷ Lebenslauf

Persönliche Daten	Name:	Max Steinert ❸
	Geburtstag:	28.01.19XX ❹
	Geburtsort:	Würzburg ❺
	Nationalität:	Deutsch ❻
	Konfession:	römisch-katholisch ❼

❽ Eltern/ Geschwister

Heinz Steinert, Rechtsanwalt (Strafrecht)
Martina Steinert, Steuerfachangestellte (Teilzeit)

Katharina Steinert, Studentin an der Juristischen Fakultät
der Julius-Maximilians-Universität in Würzburg

❾ Schulbildung

Sep. 20XX–Juli 20XX: Grundschule Sonnenschein, Würzburg
Sep. 20XX–jetzt: Städtische Wirtschaftsschule Leonberger, Würzburg

Voraussichtlicher Abschluss: Mittlere Reife

❿ Praktikums-erfahrung

März 20XX   Betriebspraktikum Versicherung Unendlich

Kenntnisse

Microsoft Office

⓫

Hobbys

Volleyball beim TSV Schnell Werneck;
Schach

⓬ Würzburg, 13. März 20XX

⓭ *Max Steinert*

Max Steinert

3.3 Lernsituation 9: Wir erstellen eine komplette Bewerbungsmappe

Erik: Hi, Thomas, danke nochmal für deine Hilfe beim Lebenslauf. Dann bin ich jetzt bestens gerüstet für den Fall, dass ich mal selbst eine Bewerbung schreiben muss.

Thomas: Naja, aber zu einer Bewerbung gehört mehr als nur das Anschreiben und der Lebenslauf.

Erik: Echt, was braucht man denn noch alles?

Thomas: Oh Mensch, BSK ist aber auch nicht deine Stärke. Komm, ich zeig es dir ...

1. Macht euch mit der Situation vertraut, indem ihr euch zunächst orientiert. Betrachtet dazu die nachfolgenden Belege. Stellt sicher, dass euch klar ist, was eure Aufgabe ist. **(Orientierung und Information)**
2. Plant euer weiteres Vorgehen, indem ihr euch Gedanken macht, was in dieser konkreten Situation zu tun ist, und notiert diese stichpunktartig. **(Planung)**
3. Erstellt eine Übersicht, aus der hervorgeht, welche Unterlagen in einer Bewerbungsmappe in welcher Reihenfolge enthalten sein müssen. **(Durchführung)**
4. Vergleicht und bewertet euer Ergebnis mit anderen Gruppen mithilfe der Kugellagermethode. Übernehmt euer Ergebnis in die Portfolio-Mappe. **(Bewertung/Reflexion)**
5. Erstellt eure persönliche Bewerbungsmappe. **(Übung)**

3.3.1 Bewerbungsmappe

Eine vollständige Bewerbungsmappe besteht aus drei Teilen: Anschreiben, Lebenslauf mit Bewerbungsfoto sowie Zeugnisse und Nachweise.

- **Das Anschreiben** ist das oberste Blatt der Mappe. Es fällt dem Personaler als Erstes ins Auge und sollte leicht zu entnehmen sein.
- **Der Lebenslauf** mit Bewerbungsfoto, das Herzstück, wird direkt hinter dem Anschreiben eingeheftet.

Zeugnisse und Nachweise bilden den dritten Teil der Bewerbung und enthalten alle Dokumente, die die berufliche Eignung und die Angaben im Lebenslauf belegen. Dazu gehören Schulzeugnisse, Praktikumsbescheinigungen, Sporttests, der Führerschein oder falls verlangt auch ein polizeiliches Führungszeugnis. Die Auswahl der außerschulischen Dokumente ist abhängig vom jeweiligen Beruf und sollte möglichst einen Zusammenhang zum Ausbildungswunsch aufweisen.

Der Auswahl der eigentlichen Mappe sollte ebenso viel Bedeutung beigemessen werden wie dem Inhalt. Verwende besser eine stabile Bewerbungsmappe in dezenten Farben aus einem gut sortierten Schreibwarengeschäft als die billige Plastikmappe aus dem Supermarkt, um den Personaler zu überzeugen. Die Entscheidung zwischen einer zweiseitige Aufklappmappe und einer dreigeteilten Bewerbermappe ist Geschmackssache, doch wird letztere in Personalabteilungen oft als unpraktisch und sperrig empfunden. Die zu verschickende Bewerbungsmappe sollte selbstverständlich neu sein und keine Knicke, Kaffeeflecken oder sonstigen Verunreinigungen aufweisen.

Lernbereich 10II.2.2

3.3.2 Bewerbungsmanagement

Das Bewerbungsverfahren ist in der Regel nicht von heute auf morgen erledigt und bedarf einer sorgfältigen Planung. Es ist keine Seltenheit, dass Schüler auf der Suche nach einem Ausbildungsplatz mehr als zehn Bewerbungen schreiben. Vor allem bei größeren und kommunalen Unternehmen verlangt das Bewerbungsverfahren Geduld und Ausdauer, da es sich aufgrund des umfangreichen Auswahlverfahrens über mehrere Monate hinzieht und der Bewerber eventuell auch telefonisch nachfragen muss. Um jederzeit einen genauen Überblick zum aktuellen Bewerbungsstand zu haben und auf Nachfragen seitens der Unternehmen reagieren zu können, empfiehlt es sich, einen Zeitplan und eine Checkliste zu erstellen.

Ein Zeitplan könnte wie folgt aussehen:

3. Quartal Vorabschlussjahr	4. Quartal Vorabschlussjahr	1. Quartal Abschlussjahr	2. Quartal Abschlussjahr	3. Quartal Abschlussjahr	4. Quartal Abschlussjahr
eigene Stärken und Schwächen herausfinden					
im BIZ informieren					
StelLucanzeigen in der Zeitung durchsuchen					
Bewerbungsunterlagen erstellen					
	Versand der Bewerbungsunterlagen				
	Rückmeldungen abwarten, evtl. telefonisch nachfragen				
	Vorbereitung auf Einstellungstests und AC				
		Vorstellungsgespräche vorbereiten			
			Unterzeichnung Ausbildungsvertrag		
					erfolgreicher Schulabschluss

Die Checkliste kann handschriftlich oder mithilfe eines Datenverarbeitungssystems geführt werden und sollte wichtige Informationen zum Unternehmen beinhalten. Ein mögliches Beispiel einer Checkliste:

Checkliste				
Ausbildungsberuf:				
Anschrift Unternehmen:				
Ansprechpartner:				
Bewerbung am:				
Form (Post/PC):				
Rückfrage am:				
Einstellungstest:				
Vorstellungsgespräch:				
Ergebnis:				
Bemerkungen:				

3.3.3 Onlinebewerbung

Die Bewerbung über das Internet hat sich heutzutage in vielen Personalabteilungen, vor allem im IT-Bereich, in der Finanzwirtschaft oder in Großkonzernen, gegenüber der klassischen Papierbewerbung durchgesetzt. Zwei verschiedene Methoden mit den entsprechenden Vor- und Nachteilen haben sich in der Praxis etabliert, die im Nachfolgenden kurz vorgestellt werden.

Unabhängig, ob die Unterlagen per E-Mail verschickt oder über ein Onlineformular auf der Webseite des Unternehmens hochgeladen werden, es gilt stets, dass alle Unterlagen fehlerfrei, vollständig und übersichtlich sind.

3.3.4 Die E-Mail-Bewerbung

Bei der Onlinebewerbung per E-Mail werden, wie es der Name bereits sagt, alle Unterlagen (Anschreiben, Lebenslauf mit Foto und Zeugnisse) im Anhang der E-Mail versendet. Um Verschiebungen in den Textdokumenten zu vermeiden, empfiehlt es sich, diese in ein PDF-Format umzuwandeln. Die handschriftliche Unterschrift kann eingescannt und mit entsprechender Auflösung in Anschreiben und Lebenslauf eingefügt werden. Packe die einzelnen Dateien in eine Datei, die eine Größe von 2–3 Megabyte nicht überschreitet. Gib der Datei einen aussagekräftigen Namen, z. B. Barbara_Klein_Bewerbung.pdf. Verwende für den Versand eine seriöse E-Mail-Adresse, die auf dich als Bewerber hinweist. Kündige dem Ansprechpartner im Textfeld der E-Mail freundlich und kurz den Anhang an. Achte auch auf die genaue Bezeichnung der Ausbildungsstelle in der Betreffzeile. Wichtig: Kontrolliere vor dem Versenden den korrekten Ansprechpartner in der E-Mail-Adresse, damit die E-Mail beim Empfänger ankommt.

3.3.5 Onlinebewerbung per Formular

Die Unternehmen stellen bei der Onlinebewerbung per Formular eine spezielle Webseite zur Verfügung, auf der alle benötigten Angaben in eine standardisierte Datenmaske einzutragen sind. Alle ausbildungsrelevanten Informationen können aufgrund der einheitlichen, vom Computer lesbaren Form schnell ausgewertet werden. Ergänzende Unterlagen wie Lebenslauf und Zeugnisse lassen sich in der Regel als PDF-Datei beifügen.

3.4 Lernsituation 10: Wir bereiten uns auf einen Einstellungstest vor

Sarah, Schülerin der zweistufigen zehnten Klasse, ist überglücklich, als sie nach Hause kommt und den folgenden Brief vorfindet:

Bewerbung als Sozialversicherungsfachangestellte

Sehr geehrte Frau Klausner,

vielen Dank für Ihr Interesse an unserem Unternehmen. Wir laden Sie zum Einstellungstest am 3. November d. J. in unserem Haus ein.

Bitte bestätigen Sie uns diesen Termin unter der Telefonnummer 0931 25250.

Mit freundlichen Grüßen

Krankenkasse Fit

Bernhard Weidner

Bernhard Weidner
Personalabteilung

Sarah fragt ihre Eltern: „Wisst ihr, was ich bei dem Einstellungstest alles wissen muss?"

1. Macht euch mit der Situation vertraut, indem ihr euch zunächst orientiert: Betrachtet hierzu die erhaltenen Informationen zum Thema Einstellungstest. Informiert euch auch im Internet. Stellt sicher, dass euch klar ist, was eure Aufgabe ist. **(Orientierung und Information)**
2. Plant euer weiteres Vorgehen, indem ihr euch Gedanken macht, was in dieser konkreten Situation zu tun ist, und notiert diese stichpunktartig. **(Planung)**
3. Erstellt eine Übersicht mit unterschiedlichen Testaufgaben unter Angabe eines Beispiels. **(Durchführung)**
4. Präsentiert eure Ausarbeitung dem Klassenplenum und diskutiert über euer Ergebnis. Verbessert ggf. eure Ausarbeitungen.
5. Bewertet eure Arbeit mithilfe der Blitzlichtmethode und übernehmt eure Ausarbeitungen in die Portfolio-Mappe. **(Bewertung)**
6. Bearbeitet im Internet unter der Adresse: www.ausbildungspark.com oder bei der Bundesagentur für Arbeit einen Einstellungstest und reflektiert euer Ergebnis. **(Reflexion)**

Einstellungstest
Um die schulische Qualifikation für den Ausbildungsberuf fair und einheitlich zu überprüfen, greifen vor allem kleine und mittlere Unternehmen zum Auswahlinstrument Einstellungstests. In der Regel werden bei Auszubildenden nur Intelligenztests in den Gebieten Allgemeinwissen, Deutsch (Wortauswahl und sprachliches Denken), Mathematik und logisches Denken sowie Leistungstests zur Konzentrationsfähigkeit eingesetzt. Für einige Berufe im handwerklichen und technischen Bereich werden diese um Aufgaben zum räumlichen und technischen Verständnis ergänzt. Es hilft nur üben, um sich auf die verschiedenen Aufgabentypen vorzubereiten. Einige Beispiele stellen wir dir zu den einzelnen Bereichen vor:

1. Test zum Allgemeinwissen

Die Fragen zum Allgemeinwissen können als offene oder Multiple-Choice-Fragen gestaltet sein.

Offene Fragen

1. Was begann am 24. Oktober 1929 mit dem „Schwarzen Donnerstag"?
2. Wie lange dauert die Amtszeit des Bundesratspräsidenten?
3. Zu welchem Bundesland gehört die Insel Sylt?
4. Wie viel Liter Blut hat ein erwachsener Mensch?
5. In welcher Einheit wird physikalische Arbeit angegeben?

Multiple-Choice-Fragen

1. Was versteht man unter Subventionen?
   a) Unterstützung durch die Handwerkskammern ☐
   b) Kredite für Studierende ☐
   c) staatliche Eingriffe in Wechselkurse ☐
   d) finanzielle Hilfen des Staates ☐

2. Von wem stammt der Text des Deutschlandliedes?
   a) Heinrich Heine ☐
   b) Johann Wolfgang von Goethe ☐
   c) Hoffmann von Fallersleben ☐
   d) Friedrich Schiller ☐

3. Welches Bundesland grenzt an Sachsen-Anhalt?
   a) Hessen ☐
   b) Nordrhein-Westfalen ☐
   c) Brandenburg ☐
   d) Bayern ☐

4. Venen transportieren Blut ...
   a) innerhalb der Organe. ☐
   b) von den Organen zum Herzen. ☐
   c) vom Herzen zu den Organen. ☐
   d) weg vom Herzen und wieder zurück. ☐

5. Unter Wasser ...
   a) ist Schall langsamer als in der Luft. ☐
   b) ist Schall genauso schnell wie in der Luft. ☐
   c) kann sich Schall nicht fortbewegen. ☐
   d) ist Schall schneller als in der Luft. ☐

2. Test zur Wortauswahl und zum sprachlichen Denken

Aufgabe 1: Welches Wort passt sinngemäß nicht zu den anderen?

1. a) putzen   b) schneiden   c) waschen   d) saugen

2. a) jetzt   b) künftig   c) bald   d) demnächst

3. a) laufen   b) stehen   c) sitzen   d) liegen

Lernbereich 10II.2.2

3

Aufgabe 2: Welche Wörter stehen in Beziehung zueinander?

1. Emotion   – Sehnsucht   a) Idee   c) Telefonat
   Kommunikation – ???   b) Handytarif   d) Ventilation

2. Nelke   – Rose   a) Physik   c) Schule
   Biologie   – ???   b) Lehrer   d) Schüler

3. Füller   – Bleistift   a) Glas   c) Topf
   Messer   – ???   b) Teller   d) Löffel

Aufgabe 3: Einige Buchstaben sind hier durcheinandergeraten. Schreibe die Wörter auf.

a) L I E Z _____

b) H U C B _____

c) T O A U _____

d) L I C H M _____

e) Z K E R C U _____

f) R E K I E F _____

3. Test zur Mathematik

Im Bereich Mathematik werden in der Regel Aufgaben zu Grundrechenarten, Dreisatz und Prozentrechnung gestellt.

Aufgabe 1: Berechne im Kopf.

a) 58 – 19 =

b) 3 × 17 =

c) 1,2 + 5,08 =

d) 169 : 13 =

Aufgabe 2: Berechne die Brüche.

a) $\frac{1}{4} + \frac{8}{3} =$

b) $\frac{5}{6} \times \frac{2}{3} =$

c) $\frac{12}{16} - \frac{1}{2} =$

d) $\frac{12}{39} : \frac{13}{168} =$

Aufgabe 3: Löse die Dreisatzaufgaben.
a) 20 Meter eines Stoffes kosten 40,00 €. Wie viel Euro kosten 50 Meter dieses Stoffes?
b) 475 Tüten Gewürz zu je 75 g sollen in Tüten zu je 125 g umgefüllt werden. Wie viel Tüten erhält man?
c) Ein Lagermitarbeiter erhält für 40 Arbeitsstunden einen Bruttolohn von 450,00 €. Wie hoch ist sein Bruttolohn, wenn er im nächsten Monat nur 32 Stunden arbeitet?
d) Der Heizölvorrat einer Firma reicht bei einem Tagesverbrauch von 33 Litern 190 Tage. In wie viel Tagen ist der gleiche Vorrat erschöpft, wenn der tägliche Verbrauch um 3 Liter gesenkt wird?

4. Test zum logischen Denken
Die Testaufgaben zum logischen Denken sind vielfältig. Unternehmen im kaufmännischen Bereich werden sicherlich Zahlenreihen, mit unterschiedlichen Schwierigkeitsstufen, vervollständigen lassen. Doch auch Figuren und Teile von Figuren, die einer gewissen Gesetzmäßigkeit unterliegen, sind oft zu ergänzen.

Aufgabe 1: Ergänze die Zahlenreihen.
a) 32, 28, 34, 29, 36, 30, 38, 31, 40, X, Y
b) 3, 2, 4, 3, 5, 4, 6, 5, X, Y
c) 100, 50, 52, 26, 28 14 X, Y

Aufgabe 2: Ergänze die Dominoreihe.

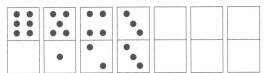

Aufgabe 3: Ergänze die Figurenreihe.

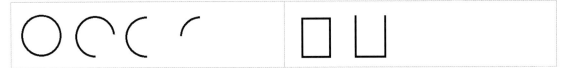

5. Test zur Konzentration

Um die körperliche und geistige Belastbarkeit, die Schnelligkeit, die Sorgfältigkeit und die Ausdauer des Bewerbers zu testen, werden Konzentrationstests eingesetzt. Die vorgegebene Zeit reicht hierbei nicht aus, um den Test zu beenden, damit das Unternehmen sieht, wie der Bewerber in dieser Situation reagiert.

Aufgabe 1: Streiche alle b durch.

qqbqqbpbqpbbqdqpddbpqdpqbpdbpdpdqbpqdbpqpbdpqppdbqpdpppbdqqbpbdqdpq
qppdpqbbpdqdpbdpqqdpdqddpbbpbpbqpbbdpdbqpdqqqbdpdqpqdpbdpqpdqpdqqdp
pbbpdpbqqpdqpdbpdqpdqddpqbbpdbpbbpqdpbdpdbqpdqpbbdpqdpbqdpbddpqbbpqddpbdpbbp-
dqpdbpbbpbdpbpdbpdqqpbdpbqqdpqdpqdbpdbpbpbqbqpdpqbpdqbpdqp

Aufgabe 2: Vergleiche Original und Abschrift und kennzeichne alle Fehler.

Original:	**Abschrift:**
M k 9 2 l p a X d Y k A	M k 6 2 l d q X d Y k A
p 8 R 5 S j K f c 4 3 N l	p 3 R 5 S j K f c 4 8 N J
O w e U v 6 s L 9 k M y	O w e u v 9 s L 9 k N y
7 T n 1 g B u A W 2 p e	7 T m 1 g B u A V 2 p e

Aufgabe 3: Vervollständige das Bild an der Symmetrieachse.

- Informiere dich über mögliche Testaufgaben.
- Erkundige dich über das Unternehmen und lerne seine Leitmotive, seinen Slogan und seine Geschichte.
- Sei ausgeschlafen am Tag des Eignungstests.
- Sei pünktlich beim Unternehmen.
- Arbeite konzentriert und sorgfältig, auch bei Zeitdruck.
- Nutze die Zeit sinnvoll und verharre nicht bei schwierigen Aufgaben.
- Erkundige dich bei Freunden und Bekannten über deren Erfahrungen mit Einstellungstests.

Es existieren zu diesem Thema zahlreiche Bücher und Informationsunterlagen im Internet oder bei der Bundesagentur für Arbeit. Da Einstellungstests nur eine Momentaufnahme darstellen und keine Entwicklungsmöglichkeiten des Bewerbers ablesen lassen, muss eine Absage nicht mit einer Nichteignung gleichgesetzt werden.

Lernbereich 10II.2.2

3

3 Lernbereich 10II.2.2

3.5 Lernsituation 11: Wir sammeln Informationen über das Assessment-Center

Am nächsten Tag trifft Sarah vor der Schule ihre Freundin Mona:

Sarah: Guten Morgen, Mona. Stell dir vor, ich bin zum Einstellungstest bei der Krankenkasse eingeladen.

Mona: Ich habe letzte Woche von der Bank auch eine Einladung erhalten, aber darin steht Assessment-Center und nicht Einstellungstest. Ist das das Gleiche?

Sarah: Oh, sorry, da habe ich keine Ahnung. Komm, lass uns die anderen fragen ...

1. Macht euch mit der Situation vertraut, indem ihr euch zunächst orientiert: Betrachtet hierzu die erhaltenen Informationen zum Thema Assessment-Center. Informiert euch bei Bedarf auch im Internet. Stellt sicher, dass euch klar ist, was eure Aufgabe ist. **(Orientierung und Information)**
2. Plant euer weiteres Vorgehen, indem ihr euch Gedanken macht, was in dieser konkreten Situation zu tun ist, und notiert diese stichpunktartig. **(Planung)**
3. Verfasst eine Mindmap mit typischen Assessment-Center-Aufgaben. **(Durchführung)**
4. Tauscht mit eurem Banknachbarn den Platz und prüft eure Ausarbeitungen gegenseitig. Diskutiert über euer Ergebnis. Verbessert ggf. eure Ausarbeitungen. **(Bewertung)**
5. Bewertet eure Arbeit mithilfe der Ampel-Methode und übernehmt eure Ausarbeitungen in die Portfolio-Mappe. **(Reflexion)**
6. Simuliert in Gruppen einzelne Elemente des Assessment-Centers. **(Übung)**

Assessment-Center (AC)

Ein beliebtes Instrument zur Bewerberauswahl ist das Assessment-Center (AC), das umfangreicher als der reine Einstellungstest ist. Während es früher ausschließlich zur Rekrutierung von Führungskräften eingesetzt wurde, nutzen es heutzutage auch große und mittelgroße Unternehmen zur Auswahl von Auszubildenden. In berufsnahen Situationen können mehrere Bewerber gleichzeitig von den Prüfern beobachtet und auf die Eignung überprüft werden.

Die Dauer variiert zwischen einem halben und einem ganzen Tag und auch der Ablauf eines Assessment-Centers unterscheidet sich von Betrieb zu Betrieb. Einleitend stellen sich die Prüfer in der Regel kurz vor, bevor die Bewerber eine Kennenlernrunde durchlaufen. Im Hauptteil werden die sozialen und methodischen Kompetenzen der Prüflinge und ihre Herangehensweise an die Bewältigung in verschiedenen Aufgaben analysiert. Das AC ist durch die Gruppengröße von acht bis zwölf Teilnehmern und das erforderliche Beobachterteam zwar zeitaufwendig und kostspielig. Aber die Mehrfachbeobachtungen erhöhen die Objektivität der Ergebnisse. Vorteile des AC sind der hohe Praxisbezug und dass auch soziale Kompetenzen überprüft werden können Typische Aufgaben im Assessment-Center sind der Kurzvortrag, das Rollenspiel und die Postkorbübung als Einzelübungen sowie die Gruppendiskussion oder Gruppenarbeit, die nun kurz erklärt werden.

Kurzvortrag

Der Kurzvortrag, auch Präsentation genannt, dient zur Überprüfung der Kompetenzen Ausdrucksfähigkeit und Präsentationsvermögen. Das heißt, der Personaler möchte herausfinden, ob der Bewerber in der Lage ist, einen schlüssigen, klar strukturierten Vortrag mit kurzen, prägnanten Sätzen zu gestalten. Die Themen variIeren zwischen einer Selbstpräsentation oder einer Präsentation zu einem vorgegebenen Thema. Erwähnenswert bei der Selbstpräsenta-

tion sind die schulische Laufbahn unter Angabe der Lieblingsfächer, Interessen und Stärken, die Motivation zum Ausbildungswunsch oder Zukunftswünsche an das Unternehmen. Vermeide während der Präsentation negative Formulierung wie „Ich kann nicht ..." oder „Ich bin nicht gut in ..." und sage lieber „Ich freue mich auf die Herausforderung ...". Ein Vortrag mit Themavorgabe kann beispielsweise im Anschluss an eine Gruppendiskussion bzw. Gruppenarbeit erfolgen. Oftmals ist der Bewerber dann gefordert, den Ablauf und die Ergebnisse oder auch unterschiedliche Lösungsansätze sowie deren Vor- und Nachteilen darzulegen.

Rollenspiel

Das Rollenspiel während des Assessment-Centers wird meist bei Ausbildungsberufen mit Kundennähe eingebaut. Ausgangsszenario ist entweder ein Konfliktgespräch mit Kunden oder Vorgesetzten, ein Streit unter Kollegen oder ein Verkaufsgespräch.

Vor Beginn des Rollenspiels erhält der Bewerber eine Situationsbeschreibung und möglicherweise Handlungsanweisungen. Im Gespräch sind Feingefühl, soziale Kompetenzen und Kompromissbereitschaft trotz gegensätzlicher Handlungsanweisungen gefragt. Eine geschickte Kommunikation nimmt dem Gesprächspartner den Wind aus den Segeln und verhindert die Eskalation.

Beispiele für ein Rollenspiel können sein:
- Reklamation eines Kunden zu einem defekten Produkt
- Streit mit einem Kollegen, wer die Teeküche aufräumt oder die drei Wochen Sommerurlaub im August erhält
- Gespräch mit dem Vorgesetzen wegen nicht erfolgter Beförderung
- Verkauf eines Bleistiftes oder anderer alltäglicher Gegenstände

Postkorbübung

Organisationstalent, Zeitmanagement sowie die Selektion von Informationen und Prioritätensetzung sind bei der Postkorbübung gefragt. Der Bewerber erhält eine Reihe von Anfragen und Aufträge oder auch Telefonate und E-Mails zur Auswahl. Überlege in Ruhe aus dem Blickwinkel der zu handelnden Person, welche Vorgänge wichtig und unaufschiebbar sind. Notiere dir wichtige Dinge, um einen inhaltlichen Zusammenhang zwischen den Vorgängen herzustellen und zeitliche Überschneidungen zu vermeiden. Es existiert in der Regel keine Musterlösung, die Herangehensweise an die Übung und die Entscheidungssicherheit sind entscheidend.

Gruppendiskussion

In der Gruppendiskussion wird häufig ein gesellschaftliches Problem oder eine politische Streitfrage thematisiert. Die Themen könnten beispielsweise lauten:

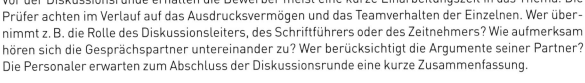

- Wie kann gesunde Ernährung in der Schule umgesetzt werden?
- Ist die Teilnahme an Castingshows für Kinder unter fünf Jahren zu verantworten?
- Sollte sich Deutschland stärker in der Flüchtlingsproblematik engagieren?
- Verstärken Gewalt-Spiele auf dem PC das Aggressionspotenzial Jugendlicher?
- Kann ein Umstieg auf erneuerbare Energien europaweit gelingen?

Vor der Diskussionsrunde erhalten die Bewerber meist eine kurze Einarbeitungszeit in das Thema. Die Prüfer achten im Verlauf auf das Ausdrucksvermögen und das Teamverhalten der Einzelnen. Wer übernimmt z. B. die Rolle des Diskussionsleiters, des Schriftführers oder des Zeitnehmers? Wie aufmerksam hören sich die Gesprächspartner untereinander zu? Wer berücksichtigt die Argumente seiner Partner? Die Personaler erwarten zum Abschluss der Diskussionsrunde eine kurze Zusammenfassung.

3

Lernbereich 10II.2.2

Gruppenarbeit

Im Gegensatz zur Gruppendiskussion ist die Gruppenarbeit projektorientiert aufgebaut. Der Bewerber muss hierbei nicht nur diskutieren können, sondern auch in der Lage sein, analytisch kompakte Lösungen und umsetzbare Konzepte kooperativ zu entwickeln. Je nach Ausbildungsberuf unterscheiden sich auch die Aufgabenstellungen. Beispiele könnten sein:

– Entwickeln Sie eine Stadt mit einer angemessenen Infrastruktur und allen wichtigen Einrichtungen des Lebens.
– Die Umsatzentwicklung des Unternehmens XYZ ist in den letzten Jahren kontinuierlich eingebrochen. Dennoch möchte das Unternehmen in verbesserte Produktionsanlagen investieren und benötigt ein Darlehen. Bereiten Sie eine Präsentation für die Gläubigerbank vor, die zeigt, wie es dem Unternehmen gelingt, die Wirtschaftlichkeit des Unternehmens kurzfristig wiederherzustellen.

Die Herangehensweise an die Aufgabenstellung als Team, die Kooperation der einzelnen Mitglieder sowie das Ergebnis stehen unter Beobachtung des Prüferteams.

3.6 Lernsituation 12: Wir bereiten ein Vorstellungsgespräch vor

Vier Wochen nach dem Einstellungstest erhält Sarah eine Einladung zum Vorstellungsgespräch.

Sarah: Hi, Mona, ich habe von der Krankenkasse eine Einladung zum Vorstellungsgespräch erhalten. Ich freue mich total, bin aber auch schon mega aufgeregt.
Mona: Super, sei einfach du selbst, das klappt schon.
Sarah: Hmmm, ein bisschen vorbereiten wollte ich mich schon ...
Mona: Was willst du denn da vorbereiten?

1. Macht euch mit der Situation vertraut, indem ihr euch zunächst orientiert: Stellt sicher, dass euch klar ist, was eure Aufgabe ist. **(Orientierung und Information)**
2. Plant euer weiteres Vorgehen, indem ihr euch Gedanken macht, was in dieser konkreten Situation zu tun ist und notiere diese stichpunktartig. **(Planung)**
3. Erstellt in der Gruppe einen Videoclip mit einem möglichen Bewerbungsgespräch. Diese Arbeit kann im Klassenverband arbeitsteilig durchgeführt werden, z. B. ein schlechtes und ein gutes Bewerbungsgespräch. Erstellt des Weiteren einen Bewertungsbogen für die Präsentationen der Clips. **(Durchführung)**
4. Bewertet die Videoclips mithilfe eures selbst erstellten Bewertungsbogens, macht ggf. Verbesserungsvorschläge. **(Bewertung)**
5. Überlegt, welche allgemeinen Hinweise zu einem Bewerbungsgespräch gegeben werden können, und zieht aus euren Erkenntnissen Schlüsse für euer zukünftiges Handeln. **(Reflexion)**

Vorstellungsgespräch

Nach einem erfolgreichen Einstellungstest oder Assessment-Center ist der nächste Schritt auf dem Weg zum Ausbildungsplatz das Vorstellungsgespräch. Es bedeutet, dass der Bewerber in die engere Wahl gekommen ist und das Unternehmen Informationen austauschen und den zukünftigen Mitarbeiter kennenlernen sowie dem Interessenten das Unternehmen vorstellen möchte. Wie erfolgreich das Gespräch verläuft, hängt vom ersten Eindruck ab, den der Personalverantwortliche durch Erscheinungsbild, Auftreten und die Umgangsformen sowie die Mimik und Gestik gewinnt.

Idealtypisch gliedert sich das Vorstellungsgespräch in vier Abschnitte:

Der erste Teil besteht aus Begrüßung und Eröffnung des Gesprächs durch einen Small-Talk. Dabei versucht das Unternehmen mit Fragen wie „Haben Sie gut zu uns gefunden?" eine angenehme Atmosphäre zu schaffen und das Eis zu brechen. In dieser Phase erfolgt oftmals eine kurze Vorstellung des Unternehmens und der Gesprächspartner.

Im Anschluss werden dem Bewerber Fragen zur Persönlichkeit und zum schulischen Werdegang gestellt. Diese Phase des Gesprächs kann man zu Hause mit Freunden bereits üben, um durch klare und prägnante Aussagen ein schnelles Gesamtbild von sich zu geben. Im Interview werden die Personalverantwortlichen die Berufswahl und Motivation hinterfragen. Doch auch hier gilt, dass dies in der Regel schon geübt werden kann, da dies meist keine unbekannten Fragen sind. Beispiele hierfür sind: „Welche Voraussetzungen bringen Sie für den gewählten Beruf mit?", „Wie sind Sie auf unser Unternehmen aufmerksam geworden?", „Wo sehen Sie Ihre Stärken und Schwächen?" oder „Was zeichnet Sie gegenüber Ihren Mitbewerbern für diese Ausbildungsstelle aus?"

Im dritten Abschnitt des Gesprächs gibt das Unternehmen Informationen zu Berufsbild, Arbeitsverhalten und Ausbildung im Unternehmen. In diesem Teil kann der Bewerber Fragen zu Schwerpunkten der Ausbildung, der Berufsschule, der Anzahl der Auszubildenden, der Arbeitszeit und Probezeit oder Weiterbildungsmöglichkeiten stellen.

Den Abschluss bilden der Ausklang des Gesprächs und die Verabschiedung. In dieser Phase kann der Bewerber alle Fragen stellen, die in der vorangegangenen Unterhaltung noch nicht geklärt wurden. Bedanke dich zum Abschluss mit einem freundlichen Händedruck für das Gespräch.

Um die Persönlichkeit des Bewerbers zu schützen, sind Fragen zur Familienplanung und Schwangerschaft sowie zu Kirchen-, Partei- oder Gewerkschaftszugehörigkeit unzulässig und dürfen falsch beantwortet werden. Auskünfte zu Vorstrafen und Krankheiten sind zu geben, sofern sie im Zusammenhang mit der Ausbildung stehen, z. B. eine Vorstrafe wegen Diebstahls bei einer Bewerbung zum Kaufmann für Einzelhandel oder eine Erkrankung wie Neurodermitis bei einer Ausbildungsstelle beim Friseur. Alle arbeitsrechtlich zulässigen Fragen müssen vollständig und wahrheitsgemäß beantwortet werden.

Wie bereits beschrieben, wird der erste Eindruck jedoch nicht vom Inhalt des Gespräches, sondern vom Erscheinungsbild und der Körpersprache bestimmt.

3.6.1 Erscheinungsbild

Ein gutes Auftreten sowie ein positives Erscheinungsbild sind gerade in der Arbeitswelt unumgänglich. Die Aussage „Der erste Eindruck zählt" bewahrheitet sich schon im Vorstellungsgespräch, an welchem kein Bewerber – weder Auszubildender noch angehender Mitarbeiter – vorbei kommt. Aufgrund dessen sollte man sich mit dieser Thematik intensiv auseinandersetzen und die gewonnenen Erkenntnisse **nicht** nur in der Berufs- und Arbeitswelt, sondern auf im privaten Bereich berücksichtigen. Achten sollte man darauf, dass das Auftreten sowie das äußere Erscheinungsbild zu dem ausgeübten Beruf bzw. der Tätigkeit passen.

Kleidung – Worauf muss ich achten?
„Kleider machen Leute" – diese Aussage ist euch bestimmt schon einmal begegnet und trifft auch tatsächlich zu.

Luca hat sich ein neues Outfit gekauft – edle Jeans, coole Sneaker, tolles Top und passender Gürtel! Alles passt perfekt zueinander! Normalerweise legt Luca weniger Wert auf ihre Kleidung und greift sich morgens die Klamotten aus ihrem Schrank, die „oben auf" liegen.

Das heutige Outfit von Luca fällt nicht nur den Mitschülern, sondern auch der Lehrerin Frau Weidert auf. Sie lobt Luca für ihren „sicheren Kleidungsstil" und macht die Aussage: „So könntest du auch zur Arbeit gehen."

3

Die Kleidung sollte immer passend zum Anlass bzw. der Tätigkeit gewählt werden. So gibt es z. B. für einen Bankmitarbeiter andere Vorschriften/Regeln in Bezug auf die zu tragende Kleidung als für einen Handwerker. Dies gilt auch für Schmuck, der getragen wird.

Ein Bankmitarbeiter soll Vertrauen bei seinen Kunden erwecken. Die Bank schreibt elegante Schuhe, ein Hemd mit langen Armen sowie einen Anzug vor. Das Tragen von Schmuck, wie z. B. einer Armbanduhr, ist nicht verboten.

Dabei handelt es sich um firmeninterne und keine gesetzlichen Vorschriften.

Die Berufsbekleidung eines Maurers, der zurzeit in einem Rohbau arbeitet, besteht aus einem Arbeitsanzug, einem Schutzhelm und Sicherheitsschuhen. Schmuck in Form von beispielsweise Ringen ist nicht erlaubt, da dieser eine Gefahrenquelle darstellen kann. In manchen Fällen wird die Arbeitskleidung sogar vom Arbeitgeber gestellt.

Je nach dem, um welche handwerkliche Tätigkeit es sich handelt, sind Hinweise und Vorschriften von Verordnungen und Gesetzen zu berücksichtigen (z. B. Arbeitsstättenverordnung).

Sogenannte No-Gos bei der Kleidung

- Weiße Socken in Sandalen oder eleganten Schuhen
- Unterwäsche, die den Träger „abmalt"
- Zu enge Kleidung
- Zu freizügige Kleidung (Rock zu kurz, Ausschnitt zu tief usw.)
- Kleidung, die nicht zusammenpasst
- Kleidung, die weniger vorteilhaft für die Figur des „Trägers" ist
- Schmutzige Kleidung oder Kleidung mit „altersbedingten" Löchern
- Ungebügelte Kleidung
- Kleidung, die nicht dem Anlass entspricht (Geschäftstermine sollen möglichst im Businessoutfit wahrgenommen werden, Bürotätigkeiten können auch in etwas bequemerer Kleidung erledigt werden)
- Chaotische Farbwahl
- Dreckige Schuhe
- Tattoos und/oder Piercings (manche Arbeitgeber sind weniger begeistert von dem Körperschmuck, den Mitarbeiter tragen, daher ist es für das Ausüben von einigen Berufen ratsam, Piercings während der Arbeitszeit zu entfernen und Tattoos mit Kleidung abzudecken)

So soll beispielsweise ein Bankmitarbeiter einen „seriösen Eindruck" auf Kunden machen, da diese der Bank ihr Geld anvertrauen. Manche Geldanleger fühlen sich jedoch durch den Anblick von Tattoos oder Piercings irritiert und werden unsicher, ob die gewählte Bank auch tatsächlich der richtige „Anlageort" bzw. Ansprechpartner für ihre Bankgeschäfte ist.

Anders sieht der Fall aus, wenn eine tätowierte Frau oder ein tätowierter Mann in einem Tattooladen arbeitet. Hier wird es kein Kunde störend finden, die Kunstwerke auf den Körpern zu sehen. Diese fungieren vielmehr als „Werbung" für das Tattoo-Studio und können den Kunden zum Stechen eines eigenen Tattoos animieren.

Je nach der ausgeübten Tätigkeit muss die Kleidung entsprechend angepasst werden!

Körperpflege und -hygiene

Auch die Körperpflege und -hygiene spielen im Alltag und in der Arbeitswelt eine wichtige Rolle. Hat ein Mitarbeiter „fettige Haare" und sieht ungepflegt aus, kann es sein, dass sich die Kunden von diesem „fernhalten" – sich also nicht beraten lassen oder sogar das Unternehmen, in welchem der Mitarbeiter arbeitet, ganz meiden. Der Kunde zieht oft automatisch eine Verbindung zwischen Personal und Unternehmen.

Höflichkeitsformen – was zählt dazu?

– Bei Gesprächen aktives Zuhören und sein Gegenüber ausreden lassen
– Blickkontakt bei Gesprächen halten
– Seinem Gegenüber bei Treffen ggf. helfen (beim Ausziehen der Jacke, den Stuhl für sein Gegenüber zurechtrücken usw.)
– Auf seine eigene Körpersprache achten
– Ordentlicher Händedruck
– Seinen Mitmenschen helfen (z. B. über die Straße oder beim Einsteigen in den Bus)
– Andere Menschen nicht auslachen, wenn diesen ein „Missgeschick" passiert
– Beim Gähnen „Hand vor den Mund" halten
– Ordentlichen Umgang mit dem Mobiltelefon einhalten
– Angemessenen Abstand zu seinen Mitmenschen wahren (Distanzzonen einhalten!)

3.6.2 Kommunikation

Die Körpersprache ist eine Kommunikationsform und zählt zur „nonverbalen Kommunikation". Diese sagt etwas über den Menschen aus. Der Gesprächspartner sieht z. B. an der Mimik oder Gestik des Gegenübers, ob er etwas Gesagtes ernst meint oder nicht.

Ein guter Beobachter erkennt sofort, in welcher Stimmungslage sich sein Gegenüber befindet bzw. ob dessen Auftreten sicher oder unsicher ist.

3

Lernbereich 10II.2.2

Die nonverbale Kommunikation drückt sich auch in Gefühlen aus. So kann z. B. eine positive Erinnerung ein Lächeln ins Gesicht zaubern, was das Gegenüber ebenfalls wahrnimmt. Zuneigungen und Abneigungen spiegeln sich ebenfalls in nonverbaler Kommunikation wider. Oft entscheidet sich in den ersten Sekunden, ob du dein Gegenüber „magst" oder „nicht magst", obwohl noch kein einziges Wort gewechselt wurde. In fast allen Fällen trifft der Spruch zu: „Der erste Eindruck ist immer der Richtige."

Die Körpersprache besteht aus Körperhaltung, Mimik, Gestik und der Wahrung der Distanzzonen und ist nicht immer eindeutig interpretierbar.

Körperhaltung

Die Körperhaltung zeigt sich meist unbewusst durch Bewegungen des Oberkörpers, der Beine und Arme sowie des Kopfes. So werden beispielsweise wippende Füße als Nervosität oder Unsicherheit gedeutet. Verschränkte Hände oder Arme charakterisieren Ablehnung und Verschlossenheit und geballte Hände kennzeichnen Wut. Versuche, während des Gespräches aufrecht und gleichzeitig entspannt zu sitzen.

Mimik und Gestik

Die Mimik sind die Bewegungen der sichtbaren Gesichtsoberfläche, umgangssprachlich auch als Mienenspiel bezeichnet. Sie gibt Auskunft über den Gefühlzustand des Gesprächspartners. Ein gequältes Lächeln, heruntergezogene Mundwinkel oder ein Vermeiden des Blickkontaktes signalisieren eher Unzufriedenheit und Unwohlsein. Besser, du versuchst Blickkontakt mit den Gesprächspartnern zu halten und leicht zu lächeln, um Aufgeschlossenheit und Interesse zu demonstrieren.

Die Gestik sind die Bewegungen des Körpers, vor allem der Arme, Hände und Finger, die die verbale Kommunikation unterstützen. Bewerber, die mit den Haaren und dem Schmuck spielen, werden als ängstlich oder nervös eingeschätzt. Streicht sich der Gesprächspartner übers Kinn, kann dies Nachdenklichkeit signalisieren.

Distanzzonen

Im Umgang mit den Mitmenschen sollte unbedingt auf die „passende Distanzzone" geachtet werden, von welchen es vier verschiedene gibt. Die nachfolgend angegebenen Werte sind Durchschnittswerte für den Abstand zum Gegenüber und können je nach Situation oder Gesprächspartner varIIeren.

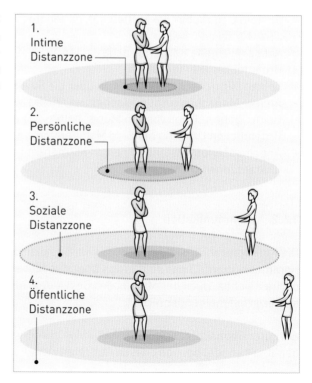

1. Intime Distanzzone

2. Persönliche Distanzzone

3. Soziale Distanzzone

4. Öffentliche Distanzzone

Distanzzone	Erläuterung
1. Intime Distanzzone	Etwa 0 cm bis 60 cm Abstand von seinem Gegenüber In dieser sollten sich nur Menschen aufhalten, die eine „enge" Beziehung zu ihrem Gegenüber haben. Ansonsten wird das „Eindringen" in diese Zone als unangenehm empfunden
2. Persönliche Distanzzone	Etwa 60 cm bis 120 cm Abstand In dieser unterhalten Sie sich mit Freunden und Kolleginnen/Kollegen, die Sie näher kennen.
3. Soziale Distanzzone	Etwa 120 cm bis 300 cm Abstand In dieser unterhalten Sie sich mit neuen Kolleginnen/Kollegen, Vorgesetzten oder sonstigen Gesprächspartnern, die Sie weniger gut kennen.
4. Öffentliche Distanzzone	Ab 300 cm Abstand Diese gilt als unproblematische Distanzzone, da der Abstand zum Gegenüber ausreichend groß ist, das Gefühl von Bedrohung oder Bedrängnis tritt nicht auf. Typische Distanzzone für Vorträge, z. B. Abstand zum Vortragenden und der ersten Stuhlreihe, Vorführungen.

Aufgabe zur Lernsituation 12

Das Unternehmen Beauty AG vertreibt Pflegeprodukte aller Art und sucht dringend eine Mitarbeiterin für das Büro im Verkaufsbereich. Der Personalleiter Herr Sorglos wurde plötzlich krank, sodass Herr Wichtig (Abteilungsleiter Verkauf) das Bewerbungsgespräch übernimmt. Frau Groß stellt sich vor. Beurteile den nachfolgenden Dialog.

Wichtig: Guten Tag, Frau Groß! Mein Name ist Wichtig.

Groß: Guten Tag, Herr Wichtig!

Wichtig: Zuerst einmal möchte ich Sie dazu beglückwünschen, dass Sie in die engere Wahl gekommen sind! Hatten Sie eine gute Fahrt?

Groß: Ja, Danke! Es hat alles wunderbar geklappt.

Wichtig: Wie ich aus Ihren Bewerbungsunterlagen entnehmen kann, sind Sie gelernte Bürokauffrau. Warum haben Sie sich für diesen Beruf entschieden?

Groß: Ich habe mich für diesen Beruf entschieden, da ich es mag, am Computer zu arbeiten. Bereits in der Schule gehörte Betriebswirtschaft zu meinen Lieblingsfächern und ich bin der Meinung, dass ich ein gutes Organisationtalent besitze. Zudem führe ich gerne Telefonate. In meiner jetzigen Firma werden die dumm aus der Wäsche gucken, wenn ich weg bin, denn ich bin sehr beliebt und meine Lösungen sind stets die besten.

Wichtig: Erzählen Sie doch bitte einmal, warum Sie sich gerade für unser Unternehmen interessieren.

Groß: Ich interessiere mich für Ihr Unternehmen, weil es einen guten Ruf hat. Außerdem benutze ich selber viele Ihrer Produkte.

Wichtig: ... Aha ... In Ihrem Lebenslauf steht, Sie sind römisch-katholisch und ledig. Haben Sie einen Freund?

Groß: Ja, meine Konfession ist römisch-katholisch und ich habe einen festen Freund.

Wichtig: Aber Sie sind nicht zufällig schwanger?

Groß: Nein, um Gottes Willen, Herr Wichtig, Kinder kann ich mir überhaupt nicht vorstellen. Ich möchte im Unternehmen vorankommen.

3

Wichtig:	Das freut mich zu hören. Was wissen Sie denn sonst noch alles über unser Unternehmen?
Groß:	Die Beauty AG ist ein Industrieunternehmen der Körperpflegebranche mit Sitz in München. Außerdem haben sie noch Zweigstellen in Straubing und Hof. Sie beliefern Drogerien, Apotheken und Supermärkte. In München arbeiten ca. 350 Mitarbeiter.
Wichtig:	Ja, Sie wissen ja schon eine ganze Menge über uns. Frau Groß, haben Sie eigentlich Erfahrungen mit Betriebsratstätigkeiten?
Groß:	Ähm ... (zögert) Nein! (Man merkt, es ist eine Lüge.)

(kurze Stille)

Wichtig	Nun meine letzte Frage: Haben Sie irgendwelche Vorstrafen?
Groß:	Natürlich nicht, Herr Wichtig. Bei uns in der Nachbarschaft ist öfters die Polizei da, die Nachbarskinder wurden schon mehrmals beim Stehlen erwischt. Echt schrecklich. Aber das kommt davon, wenn man die Kinder die ganze Zeit alleine zu Hause lässt. Kein Wunder, dass sie keine Werte vermittelt bekommen.
Wichtig:	Nun gut. Vielen Dank, Frau Groß, wir werden uns innerhalb der nächsten Woche bei Ihnen melden!

Lernbereich 10II.2.3:
Eine Ausbildung absolvieren

Kapitel 4

4 Lernbereich 10II.2.3: Eine Ausbildung absolvieren

Kompetenzerwartungen
Die Schülerinnen und Schüler

- prüfen einen vom Arbeitgeber ausgefüllten Ausbildungsvertrag hinsichtlich der wesentlichen Bestandteile und schließen ihn unter Berücksichtigung der rechtlichen Vorschriften ab.
- erfüllen ihre Pflichten als Auszubildende, sind sich aber auch ihrer Rechte bewusst und treten in angemessener Weise für diese ein. Sie berücksichtigen nicht nur ihre persönlichen Interessen, sondern auch die ihrer Kolleginnen und Kollegen und wägen bei Bedarf zwischen ihren eigenen Interessen und denen der Kolleginnen und Kollegen ab.
- kommunizieren mit Vorgesetzten sowie Kolleginnen und Kollegen, um ihren eigenen Standpunkt zu vertreten. Sie berücksichtigen dabei auch die Interessen des Gesprächspartners sowie dessen emotionale Verfassung.
- nehmen anstehende Arbeiten aufmerksam wahr und erledigen diese unaufgefordert und eigenverantwortlich. Sie kontrollieren kontinuierlich ihre Arbeitsergebnisse in Hinblick auf eigene Zielvorgaben und die des Unternehmens. Bei Bedarf optimieren sie ihre Arbeitsergebnisse. Sie übernehmen jederzeit Verantwortung für ihr Handeln. Sie unterscheiden, ob Fehler durch äußere Umstände oder ihr eigenes Handeln entstanden sind, und stehen bei eigenem Verschulden für diese ein.
- prüfen sachlich und rechnerisch ihre Gehaltsabrechnung mit Sozialversicherungs- und Steuerabzügen und erkennen sich als Teil der Solidargemeinschaft.

4.1 Lernsituation 13: Wir überprüfen einen Ausbildungsvertrag

Sarah hat es geschafft und ihren Ausbildungsvertrag mit ihren Eltern unterschrieben. Auch ihre Klassenkameradin Veronika (17 Jahre zu Ausbildungsbeginn) hat eine Ausbildungsstelle als Kauffrau für Büromanagement erhalten und zeigt Sarah stolz ihren Vertrag. Doch Sarah ist irritiert, als sie sich diesen genauer anschaut.

Berufsausbildungsvertrag
(§§ 10, 11 Berufsbildungsgesetz – BBiG)

IHK Industrie- und Handelskammer

Zwischen dem Ausbildenden (Ausbildungsbetrieb)   **und der / dem Auszubildenden**   männlich ☐   weiblich ☒

Firmenident-Nr. **122178**	Tel.-Nr. **0931/805030**

Anschrift des Ausbildenden
BüroMax GmbH

Straße, Hausnummer
Rübezahlweg 8

PLZ **97084**   Ort **Würzburg**

E-Mail-Adresse des Ausbildenden
franziskamueller@bueromax.de

Verantwortliche/-r Ausbilder/-in
Herr/Frau   geboren am
Frau Franziska Müller   **16.01.196x**

Name **Sander**   Vorname **Veronika**

Straße, Hausnummer **Waldweg 13**

PLZ **97218**   Ort **Arnstein**

Geburtsdatum **01.01.19xx**   Geburtsort **Bayreuth**

Staatsangehörigkeit **deutsch**   Eltern ☐   Elternteil ☐   Vormund ☐

Namen, Vornamen der gesetzlichen Vertreter [1)]
Monika und Hans Sander

Straße, Hausnummer **Waldweg 13**

PLZ **97218**   Ort **Arnstein**

Wird nachstehender Vertrag zur Ausbildung im Ausbildungsberuf
Kauffrau für Bürokommunikation
mit der Fachrichtung/dem Schwerpunkt
nach Maßgabe der Ausbildungsverordnung [2)] geschlossen.

Änderungen des wesentlichen Vertragsinhaltes sind vom Ausbildenden unverzüglich zur Eintragung in das Verzeichnis der Berufsausbildungsverhältnisse bei der Industrie- und Handelskammer anzuzeigen. Die beigefügten Angaben zur sachlichen und zeitlichen Gliederung des Ausbildungsablaufs (Ausbildungsplan) sind Bestandteil dieses Vertrages.

Die Vertragsparteien willigen freiwillig ein, dass personenbezogene Daten aus dem Ausbildungsvertrag durch die Industrie- und Handelskammer an eine zentrale Datenbank der Agentur für Arbeit weitergeleitet werden. Die Übermittlung erfolgt zur Erkennung von Doppelabschlüssen. Den Vertragsparteien ist bekannt, dass bei Nichterfüllung dieser Einwilligung keine Nachteile zu befürchten sind.

A Die Ausbildungszeit beträgt nach der Ausbildungsverordnung **36** Monate.

Die vorausgegangene Berufsausbildung/Vorbildung

wird mit **0** Monaten angerechnet, bzw. es wird eine entsprechende Verkürzung beantragt.

Das Berufsausbildungsverhältnis
beginnt am **01.09.20xx**   endet am **31.08.20xx**

B Die Probezeit (§ 1 Nr. 2 beträgt **6** Monate. [3)])

C Die Ausbildung findet vorbehaltlich der Regelungen nach D (§ 3 Nr. 12) in

und den mit dem Betriebssitz für die Ausbildung üblicherweise zusammenhängenden Bau-, Montage- und sonstigen Arbeitsstellen statt.

D Ausbildungsmaßnahmen außerhalb der Ausbildungsstätte – Lernorte – (§ 3 Nr. 12) (mit Zeitraumangabe)

E Der Ausbildende zahlt dem Auszubildenden eine angemessene Vergütung (§ 5); diese beträgt zur Zeit monatlich brutto

EUR	760	760	760	
im	ersten	zweiten	dritten	vierten

Ausbildungsjahr.

F Die regelmäßige tägliche Ausbildungszeit (§ 6 Nr. 1)
beträgt **8,5** Stunden. [4)]

G Der Ausbildende gewährt dem Auszubildenden Urlaub nach den geltenden Bestimmungen (§ 6 Nr. 2).
Es besteht ein Urlaubsanspruch

Im Jahr	01	02	03	04
Werktage				
Arbeitstage	8	24	24	19

H Sonstige Hinweise auf anzuwendende Tarifverträge oder Dienst-/Betriebsvereinbarungen

J Die beigefügten Vereinbarungen sind Gegenstand dieses Vertrages und werden anerkannt

_____ , den _____

Der Ausbildende:

_____

Stempel und Unterschrift
Der Auszubildende:

_____

Vor- und Familienname
Die gesetzlichen Vertreter des Auszubildenden:

_____

Eltern/Elternteil/Vormund

1) Vertretungsberechtigt sind beide Eltern gemeinsam, soweit nicht die Vertretungsberechtigung nur einem Elternteil zusteht. Ist ein Vormund bestellt, so bedarf dieser zum Abschluss des Ausbildungsvertrages der Genehmigung des Vormundschaftsgerichtes.
2) Solange die Ausbildungsordnung nicht erlassen ist, sind gem. § 104 Abs. 1 BBiG die bisherigen Ordnungsmittel anzuwenden.

3) Die Probezeit muss mindestens einen Monat und darf höchstens vier Monate betragen.
4) Das Jugendarbeitsschutzgesetz, Arbeitszeitgesetz sowie die für das Ausbildungsverhältnis geltenden tarifvertraglichen Regelungen oder Dienst-/Betriebsvereinbarungen sind zu beachten.

3

H. O. Schulze KG, 96215 Lichtenfels - 11/2005 PDF

1. Macht euch mit der Situation vertraut, indem ihr euch zunächst orientiert. Stellt sicher, dass euch klar ist, was eure Aufgabe ist. **(Orientierung und Information)**
2. Plant euer weiteres Vorgehen, indem ihr euch Gedanken macht, was in dieser konkreten Situation zu tun ist, und notiert diese stichpunktartig. **(Planung)**
3. Korrigiert den Ausbildungsvertrag in der Gruppe. **(Durchführung)**
4. Heftet eure korrigierten Ausbildungsverträge an eine Pinnwand und lasst die anderen Gruppen diese durch Sprechblasen kommentieren. Verbessert ggf. eure Ausarbeitungen. **(Bewertung)**
5. Übernehmt eure Kenntnisse zum Ausbildungsvertrag auf eine Karteikarte und heftet diese in eurer Portfolio-Mappe ab. **(Reflexion)**

4.1.1 Ausbildungsvertrag

Der Ausbildungsvertrag ist das Ergebnis eines erfolgreichen Bewerbungsprozesses. Für den Abschluss des Vertrags sind, genau wie beim Kaufvertrag, zwei übereinstimmende Willenserklärungen notwendig. Eine Berufsausbildung kann nur dann begonnen werden, wenn ein entsprechender Vertrag geschlossen worden ist. Dies kann formlos geschehen, jedoch hat der Ausbildende zum Schutz des Auszubildenden unverzüglich nach Vertragsabschluss, spätestens aber vor dem Ausbildungsbeginn, den wesentlichen Inhalt des Vertrags schriftlich niederzulegen.

Die Niederschrift ist vom Ausbildenden (= Unternehmen) und vom Auszubildenden sowie bei Minderjährigkeit des Auszubildenden von dessen gesetzlichen Vertretern zu unterzeichnen. Jeder Partei ist eine Vertragsniederschrift auszuhändigen. Die zuständige Stelle trägt die Verträge in ein Ausbildungsverzeichnis ein. Die Kammer (z. B. für kaufmännische Ausbildungsberufe die Industrie- und Handelskammer, abgekürzt: IHK) führt am Ende der Berufsausbildung in Zusammenarbeit mit Betrieb und Schule auch eine Abschlussprüfung durch. Die Inhalte des Ausbildungsvertrages sind im Berufsbildungsgesetz, kurz BBiG, geregelt. Wesentliche Inhalte des Vertrags sind:

❶ Ausbildungsberuf
❷ Beginn und Dauer der Ausbildung
❸ Ausbildungsmaßnahmen außerhalb der Ausbildungsstätte
❹ Probezeit

❺ Ausbildungsvergütung
❻ Dauer der regelmäßigen täglichen Arbeitszeit
❼ Urlaub
❽ Hinweise auf Tarifverträge oder Betriebsvereinbarungen

Ausbildungsdauer

Die Ausbildungsdauer wird durch die jeweilige Ausbildungsordnung vorgeschrieben. Außerdem müssen Beginn und Dauer der Berufsausbildung in der Niederschrift des Berufsausbildungsvertrages enthalten sein. Diese Ausbildungszeit kann in bestimmten Fällen verkürzt oder verlängert werden. Verkürzungen der Ausbildungszeit sind üblich, wenn Auszubildende die Abiturprüfung oder die Abschlussprüfung einer Realschule oder Berufsfachschule bestanden haben.

Das Berufsausbildungsverhältnis endet regelmäßig mit Ablauf der vorgeschriebenen Ausbildungszeit. Eine Ausnahme hiervon gilt bei vorzeitigem Bestehen der Abschlussprüfung. Die Ausbildungszeit endet dann mit dem Bestehen der Prüfung. Besteht der Auszubildende innerhalb der Ausbildungszeit die Prüfung nicht, kann die Ausbildungszeit bis zur Wiederholungsprüfung verlängert werden.

Antrag auf Eintragung
in das Verzeichnis der Berufsausbildungsverhältnisse
zum nachfolgenden

Berufsausbildungsvertrag

IHK Industrie- und Handelskammer

Zwischen dem Ausbildenden (Ausbildungsbetrieb)

Firmenident-Nr.　　　　　Tel.-Nr.

Anschrift des Ausbildenden

Straße, Hausnummer

PLZ　　　Ort

E-Mail-Adresse des Ausbildenden

Verantwortliche/-r Ausbilder/-in
Herr/Frau　　　　　　geboren am

und der / dem Auszubildenden　männlich ☐　weiblich ☐

Name　　　　　　Vorname

Straße, Hausnummer

PLZ　　　Ort

Geburtsdatum　　　　Geburtsort

Staatsangehörigkeit　　Eltern　Elternteil　Vormund
　　　　　　　　　　☐　　☐　　☐

Namen, Vornamen der gesetzlichen Vertreter [1]

Straße, Hausnummer

PLZ　　　Ort

Wird nachstehender Vertrag zur ❶
Ausbildung im Ausbildungsberuf

mit der Fachrichtung/dem Schwerpunkt

nach Maßgabe der Ausbildungsverordnung [2] geschlossen.

Vom Auszubildenden zuletzt besuchte Schule [5]

Abgangsklasse　abgeschlossen mit　　　　davor

Zuständige Berufsschule

A Die Ausbildungszeit beträgt nach der Ausbildungsverordnung

　　　　Monate.

Die vorausgegangene Berufsausbildung/Vorbildung

wird mit 　　　 Monaten angerechnet, bzw. es wird eine
entsprechende Verkürzung beantragt.

Das Berufsausbildungsverhältnis ❷
beginnt　　　　　endet
am　　　　　　am

B Die Probezeit (§ 1 Nr. 2 beträgt 　　　 Monate. [3]) ❹

C Die Ausbildung findet vorbehaltlich der Regelungen nach D
(§ 3 Nr. 12) in

und den mit dem Betriebssitz für die Ausbildung üblicherweise
zusammenhängenden Bau-, Montage- und sonstigen Arbeitsstellen statt.

D Ausbildungsmaßnahmen außerhalb der Ausbildungsstätte
– Lernorte – (§ 3 Nr. 12) (mit Zeitraumangabe)

❸

E Der Ausbildende zahlt dem Auszubildenden eine angemessene
Vergütung (§ 5); diese beträgt zur Zeit monatlich brutto ❺

EUR				
im	ersten	zweiten	dritten	vierten
Ausbildungsjahr.				

F Die regelmäßige tägliche Ausbildungszeit (§ 6 Nr. 1)

beträgt 　　　 Stunden. [4] ❻

G Der Ausbildende gewährt dem Auszubildenden Urlaub nach
den geltenden Bestimmungen (§ 6 Nr. 2).
Es besteht ein Urlaubsanspruch ❼

Im Jahr		
Werktage		
Arbeitstage		

H Sonstige Hinweise auf anzuwendende Tarifverträge oder
Dienst-/Betriebsvereinbarungen

❽

H. O. Schulze KG, 96215 Lichtenfels · 11/2005 PDF

1) Vertretungsberechtigt sind beide Eltern gemeinsam, soweit nicht die Vertretungsberechtigung nur einem Elternteil zusteht. Ist ein Vormund bestellt, so bedarf dieser zum Abschluss des Ausbildungsvertrages der Genehmigung des Vormundschaftsgerichtes.
2) Solange die Ausbildungsordnung nicht erlassen ist, sind gem. § 104 Abs. 1 BBiG die bisherigen Ordnungsmittel anzuwenden.
3) Die Probezeit muss mindestens einen Monat und darf höchstens vier Monate betragen.
4) Das Jugendarbeitsschutzgesetz, Arbeitszeitgesetz sowie die für das Ausbildungsverhältnis geltenden tarifvertraglichen Regelungen oder Dienst-/Betriebsvereinbarungen sind zu beachten.
5) Bei Berufsgrundschuljahr bzw. Berufsfachschule bitte besuchtes Berufsfeld eintragen.

1

Probezeit

Das Berufsausbildungsverhältnis beginnt mit der Probezeit. Sie muss mindestens einen Monat und darf höchstens vier Monate betragen. Da die Probezeit schon zur Berufsausbildung gehört, bestehen auch die vollen Pflichten des Ausbildenden und des Auszubildenden. Der Ausbildende ist während der Probezeit verpflichtet, die Eignung des Auszubildenden für den zu erlernenden Beruf besonders sorgfältig zu prüfen, um so festzustellen, ob er die richtige Wahl getroffen hat.

Kündigung

Voraussetzungen, unter denen der Berufsausbildungsvertrag gekündigt werden kann, sind in die Vertragsniederschrift aufzunehmen. Während der Probezeit kann das Berufsausbildungsverhältnis ohne Einhaltung einer Kündigungsfrist und ohne Angabe von Gründen gekündigt werden. Nach der Probezeit kann das Berufsausbildungsverhältnis mit folgenden Kündigungsgründen und -fristen gekündigt werden:

– Vom Auszubildenden mit einer Kündigungsfrist von vier Wochen, wenn er die Berufsausbildung aufgeben oder sich für eine andere Berufstätigkeit ausbilden lassen will.

- Vom Ausbildenden aus einem wichtigen Grund (z. B. Unterschlagung, grobe Beleidigung) ohne Einhalten einer Kündigungsfrist. Die Kündigung muss innerhalb von zwei Wochen nach Bekanntgabe des wichtigen Grundes erfolgen.

Die Kündigung muss schriftlich und bei Kündigung nach der Probezeit unter Angabe der Kündigungsgründe erfolgen.

Zeugnisausstellung

Der Ausbildende hat dem Ausgebildeten nach Beendigung des Berufsausbildungsverhältnisses ein Zeugnis auszustellen, das Angaben über Art, Dauer und Ziel der Berufsausbildung sowie über die erworbenen Fertigkeiten und Kenntnisse des Auszubildenden enthalten muss (einfaches Zeugnis). Auf Verlangen des Ausgebildeten sind darin auch Angaben über Führung, Leistung und besondere fachliche Fähigkeiten aufzunehmen (qualifiziertes Zeugnis).

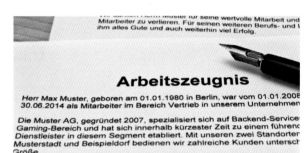

 Die Rechte und Pflichten des Ausbildenden und des Auszubildenden sind im Berufsbildungsgesetz in § 6 und § 9 festgehalten und auf der Rückseite des Ausbildungsvertrages abgedruckt.

4.1.2   Duale Ausbildung

Bei einer Vielzahl von Berufen erfolgt in Deutschland die Ausbildung im dualen System. Dies bedeutet, dass zwei voneinander unabhängige Träger – Ausbildungsbetrieb und Berufsschule – zusammenarbeiten. Während sich der Betrieb um die Vermittlung der praktischen Lerninhalte kümmert, lehrt die Berufsschule die fachtheoretischen (z. B. Rechnungswesen und betriebswirtschaftliche Kenntnisse beim Steuerfachangestellten) und vertiefenden allgemeine Kenntnisse (z. B. Sozialkunde, Deutsch). Der Unterricht findet je nach Ausbildungsberuf und Schule entweder an einem Tag bzw. zwei Tagen pro Woche oder im Block im Wechsel zur Praxis statt. Neben dem Berufsschulunterricht vermitteln mittelgroße und große Unternehmen ergänzende oder wichtige theoretische Inhalte im innerbetrieblichen Unterricht. Dabei geben oftmals Spezialisten aus den einzelnen Abteilungen ihr Wissen an die Auszubildenden weiter.

Berufsausbildungsgesetz (BBIG)

Teil 1 Allgemeine Vorschriften

§ 1 Ziele und Begriffe der Berufsausbildung

Berufsbildung im Sinne dieses Gesetzes sind die Berufsausbildungsvorbereitung, die Berufsausbildung, die berufliche Fortbildung und die berufliche Umschulung. Die Berufsausbildungsvorbereitung dient dem Ziel, durch die Vermittlung von Grundlagen für den Erwerb beruflicher Handlungsfähigkeit an eine Berufsausbildung in einem anerkannten Ausbildungsberuf heranzuführen. Die Berufsausbildung hat die für die Ausübung einer qualifizierten beruflichen Tätigkeit in einer sich wandelnden Arbeitswelt notwendigen beruflichen Fertigkeiten, Kenntnisse und Fähigkeiten (berufliche Handlungsfähigkeit) in einem geordneten Ausbildungsgang zu vermitteln. Sie hat ferner den Erwerb der erforderlichen Berufserfahrungen zu ermöglichen. Die berufliche Fort-

bildung soll es ermöglichen, die berufliche Handlungsfähigkeit zu erhalten und anzupassen oder zu erweitern und beruflich aufzusteigen.
Die berufliche Umschulung soll zu einer anderen beruflichen Tätigkeit befähigen.
[...]

Teil 2 Berufsbildung

Kapitel 1 Berufsausbildung

**Abschnitt 1 Ordnung der Berufsausbildung
Anerkennung von Ausbildungsberufen**

§ 5 Ausbildungsordnung

Die Ausbildungsordnung hat festzulegen [...] die Ausbildungsdauer; sie soll nicht mehr als drei und nicht weniger als zwei Jahre betragen, [...]

§ 8 Abkürzung und Verlängerung der Ausbildungszeit

Auf gemeinsamen Antrag der Auszubildenden und Ausbildenden hat die zuständige Stelle die Ausbildungszeit zu kürzen, wenn zu erwarten ist, dass das Ausbildungsziel in der gekürzten Zeit erreicht wird. Bei berechtigtem Interesse kann sich der Antrag auch auf die Verkürzung der täglichen oder wöchentlichen Ausbildungszeit richten (Teilzeitberufsausbildung).

In Ausnahmefällen kann die zuständige Stelle auf Antrag Auszubildender die Ausbildungszeit verlängern, wenn die Verlängerung erforderlich ist, um das Ausbildungsziel zu erreichen. Vor der Entscheidung nach Satz 1 sind die Ausbildenden zu hören.

[...]

Abschnitt 2 Berufsausbildungsverhältnis

Unterabschnitt 1 Begründung des Ausbildungsverhältnisses

§ 10 Vertrag

Wer andere Personen zur Berufsausbildung einstellt (Ausbildende), hat mit den Auszubildenden einen Berufsausbildungsvertrag zu schließen.

Auf den Berufsausbildungsvertrag sind, soweit sich aus seinem Wesen und Zweck und aus diesem Gesetz nichts anderes ergibt, die für den Arbeitsvertrag geltenden Rechtsvorschriften und Rechtsgrundsätze anzuwenden. Schließen die gesetzlichen Vertreter oder Vertreterinnen mit ihrem Kind einen Berufsausbildungsvertrag, so sind sie von dem Verbot des § 181 des Bürgerlichen Gesetzbuchs befreit.

[...]

§ 11 Vertragsniederschrift

Ausbildende haben unverzüglich nach Abschluss des Berufsausbildungsvertrages, spätestens vor Beginn der Berufsausbildung, den wesentlichen Inhalt des Vertrags gemäß Satz 2 schriftlich niederzulegen; die elektronische Form ist ausgeschlossen. In die Niederschrift sind mindestens aufzunehmen Art, sachliche und zeitliche Gliederung sowie Ziel der Berufsausbildung, insbesondere die Berufstätigkeit, für die ausgebildet werden soll, Beginn und Dauer der Berufsausbildung, Ausbildungsmaßnahmen außerhalb der Ausbildungsstätte, Dauer der regelmäßigen täglichen Ausbildungszeit, Dauer der Probezeit, Zahlung und Höhe der Vergütung, Dauer des Urlaubs, Voraussetzungen, unter denen der Berufsausbildungsvertrag gekündigt werden kann, ein in allgemeiner Form gehaltener Hinweis auf die Tarifverträge, Betriebs- oder Dienstvereinbarungen, die auf das Berufsausbildungsverhältnis anzuwenden sind.

Die Niederschrift ist von den Ausbildenden, den Auszubildenden und deren gesetzlichen Vertretern und Vertreterinnen zu unterzeichnen.

Ausbildende haben den Auszubildenden und deren gesetzlichen Vertretern und Vertreterinnen eine Ausfertigung der unterzeichneten Niederschrift unverzüglich auszuhändigen.

[...]

§ 12 Nichtige Vereinbarungen

Eine Vereinbarung, die Auszubildende für die Zeit nach Beendigung des Berufsausbildungsverhältnisses in der Ausübung ihrer beruflichen Tätigkeit beschränkt, ist nichtig. Dies gilt nicht, wenn sich Auszubildende innerhalb der letzten sechs Monate des Berufsausbildungsverhältnisses dazu verpflichten, nach dessen Beendigung mit den Ausbildenden ein Arbeitsverhältnis einzugehen. Nichtig ist eine Vereinbarung über die Verpflichtung Auszubildender, für die Berufsausbildung eine Entschädigung zu zahlen, Vertragsstrafen, den Ausschluss oder die Beschränkung von Schadensersatzansprüchen,

[...]

Unterabschnitt 2 Pflichten der Auszubildenden

§ 13 Verhalten während der Berufsausbildung

Auszubildende haben sich zu bemühen, die berufliche Handlungsfähigkeit zu erwerben, die zum Erreichen des Ausbildungsziels erforderlich ist. Sie sind insbesondere verpflichtet, die ihnen im Rahmen ihrer Berufsausbildung aufgetragenen Aufgaben sorgfältig auszuführen, an Ausbildungsmaßnahmen teilzunehmen, für die sie nach § 15 freigestellt werden, den Weisungen zu folgen, die ihnen im Rahmen der Berufsausbildung von Ausbildenden, von Ausbildern oder Ausbilderinnen oder von anderen weisungsberechtigten Personen erteilt werden, die für die Ausbildungsstätte geltende Ordnung zu beachten, Werkzeug, Maschinen und sonstige Einrichtungen pfleglich zu behandeln, über Betriebs- und Geschäftsgeheimnisse Stillschweigen zu wahren.

Unterabschnitt 3 Pflichten der Ausbildenden

§ 14 Berufsausbildung

(1) Ausbildende haben dafür zu sorgen, dass den Auszubildenden die berufliche Handlungsfähigkeit vermittelt wird, die zum Erreichen des Ausbildungsziels erforderlich ist, und die Berufsausbildung in einer durch ihren Zweck gebotenen Form planmäßig, zeitlich und sachlich gegliedert so durchzuführen, dass das Ausbildungsziel in der vorgesehenen Ausbildungszeit erreicht werden kann, selbst auszubilden oder einen Ausbilder oder eine Ausbilderin ausdrücklich damit zu beauftragen, Auszubildenden kostenlos die Ausbildungsmittel, insbesondere Werkzeuge und Werkstoffe zur Verfügung zu stellen, die zur Berufsausbildung und zum Ablegen von Zwischen- und Abschlussprüfungen, auch soweit solche nach Beendigung des Berufsausbildungsverhältnisses stattfinden, erforderlich sind, Auszubildende zum Besuch der Berufsschule sowie zum Führen von schriftlichen Ausbildungsnachweisen anzuhalten, soweit solche im Rahmen der Berufsausbildung verlangt werden, und diese durchzusehen, dafür zu sorgen, dass Auszubildende charakterlich gefördert sowie sittlich und körperlich nicht gefährdet werden.

(2) Auszubildenden dürfen nur Aufgaben übertragen werden, die dem Ausbildungszweck dienen und ihren körperlichen Kräften angemessen sind.

§ 15 Freistellung

Ausbildende haben Auszubildende für die Teilnahme am Berufsschulunterricht und an Prüfungen freizustellen. Das Gleiche gilt, wenn Ausbildungsmaßnahmen außerhalb der Ausbildungsstätte durchzuführen sind.

§ 16 Zeugnis

Ausbildende haben den Auszubildenden bei Beendigung des Berufsausbildungsverhältnisses ein schriftliches Zeugnis auszustellen. Die elektronische Form ist ausgeschlossen. Haben Ausbildende die Berufsausbildung nicht selbst durchgeführt, so soll auch der Ausbilder oder die Ausbilderin das Zeugnis unterschreiben. Das Zeugnis muss Angaben enthalten über Art, Dauer und Ziel der Berufsausbildung sowie über die erworbenen beruflichen Fertigkeiten, Kenntnisse und Fähigkeiten der Auszubildenden. Auf Verlangen Auszubildender sind auch Angaben über Verhalten und Leistung aufzunehmen.
[...]

Unterabschnitt 5 Beginn und Beendigung des Ausbildungsverhältnisses

§ 20 Probezeit

Das Berufsausbildungsverhältnis beginnt mit der Probezeit. Sie muss mindestens einen Monat und darf höchstens vier Monate betragen.

§ 21 Beendigung

Das Berufsausbildungsverhältnis endet mit dem Ablauf der Ausbildungszeit. Im Falle der Stufenausbildung endet es mit Ablauf der letzten Stufe.
Bestehen Auszubildende vor Ablauf der Ausbildungszeit die Abschlussprüfung, so endet das Berufsausbildungsverhältnis mit Bekanntgabe des Ergebnisses durch den Prüfungsausschuss Bestehen Auszubildende die Abschlussprüfung nicht, so verlängert sich das Berufsausbildungsverhältnis auf ihr Verlangen bis zur nächstmöglichen Wiederholungsprüfung, höchstens um ein Jahr.

§ 22 Kündigung

Während der Probezeit kann das Berufsausbildungsverhältnis jederzeit ohne Einhalten einer Kündigungsfrist gekündigt werden. Nach der Probezeit kann das Berufs-

ausbildungsverhältnis nur gekündigt werden aus einem wichtigen Grund ohne Einhalten einer Kündigungsfrist, von Auszubildenden mit einer Kündigungsfrist von vier Wochen, wenn sie die Berufsausbildung aufgeben oder sich für eine andere Berufstätigkeit ausbilden lassen wollen. Die Kündigung muss schriftlich und in den Fällen des Absatzes 2 unter Angabe der Kündigungsgründe erfolgen. Eine Kündigung aus einem wichtigen Grund ist unwirksam, wenn die ihr zugrunde liegenden Tatsachen dem zur Kündigung Berechtigten länger als zwei Wochen bekannt sind. Ist ein vorgesehenes Güteverfahren vor einer außergerichtlichen Stelle eingeleitet, so wird bis zu dessen Beendigung der Lauf dieser Frist gehemmt.
[...]

Unterabschnitt 6 Sonstige Vorschriften

§ 24 Weiterarbeit

Werden Auszubildende im Anschluss an das Berufsausbildungsverhältnis beschäftigt, ohne dass hierüber ausdrücklich etwas vereinbart worden ist, so gilt ein Arbeitsverhältnis auf unbestimmte Zeit als begründet.
[...]

Abschnitt 4 Verzeichnis der Berufsausbildungsverhältnisse

§ 34 Einrichten, Führen

Die zuständige Stelle hat für anerkannte Ausbildungsberufe ein Verzeichnis der Berufsausbildungsverhältnisse einzurichten und zu führen, in das der wesentliche Inhalt des Berufsausbildungsvertrages einzutragen ist. Die Eintragung ist für Auszubildende gebührenfrei.
Der wesentliche Inhalt umfasst für jedes Berufsausbildungsverhältnis Name, Vorname, Geburtsdatum, Anschrift der Auszubildenden; Geschlecht, Staatsangehörigkeit, allgemeinbildender Schulabschluss, zuletzt besuchte allgemeinbildende oder berufsbildende Schule und Abgangsklasse der Auszubildenden; erforderlichenfalls Name, Vorname und Anschrift der gesetzlichen Vertreter oder Vertreterinnen; Ausbildungsberuf; Datum des Abschlusses des Ausbildungsvertrages, Ausbildungszeit, Probezeit; Datum des Beginns der Berufsausbildung; Name und Anschrift der Ausbildenden, Anschrift der Ausbildungsstätte; Name, Vorname, Geschlecht und Art der fachlichen Eignung der Ausbilder und Ausbilderinnen.

[...]

Quelle: http://www.gesetze-im-internet.de/bbig_2005/index.htm

4.2 Lernsituation 14: Wir beurteilen die Situation der Auszubildenden

Pascal, 17 Jahre alt, und Hendrik, 15 Jahre alt, beide Auszubildende als Industriekaufmann im Industrieunternehmen Schleif Fix GmbH, sitzen in der Mittagspause zusammen und machen Urlaubspläne. Hendrik schwärmt: „In den Sommerferien will ich mal so richtig ausspannen! Vier Wochen Sonne und kein Ausbildungsleiter, der einen schräg anquatscht. Und im Winter fahre ich dann noch einmal zwei Wochen zum Skifahren." „Was?!", fragt Pascal, „sechs Wochen Urlaub! Ich hab nur vier Wochen und drei Tage Urlaub. Das geht ja wohl nicht mit rechten Dingen zu. Da muss ich gleich mal den Ausbildungsleiter fragen." Die Tür zum Aufenthaltsraum öffnet sich und der Ausbildungsleiter betritt den Raum. „Da seid ihr ja! Ihr müsst heute leider bis 21:00 Uhr bleiben und morgen schon um 07:00 Uhr anfangen. Wir haben eben einen ganz wichtigen Auftrag bekommen, der bis morgen Nachmittag erledigt sein muss. Also an die Arbeit, Jungs!"

1. Macht euch mit der Situation vertraut, indem ihr euch zunächst orientiert. Stellt sicher, dass euch klar ist, was eure Aufgabe ist. **(Orientierung und Information)**
2. Plant euer weiteres Vorgehen, indem ihr euch Gedanken macht, was in dieser konkreten Situation zu tun ist, und notiert diese stichpunktartig. **(Planung)**
3. Beurteilt die Situation auf einer Folie. **(Durchführung)**
4. Präsentiert eure Folien dem Klassenplenum. Verbessert ggf. eure Ausarbeitungen. **(Bewertung)**
5. Übernehmt eure Kenntnisse zu den Rechten und Pflichten von Auszubildenden unter Beachtung des Jugendarbeitsschutzgesetzes in euren Hefter und berücksichtigt eure Erkenntnisse für die Zukunft. **(Reflexion)**

4.2.1 Rechte und Pflichten aus dem Ausbildungsvertrag

Die Rechte und Pflichten aus dem Ausbildungsvertrag sind auf der Rückseite des Vertrags abgedruckt und lassen sich auch in § 6 und § 9 des Berufsbildungsgesetzes nachlesen. Dabei gilt, dass die Pflichten des Auszubildenden gleichzeitig die Rechte des Ausbildenden und umgekehrt sind.

Zusammenfassend können diese wie folgt dargestellt werden:

Pflichten des Ausbildenden	Pflichten des Auszubildenden
– Fürsorge – Bereitstellung von Ausbildungs- und Lernmitteln – Freistellung zu Berufsschule und Prüfungen – angemessene Vergütung – Gewährung von Urlaub – Ausstellung eines Zeugnisses	– Lern- und Arbeitspflicht – Schweigepflicht – Sorgfaltspflicht und Weisungspflicht – Berufsschulbesuch – Führen eines Berichtsheftes – Entschuldigung und Bescheinigung bei Fernbleiben – Teilnahme an Prüfungen

4.2.2 Jugendarbeitsschutzgesetz

Auszug aus dem Jugendarbeitsschutzgesetz (JArbSchG)

§ 1 Geltungsbereich
(1) Dieses Gesetz gilt für die Beschäftigung von Personen, die noch nicht 18 Jahre alt sind.

§ 2 Kind, Jugendlicher
(1) Kind im Sinne dieses Gesetzes ist, wer noch nicht 15 Jahre alt ist.
(2) Jugendlicher im Sinne dieses Gesetzes ist, wer 15, aber noch nicht 18 Jahre alt ist.

§ 4 Arbeitszeit
(1) Tägliche Arbeitszeit ist die Zeit von Beginn bis Ende der täglichen Beschäftigung ohne die Ruhepausen (§ 11).

§ 5 Verbot der Beschäftigung von Kindern
(1) Die Beschäftigung von Kindern (§ 2 Abs. 1) ist verboten.

§ 8 Dauer der Arbeitszeit
(1) Jugendliche dürfen nicht mehr als acht Stunden täglich und nicht mehr als 40 Stunden wöchentlich beschäftigt werden. [...]
(2a) Wenn an einzelnen Werktagen die Arbeitszeit auf weniger als acht Stunden verkürzt ist, können Jugendliche an den übrigen Werktagen derselben Woche achteinhalb Stunden beschäftigt werden.

§ 9 Berufsschule
(1) Der Arbeitgeber hat den Jugendlichen für die Teilnahme am Berufsschulunterricht freizustellen. Er darf den Jugendlichen nicht beschäftigen
1. vor einem vor 9 Uhr beginnenden Unterricht; dies gilt auch für Personen, die über 18 Jahre alt und noch berufsschulpflichtig sind,
2. an einem Berufsschultag mit mehr als fünf Unterrichtsstunden von mindestens je 45 Minuten, einmal in der Woche,

§ 10 Prüfungen und außerbetriebliche Ausbildungsmaßnahmen
(1) Der Arbeitgeber hat den Jugendlichen
1. für die Teilnahme an Prüfungen und Ausbildungsmaßnahmen, die auf Grund öffentlich-rechtlicher oder vertraglicher Bestimmungen außerhalb der Ausbildungsstätte durchzuführen sind,
2. an dem Arbeitstag, der der schriftlichen Abschlußprüfung unmittelbar vorangeht,
freizustellen.
(2) Auf die Arbeitszeit werden angerechnet
1. die Freistellung nach Absatz 1 Nr. 1 mit der Zeit der Teilnahme einschließlich der Pausen,
2. die Freistellung nach Absatz 1 Nr. 2 mit acht Stunden.
Ein Entgeltausfall darf nicht eintreten.

§ 11 Ruhepausen, Aufenthaltsräume
(1) Jugendlichen müssen im Voraus feststehende Ruhepausen von angemessener Dauer gewährt werden.
Die Ruhepausen müssen mindestens betragen
1. 30 Minuten bei einer Arbeitszeit von mehr als viereinhalb bis zu sechs Stunden,

2. 60 Minuten bei einer Arbeitszeit von mehr als sechs Stunden.
Als Ruhepause gilt nur eine Arbeitsunterbrechung von mindestens 15 Minuten.
(2) Die Ruhepausen müssen in angemessener zeitlicher Lage gewährt werden, frühestens eine Stunde nach Beginn und spätestens eine Stunde vor Ende der Arbeitszeit. Länger als viereinhalb Stunden hintereinander dürfen Jugendliche nicht ohne Ruhepause beschäftigt werden.

§ 12 Schichtzeit
Die tägliche Arbeitszeit darf unter Hinzurechnung der Ruhepausen 10 Stunden, im Bergbau unter Tage 8 Stunden und im Gaststättengewerbe, in der Landwirtschaft, in der Tierhaltung, auf Bau- und Montagestellen 11 Stunden nicht überschreiten.

§ 13 Tägliche Freizeit
Nach Beendigung der täglichen Arbeitszeit dürfen Jugendliche nicht vor Ablauf einer ununterbrochenen Freizeit von mindestens 12 Stunden beschäftigt werden.

§ 14 Nachtruhe
(1) Jugendliche dürfen nur in der Zeit von 6 bis 20 Uhr beschäftigt werden.
(2) Jugendliche über 16 Jahre dürfen [...]
1. im Gaststätten- und Schaustellergewerbe bis 22 Uhr,
2. in mehrschichtigen Betrieben bis 23 Uhr,
3. in der Landwirtschaft ab 5 Uhr oder bis 21 Uhr,
4. in Bäckereien und Konditoreien ab 5 Uhr

§ 15 Fünf-Tage-Woche
Jugendliche dürfen nur an fünf Tagen in der Woche beschäftigt werden [...]

§ 16 Samstagsruhe
(1) An Samstagen dürfen Jugendliche nicht beschäftigt werden.
(2) Zulässig ist die Beschäftigung Jugendlicher an Samstagen nur
1. in Krankenanstalten sowie in Alten, Pflege- und Kinderheimen.
2. in offenen Verkaufsstellen, [...],in Bäckereien und Konditoreien [...]
4. in der Landwirtschaft und Tierhaltung, [...]
Mindestens 2 Samstage im Monat sollen beschäftigungsfrei bleiben.

§ 17 Sonntagsruhe
(1) An Sonntagen dürfen Jugendliche nicht beschäftigt werden.
(2) Dieses Verbot gilt jedoch nicht für die Beschäftigung
1. in Krankenanstalten sowie in Alten, Pflege- und Kinderheimen,
2. in der Landwirtschaft und Tierhaltung, die auch an Sonn- und Feiertagen naturnotwendig vorgenommen werden müssen [...]
[...], mindestens 2 Sonntage im Monat müssen beschäftigungsfrei bleiben.

§ 18 Feiertagsruhe

(1) Am 24. und 31. Dezember nach 14 Uhr und an gesetzlichen Feiertagen dürfen Jugendliche nicht beschäftigt werden.

(2) Zulässig ist die Beschäftigung Jugendlicher an gesetzlichen Feiertagen in den Fällen des § 17 Abs. 2, ausgenommen am 25. Dezember, am 1. Januar, am ersten Osterfeiertag und am 1. Mai.

§ 19 Urlaub

(1) Der Arbeitgeber hat Jugendlichen für jedes Kalenderjahr einen bezahlten Erholungsurlaub zu gewähren.

(2) Der Urlaub beträgt jährlich

1. mindestens 30 Werktage, wenn der Jugendliche zu Beginn des Kalenderjahres noch nicht 16 Jahre alt ist,
2. mindestens 27 Werktage, wenn der Jugendliche zu Beginn des Kalenderjahres noch nicht 17 Jahre alt ist,
3. mindestens 25 Werktage, wenn der Jugendliche zu Beginn des Kalenderjahres noch nicht 18 Jahre alt ist.

Jugendliche, die im Bergbau unter Tage beschäftigt werden, erhalten in jeder Altersgruppe einen zusätzlichen Urlaub von drei Werktagen.

§ 22 Gefährliche Arbeiten

(1) Jugendliche dürfen nicht beschäftigt werden

1. mit Arbeiten, die ihre physische oder psychische Leistungsfähigkeit übersteigen,
2. mit Arbeiten, bei denen sie sittlichen Gefahren ausgesetzt sind,
3. [...]
4. mit Arbeiten, bei denen ihre Gesundheit durch außergewöhnliche Hitze oder Kälte oder starke Nässe gefährdet wird,
5. mit Arbeiten, bei denen sie schädliche Einwirkungen von Lärm, Erschütterung, Strahlen [...] ausgesetzt sind.

§ 23 Akkordarbeit; tempoabhängige Arbeiten

Jugendliche dürfen nicht beschäftigt werden

1. mit Akkordarbeit und sonstigen Arbeiten, bei denen durch ein gesteigertes Arbeitstempo ein höheres Arbeitsentgelt erzielt werden kann,

2. mit Arbeiten, bei denen ihr Arbeitstempo nicht nur gelegentlich vorgeschrieben, vorgegeben oder auf andere Weise erzwungen wird.

§ 32 Erstuntersuchung

(1) Ein Jugendlicher, der in das Berufsleben eintritt, darf nur beschäftigt werden, wenn

1. er innerhalb der letzten vierzehn Monate von einem Arzt untersucht worden ist (Erstuntersuchung) und
2. dem Arbeitgeber eine von diesem Arzt ausgestellte Bescheinigung vorliegt.

(2) Absatz 1 gilt nicht für eine nur geringfügige oder eine nicht länger als zwei Monate dauernde Beschäftigung mit leichten Arbeiten, von denen keine gesundheitlichen Nachteile für den Jugendlichen zu befürchten sind.

§ 33 Erste Nachuntersuchung

(1) Ein Jahr nach Aufnahme der ersten Beschäftigung hat sich der Arbeitgeber die Bescheinigung eines Arztes darüber vorlegen zu lassen, daß der Jugendliche nachuntersucht worden ist (erste Nachuntersuchung). Die Nachuntersuchung darf nicht länger als drei Monate zurückliegen. Der Arbeitgeber soll den Jugendlichen neun Monate nach Aufnahme der ersten Beschäftigung nachdrücklich auf den Zeitpunkt, bis zu dem der Jugendliche ihm die ärztliche Bescheinigung nach Satz 1 vorzulegen hat, hinweisen und ihn auffordern, die Nachuntersuchung bis dahin durchführen zu lassen.

(2) Legt der Jugendliche die Bescheinigung nicht nach Ablauf eines Jahres vor, hat ihn der Arbeitgeber innerhalb eines Monats unter Hinweis auf das Beschäftigungsverbot nach Absatz 3 schriftlich aufzufordern, ihm die Bescheinigung vorzulegen. Je eine Durchschrift des Aufforderungsschreibens hat der Arbeitgeber dem Personensorgeberechtigten und dem Betriebs- oder Personalrat zuzusenden.

(3) Der Jugendliche darf nach Ablauf von 14 Monaten nach Aufnahme der ersten Beschäftigung nicht weiterbeschäftigt werden, solange er die Bescheinigung nicht vorgelegt hat.

www.gesetze-im-internet.de

Jugend- und Auszubildendenvertretung

Um als Arbeitnehmer Einfluss auf betriebliche Entscheidungen ausüben zu können, kann in Betrieben mit mindestens fünf Arbeitnehmern, die länger als sechs Monate dem Betrieb angehören, ein Betriebsrat gewählt werden. Auszubildende unter 25 Jahren und Jugendliche unter 18 Jahren können für die Dauer von jeweils zwei Jahren eine eigene Jugend- und Auszubildendenvertretung, kurz JAV, wählen. Sie kümmert sich um die Interessen und Belange der Auszubildenden und gibt diese an den Betriebsrat weiter, der auf die Geschäftsleitung einwirken kann. Die JAV kann mit einem  Vertreter an jeder Betriebsratssitzung teilnehmen und hat ein Stimmrecht bei Entscheidungen, die die Jugendlichen und Auszubildenden betreffen. Die Jugend- und Auszubildendenvertretung teilt dem Betriebsrat insbesondere Beschwerden der jugendlichen Arbeitnehmer mit und arbeitet mit ihm zusammen an der Durchsetzung entsprechender Maßnahmen. Auch die Überwachung geltender Gesetze und Schutzvorschriften für jugendliche Arbeitnehmer obliegt ihrem Zuständigkeitsbereich.

4

Lernbereich 10II.2.3

Aufgaben zur Lernsituation 14

Aufgabe 1
Beurteile die nachfolgenden Fälle mithilfe des Jugendarbeitsschutzgesetzes und des BBiG.

a) Uwe ist 17 Jahre alt und macht seit einem halben Jahr eine Ausbildung als Systemelektroniker bei der Firma Brand & Co. Er hat eine 40-Stunden-Woche und arbeitet täglich von 08:00 Uhr bis 16:30 Uhr. Von 12:30 Uhr bis 13:00 Uhr hat er Mittagspause. Heute soll Uwe kurz vor Ende der Arbeitszeit eine von ihm benutzte Maschine säubern. „Da vorne im Kessel findest du alles", hatte der Meister gesagt und war verschwunden. Uwe nahm eine Flasche mit übel riechendem Zeug und begann, die Maschine zu reinigen. Schon nach kurzer Zeit begannen die Augen zu tränen und die Oberschenkel zu jucken. Ein paar Tropfen waren auf seine Hose gekommen. Er traute seinen Augen nicht. Die Flüssigkeit, offenbar eine Säure, hatte Löcher in die Hose gefressen. Sein Oberschenkel war verletzt, richtig brennende Wunden hatte die Säure hinterlassen. Das Ergebnis: Uwe wurde für zwei Wochen krankgeschrieben und die Narben bleiben für immer.

b) Mirko und Andreas, beide 17 Jahre, machen in verschiedenen Betrieben eine Ausbildung zum Kaufmann für Lagerlogistik. Nach der Berufsschule, die jeden Dienstag von 08:00 Uhr bis 13:10 Uhr stattfindet, unterhalten sie sich oft noch über die Arbeit in ihren Ausbildungsbetrieben. Mirko fragt: „Habe ich dir schon erzählt, dass mein Chef mir kündigen wollte, weil ich vergessen habe, ihm die ärztliche Bescheinigung von dieser blöden Nachuntersuchung vorzulegen? Der hält sich wirklich an alle Paragrafen." „Ach, lass doch diese unwichtigen Paragrafen! Komm lieber am Freitag auf meine Geburtstagsparty", sagt Andreas. „Ich bin doch gestern 17 Jahre alt geworden. Da feiern wir die ganze Nacht durch!" „Ich kann leider nicht so lange bleiben", antwortet Mirko. „Ich muss doch jeden Samstag von 08:00 Uhr bis 13:00 Uhr in der Firma arbeiten!" Plötzlich kommt Frau Schulze-Gattermann, die Sekretärin der Schule, angelaufen. „Gut, dass ich dich noch treffe, Andreas. Ich habe ganz vergessen, dir auszurichten, dass dein Chef heute Morgen hier angerufen hat. Du sollst ab sofort dienstags nach Schulende zur Arbeit in den Betrieb kommen." Die beiden trennen sich, murrend macht sich Andreas auf den Weg zu seiner Firma.

c) Die 16-jährige Petra ist im zweiten Ausbildungsjahr beim Hotel Ferienpark KG angestellt. Die Arbeit beginnt täglich um 06:00 Uhr, sie hat eine Regelarbeitszeit von neun Stunden. An jedem Mittwoch hat sie von 08:45 Uhr bis 14:00 Uhr Berufsschule. Manchmal, wenn viel Arbeit anliegt, geht Petra mittwochs noch von 05:00 Uhr bis 08:00 Uhr ins Hotel – da es ja gleich um die Ecke liegt – und fährt dann anschließend in die Berufsschule. „Ganz schön anstrengend", denkt sie oft. „Aber wenn ich so fleißig bin, sind meine Chancen sicher gut, später übernommen zu werden." In den letzten Tagen war Petra sehr aufgeregt. Sie hat am Freitag um 10:00 Uhr Zwischenprüfung. „Petra, du musst aber unbedingt vorher noch hier arbeiten – du weißt doch, wie viel wir im Moment durch die ganzen Hochzeiten zu tun haben", hat ihr Chef schon gesagt. Petra ist jetzt doch etwas ärgerlich. „Da hat man doch überhaupt keine Ruhe, sich auf die Prüfung vorzubereiten!"

d) Barbara Bayer (16) macht in den Sommerferien einen Ferienjob bei der FlexBau AG. Ihre Hauptaufgabe besteht darin, die beiden Damen in der Verwaltung zu unterstützen.
Nachfolgend siehst du den Einsatzplan von Barbara für die nächste Woche. Beurteile ihn mithilfe des Jugendarbeitsschutzgesetzes.

Einsatzplan

Name: Barbara Bayer   **Abt.:** Verwaltung   **Kalenderwoche:** 17

Uhrzeit	Montag	Dienstag	Mittwoch	Donnerstag	Freitag	Samstag
05:00 – 06:00						
06:00 – 07:00						
07:00 – 08:00						
08:00 – 09:00						
09:00 – 10:00						
10:00 – 11:00						
11:00 – 12:00		Pause		Pause	Pause	
12:00 – 13:00						
13:00 – 14:00	Pause					
14:00 – 15:00						
15:00 – 16:00			Pause			
16:00 – 17:00						
17:00 – 18:00						
18:00 – 19:00						
19:00 – 20:00						

Lernbereich 10II.2.3

4

Aufgabe 2

Ordne die folgenden Pflichten jeweils dem Auszubildenden oder dem Ausbildenden zu, indem du in der entsprechenden Spalte ein Kreuz machst:

Pflicht	Ausbildender	Auszubildender
Bereitstellung von Ausbildungsmaterial		
Schweigepflicht		
Weisungsbefolgung		
Sorgfaltspflicht		
Freistellung zum Berufsschulunterricht		
Ausbildungspflicht		
Teilnahme an Ausbildungsmaßnahmen		
Führen eines Berichtsheftes		

Aufgabe 3

Lies den nachfolgenden Fall aufmerksam durch und markiere alle Stellen, die rechtlich nicht in Ordnung sind. Gib die jeweilige Pflichtverletzung an.

Als Lisa Sturm ihre Ausbildung in einer Bäckerei beginnt, sagt ihr Chef, Herr Krampf, dass der Besuch der Berufsschule für Lisa absolut unnötig sei. Er meint, dass sie alles, was sie für ihren Beruf braucht, bei ihm lernen könne. Außerdem ist Herr Krampf nicht bereit, den Ausbildungsvertrag sofort bei Ausbildungsbeginn auszufüllen und zu unterschreiben. Er sagt, dies könne er erst nach der 6-monatigen Probezeit tun.

Einige Wochen später zeigt Lisa ihrem Chef die Ausbildungsordnung, die sie sich bei der Handwerkskammer besorgt hat. Hierzu meint Herr Krampf, das ginge ihn nichts an. Er bilde schließlich schon viele Jahre Lehrlinge nach seinen eigenen Vorstellungen aus und habe damit immer nur gute Erfahrungen gemacht. Als Lisa sich bei Herrn Krampf erkundigt, wie sie ihr Berichtsheft führen müsse, sagt dieser nur: „Das ist absoluter Quatsch und vollkommen unnötig." Nachdem sich Lisa zum dritten Mal an der Brotmaschine verletzt hat, bittet sie Herrn Krampf, doch endlich eine bessere Maschine anzuschaffen. Dieser meint: „Mit etwas mehr Konzentration wäre das nicht passiert – und außerdem ist ein Pflaster erheblich billiger." Weil Herr Krampf von Lisa verlangt, dass sie vormittags immer seiner Frau im Haushalt hilft, platzt Lisa der Kragen und sie beschließt, ihrem Chef „eins auszuwischen".

Sie folgt seinen dienstlichen Anweisungen nicht mehr oder führt die ihr aufgetragenen Arbeiten nur noch mangelhaft und unvollständig aus. Als ihr Chef an einem Nachmittag nicht im Geschäft ist, versalzt sie aus Unlust und Unachtsamkeit verschiedene Brötchenteige. Ihrem Freund Mario, der bei der Metzgerei Kutter eine Fleischerlehre begonnen hat, erzählt sie, dass ihr Chef zurzeit einen Umsatz von 25.000,00 € pro Monat hat und dass ihre Kollegin Frau Duck ihrem Chef 250,00 € schuldet. Einer guten Bekannten gibt sie folgenden wohlmeinenden Rat: „Wenn Ihnen Ihre Gesundheit etwas wert ist, dann kaufen Sie niemals Brötchen bei der Bäckerei Krampf."

Herr Krampf erfährt von diesen Vorgängen und kürzt deshalb Lisas Ausbildungsvergütung um 100,00 € monatlich. Inzwischen hat Lisa bereits ein Jahr ihrer Lehrzeit absolviert. Sie glaubt, ihr könne nun nichts mehr passieren, da sie bereits die Probezeit überstanden habe. Deshalb bleibt sie dem Betrieb eine Woche unentschuldigt fern.

4.3 Lernsituation 15: Wir kommunizieren mit Kollegen und Vorgesetzten

Das Jahr neigt sich dem Ende zu und das Weihnachtsgeschäft ist in vollem Gange. Erik, der eine Ausbildung als Kaufmann im Einzelhandel im Schuhgeschäft „Tretter OHG" begonnen hat, ist ununterbrochen beschäftigt. Es ist 18:00 Uhr, er hat gleich Feierabend und bereits eine Verabredung mit seinem Kumpel Clemens. Als er gehen möchte, verlangt seine Kollegin Renate Ordnung jedoch von ihm, dass er zuvor alle Schuhkartons aufräumen und wieder korrekt einsortieren soll. Erik ist total sauer und kommt natürlich viel zu spät zu seiner Verabredung. Als er Clemens davon erzählt, erwidert dieser: „Hättest du doch deiner Kollegin einfach von unserer Verabredung berichtet. Sie hätte bestimmt Verständnis gehabt." Erik ist jedoch davon überzeugt, dass er bessere Argumente bräuchte.

1. Macht euch mit der Situation vertraut, indem ihr euch zunächst orientiert. Stellt sicher, dass euch klar ist, was eure Aufgabe ist. **(Orientierung und Information)**
2. Plant euer weiteres Vorgehen, indem ihr euch Gedanken macht, was in dieser konkreten Situation zu tun ist, und notiert diese stichpunktartig. **(Planung)**
3. Bereitet ein Gespräch zwischen Erik und seiner Kollegin Renate Ordnung vor. Überlegt euch dabei auch Argumente, die Renate Ordnung anbringen könnte. Präsentiert eure Gespräche dem Klassenplenum. **(Durchführung)**
4. Beurteilt die Gespräche durch eine Feedbackrunde und verbessert ggf. die Gespräche durch eine Wiederholung. **(Bewertung)**
5. Notiert, was euch gut gelungen ist und woran ihr noch arbeiten müsst. Berücksichtigt eure Erkenntnisse für die Zukunft. **(Reflexion)**

4.3.1 Gesprächsregeln

Die verbale Kommunikation findet immer dann statt, wenn sich mindestens zwei Menschen unterhalten.

Bei dieser Kommunikationsform ist zu beachten, dass das gesagte Wort nicht mehr zurückgenommen werden kann. Es steht im Raum und bleibt zuerst einmal im Gedächtnis.

Daher ist bei dieser Kommunikationsform im Vorfeld zu überlegen, was genau „kommuniziert" werden soll, welche Botschaft beim „Gegenüber" ankommen soll und ob das Gesagte überhaupt „angebracht" ist.

Zur verbalen Kommunikation zählen weiterhin z. B. das Schreiben von Briefen, SMS, E-Mails, Fax. Bei diesen Kommunikationswegen gelten die gleichen Hinweise, wie beim gesprochenen Wort. Man sollte sich zuerst überlegen, was schriftlich kommuniziert werden soll, bevor die Kommunikation „eröffnet" wird.

Im Zeitalter der „digitalen Kommunikation" gilt dies vor allem für Postings in „sozialen Netzwerken" oder Internetblöcken, die scheinbar ganz beiläufig verfasst, jedoch von den vielen Nutzern immer anders aufgefasst und dann wiederum kommentiert werden können, was eine Kettenreaktion und ggf. „kippende Kommunikation" auslösen kann. „Kippende Kommunikation" bedeutet, dass ein Gespräch anfangs neutral oder positiv beginnt, im weiteren Verlauf jedoch ins Negative umschwenkt, was zu Beginn der Kommunikation so gar nicht vorgesehen war.

Dies könnte unter anderem daran liegen, dass Menschen Aussagen auf vier verschiedenen Ebenen wahrnehmen:

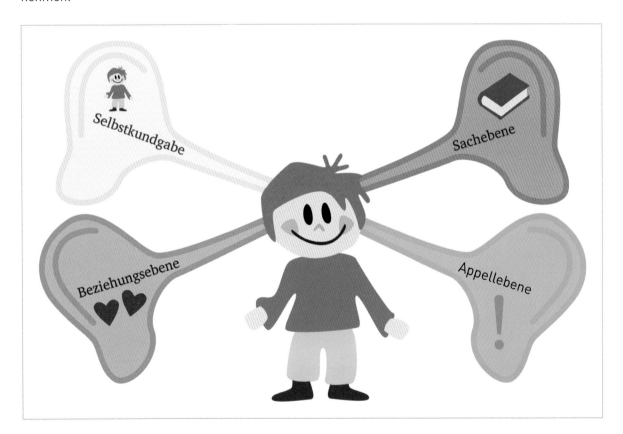

Die Mutter sagt zu Max: „Bring bitte den Müll raus."

Max kann die Aussage der Mutter nun wie folgt auffassen:

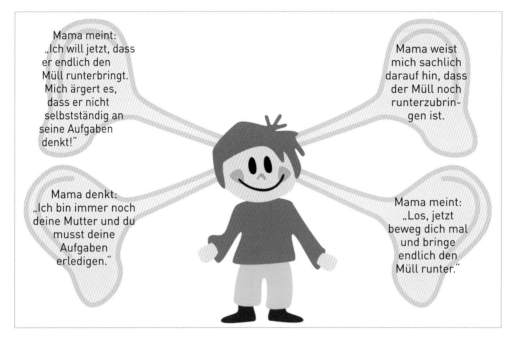

Es ist also tatsächlich so, dass jeder Mensch – je nach Stimmungslage oder Einstellung – eine Aussage auf den verschiedenen Ebenen wahrnehmen und dies dann ggf. eine Ursache für Kommunikationsprobleme sein kann.

Tipps für eine gute verbale Kommunikation

- „Erst überlegen, dann sprechen."
- Sprich laut und deutlich.
- Achte auf deinen Sprachrhythmus (nicht zu monoton, sondern betont sprechen).
- Sprich nicht zu langsam, aber auch nicht zu schnell.
- Baue kurze Pausen ein.
- Achte auf deinen Satzbau und eine angemessene Wortwahl.
- Verletzende Äußerungen oder Abwertungen sind tabu.
- Höre deinem Gegenüber „AKTIV" zu und nimm dein Gegenüber ernst.
- Unterbrich dein Gegenüber nicht.
- Achte auf die Körpersprache deines Gegenübers und reagiere angemessen.
- Bleibe in einem Streitgespräch ruhig und sachlich – je ruhiger und sachlicher du bist, umso ruhiger wird in der Regel auch dein Gegenüber.
- Drücke Empfindungen möglichst in der „ICH-Form" aus (ich habe empfunden, dass ...), so stellst du sicher, dass sich dein Gegenüber nicht direkt angegriffen fühlt.
- Berücksichtige die vier Ebenen der Kommunikation und kommuniziere möglichst immer auf der Sachebene.
- Vermeide Umgangssprache und sprich möglichst „Hochdeutsch".

Aufgabe zur Lernsituation 15

Stell dir folgende Situation vor: Dein Chef bittet dich aufgrund des Weihnachtsgeschäftes, auf deinen Urlaubstag am nächsten Tag zu verzichten. Da du noch kein einziges Geschenk für deine Freunde und Familie hast, wolltest du morgen den ganzen Tag deinen Weihnachtseinkauf erledigen. Bereite dich mit möglichen Argumenten und Gegenargumenten auf ein Gespräch mit deinem Chef vor.

4.4 Lernsituation 16: Wir lernen steuerliche Abzüge kennen

Die ersten sechs Wochen der Ausbildung haben Sarah und Mona hinter sich gebracht. Sie treffen sich auf einen Shoppingnachmittag in der Stadt und unterhalten sich über ihre Ausbildung und ihre erste Ausbildungsvergütung.

Sarah: Na, bist du bereit, die Kohle auf den Kopf zu hauen?

Mona: Hmmm, naja, so viel möchte ich nicht ausgeben. Nach Abzug meiner Handyrechnung und der Fahrkarte für den Bus habe ich eh schon nicht mehr so viel Ausbildungsvergütung.

Sarah: Du machst Scherze, oder? Komm, du bekommst doch über 1.000,00 € Gehalt in der Bank.

Mona: Ja, das stimmt schon. 1.030,00 €, um genau zu sein. Aber dafür durfte ich dann auch gleich über 10,00 € Steuern zahlen.

Sarah: Steuern? Echt? Zeig mal deine Abrechnung.

Mona: Hier, sieh selbst.

Lohn- und Gehaltsabrechnung				Oktober 20XX
Name:	Schuster, Mona			
Steuerklasse:	I		Personalnr.:	83264
Kinder:	0		Konfession:	rk
Bezüge				
Gehalt				1.030,00 €
Abzüge				
Steuern				11,42 €
	Lohnsteuer	10,58 €		
	Soli	0,00 €		
	Kirchensteuer	0,84 €		

1. Macht euch mit der Situation vertraut, indem ihr euch zunächst orientiert. Stellt sicher, dass euch klar ist, was eure Aufgabe ist. **(Orientierung und Information)**
2. Plant euer weiteres Vorgehen, indem ihr euch Gedanken macht, was in dieser konkreten Situation zu tun ist, und notiert diese stichpunktartig. **(Planung)**
3. Bereitet einen Spickzettel mit den wichtigsten Informationen vor. **(Durchführung)**
4. Hängt eure erstellten Spickzettel aus und beurteilt diese hinsichtlich der Gestaltung und des Inhaltes. Korrigiert ggf. eure Aufzeichnungen. **(Bewertung)**
5. Reflektiert eure Ergebnisse und heftet den Spickzettel im Hefter ab. **(Reflexion)**

4.4.1 Einkommen des Arbeitnehmers

Geldbeträge, die Arbeitnehmer für geleistete Arbeit im wirtschaftlichen Sinn erhalten, werden als Entgelt bezeichnet. Das Entgelt stellt für den Arbeitnehmer Einkommen dar, für den Arbeitgeber hingegen Aufwand (Kosten), die er über den Verkauf seiner Produkte und Dienstleistungen erwirtschaften muss. Die Festlegung der Höhe des Entgelts erfolgt im Arbeits- bzw. Ausbildungsvertrag, der gesetzlichen Vorschriften und eventuell Tarifverträgen und Betriebsvereinbarungen unterliegt. Das Entgelt stellt einen Teil der Personalkosten dar, die sogenannten Personalgrundkosten. Es lassen sich zwei Gruppen unterscheiden:

1. Lohn
2. Gehalt

Lohn erhalten Arbeiter, das heißt, sie werden nach den geleisteten Stunden bezahlt, sodass das Einkommen in den einzelnen Monaten aufgrund der unterschiedlichen Arbeitstage schwanken kann. Angestellte hingegen erhalten Gehalt, das heißt, das Einkommen ist auf die wöchentliche Arbeitszeit bezogen jeden Monat gleich.

Der zweite Teil der Personalkosten sind die Personalnebenkosten, die sich in gesetzliche sowie tarifliche und freiwillige Personalnebenkosten unterteilen lassen. Gesetzliche Personalnebenkosten sind Beiträge zur Unfallversicherung, Entgeltfortzahlungen im Krankheitsfall, bezahlte Abwesenheiten (Urlaub und Feiertage) und die Arbeitgeberbeiträge zu den Sozialversicherungen. Die Erstattungen für Fahrtkosten und Kantine, Urlaubs- und Weihnachtsgeld, vermögenswirksame Leistungen oder Beiträge zur betriebseigenen Altersvorsorge gehören zu den tariflichen und freiwilligen Personalnebenkosten.

Bruttoentgelt

Die Summe aller Einnahmen, die dem Arbeitnehmer aus dem Arbeitsverhältnis zufließen, wird als Bruttoentgelt bezeichnet. Dies bildet die Basis für die Berechnung der Steuern und der Sozialversicherungsbeiträge.

4.4.2 Steuern als Abzugsposition vom Entgelt

Das Entgelt der Arbeitnehmer unterliegt wie jedes andere Einkommen auch der Steuerpflicht, der Einkommensteuer. Eine Sonderform der Einkommensteuer ist die Lohnsteuer, die von der Höhe des Bruttoentgelts, dem Familienstand, der Kinderanzahl und gewissen Freibeträge abhängt. Von der Lohnsteuer wird der Solidaritätszuschlag (kurz Soli), der derzeit 5,5 % beträgt, und die Kirchsteuer (für Mitglieder der Kirche in Bayern: 8%) berechnet und erhoben. Die Summe der Steuern wird vom Bruttoentgelt abgezogen und durch den Arbeitgeber an das Finanzamt abgeführt.

Der Familienstand und die Anzahl der Kinder beeinflussen die Steuerklasse. Es existieren sechs Klassen, die mit römischen Ziffern nummeriert sind:

Steuerklasse	Personenkreis
I	Arbeitnehmer die (1) ledig oder geschieden sind (2) verheiratet sind, aber vom Ehegatten dauernd getrennt leben (3) verwitwet sind und die Voraussetzungen für die Steuerklassen III und IV nicht erfüllen
II	Arbeitnehmer der Steuerklasse I, die Anspruch auf den Entlastungsbetrag für Alleinerziehende haben
III	verheiratete Arbeitnehmer, deren Ehepartner ohne Dienstverhältnis ist, oder verwitwete Arbeitnehmer im Kalenderjahres des Todes des Ehepartners
IV	verheiratete Arbeitnehmer, bei denen beide Ehegatten Arbeitsentgelt beziehen
V	Arbeitnehmer, deren Ehegatten in der Steuerklasse III eingestuft sind
VI	Arbeitnehmer, die aus mehr als einem Arbeitsverhältnis (bei verschiedenen Arbeitsgebern) Entgelt beziehen

Die Höhe der Lohnsteuer sowie die Kirchensteuer und der Solidaritätszuschlag können unter Berücksichtigung der Freibeiträge (z. B. Kinderfreibetrag) den Lohnsteuertabellen entnommen werden.

Muster Steuertabelle[1]:

Kinderfreibetrag			0		0,5		1		1,5		2		2,5		3		3,5		4	
ab €	StK	Steuer	SolZ	KiStr	SolZ	KiStr	SolZ	KiStr	SolZ	KiStr	SolZ	KiStr	SolZ	KiStr	SolZ	KiStr	SolZ	KiStr	SolZ	KiStr
2.388,00																				
	1	320,16	17,60	25,61	12,84	18,68	8,36	12,16	-	6,04	-	1,11	-	-	-	-	-	-	-	-
	2	275,08	-	-	10,50	15,28	6,16	8,96	-	3,28	-	-	-	-	-	-	-	-	-	-
	3	96,00	-	7,68	-	3,02	-	-	-	-	-	-	-	-	-	-	-	-	-	-
	4	320,16	17,60	25,61	15,19	22,10	12,84	18,68	10,56	15,37	8,36	12,16	6,22	9,05	-	6,04	-	3,35	-	1,11
	5	599,16	32,95	47,93	-	-	-	-	-	-	-	-	-	-	-	-	-	-	-	-
	6	634,00	34,87	50,72	-	-	-	-	-	-	-	-	-	-	-	-	-	-	-	-
2.391,00																				
	1	320,91	17,65	25,67	12,88	18,74	8,40	12,22	-	6,09	-	1,14	-	-	-	-	-	-	-	-
	2	275,83	-	-	10,54	15,34	6,20	9,02	-	3,32	-	-	-	-	-	-	-	-	-	-
	3	96,66	-	7,73	-	3,06	-	-	-	-	-	-	-	-	-	-	-	-	-	-
	4	320,91	17,65	25,67	15,23	22,16	12,88	18,74	10,60	15,42	8,40	12,22	6,26	9,10	-	6,09	-	3,39	-	1,14
	5	600,16	33,00	48,01	-	-	-	-	-	-	-	-	-	-	-	-	-	-	-	-
	6	634,83	34,91	50,78	-	-	-	-	-	-	-	-	-	-	-	-	-	-	-	-
2.394,00																				
	1	321,75	17,69	25,74	12,92	18,80	8,43	12,27	-	6,14	-	1,18	-	-	-	-	-	-	-	-
	2	276,58	-	-	10,58	15,40	6,23	9,07	-	3,36	-	-	-	-	-	-	-	-	-	-
	3	97,16	-	7,77	-	3,10	-	-	-	-	-	-	-	-	-	-	-	-	-	-
	4	321,75	17,69	25,74	15,27	22,22	12,92	18,80	10,64	15,48	8,43	12,27	6,29	9,16	-	6,14	-	3,44	-	1,18
	5	601,33	33,07	48,10	-	-	-	-	-	-	-	-	-	-	-	-	-	-	-	-
	6	636,16	34,98	50,89	-	-	-	-	-	-	-	-	-	-	-	-	-	-	-	-
2.397,00																				
	1	322,50	17,73	25,80	12,97	18,86	8,47	12,32	-	6,20	-	1,22	-	-	-	-	-	-	-	-
	2	277,33	-	-	10,62	15,45	6,27	9,13	-	3,41	-	-	-	-	-	-	-	-	-	-
	3	97,83	-	7,82	-	3,14	-	-	-	-	-	-	-	-	-	-	-	-	-	-
	4	322,50	17,73	25,80	15,31	22,28	12,97	18,86	10,68	15,54	8,47	12,32	6,33	9,21	-	6,20	-	3,48	-	1,22
	5	602,33	33,12	48,18	-	-	-	-	-	-	-	-	-	-	-	-	-	-	-	-
	6	637,16	35,04	50,97	-	-	-	-	-	-	-	-	-	-	-	-	-	-	-	-
2.400,00																				
	1	323,33	17,78	25,86	13,00	18,92	8,51	12,38	-	6,25	-	1,25	-	-	-	-	-	-	-	-
	2	278,08	-	-	10,66	15,51	6,31	9,18	-	3,45	-	-	-	-	-	-	-	-	-	-
	3	98,50	-	7,88	-	3,18	-	-	-	-	-	-	-	-	-	-	-	-	-	-
	4	323,33	17,78	25,86	15,35	22,34	13,00	18,92	10,72	15,60	8,51	12,38	6,37	9,26	-	6,25	-	3,52	-	1,25
	5	603,50	33,19	48,28	-	-	-	-	-	-	-	-	-	-	-	-	-	-	-	-
	6	638,33	35,10	51,06	-	-	-	-	-	-	-	-	-	-	-	-	-	-	-	-

Aufgaben zur Lernsituation 16

Aufgabe 1

Du arbeitest in der Abteilung Lohn- und Gehaltsabrechnung der Runtinger Bürodesign OHG und sollst die Entgeltabrechnungen einiger Mitarbeiter bearbeiten. Folgende Daten liegen dir vor, die entsprechenden Lohnsteuerklassen musst du noch bestimmen.

Personal-Nr.	Name	Religion	Familien-stand	Kinder	Berufstätigkeit des Ehegatten	Bruttogehalt in €
002	Mehring, Wolfgang	rk	verheiratet	2	Ehefrau ohne Arbeits-verhältnis	2.389,80
010	Hausner, Brigitte	ev	verheiratet	1	Ehemann arbeitet Vollzeit als Manager	830,50
120	Haberl, Erika	–	verheiratet	1	Ehemann mit gleich hohem Einkommen	2.400,00
153	Müller, Hans	rk	ledig	–	–	3.415,00
117	Schön, Brigitte	rk	verwitwet	–	dieses Kalenderjahr verstorben	3.385,20
235	Wolf, Franziska	ev	ledig	1	–	2.394,60

Aufgabe 2

Bestimme die Höhe der Steuerabgaben der Mitarbeiter Wolfgang Mehring und Franziska Wolf mithilfe der Lohnsteuertabelle. Weitere Lohnsteuertabellen finden Sie unter www.klv-verlag.de/BSK.

Aufgabe 3

Mitarbeiter Hans Müller bekommt 555,08 € Lohnsteuer abgezogen. Berechne den Solidaritätszuschlag und die Kirchensteuer.

---

1   Quelle: www.lohnsteuertabelle.com

4.5 Lernsituation 17: Wir werden uns der Bedeutung der Sozialversicherungen bewusst

Im zweiten Halbjahr des ersten Ausbildungsjahres erkrankt Sarah schwer und kann für längere Zeit ihre Ausbildung nicht fortsetzen. Mona, ihre Freundin, erkundigt sich in einem Telefonat über ihren Zustand.

Mona: Hallo, Sarah! Na, geht es dir wieder etwas besser?

Sarah: Nein, leider noch nicht. Langsam mache ich mir auch Sorgen, wie ich die Kosten für die eigene Wohnung, das Auto und den Handyvertrag weiter bezahlen soll.

Mona: Mach dir keine Sorgen, dafür zahlst du doch Sozialversicherungsbeiträge.

Sarah: Kannst du mir das vielleicht genauer erklären?

1. Macht euch mit der Situation vertraut, indem ihr euch zunächst orientiert. Stellt sicher, dass euch klar ist, was eure Aufgabe ist. **(Orientierung und Information)**
2. Plant euer weiteres Vorgehen, indem ihr euch Gedanken macht, was in dieser konkreten Situation zu tun ist, und notiert diese stichpunktartig. **(Planung)**
3. Erstellt eine Übersicht mit der passenden Sozialversicherung für Sarah. Geht dabei auch auf die Leistungen, die Träger und die Beitragshöhe ein. **(Durchführung)**
4. Beurteilt die Ausarbeitungen der einzelnen Gruppen und korrigiert diese gegebenenfalls. **(Bewertung)**
5. Ergänzt eure Spickzettel um die wichtigsten Inhalte aller Sozialversicherungen. Diskutiert über die Chancen und Grenzen des Sozialversicherungssystems. **(Reflexion)**

4.5.1 Sozialversicherungen

Die Sozialversicherung ist eine gesetzliche Versicherung, die den zweiten Teil der Abzüge vom Bruttoentgelt bilden. Sie werden prozentual vom Bruttoentgelt berechnet und je zur Hälfte von Arbeitnehmer und Arbeitgeber getragen. Eine Ausnahme ist die Unfallversicherung, die der Arbeitgeber alleine trägt. Der Arbeitgeber führt die Beiträge stellvertretend für die einzelnen Träger an die Krankenkassen ab.

Gesetzliche Rentenversicherung (RV)

Die gesetzliche Rentenversicherung wurde 1889 im Zuge der bismarckschen Sozialgesetzgebung eingeführt. Sie sichert die Mitglieder im Alter sowie im Falle von Berufs- und Erwerbsunfähigkeit und – im Falle des Todes – deren Hinterbliebene. Die Träger der gesetzlichen Rentenversicherung sind seit dem 01.10.2005 die Deutsche Rentenversicherung BUND, die Deutsche Rentenversicherung Regional sowie die Deutsche Rentenversicherung Knappschaft-Bahn-See. Pflichtversichert sind alle Personen, die in einem beruflichen, unselbstständigen Beschäftigungsverhältnis stehen oder sich in der Berufsausbildung befinden – mit Ausnahme der Beamten –, ohne Rücksicht auf die Höhe ihres Einkommens. Die Finanzierung der gesetzlichen Rentenversicherung erfolgt hauptsächlich durch Beiträge der Beitragszahler. Arbeitnehmer und Arbeitgeber tragen die Beiträge entsprechend dem jeweils gültigen Beitragssatz bis zur Beitragsbemessungsgrenze je zur Hälfte. Die Leistungen der Rentenversicherung sind die Rente wegen Alters, Rente wegen verminderter Erwerbsfähigkeit sowie Rente wegen Todes für die Hinterbliebenen.

Arbeitslosenversicherung (AV)

Mit dem Gesetz über Arbeitsvermittlung und Arbeitslosenversicherung vom 16.07.1927 wurde nach der Kranken-, Renten- und Unfallversicherung als weitere Säule die Absicherung des Risikos der Arbeitslosigkeit eingeführt. Träger der gesetzlichen Arbeitslosenversicherung ist die Bundesagentur für Arbeit mit ihren regionalen Arbeitsagenturen. Die Arbeitslosenversicherung ist eine Pflichtversicherung. Versichert sind alle Personen, die einer bezahlten, mehr als geringfügigen Beschäftigung nachgehen. Das betrifft den Arbeiter ebenso wie die Angestellte oder den Auszubildenden. Für besondere Personengruppen, z. B. Beamte, Soldaten oder Personen, die das 65. Lebensjahr vollendet haben, besteht hingegen

Versicherungsfreiheit. Die Versicherungspflicht tritt kraft Gesetzes ein, wenn die gesetzlichen Voraussetzungen (Drittes Buch des Sozialgesetzbuches) dafür vorliegen. Die Beiträge zur Arbeitslosenversicherung zahlen der Arbeitnehmer und der Arbeitgeber je zur Hälfte bis zur Beitragsbemessungsgrenze. Die Leistungen der Arbeitslosenversicherung sind umfangreich und reichen von der Zahlung des Arbeitslosengeldes über die Beratung und Vermittlung von Auszubildenden bis hin zur Umschulung und Förderung von beeinträchtigten Personen im Berufsleben.

Pflegeversicherung (PV)

Die Pflegeversicherung sichert das finanzielle Risiko der Pflegebedürftigkeit ab. Sie soll es dem Pflegebedürftigen ermöglichen, ein selbstbestimmtes Leben zu führen. Mit der Einführung der gesetzlichen Pflegeversicherung zum 01.01.1995 wurde die fünfte Säule im System der deutschen Sozialversicherung geschaffen. Die Schaffung der Pflegeversicherung war notwendig, weil der Anteil der älteren Menschen an der Bevölkerung in der BRD ständig wächst. Damit nimmt auch die Zahl der Pflegebedürftigen ständig zu. Träger der gesetzlichen Pflegeversicherung sind die Pflegekassen, die zu den jeweiligen Krankenkassen gehören. Die Beiträge werden von Versicherten und Arbeitgebern je zur Hälfte geleistet. Kinderlose Arbeitnehmer über 23 Jahre müssen allerdings seit dem 01.01.2005 einen Zuschlag von 0,25 % alleine tragen. Der Teil des Entgelts, der die Beitragsbemessungsgrenze übersteigt, wird nicht zur Beitragsberechnung herangezogen. Die Pflegeversicherung teilt die Pflegebedürftigen in Pflegestufen ein und gewährt verschiedene Sach- und Geldleistungen, wie Pflegegeld, Krankenbett und häusliche Pflege. Als pflegebedürftig gelten Versicherte, die wegen einer körperlichen, geistigen oder seelischen Krankheit oder Behinderung dauerhaft, das heißt voraussichtlich mindestens für sechs Monate, in erheblichem Maße Hilfe bei den Verrichtungen des täglichen Lebens brauchen.

Gesetzliche Unfallversicherung (UV)

Jedes Jahr ereignen sich in der Bundesrepublik viele Millionen Arbeits- und Wegeunfälle. Hinzu kommen zahlreiche Fälle von anerkannten Berufskrankheiten und Berufsschulunfällen. Für die Betroffenen bedeutet dies oft einschneidende Veränderungen ihrer Lebensgestaltung. Die gesetzliche Unfallversicherung (erstmals 1884 eingeführt) soll im Falle eines (Arbeits-)Unfalls die Gesundheit und Erwerbstätigkeit wiederherstellen. Sie hat die Aufgabe, Arbeitsunfälle und Berufskrankheiten sowie arbeitsbedingte Gesundheitsgefahren zu verhüten, bei Arbeitsunfällen oder Berufskrankheiten die Gesundheit und die Leistungsfähigkeit wiederherzustellen und die Versicherten oder ihre Hinterbliebenen durch Geldleistungen zu entschädigen. Wichtigste Aufgabe der Unfallversicherung ist die Unfallverhütung. Die Träger der gesetzlichen Unfallversicherung sind die Berufsgenossenschaften der verschiedenen Branchen, die Landesunfallkassen (z. B. Bau-BG, die BG für den Einzelhandel, Feuerwehrunfallkassen, Unfallkasse Post und Telekom) sowie die Unfallversicherungsträger der öffentlichen Hand (z. B. Gemeindeunfallversicherungsverband). Der Beitrag zur gesetzlichen Unfallversicherung wird – anders als bei den anderen Arten der Sozialversicherung – allein vom Arbeitgeber bzw. von den entsprechenden Gebietskörperschaften (Bund, Länder, Gemeinden) getragen. Die Beitragshöhe richtet sich dabei nach der Gefahrenklasse, in die ein Betrieb eingestuft ist. Faustregel: Je gefährlicher die Arbeit, desto höher der Beitragssatz. Alle Arbeiter, Angestellten und Auszubildende sind automatisch über ihren Arbeitgeber versichert.

Gesetzliche Krankenversicherung (KV)

Die gesetzliche Krankenversicherung ist die älteste Säule der Sozialversicherung. Sie wurde 1883 im Zuge der bismarckschen Sozialgesetzgebung eingeführt. Aufgabe der gesetzlichen Krankenversicherung ist es, die Gesundheit der Versicherten zu erhalten, wiederherzustellen oder ihren Gesundheitszustand zu bessern. Die Krankenversicherung beruht wie alle übrigen Sozialversicherungszweige auf dem **Prinzip der Solidarität**, das heißt, alle Versicherten bilden eine Gemeinschaft. Im Krankheitsfall bekommen alle Mitglieder die gleichen erforderlichen Leistungen, ohne Rücksicht darauf, wie hoch das Einkommen und die Beiträge des Einzelnen sind. Die Träger der gesetzlichen Krankenversicherung sind die Krankenkassen. Versicherte können frei wählen, bei welcher Kasse sie sich versichern lassen möchten. Es gibt z. B. die Allgemeine Ortskrankenkasse (AOK), Betriebskrankenkasse (BKK), Innungskrankenkasse (IKK), Ersatzkassen wie die Barmer (BEK) oder Deutsche Angestellten Krankenkasse (DAK) sowie Spezialkassen wie die Landwirtschaftliche Krankenkasse und die Seekrankenkasse. Pflichtversichert sind in der gesetzlichen Krankenversicherung alle Arbeitnehmer, deren Bruttogehalt eine bestimmte Höchstgrenze nicht überschreitet, alle Auszubildenden, Rentner und Arbeitslose sowie Studenten. Überschreitet ein Arbeitnehmer die Versicherungspflichtgrenze, kann er sich freiwillig versichern. Auch Selbstständige und Beamte können sich in der gesetzlichen KV freiwillig versichern. Eine Besonderheit der gesetzlichen Krankenversicherung ist die kostenlose Familienversicherung für Ehepartner und Kinder ohne bzw. mit geringem Einkommen. Die Finanzierung der gesetzlichen Krankenversicherung erfolgt durch Beiträge, die vom Arbeitgeber und vom Versicherten je zur Hälfte getragen werden. Die Höhe dieser Beiträge richtet sich nach deren beitragspflichtigen Einnahmen (Bruttogehalt) bis zu einer bestimmten Beitragsbemessungsgrenze, die jedes Jahr angepasst wird. Zusätzlich müssen die Arbeitnehmer einen Zusatzbeitrag für das Krankentagegeld und den Zahnersatz entrichten, der sich je nach Krankenkasse unterscheidet. Leistungen der gesetzlichen Krankenversicherung sind Sach- und Geldleistungen, die (teilweise unter Berücksichtigung von Zuzahlungen) von der Krankenkasse übernommen werden, wie: Maßnahmen zur Förderung der Gesundheit (Aufklärung, Vorsorgeleistungen), Maßnahmen zur Früherkennung von Krankheiten (Leistungen für Vorsorgeuntersuchungen), Krankenbehandlung, Krankenhausbehandlung, Krankengeld, Fahrtkosten, Leistungen bei Schwangerschaft und Mutterschaft (einschließlich Mutterschaftsgeld).

Krankenbehandlung umfasst ärztliche und zahnärztliche Behandlung, Versorgung mit Arznei-, Verbands- und Heilmitteln sowie Brillen und Körperersatzstücken, häusliche Krankenpflege usw. Krankenbehandlung wird ohne zeitliche Begrenzung gewährt. Wird der Arbeitnehmer krank und kann er daher seine Arbeitsleistung nicht erbringen, hat er aufgrund des Entgeltfortzahlungsgesetzes Anspruch auf Zahlung des Arbeitsentgelts durch den Arbeitgeber bis zur Dauer von sechs Wochen.

Beiträge der Sozialversicherungen im Jahr 2018

AV	KV	PV	RV
3,0 % für AN + AG	14,6 % für AN + AG, Zusatzbeitrag für AN je nach Krankenkasse	2,55 % für AN + AG, Zusatzbeitrag für kinderlose AN über 23 Jahre: 0,25 %	18,6 % für AN + AG

4.5.2   Prinzip der Solidarität

Die Zweige der Sozialversicherungen beruhen im Gegensatz zu den Privatversicherungen, wo jeder sein individuelles Risiko bezahlt, auf dem Prinzip der Solidarität. Dies ist abgeleitet vom Wort solidarisch = füreinander einstehen, sich gegenseitig helfen. So werden die Beiträge prozentual vom Einkommen (= Beitragszahlung nach der Leistungsfähigkeit) erhoben. Benötigt ein Arbeitnehmer eine Leistung aus einer Sozialversicherung, erhält er die Höhe, die er benötigt (= Zahlung der Leistungen nach der Bedürftigkeit).

Aufgaben zur Lernsituation 17

Aufgabe 1
Berechne die Sozialversicherungsbeiträge für die Arbeitnehmerin Erika Haberl.

Aufgabe 2
Der Arbeitnehmer Matthias Schröder, ledig, 25 Jahre und ohne Kinder erhält im Monat Dezember ein Gehalt in Höhe von 2.600,00 €. Zusätzlich zahlt der Arbeitgeber ein Weihnachtsgeld in Höhe von 850,00 € und eine Leistungsprämie für das Jahr in Höhe von 550,00 €. Berechne die Beiträge zur Sozialversicherung für den Arbeitnehmer und den Arbeitgeber.

4.6   Lernsituation 18: Wir überprüfen Personalabrechnungen auf ihre Richtigkeit

Nachdem die Auszubildenden Mona und Eva in der Berufsschule die Steuern im Personalbereich und die Sozialversicherungen behandelt haben, vergleichen beide ihren Gehaltszettel. Obwohl beide 1.030,00 € brutto erhalten, bekommt Mona weniger als Eva ausgezahlt. Sie ist sich sicher, dass da ein Fehler vorliegt, und möchte gleich morgen zur Personalabteilung gehen.

Lohn- und Gehaltsabrechnung			Dezember 20XX
Name:	Schuster, Mona		
Steuerklasse:	I	Personalnr.:	83264
Kinder:	0	Konfession:	rk
Bezüge			
Gehalt			1.030,00 €
Abzüge			
Steuern			11,42 €
	Lohnsteuer	10,58 €	
	Soli	0,00 €	
	Kirchensteuer	0,84 €	
Sozialversi-cherungen			211,41 €
	AV	15,45 €	
	KV	84,46 €	
	PV	15,71 €	
	RV	95,79 €	
Nettoentgelt			**807,17 €**
Abzug Sparbeitrag Bausparvertrag			**40,00 €**
Auszahlungsbetrag			**767,17 €**

Lohn- und Gehaltsabrechnung			Dezember 20XX
Name:	Goldig, Eva		
Steuerklasse:	III	Personalnr.:	83265
Kinder:	0	Konfession:	–
Bezüge			
Gehalt			1.030,00 €
Abzüge			
Steuern			0,00 €
	Lohnsteuer	0,00 €	
	Soli	0,00 €	
	Kirchensteuer	0,00 €	
Sozialversi-cherungen			208,83 €
	AV	15,45 €	
	KV	84,46 €	
	PV	13,13 €	
	RV	95,79 €	
Nettoentgelt			**821,17 €**
Auszahlungsbetrag			**821,17 €**

1. Macht euch mit der Situation vertraut, indem ihr euch zunächst orientiert. Stellt sicher, dass euch klar ist, was eure Aufgabe ist. **(Orientierung und Information)**
2. Plant euer weiteres Vorgehen, indem ihr euch Gedanken macht, was in dieser konkreten Situation zu tun ist, und notiert diese stichpunktartig. **(Planung)**
3. Überprüft die Personalabrechnungen von Mona und Eva und erklärt eurem Banknachbarn stellvertretend für Mona die Unterschiede. **(Durchführung)**
4. Beurteilt die Ausführungen eures Banknachbarn. **(Bewertung)**
5. Übernehmt die Abrechnungen und die Hinweise zu den Unterschieden in euren Hefter und berücksichtigt eure Erkenntnisse für die Zukunft. **(Reflexion)**

Personalabrechnung

In den letzten beiden Lernsituationen haben wir bereits die Steuern, d.h. Lohnsteuer, Solidaritätszuschlag und Kirchensteuer, sowie die Sozialversicherungen kennengelernt. Die Gehaltsabrechnungen einzelner Arbeitnehmer unterscheiden sich in erster Linie durch Familienstand, Alter und Kirchenzugehörigkeit. Nach Abzug der Steuern und Sozialversicherungen vom Bruttoentgelt erhält der Arbeitnehmer das Nettoentgelt. Weitere Abzüge, beispielsweise die Verrechnung eines Vorschusses, Sparbeträge für Bauspar- oder Altersvorsorgeverträge, Werkswohnungen und Mitarbeitereinkäufe, vermindern den Auszahlungsbetrag. Auf der vollständigen Personalabrechnung ist auch der Arbeitgeberanteil an den Sozialversicherungsbeiträgen ersichtlich.

Lohn- und Gehaltsabrechnung				Dezember 20XX
Name:	Herrmann, Walter			
Steuerklasse:	IV		Personalnr.:	58224
Kinder:	2		Konfession:	rk
			AG-Anteil SV:	740,41 €
Bezüge				
Gehalt				3.600,00 €
Weihnachtsgeld				200,00 €
Gesamtbrutto				3.800,00 €
Abzüge				
Steuern				801,62 €
	Lohnsteuer	731,25 €		
	Soli	41,70 €		
	Kirchensteuer	28,67 €		
Sozialversicherungen				770,45 €
	AV	57,00 €		
	KV	311,60 €		
	PV	48,45 €		
	RV	353,40 €		
Nettoentgelt				**2.227,93 €**
Abzüge				
Sparrate betriebliche Altersvorsorge				85,00 €
Mitarbeitereinkauf				54,50 €
Auszahlungsbetrag				**2.088,43 €**

Beschriftungen:
- Informationen zum Arbeitnehmer
- AG-Anteil an den Sozialversicherungen
- Bruttoentgelt, Basis für Steuern und SV
- Steuern laut Lohnsteuertabelle
- AN-Anteil an den Sozialversicherungen
- sonstige Abzüge

Aufgaben zur Lernsituation 18

Aufgabe 1

Ein verheirateter Mitarbeiter, 1 Kind und evangelisch, dessen Frau kein Einkommen bezieht, erhält ein Bruttogehalt von 1.984,20 €. Erstellen Sie die Personalabrechnung.

Lohn- und Gehaltsabrechnung

Name:		
Steuerklasse:		
Kinder:		Konfession:
		AG-Anteil SV:
Bezüge		
Abzüge		

Kinderfreibetrag				0		0,5		1		1,5		2		2,5		3		3,5		4	
ab €	StK	Steuer	SolZ	KiStr	SolZ	KiStr	SolZ	KiStr	SolZ	KiStr	SolZ	KiStr	SolZ	KiStr	SolZ	KiStr	SolZ	KiStr	SolZ	KiStr	SolZ	KiStr
1.983,00																						
	1	218,00	11,99	17,44	7,55	10,99	-	4,98	-	0,40	-	-	-	-	-	-	-	-	-	-	-	-
	2	176,00	-	-	3,39	7,84	-	2,40	-	-	-	-	-	-	-	-	-	-	-	-	-	-
	3	24,00	-	1,92	-	-	-	-	-	-	-	-	-	-	-	-	-	-	-	-	-	-
	4	218,00	11,99	17,44	9,73	14,16	7,55	10,99	3,60	7,92	-	4,98	-	2,46	-	0,40	-	-	-	-	-	-
	5	460,16	25,30	36,81	-	-	-	-	-	-	-	-	-	-	-	-	-	-	-	-	-	-
	6	491,66	27,04	39,33	-	-	-	-	-	-	-	-	-	-	-	-	-	-	-	-	-	-
1.986,00																						
	1	218,75	12,03	17,50	7,59	11,04	-	5,04	-	0,43	-	-	-	-	-	-	-	-	-	-	-	-
	2	176,66	-	-	3,53	7,89	-	2,44	-	-	-	-	-	-	-	-	-	-	-	-	-	-
	3	24,50	-	1,96	-	-	-	-	-	-	-	-	-	-	-	-	-	-	-	-	-	-
	4	218,75	12,03	17,50	9,78	14,22	7,59	11,04	3,73	7,97	-	5,04	-	2,50	-	0,43	-	-	-	-	-	-
	5	461,16	25,36	36,89	-	-	-	-	-	-	-	-	-	-	-	-	-	-	-	-	-	-
	6	492,66	27,09	39,41	-	-	-	-	-	-	-	-	-	-	-	-	-	-	-	-	-	-
1.989,00																						
	1	219,50	12,07	17,55	7,63	11,10	-	5,08	-	0,46	-	-	-	-	-	-	-	-	-	-	-	-
	2	177,41	-	-	3,66	7,94	-	2,48	-	-	-	-	-	-	-	-	-	-	-	-	-	-
	3	24,83	-	1,98	-	-	-	-	-	-	-	-	-	-	-	-	-	-	-	-	-	-
	4	219,50	12,07	17,55	9,81	14,28	7,63	11,10	3,86	8,02	-	5,08	-	2,54	-	0,46	-	-	-	-	-	-
	5	462,16	25,41	36,97	-	-	-	-	-	-	-	-	-	-	-	-	-	-	-	-	-	-
	6	493,50	27,14	39,47	-	-	-	-	-	-	-	-	-	-	-	-	-	-	-	-	-	-
1.992,00																						
	1	220,25	12,11	17,62	7,67	11,16	-	5,13	-	0,49	-	-	-	-	-	-	-	-	-	-	-	-
	2	178,08	-	-	3,80	8,00	-	2,52	-	-	-	-	-	-	-	-	-	-	-	-	-	-
	3	25,33	-	2,02	-	-	-	-	-	-	-	-	-	-	-	-	-	-	-	-	-	-
	4	220,25	12,11	17,62	9,85	14,34	7,67	11,16	4,00	8,08	-	5,13	-	2,58	-	0,49	-	-	-	-	-	-
	5	463,16	25,47	37,05	-	-	-	-	-	-	-	-	-	-	-	-	-	-	-	-	-	-
	6	494,50	27,19	39,56	-	-	-	-	-	-	-	-	-	-	-	-	-	-	-	-	-	-
1.995,00																						
	1	220,91	12,15	17,67	7,70	11,21	-	5,18	-	0,52	-	-	-	-	-	-	-	-	-	-	-	-
	2	178,83	-	-	3,93	8,05	-	2,56	-	-	-	-	-	-	-	-	-	-	-	-	-	-
	3	25,66	-	2,05	-	-	-	-	-	-	-	-	-	-	-	-	-	-	-	-	-	-
	4	220,91	12,15	17,67	9,89	14,39	7,70	11,21	4,13	8,13	-	5,18	-	2,62	-	0,52	-	-	-	-	-	-
	5	464,16	25,52	37,13	-	-	-	-	-	-	-	-	-	-	-	-	-	-	-	-	-	-
	6	495,50	27,25	39,64	-	-	-	-	-	-	-	-	-	-	-	-	-	-	-	-	-	-

Aufgabe 2

Der leitende Angestellte Maximilian Fuchs erhält ein Bruttogehalt von 4.493,87 €. Die Lohnsteuerklasse von Herrn Fuchs ist III/1, da seine Frau nicht arbeitet. Die Krankenkasse erhebt einen Zusatzbeitrag von 0,9 %. Er spart von seinem Nettogehalt vermögenswirksame Leistungen in einen Bausparvertrag in Höhe von 40,00 € und zahlt ein Arbeitgeberdarlehen mit einer monatlichen Rate von 200,00 €. Aufgrund der guten Geschäftstätigkeit werden diesen Monat zusätzlich 300,00 € Leistungsprämie gezahlt. Die Personalabteilung hat eine Steuerbelastung von 683,33 € berechnet. Überprüfe die Angaben mithilfe der Lohnsteuertabelle.

Kinderfreibetrag			0		0,5		1		1,5		2		2,5		3		3,5		4
ab €	StK	Steuer	SolZ	KiStr	SolZ	KiStr	SolZ	KiStr	SolZ	KiStr	SolZ	KiStr	SolZ	KiStr	SolZ	KiStr	SolZ	KiStr	SolZ	KiStr
4.788,00																				
	1	1.085,33	59,69	86,82	52,94	77,00	46,47	67,59	40,27	58,58	34,36	49,98	28,72	41,78	23,37	33,99	18,28	26,60	13,48	19,62
	2	1.021,66	-	-	49,58	72,12	43,25	62,92	37,20	54,12	31,43	45,72	25,94	37,73	20,72	30,14	15,78	22,96	11,12	16,18
	3	677,66	37,27	54,21	32,38	47,10	27,62	40,18	23,01	33,47	18,54	26,97	14,20	20,66	4,03	14,57	-	8,82	-	3,97
	4	1.085,33	59,69	86,82	56,28	81,86	52,94	77,00	49,67	72,25	46,47	67,59	43,34	63,04	40,27	58,58	37,28	54,23	34,36	49,98
	5	1.524,66	83,85	121,97	-	-	-	-	-	-	-	-	-	-	-	-	-	-	-	-
	6	1.560,91	85,85	124,87	-	-	-	-	-	-	-	-	-	-	-	-	-	-	-	-
4.791,00																				
	1	1.086,58	59,76	86,92	53,00	77,09	46,53	67,68	40,33	58,67	34,42	50,06	28,78	41,86	23,42	34,06	18,33	26,67	13,53	19,68
	2	1.022,83	-	-	49,64	72,21	43,31	63,00	37,26	54,20	31,48	45,80	25,99	37,80	20,77	30,22	15,83	23,03	11,17	16,25
	3	678,50	37,31	54,28	32,43	47,17	27,67	40,25	23,06	33,54	18,59	27,04	14,25	20,73	4,16	14,62	-	8,88	-	4,02
	4	1.086,58	59,76	86,92	56,35	81,96	53,00	77,09	49,73	72,34	46,53	67,68	43,39	63,12	40,33	58,67	37,34	54,32	34,42	50,06
	5	1.525,91	83,92	122,07	-	-	-	-	-	-	-	-	-	-	-	-	-	-	-	-
	6	1.562,16	85,91	124,97	-	-	-	-	-	-	-	-	-	-	-	-	-	-	-	-
4.794,00																				
	1	1.087,75	59,82	87,02	53,07	77,19	46,59	67,77	40,39	58,76	34,47	50,14	28,83	41,94	23,47	34,14	18,38	26,74	13,58	19,75
	2	1.024,08	-	-	49,71	72,30	43,37	63,09	37,32	54,28	31,54	45,88	26,04	37,88	20,82	30,28	15,88	23,10	11,21	16,31
	3	679,50	37,37	54,36	32,47	47,24	27,72	40,32	23,10	33,61	18,62	27,09	14,29	20,78	4,30	14,68	-	8,93	-	4,06
	4	1.087,75	59,82	87,02	56,41	82,06	53,07	77,19	49,79	72,43	46,59	67,77	43,45	63,21	40,39	58,76	37,40	54,40	34,47	50,14
	5	1.527,16	83,99	122,17	-	-	-	-	-	-	-	-	-	-	-	-	-	-	-	-
	6	1.563,41	85,98	125,07	-	-	-	-	-	-	-	-	-	-	-	-	-	-	-	-
4.797,00																				
	1	1.089,00	59,89	87,12	53,13	77,28	46,65	67,86	40,45	58,84	34,53	50,22	28,88	42,02	23,52	34,21	18,43	26,81	13,62	19,81
	2	1.025,25	-	-	49,77	72,40	43,43	63,18	37,37	54,36	31,59	45,96	26,09	37,96	20,87	30,36	15,92	23,16	11,26	16,38
	3	680,33	37,41	54,42	32,52	47,30	27,76	40,38	23,14	33,66	18,67	27,16	14,33	20,85	4,46	14,74	-	8,98	-	4,10
	4	1.089,00	59,89	87,12	56,48	82,15	53,13	77,28	49,86	72,52	46,65	67,86	43,52	63,30	40,45	58,84	37,45	54,48	34,53	50,22
	5	1.528,41	84,06	122,27	-	-	-	-	-	-	-	-	-	-	-	-	-	-	-	-
	6	1.564,66	86,05	125,17	-	-	-	-	-	-	-	-	-	-	-	-	-	-	-	-
4.800,00																				
	1	1.090,25	59,96	87,22	53,19	77,38	46,71	67,95	40,51	58,92	34,59	50,31	28,93	42,09	23,57	34,28	18,48	26,88	13,66	19,88
	2	1.026,41	-	-	49,83	72,48	43,49	63,26	37,43	54,45	31,65	46,04	26,14	38,03	20,92	30,43	15,97	23,23	11,30	16,44
	3	681,16	37,46	54,49	32,56	47,37	27,81	40,45	23,19	33,73	18,71	27,22	14,37	20,90	4,60	14,80	-	9,03	-	4,14
	4	1.090,25	59,96	87,22	56,54	82,24	53,19	77,38	49,92	72,62	46,71	67,95	43,58	63,39	40,51	58,92	37,51	54,56	34,59	50,31
	5	1.529,66	84,13	122,37	-	-	-	-	-	-	-	-	-	-	-	-	-	-	-	-
	6	1.566,00	86,13	125,28	-	-	-	-	-	-	-	-	-	-	-	-	-	-	-	-

Aufgabe 3

Die Mitarbeiterin Susanne Ehrlich, 31 Jahre, ist verheiratet und hat vor einem Jahr ein Kind zur Welt gebracht. Nun möchte sie wieder arbeiten und verdient mit einem Gehalt von 2.453,28 € fast den gleichen Betrag wie ihr Ehemann (2.500,00 €). Frau Ehrlich ist römisch-katholisch. Die Krankenkasse, bei der sie versichert ist, erhebt einen Zusatzbeitrag von 0,9 %. Stelle die Gehaltsabrechnung vor und nach der Geburt des Kindes gegenüber.

Kinderfreibetrag			0		0,5		1		1,5		2		2,5		3		3,5		4
ab €	StK	Steuer	SolZ	KiStr	SolZ	KiStr	SolZ	KiStr	SolZ	KiStr	SolZ	KiStr	SolZ	KiStr	SolZ	KiStr	SolZ	KiStr	SolZ	KiStr
2.448,00																				
	1	335,91	18,47	26,87	13,66	19,87	9,13	13,28	1,51	7,08	-	1,84	-	-	-	-	-	-	-	-
	2	290,33	-	-	11,29	16,43	6,90	10,04	-	4,17	-	-	-	-	-	-	-	-	-	-
	3	108,50	-	8,68	-	3,85	-	-	-	-	-	-	-	-	-	-	-	-	-	-
	4	335,91	18,47	26,87	16,03	23,32	13,66	19,87	11,36	16,52	9,13	13,28	6,96	10,13	1,51	7,08	-	4,24	-	1,84
	5	621,00	34,15	49,68	-	-	-	-	-	-	-	-	-	-	-	-	-	-	-	-
	6	656,16	36,08	52,49	-	-	-	-	-	-	-	-	-	-	-	-	-	-	-	-
2.451,00																				
	1	336,66	18,51	26,93	13,70	19,93	9,16	13,33	1,65	7,14	-	1,88	-	-	-	-	-	-	-	-
	2	291,08	-	-	11,33	16,49	6,94	10,10	-	4,22	-	-	-	-	-	-	-	-	-	-
	3	109,16	-	8,73	-	3,89	-	-	-	-	-	-	-	-	-	-	-	-	-	-
	4	336,66	18,51	26,93	16,07	23,38	13,70	19,93	11,40	16,58	9,16	13,33	7,00	10,18	1,65	7,14	-	4,29	-	1,88
	5	622,00	34,21	49,76	-	-	-	-	-	-	-	-	-	-	-	-	-	-	-	-
	6	657,33	36,15	52,58	-	-	-	-	-	-	-	-	-	-	-	-	-	-	-	-
2.454,00																				
	1	337,50	18,56	27,00	13,74	19,99	9,20	13,39	1,78	7,19	-	1,92	-	-	-	-	-	-	-	-
	2	291,83	-	-	11,37	16,54	6,98	10,15	-	4,26	-	-	-	-	-	-	-	-	-	-
	3	109,83	-	8,78	-	3,94	-	0,01	-	-	-	-	-	-	-	-	-	-	-	-
	4	337,50	18,56	27,00	16,11	23,44	13,74	19,99	11,44	16,64	9,20	13,39	7,04	10,24	1,78	7,19	-	4,33	-	1,92
	5	623,16	34,27	49,85	-	-	-	-	-	-	-	-	-	-	-	-	-	-	-	-
	6	658,33	36,20	52,66	-	-	-	-	-	-	-	-	-	-	-	-	-	-	-	-
2.457,00																				
	1	338,25	18,60	27,06	13,78	20,05	9,24	13,44	1,91	7,24	-	1,96	-	-	-	-	-	-	-	-
	2	292,66	-	-	11,41	16,60	7,02	10,21	-	4,31	-	-	-	-	-	-	-	-	-	-
	3	110,50	-	8,84	-	3,98	-	0,04	-	-	-	-	-	-	-	-	-	-	-	-
	4	338,25	18,60	27,06	16,16	23,50	13,78	20,05	11,48	16,70	9,24	13,44	7,07	10,29	1,91	7,24	-	4,38	-	1,96
	5	624,16	34,32	49,93	-	-	-	-	-	-	-	-	-	-	-	-	-	-	-	-
	6	659,66	36,28	52,77	-	-	-	-	-	-	-	-	-	-	-	-	-	-	-	-
2.460,00																				
	1	339,08	18,64	27,12	13,82	20,11	9,28	13,50	2,05	7,30	-	2,00	-	-	-	-	-	-	-	-
	2	293,41	-	-	11,45	16,66	7,05	10,26	-	4,36	-	-	-	-	-	-	-	-	-	-
	3	111,16	-	8,89	-	4,02	-	0,08	-	-	-	-	-	-	-	-	-	-	-	-
	4	339,08	18,64	27,12	16,20	23,56	13,82	20,11	11,52	16,76	9,28	13,50	7,11	10,35	2,05	7,30	-	4,43	-	2,00
	5	625,33	34,39	50,02	-	-	-	-	-	-	-	-	-	-	-	-	-	-	-	-
	6	660,66	36,33	52,85	-	-	-	-	-	-	-	-	-	-	-	-	-	-	-	-

Lernbereich 10II.3:
In einem kleinen, regional tätigen Unternehmen erfolgreich agieren

Kapitel 5

5 Lernbereich 10II.3: In kleinem, regionalem Unternehmen erfolgreich agieren

5.1 Unser Unternehmen stellt sich vor

Die Chiemgauer Sportmoden GmbH wird uns in der 10. und 11. Jahrgangsstufe als Modellunternehmen begleiten. Hauptlieferant ist die Berger & Thaler Sportswear OHG.

Die Berger & Thaler Sportswear OHG beschäftigt ca. 250 Mitarbeiter und hat sich auf die Herstellung und den Vertrieb von Sportmode (Trikots, Trainings- und Freizeitanzüge, komplette Teamlinien) spezialisiert. Aufgrund des guten Wachstums in den letzten Jahren hatten die beiden Inhaber, Renate Berger und Helmut Thaler, auch darüber nachgedacht, zu expandieren. In der Zwischenzeit haben sie sich für den Standort Rosenheim entschieden.

Die **Chiemgauer Sportmoden GmbH** hat sich zu Beginn des Jahres 2013 gegründet. Das Unternehmen wird erst einmal als Großhandelsunternehmen versuchen, in der Region München/Oberbayern Fuß zu fassen. Hauptlieferant der Chiemgauer Sportmoden GmbH wird die Berger & Thaler Sportswear OHG sein, aber natürlich wird auch Sportmode und -zubehör anderer Lieferanten das Sortiment des Unternehmens ergänzen.

Die Chiemgauer Sportmoden GmbH stellt sich vor	
Geschäftsführerin	Franziska Brandl
Standort	Industriepark 123, 83024 Rosenheim
Kontakt	Telefon: 08031 12343-0 Fax: 08031 12343-21 Website: www.chiem-sport.de
Bank	Sparkasse Rosenheim – Bad Aibling BLZ 711 500 00 Kontonummer 9 776 345 IBAN DE11 7115 0000 0009 7763 45 BIC BYLADEM1ROS
Steuer	Steuernummer: 156/324/60754 Umsatzsteuer-Identifikationsnummer (USt-IdNr.): DE 167234959
Gründung	12. Januar 2013
Unternehmenszweck	Einkauf und Verkauf von Sportmode und Sportartikeln
Sortiment	– Trikots – Trainings- und Freizeitanzüge, komplette Teamlinien, von der Sporthose und dem Trikot über den Trainings- bis zum Präsentationsanzug – Sportzubehör (Taschen, Schuhe etc.) und Fanartikel
Verkaufsgebiet	Oberbayern
Kundenzielgruppe	Hauptsächlich Einzelhandelsgeschäfte, aber auch Endverbraucher
Zahl der Mitarbeiter	14 2 Auszubildende

Die Mitarbeiter des Unternehmens

Name und Funktion

Franziska Brandl
Geschäftsführerin

Jana Pechmann
Leiterin Verkauf

Paul Kröner
Leiter Einkauf und Lager

Herbert Wend
Verwaltung
(Personal, Ausbildung, Buchhaltung)

Das Team Einkauf
Monika Kraus & Bianca Kolb

Das Team Verkauf
Susanne Englert & Nicole Leistner
Stefan Reisch

Das Team Lager
Shahrukh Nandu, Boris Markovic, Sandra
Winter & Dietmar Lang

Maik Hofmann
Fahrer

Die Auszubildenden
Simon Fell, Kaufmann für Lagerlogistik
Hannah Nitsch, Kauffrau für Groß- und Außen-
handel

Auszug aus dem Sortiment der Chiemgauer Sportmoden GmbH

Artikelnummer	Artikelbezeichnung
2280 CSM 1401	Fußballtrikot „FC Bayern München"
2280 CSM 1501	Fußballtrikot „FC Nürnberg"
2280 CSM 1601	Fußballtrikot „FC Augsburg"
2280 CSM 1701	Fußballtrikot „TSV 1860 München"
2280 CSM 1801	Fußballtrikot „FC Ingolstadt"
2280 CSM 2041	Trainingsanzug „Bavaria" Farbe grün, Größe S–XXL
2280 CSM 2042	Trainingsanzug „Bavaria" Farbe schwarz-weiß, Größe S–XXL
2280 CSM 2043	Trainingsanzug „Bavaria" Farbe rot-weiß, Größe S–XXL
2280 CSM 2062	Trainingsanzug „Europa CSM" Farbe schwarz, Größe S–XXL
2280 CSM 2091	Trainingsanzug „Athletik" Farbe grün, Größe S–XXL
2280 CSM 2092	Trainingsanzug „Athletik" Farbe schwarz-weiß, Größe S–XXL
2280 CSM 2093	Trainingsanzug „Athletik" Farbe rot-weiß, Größe S–XXL
2280 CSM 2104	Trainingsanzug „Isar" Farbe grün-weiß, Größe S–XXL
2280 CSM 2105	Trainingsanzug „Isar" Farbe schwarz-weiß, Größe S–XXL
2280 CSM 2106	Trainingsanzug „Isar" Farbe rot-blau, Größe S–XXL
2280 CSM 2201	Trainingsanzug „Olymp" Farbe grün-weiß, Größe S–XXL
2280 CSM 2202	Trainingsanzug „Olymp" Farbe schwarz-weiß, Größe S–XXL
2280 CSM 2203	Trainingsanzug „Olymp" Farbe rot-blau, Größe S–XXL
2280 CSM 2315	Trainingsanzug „Master" Farbe grün-schwarz, Größe S–XXL
2280 CSM 2316	Trainingsanzug „Master" Farbe rot-weiß, Größe S–XXL
2280 CSM 2317	Trainingsanzug „Master" Farbe orange-weiß, Größe S–XXL
2280 CSM 3201	Kapuzenpulli „Olymp" Farbe grün-weiß, Größe S–XXL
2280 CSM 3202	Kapuzenpulli „Olymp" Farbe schwarz-weiß, Größe S–XXL
2280 CSM 3203	Kapuzenpulli „Olymp" Farbe rot-blau, Größe S–XXL
2280 CSM 4713	Teamtasche „Standard" Farbe blau-weiß-schwarz
2280 CSM 4714	Teamtasche „Standard" Farbe grün-schwarz
2280 CSM 4715	Teamtasche „Standard" Farbe rot-weiß
2280 CSM 4813	Teamtasche „Modern" Farbe blau-weiß-schwarz
2280 CSM 4921	Teamtasche „Olympia" Farbe marine-schwarz

Lernbereich 10II.3.1

5

Auszug aus der Kunden- und Lieferantenkartei

Kundennummer	Kunde
240001	Sportgeschäft Heinrich e. K., Hauptstraße 56, 83646 Bad Tölz
240015	Sport Herold e. K., Münchener Straße 18, 83646 Bad Tölz
240037	Sportgeschäft Alois Reindl e. K., Wolfratshäuser Straße 6, 83646 Bad Tölz
240051	Sport Glück e. K., Brunnthaler Straße 44, 82041 Oberhaching
240098	Fit & Fun OHG, Innere Ringstraße 58, 83024 Rosenheim
240112	Sport Lachner OHG, Burgstraße 17, 83512 Wasserburg
240144	Sportgeschäft Horstmann OHG, Freimanner Allee 76, 80796 München
240160	Sport Huber e. K., Rathausstraße 4, 83024 Rosenheim
240177	Schiller GmbH, Pestalozzistraße 8, 80469 München
240218	Sport Eichelmann, Am Seeufer 11, 83209 Prien am Chiemsee
240236	Kruse Moden, Taufkirchener Straße 2, 84453 Mühldorf am Inn
240299	Liebermann AG, Industriepark 86, 90451 Nürnberg

Lieferantennummer	Lieferant
440001	Berger & Thaler Sportswear OHG, Schweinfurt
440002	Spedition Wiesel & Flink GmbH, Industriepark 86, 83024 Rosenheim
440004	HaLoTri Hannelore Lorz Trikots e. Kfr., Industriestraße 55, 22442 Hamburg
440056	Wolf Import GmbH, Hafenbecken 17, 28334 Bremen
440129	Sport Busch GmbH, Garbsener Landstraße 66, 30541 Hannover
440266	Lahm OHG Internationale Spedition, Industriestraße 60, 83064 Raubling
440318	Niedermayer Büromöbel GmbH, Nutzweg 62, 83043 Bad Aibling

5

Lernbereich 10II.3.1

Lernbereich 10II.3.1: Waren und Material beschaffen

Kompetenzerwartungen
Die Schülerinnen und Schüler

– errechnen den Meldebestand, um den optimalen Bestellzeitpunkt zu ermitteln, und legen die Bestellmenge fest.
– bestellen bei bekannten Lieferanten zu vorgegebenen Lieferungs- und Zahlungskonditionen. Dabei kommunizieren sie (z. B. über Telefon, per Fax und E-Mail) mit ihren Lieferanten sachlich korrekt und angemessen.
– prüfen gemäß der rechtlichen Vorschriften, ob durch die Reaktion des Lieferanten ein rechtsgültiger Kaufvertrag zustande gekommen ist.
– überwachen den Liefertermin und kontrollieren die gelieferte Ware hinsichtlich der richtigen Art, Menge und Beschaffenheit.
– prüfen die Eingangsrechnung auf sachliche und rechnerische Richtigkeit.
– zahlen die Eingangsrechnung durch Überweisung und prüfen den Kontoauszug.

5.2 Lernsituation 19: Wir lernen die Aufgaben des Lagers kennen

Hausmitteilung

Absender: Paul Kröner, Leitung Einkauf und Lager
Empfänger: Hannah Nitsch, Simon Fell (Auszubildende im Haus)

mit der Bitte um ☒ **Erledigung**
☐ **Stellungnahme**
☐ **Information**

Hallo Hannah und Simon,

in der nächsten Woche hat sich die 10. Klasse der Wirtschaftsschule zu einer Betriebsbesichtigung bei uns angemeldet. Als Schwerpunkt wollen sich die Schüler über unser Lagersystem informieren.

Die Führung durch unser Lager werde ich persönlich übernehmen. Um den Schülern allerdings im Vorfeld schon eine Orientierung über die Lagerarten und die Aufgaben eines Lagers zu geben, bitte ich euch beide, eine kurze Präsentation zu diesem Thema vorzubereiten.

Vielen Dank für eure Unterstützung

Paul Kröner

Paul Kröner

1. Macht euch mit der Situation vertraut, indem ihr euch zunächst orientiert: Betrachtet hierzu die erhaltenen Informationen zum Thema Arten und Aufgaben des Lagers. Informiert euch bei Bedarf auch im Internet. Stellt sicher, dass euch die Aufgabe klar ist. **(Orientierung und Information)**
2. Plant euer weiteres Vorgehen, indem ihr euch Gedanken macht, was in dieser konkreten Situation zu tun ist, und notiert dies stichpunktartig. **(Planung)**
3. Erstellt eine PowerPoint-Präsentation zum Thema „Aufgaben und Arten des Lagers". **(Durchführung)**
4. Präsentiert eure Ergebnisse im Klassenplenum. Bewertet euren Vortrag zusammen mit dem Lehrer und den Mitschülern anhand des Kriterienkatalogs für Präsentationen. Nehmt Kritikpunkte auf zur Vollständigkeit und inhaltlichen Richtigkeit, ergänzt eure Ausarbeitungen und korrigiert Fehler. **(Bewertung)**
5. Reflektiert über eure Präsentation, indem ihr konstruktives Feedback des Lehrers und der Gruppenmitglieder annehmt und Schlüsse für zukünftige Präsentationen zieht. **(Reflexion)**

5.2.1 Tätigkeiten im Lagerbereich

Die Tätigkeiten im Lagerbereich sind vielfältig. Hierzu gehören:

- Ausladen der Ware an der Laderampe
- Kontrolle der Ware anhand der Begleitpapiere (z. B. Lieferschein)
- Auspacken der Ware und Überprüfung auf Vollständigkeit und Zustand (die genaue Überprüfung auf eine ordnungsgemäße Lieferung ist deswegen so wichtig, um beim Vorliegen von Mängeln rechtzeitig reklamieren zu können)
- Einsortieren der Waren an den richtigen Ort unter Berücksichtigung von bestimmten Lagerbedingungen (Temperatur/Feuchtigkeit etc.)
- Lagerbestand prüfen (Mindesthaltbarkeit, Nachbestellungen)
- Inventuren durchführen
- Zusammenstellen von Waren bei einer Bestellung eines Kunden
- Erstellen der Lieferpapiere
- Verpacken der Waren
- Bereitstellung der Waren auf der Laderampe

5.2.2 Aufgaben des Lagers

Wozu wird eigentlich ein Lager benötigt und warum werden überhaupt Güter eingelagert?
Nur in ganz wenigen Fällen werden beschaffte Güter sofort wieder verbraucht bzw. verkauft. Im Normalfall findet zwischen der Beschaffung und der Leistungserstellung einerseits und der Leistungserstellung und dem Absatz andererseits eine Lagerung statt.

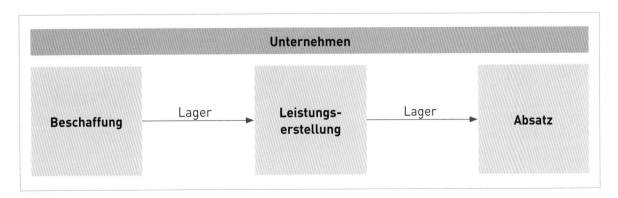

Unternehmen

| **Beschaffung** | →Lager→ | **Leistungserstellung** | →Lager→ | **Absatz** |

Selbst zu Hause in der Familie existiert eine Lagerhaltung in Form des Kühlschrankes. Denn regelmäßig wird z. B. frische Milch gekauft und dort eingelagert, um so einen ausreichenden Vorrat für die kommende Woche zu haben.

Immer einen bestimmten Bestand an Gütern verfügbar zu halten, ist die Hauptaufgabe des Lagers. Daneben können aber noch weitere Aufgaben unterschieden werden:

Sicherungsaufgabe

Bei der Sicherungsaufgabe geht es vor allem um den Schutz vor Engpässen. Engpässe können sowohl auf der Beschaffungsseite (ein Lieferant hat bei einem Gut Lieferschwierigkeiten) als auch auf der Absatzseite (Kunden fragen ein Gut außerplanmäßig viel nach) auftreten. Aus diesem Grund werden Sicherheitsbestände gehalten, damit es bei der Versorgung der Produktion und/oder der Kunden nicht zu Störungen kommt. Solange also genügend Vorrat im Lager ist, können auch keine Engpässe entstehen.

Überbrückungsaufgabe

Bei der Überbrückungsaufgabe geht es vor allem darum, dass die Beschaffung und der Verbrauch von Gütern sowohl zeitlich als auch mengenmäßig unterschiedlich sind. Bestes Beispiel hierfür ist die Obsternte. Manche Produkte kann man nur zu einer bestimmten Jahreszeit ernten. Diese Ernte soll aber durchgängig über das **ganze Jahr** angeboten und verkauft werden. Deshalb ist die Ernte bis zum Verkauf zu lagern.

Spekulationsaufgabe

Bei der Spekulationsaufgabe geht es vor allem darum, dass Güter eingelagert werden, bei denen künftig **Preissteigerungen** erwartet werden. Dies geschieht sehr häufig bei Gütern, die enormen Preisschwankungen ausgesetzt sind (z. B. Benzin, Heizöl).

Umformungsaufgabe

Die Umformungsaufgabe zeichnet sich vor allem dadurch aus, dass Güter vom Lieferanten noch nicht „verkaufsfähig" angeliefert und erst im Lager in handelsübliche Verpackungseinheiten umgepackt werden.

Veredelungsaufgabe

Die Veredelungsaufgabe ist dadurch gekennzeichnet, dass die Lagerung eine qualitative Veränderung eines Gutes bewirkt (z. B. Wein oder Käse). Diese Produkte gewinnen stetig mit der Zeit an Reife und werden somit veredelt. Deswegen lagert man diese Güter, bis die gewünschte Qualität erreicht ist.

Lernbereich 10|L.3.1

5

5.2.3 Lagerarten

Die Vielzahl unterschiedlicher Lagerarten lässt sich nach ganz unterschiedlichen Kriterien unterscheiden. Mögliche Kriterien sind z. B. der Standort, die Funktion oder die Eigentumssituation des Lagers. Daneben sind natürlich auch noch weitere Unterscheidungskriterien wie die Bauweise (Flach- oder Hochregallager) denkbar.

Kriterium	Lagerart
Standort	**Zentrallager** (Güter werden an einem Ort gelagert.) **Dezentrales Lager** (Güter werden auf mehrere Lager verteilt, um sie näher beim Kunden zu haben.)
Funktion	**Reservelager** (Die gelagerten Güter dienen der Aufrechterhaltung der Lieferbereitschaft.) **Vorratslager** (Güter werden in großen Mengen auf Vorrat für einen längeren Zeitraum gelagert.) **Umschlaglager** (Gütern werden nur kurzfristig zwischen dem Umschlag von Transportmittel zu Transportmittel gelagert. Dies geschieht z. B. bei Gütern aus Übersee, wenn sie im Hamburger Hafen vom Schiff auf Lkw umgeladen werden.) **Verteilungslager** (Während die vorher genannten Lager mehr der Beschaffungsseite zugeordnet werden können, so ist das Verteilungslager im Absatzbereich zu finden. Beispiele: Güter von unterschiedlichen Lieferanten werden hier gesammelt und an einen oder mehrere Produktions- bzw. Handelsbetriebe verteilt oder Gütern aus der Produktion werden gesammelt und an den Kunden geliefert.)
Eigentumssituation	**Eigenlager** (Güter werden in den eigenen Räumen gelagert.) **Fremdlager** (Güter werden in fremden Räumen gelagert.)

5

Lernbereich 10 II.3.1

5.3 Lernsituation 20: Wir prüfen die Wirtschaftlichkeit im Lager

Nach der wöchentlichen Abteilungskonferenz der Chiemgauer Sportmoden GmbH bittet Herr Kröner, Abteilungsleiter Einkauf und Lager, den Auszubildenden Simon Fell in sein Büro.

Simon: Guten Morgen, Herr Kröner.

Herr Kröner: Guten Morgen, Simon. Ich habe heute einen Spezialauftrag für dich. Wirf mal einen Blick auf das Ergebnisprotokoll unserer letzten Abteilungsleiterbesprechung.

Ergebnisprotokoll

Termin:	15.01.20XX	**Ort:**	Konferenzraum
Beginn:	08:30 Uhr	**Ende:**	11:00 Uhr

Sitzungsleitung: Franziska Brandl, Geschäftsführerin

Teilnehmer: Frau Pechmann (Verkauf), Herr Kröner (Einkauf und Lager), Herr Wend (Verwaltung)

...

TOP 3

Auf vielfachen Kundenwunsch werden wir unser Sortiment erweitern. Hierzu wurde einstimmig der Beschluss gefasst, die Teamlinie „Bavaria" neu in unser Sortiment aufzunehmen.

Bekannterweise ist unser Lagerplatz sehr knapp und einige Artikel nehmen nicht nur sehr viel Platz in Anspruch, sondern haben dort auch eine sehr lange Verweildauer. Wir sollten also insbesondere unsere Teamlinie „Athletik" überprüfen und uns von einigen „Penner-artikeln" trennen.

AKTION:

1. Herr Kröner, bitte überprüfen Sie die Teamlinie „Athletik" mithilfe geeigneter Kennzahlen.

2. Herr Kröner, bitte teilen Sie mir schriftlich unsere weitere Vorgehensweise mit.

...

Herr Kröner: Simon, du weißt ja, die Wirtschaftlichkeit in einem Unternehmen fängt bereits im Lager an. Also, berechne einfach mal die einzelnen Lagerkennzahlen für alle Artikel der Team-linie „Athletik". Teile mir anschließend deine Meinung mit, welche wir weiter behalten und welche wir aus unserem Sortiment rausnehmen sollten.

Simon: Alles klar, Herr Kröner.

Chiemgauer Sportmoden GmbH
Lagerkarte Trainingsanzug „ATHLETIK" vom Jahr 20XX
Artikelnummer 2280 CSM 2092

Lagerbestände		Stück
02.01.20XX	1.700,00 €	85
31.01.20XX	1.520,00 €	76
28.02.20XX	1.680,00 €	84
31.03.20XX	1.540,00 €	77
30.04.20XX	1.440,00 €	72
31.05.20XX	1.760,00 €	88
30.06.20XX	1.680,00 €	84
31.07.20XX	1.600,00 €	80
31.08.20XX	1.660,00 €	83
30.09.20XX	1.620,00 €	81
31.10.20XX	1.680,00 €	84
30.11.20XX	1.520,00 €	76
31.12.20XX	1.400,00 €	70
SUMME		

Warenverkäufe zu Einstandspreisen		Verkaufte Stückzahl
Januar	520,00 €	26
Februar	420,00 €	21
März	380,00 €	19
April	240,00 €	12
Mai	360,00 €	18
Juni	400,00 €	20
Juli	440,00 €	22
August	300,00 €	15
September	480,00 €	24
Oktober	400,00 €	20
November	360,00 €	18
Dezember	500,00 €	25
SUMME		

Einstandspreis je Anzug	20,00 €
Mindestbestand	30 Stück
Meldebestand	
Höchstbestand	90 Stück
Tagesverbrauch	2 Stück
Lieferzeit	10 Tage

1. Macht euch mit der Situation vertraut, indem ihr euch zunächst orientiert: Betrachtet hierzu die erhaltenen Informationen zum Thema Lagerkosten und Lagerkennzahlen. Informiert euch bei Bedarf auch im Internet. Stellt sicher, dass euch die Aufgabe klar ist. **(Orientierung und Information)**
2. Plant euer weiteres Vorgehen, indem ihr euch Gedanken macht, was in dieser konkreten Situation zu tun ist, und notiert dies stichpunktartig. **(Planung)**
3. Berechnet die Lagerkennzahlen für den Trainingsanzug „ATHLETIK". Verfasst eine schriftliche Stellungnahme für Herrn Kröner, in der ihr euch mithilfe der Kennzahlen für oder gegen den Verbleib dieses Artikels im Sortiment entscheidet. **(Durchführung)**
4. Präsentiert eure Ergebnisse im Klassenplenum, diskutiert darüber bzw. nehmt Verbesserungen vor. **(Bewertung)**
5. Reflektiert über eure Stellungnahme, indem ihr konstruktives Feedback des Lehrers und der Gruppenmitglieder annehmt und Schlüsse für zukünftige Stellungnahmen zieht. **(Reflexion)**

5.3.1 Wirtschaftlichkeit im Lager

Wie jede Abteilung in einem Unternehmen muss auch das Lager immer auf seine Wirtschaftlichkeit achten. Ausgangspunkt hierfür ist die Überlegung, wie es dem Unternehmen gelingen kann, den Zielkonflikt zwischen möglichst niedrigen Lagerkosten einerseits und einer ausreichenden Lieferbereitschaft andererseits bestmöglich zu lösen.

Hierzu muss sich das Unternehmen erst einmal darüber klar sein, welche Kosten im Lager entstehen. Zu den Lagerkosten zählen:

Lagerkosten	Beispiele
Personal	– Löhne und Gehälter der Lagermitarbeiter – Sonderleistungen (Urlaubs- und Weihnachtsgeld) – Sozialversicherungsbeiträge für die Lagermitarbeiter
Lagerräume	– Miete – Wasser – Reinigung – Strom – Versicherungsprämie – Verzinsung des investierten – Heizung Kapitals – Licht
Gelagerte Ware	– Verderb – Schwund – Verzinsung des in den Lagerbeständen investierten Kapitals – Ausschuss (Bruch, Beschädigung, Diebstahl)
Betriebsmittel	– Betriebskosten – Wartungskosten – Abschreibung – Reparatur – Versicherungsprämien
Material	– Büromaterial – Verpackung

Einige Kosten, wie die Personalkosten und die Kosten für die Lagerräume, ändern sich bei unterschiedlichen Lagermengen nicht. Sie sind also von der eingelagerten Menge unabhängig und werden deshalb fixe Kosten genannt.

Andere Kosten, wie die Kosten für die Betriebsmittel und das Material, aber insbesondere natürlich die Kosten für die eingelagerte Ware, verändern sich mit der Lagermenge. Man spricht deshalb von variablen Kosten. Dies hat zur Folge, dass die Lagerkosten mit zunehmender Lagermenge auch steigen.

Zusätzlich steigen mit einer zunehmenden Lagermenge auch die Risiken der Lagerhaltung:

Lagerrisiko	Erklärung
Technischer Fortschritt	Neue, qualitativ hochwertigere Produkte lösen alte ab. Insbesondere bei neuen Medien ist der Lebenszyklus eines Produktes sehr kurz; das bedeutet, dass z.B. Smartphones, die heute noch „in" sind, in wenigen Monaten schon wieder zum „alten Eisen" gehören.
Mode/Trend	Gerade in der Textilbranche können neue Trends dazu führen, dass zu hohe Lagerbestände zu „Ladenhütern" führen.
Qualität	Hohe Lagerstände und damit verbundene lange Lagerzeiten haben bei einigen Produkten Einfluss auf die Qualität; z.B. Farbe verblasst, Eisen rostet.
Verderb	Gerade bei Lebensmitteln können zu hohe Lagerbestände und damit zu lange Lagerzeiten zum Verderb führen; z.B. Fisch.

Zu hohe Lagerbestände führen also zu hohen Lagerrisiken und damit auch zu hohen Lagerkosten.

Bei einem zu geringen Lagerbestand ist es möglich, dass es zu Lieferengpässen und damit verbunden zu unzufriedenen Kunden kommt. Um nun ein Optimum aus Lagerkosten und Lieferbereitschaft zu finden, stehen dem Unternehmen die Lagerkennzahlen zur Verfügung.

5.3.2 Die Lagerkennzahlen

Mindestbestand
Der Mindestbestand oder „eiserner Bestand" ist der Bestand, der nur in Notfällen unterschritten werden darf. Er ist so hoch zu bemessen, dass selbst bei vorübergehenden Verzögerungen durch den Lieferanten ein reibungsloser Verkauf garantiert ist. Der Mindestbestand wird von der Lagerleitung bzw. der Geschäftsführung aufgrund von Erfahrungen aus der Vergangenheit festgelegt (z. B. dreifacher Tagesverbrauch). Er wird für jeden Artikel gesondert festgestellt.

Der Abteilungsleiter Lager der Chiemgauer Sportmoden GmbH, Herr Kröner, rechnet aufgrund von Erfahrungswerten aus der Vergangenheit beim Trainingsanzug „ISAR" mit einem Verkauf von fünf Stück täglich. Aus diesem Grund wurde der Mindestbestand auf 15 Stück festgelegt.

Meldebestand
Der Meldebestand ist der Bestand, bei dem wieder neue Waren bestellt werden müssen. Er muss so hoch sein, dass das Auffüllen des Lagers vor Erreichung des Mindestbestandes möglich ist. Die Höhe des Meldebestandes für einen Artikel hängt von der täglichen Absatzmenge (Tagesverbrauch), der Lieferzeit sowie dem Mindestbestand ab.

Meldebestand = (Tagesverbrauch × Lieferzeit) + Mindestbestand

Den Tag, an dem der Meldebestand erreicht wird, nennen wir Bestellzeitpunkt.

Nach einer Bestellung beim Lieferanten muss die Chiemgauer Sportmoden GmbH beim Artikel Trainingsanzug „ISAR" mit einer Lieferzeit von sechs Tagen kalkulieren.
Meldebestand = (5 Stück × 6 Tage) + 15 Stück = 45 Stück

Höchstbestand
Um zu wissen, wie viel man maximal bestellen sollte, hilft der Höchstbestand, der sich danach richtet, wie viel Platz im Lager ist und ob die Güter dann auch wirklich verbraucht werden, um somit unnötige (Mehr-) Kosten zu vermeiden. Daraus ergibt sich dann auch die Bestellmenge

Bestellmenge = Höchstbestand – Mindestbestand

Da der Absatz des Artikels Trainingsanzug „ISAR" sehr gut läuft, hat die Lagerleitung für diesen Artikel viel Platz zur Verfügung gestellt und einen Höchstbestand von 80 Stück festgelegt.
Bestellmenge = 80 Stück – 15 Stück = 65 Stück

Der Zusammenhang zwischen Mindest-, Melde- und Höchstbestand sieht grafisch wie folgt aus:

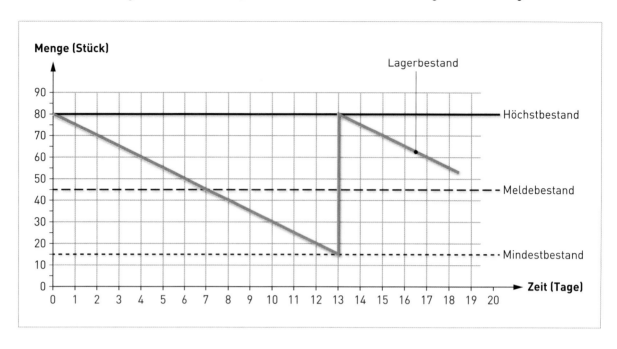

Neben diesen drei Beständen (Mindest-, Melde- und Höchstbestand) gibt es noch eine Reihe weiterer Lagerkennzahlen, die dem Unternehmen bei der Beurteilung der Wirtschaftlichkeit helfen können.

Durchschnittlicher Lagerbestand

Die Höhe der Warenbestände verändert sich im Lauf des Geschäftsjahres ständig. Man kann aber einen Durchschnittswert ermitteln, der für weitere Berechnungen wichtig ist.

$$\text{Durchschnittlicher Lagerbestand} = \frac{\text{Jahresanfangsbestand} + \text{Jahresendbestand}}{2}$$

Legt man bei der Berechnung des durchschnittlichen Lagerbestands lediglich diese zwei Werte zugrunde, so ist die Aussagekraft nur äußerst gering. Viel genauer wird die Berechnung, je mehr Werte einbezogen werden. Aus diesem Grund wird sehr oft der durchschnittliche Lagerbestand mithilfe der monatlichen Endbestände berechnet. Die Formel hierzu lautet:

$$\text{Durchschnittlicher Lagerbestand} = \frac{\text{Jahresanfangsbestand} + 12 \times \text{Monatsendbestände}}{13}$$

Bewertet man nun noch den durchschnittlichen Lagerbestand mit den Einstandspreisen der Waren, so erfährt man, wie viel Kapital durchschnittlich im Lager „gebunden" ist; d. h. dieses Kapital kann nicht für andere Zwecke verwendet werden.

Chiemgauer Sportmoden GmbH
Lagerkarte Trainingsanzug „ISAR" vom Jahr 20XX
Artikelnummer 2280 CSM 2105

Lagerbestände		Stück
02.01.20XX	1.440,00 €	80
31.01.20XX	1.350,00 €	75
28.02.20XX	738,00 €	41
31.03.20XX	1.116,00 €	62
30.04.20XX	1.368,00 €	76
31.05.20XX	1.008,00 €	56
30.06.20XX	864,00 €	48
31.07.20XX	756,00 €	42
31.08.20XX	1.386,00 €	77
30.09.20XX	1.350,00 €	75
31.10.20XX	576,00 €	32
30.11.20XX	864,00 €	48
31.12.20XX	1.224,00 €	68
SUMME		

Warenverkäufe zu Einstandspreisen		Verkaufte Stückzahl
Januar	1.800,00 €	100
Februar	1.728,00 €	96
März	1.656,00 €	92
April	1.710,00 €	95
Mai	1.854,00 €	103
Juni	2.124,00 €	118
Juli	2.016,00 €	112
August	1.800,00 €	100
September	1.656,00 €	92
Oktober	1.584,00 €	88
November	1.692,00 €	94
Dezember	1.980,00 €	110
SUMME		

Einstandspreis je Anzug	18,00 €
Mindestbestand	15 Stück
Meldebestand	45 Stück
Höchstbestand	80 Stück
Tagesverbrauch	5 Stück
Lieferzeit	6 Tage

Mithilfe der abgebildeten Lagerkarte für den Artikel Trainingsanzug „ISAR" kann der durchschnittliche Lagerbestand berechnet werden.

Da die Chiemgauer Sportmoden GmbH die monatlichen Endbestände ermittelt, wird bei der Berechnung die (viel genauere) Monatsmethode zugrunde gelegt:

$$\frac{(80 + 75 + 41 + 62 + 76 + 56 + 48 + 42 + 77 + 75 + 32 + 48 + 68)}{13} = 60 \text{ Stück}$$

Im Jahresdurchschnitt sind also 60 Trainingsanzüge „ISAR" auf Lager.

Da ein Trainingsanzug einen Einstandspreis von 18,00 € hat, sind demzufolge 60 × 18,00 € = 1.080,00 € fest gebunden, können also nicht für andere Zwecke verwendet werden.

Lagerumschlagshäufigkeit

Die Umschlagshäufigkeit gibt an, wie oft sich der durchschnittliche Lagerbestand pro Periode (z. B. pro Jahr) verkauft bzw. umgeschlagen wurde.

$$\text{Lagerumschlagshäufigkeit} = \frac{\text{Warenabsatz}}{\text{durchschnittlicher Lagerbestand}}$$

Die Chiemgauer Sportmoden GmbH hat lt. Anlagenkarte im Berichtsjahr 1200 Trainingsanzüge „ISAR" verkauft. Daraus ergibt sich folgende Lagerumschlagshäufigkeit:

$$\frac{1\,200 \text{ Stück}}{60 \text{ Stück}} = 20$$

Die Zahl 20 bedeutet nun, dass das Lager im Laufe des Jahres 20-mal komplett verkauft bzw. umgeschlagen wurde.

Durchschnittliche Lagerdauer

Die durchschnittliche Lagerdauer gibt schließlich an, wie viele Tage ein Artikel im Durchschnitt im Lager liegt. Man berechnet sie mithilfe der Umschlagshäufigkeit:

$$\text{Durchschnittliche Lagerdauer} = \frac{365 \text{ Tage}}{\text{Lagerumschlagshäufigkeit}}$$

Führen wir unser Beispiel fort, so errechnet sich für den Trainingsanzug „ISAR" folgende durchschnittliche Lagerdauer von:

$$\frac{365 \text{ Tage}}{20} = 18,25 \text{ Tage, gerundet 19 Tage}$$

Zusammenfassung

Mithilfe der Zahlen aus der Lagerbuchhaltung hat die Chiemgauer Sportmoden GmbH verschiedene Lagerkennzahlen für den Trainingsanzug „ISAR" berechnet:

Mindestbestand	15 Stück
Meldebestand	45 Stück
Höchstbestand	80 Stück
Durchschnittlicher Lagerbestand	60 Stück bzw. 2.400,00 €
Lagerumschlagshäufigkeit	20
Durchschnittliche Lagerdauer	19 Tage

Grundsätzlich gilt:

- Je niedriger die Lagerbestände, desto niedriger sind die Lagerkosten.
- Je niedriger der durchschnittliche Lagerbestand, desto niedriger sind die Lagerkosten.
- Je größer die Umschlagshäufigkeit, desto niedriger sind die durchschnittliche Lagerdauer und damit auch die Lagerkosten.

Allerdings gewinnen diese Zahlen erst dann an Aussagefähigkeit, wenn man sie mit den Zahlen anderer Unternehmen der gleichen Branche vergleicht.

Lernbereich 10II.3.1

5

5.4 Lernsituation 21: Wir führen einen Angebotsvergleich durch

Im Rahmen seiner Ausbildung lernt der Auszubildende Simon nicht nur alle Arbeiten und Aufgaben im Lager kennen, sondern er durchläuft auch die Abteilung Einkauf. Am Montagmorgen bittet ihn Herr Kröner in sein Büro.

Simon:	Guten Morgen, Herr Kröner.
Herr Kröner:	Guten Morgen, Simon. Hast du unseren Damen im Einkauf schon etwas über die Schultern schauen können?
Simon:	Ja, klar ... vom Einholen eines Angebots über die Bestellung bis zur Prüfung der Eingangsrechnung. Und das passt im Moment total gut zu dem, was wir in der Schule machen.
Herr Kröner:	Das höre ich gerne.
Simon:	Ja, ist echt klasse, dass man die Theorie aus der Schule sozusagen zeitgleich in der Praxis anwenden kann.
Herr Kröner:	Freut mich zu hören ... aber es hat einen Grund, dass ich dich zu mir gebeten habe. Du weißt ja, dass wir beschlossen haben, eine neue Teamlinie „BAVARIA" in unser Sortiment aufzunehmen. Das Wichtigste sind zuerst einmal die Trainingsanzüge. Aus diesem Grund haben wir vor einiger Zeit schon etliche Lieferanten angefragt. Von den Angeboten sind zwei recht interessante dabei. Wir haben natürlich auch schon unsere Kunden angeschrieben und die Rückmeldungen sind echt super. Viele Kunden haben bereits Bestellungen geschickt. Die ersten Auslieferungen sollen schon in zwei Wochen erfolgen.
Simon:	Und wie kann ich Ihnen jetzt helfen?
Herr Kröner:	Tja, und jetzt haben wir ein Problem. Ausgerechnet heute meldet sich Frau Kolb mit einer schweren Erkältung für die nächsten Tage krank. Sie hatte wohl noch nicht die Zeit, die Angebote etwas genauer anzuschauen.
Simon:	Okay, Chef, kein Problem, das mache ich doch gerne.
Herr Kröner:	Genau diese Antwort habe ich von dir erwartet. Die Unterlagen liegen auf dem Schreibtisch von Frau Kolb. Also, auf an die Arbeit; wir benötigen erst einmal 150 Trainingsanzüge. Bereite alles soweit vor, dass ich nur noch die fertige Bestellung unterschreiben muss.
Simon:	Geht klar, Herr Kröner.

Hannelore Lorz Trikots e. Kfr. – Industriestraße 55 – 22442 Hamburg

Chiemgauer Sportmoden GmbH
Herrn Kröner
Industriepark 123
83024 Rosenheim

Ihr Zeichen:	
Ihre Nachricht:	
Unser Zeichen:	HL
Unsere Nachricht:	
Name:	Hannelore Lorz
Telefon:	040 68040-41
Telefax:	040 68040-49
E-Mail:	h.lorz@bekleidung.com
Datum:	18.02.20XX

Angebot
Ihre Kunden-Nr.: 240054

Sehr geehrter Herr Kröner,

vielen Dank für Ihre Anfrage.

Hiermit übersenden wir Ihnen folgendes Angebot:

Trainingsanzug „HaLoTri Universal"   **19,95 € pro Stück**

Eine genaue Beschreibung entnehmen Sie bitte unserem Katalog. Unsere Lieferungs- und Zahlungsbedingungen liegen Ihnen vor.

Wir hoffen, dass unser Angebot Ihren Vorstellungen entspricht und freuen uns auf Ihre Bestellungen.

Mit freundlichen Grüßen

HaLoTr – Hannelore Lorz Trikots e. Kfr.

Hannelore Lorz

Hannelore Lorz, Inhaberin

Wolf Import GmbH, Hafenbecken 17, 28334 Bremen

Chiemgauer Sportmoden GmbH
Herrn Kröner
Industriepark 123
83024 Rosenheim

Ihr Zeichen:
Ihre Nachricht:
Unser Zeichen: me
Unsere Nachricht:

Ihr Ansprechpartner: Manuel Endres
Telefon: 0421 320690-52
Telefax: 0421 320690-59
E-Mail: endres@importe_hb.com

Datum: 19.02.20XX

Angebot – Ihre Kunden-Nr.: 240133

Sehr geehrter Herr Kröner,

vielen Dank für Ihre Anfrage.

Hiermit übersenden wir Ihnen folgendes Angebot:

Trainingsanzug „Europe"   **21,90 € pro Stück**

Vereinsanzug der Spitzenklasse im tollen Design mit funktionaler Ausstattung. Jacke mit elastischen Bundabschluss am Arm; zwei seitliche Taschen mit Reißverschluss. Hose mit Bündchen und Reißverschluss am Beinabschluss für leichtes An- und Ausziehen.

Es gelten unsere allgemeinen Lieferungs- und Zahlungsbedingungen.

Für Rückfragen stehen wir Ihnen gerne zur Verfügung.

Mit freundlichen Grüßen

Auszug aus der Lieferantenkartei

Lieferant	Lieferanten-nummer	Adresse	Sortiment
...	...	...	...
Hannelore Lorz Trikots e. Kfr.	440027	Industriestr. 55, 22442 Hamburg	Trikots, Trainingsanzüge

Lernbereich 10 | 3.1

5

Auszug aus der Lieferantenkartei

Lieferant	Lieferanten-nummer	Adresse	Sortiment

Bemerkungen:
Die Qualität der Produkte ist sehr hoch (Einstufung 5 Punkte). Die Lieferungen sind meistens fehlerfrei (98 %). Die Lieferzuverlässigkeit ist allerdings ein Schwachpunkt. So wurden Liefertermine mehrmals nicht eingehalten. Auch die Beratung ist nicht voll zufriedenstellend. Die direkte Ansprechpartnerin ist telefonisch nie zu erreichen; Anfragen per E-Mail werden oft erst nach mehrmaligen Mahnungen beantwortet. Die Abwicklung bei Leistungsstörungen erfolgt allerdings schnell und reibungslos.

Lieferungs- und Zahlungsbedingungen
- Lieferungen ab Bestellwert über 1.000,00 € „frei Haus"
- Rabattstaffel: ab Warenwert 5.000,00 € 5 %, ab 7.500,00 € 10 %, ab 10.000,00 € 15 %
- Zahlungsziel 40 Tage, bei Zahlung innerhalb von zehn Tagen 2 % Skonto
- Lieferzeit zehn Werktage nach Bestellung

...	...	...	...
Wolf Import GmbH	440056	Hafenbecken 17, 28334 Bremen	Trikots, Trainings- und Freizeitanzüge, komplette Teamlinien

Bemerkungen:
Die Qualität bei Wolf Import GmbH beträgt 4 Punkte. Rechnungen waren teilweise unvollständig oder fehlerhaft (Preise zu hoch berechnet bzw. falscher Rabatt). Aufgrund der Abhängigkeit von Lieferanten in Fernost erfolgten bereits mehrere Male nur Teillieferungen. Die Nachlieferungen kamen aber zum zugesagten Termin. Beratung und Service sind einwandfrei. Die von der Wolf Import GmbH zugesagten Liefertermine werden immer pünktlich eingehalten. Die Abwicklung bei Leistungsstörungen ist noch verbesserungsfähig.

Lieferungs- und Zahlungsbedingungen
- Lieferungen grundsätzlich „ab Werk"
- Rabatt: ab Warenwert 3.000,00 € 10 %
- Zahlungsziel 30 Tage, bei Zahlung innerhalb von zehn Tagen 2 % Skonto
- Lieferzeit fünf Werktage nach Bestellung

Chiemgauer Sportmoden GmbH · Industriepark 123 · 83024 Rosenheim

Bestelldatum:
Bestellnummer:
Lieferant:
Lieferbedingung:

Bestellung

Pos.	Art.-Nr.	Art.-Bezeichnung	Menge	ME	Einzel-preis (€)	Rabatt	Gesamt-preis (€)

1. Macht euch mit der Situation vertraut, indem ihr euch zunächst orientiert: Betrachtet hierzu die erhaltenen Informationen zum Thema Angebotsinhalt und Angebotsvergleich. Stellt sicher, dass euch die Aufgabe klar ist. **(Orientierung und Information)**
2. Plant euer weiteres Vorgehen, indem ihr euch Gedanken macht, was in dieser konkreten Situation zu tun ist, und notiert dies stichpunktartig. **(Planung)**
3. Führt einen quantitativen und qualitativen Angebotsvergleich durch (nutzt dabei zur Unterstützung eine Entscheidungstabelle). Füllt im Anschluss das Bestellformular aus und legt es eurem Lehrer zur Unterschrift vor. **(Durchführung)**
4. Präsentiert eure Ergebnisse im Klassenplenum, diskutiert darüber bzw. nehmt Verbesserungen vor. **(Bewertung)**
5. Reflektiert euer Verhalten hinsichtlich Sorgfalt, Vertraulichkeit und Objektivität und überlegt, wie ihr eure Vorgehensweisen verbessern könntet. **(Reflexion)**

5.4.1 Angebotsinhalt

Mit einer Anfrage, die an keine Form gebunden und rechtlich unverbindlich ist, soll eine Geschäftsbeziehung zu einem neuen Lieferanten angebahnt oder zu einem bekannten Lieferanten erneuert bzw. vertieft werden. Die Anfrage kann sich als allgemeine Anfrage auf das gesamte Leistungsangebot eines Lieferanten oder als spezielle Anfrage auf einen ganz bestimmten Artikel des Lieferanten beziehen. Ziel der Anfrage ist die Einholung eines Angebotes.

Es ist für einen Lieferanten (Verkäufer) immer vorteilhaft, wenn er alle Einzelheiten im Angebot so ausführlich und unmissverständlich festlegt, dass für den Kunden (Käufer) keine Fragen mehr offen bleiben.

Ein vollständiges Angebot sollte daher Angaben über
(1) Menge und Preis inkl. Preisnachlässe,
(2) Art, Güte und Beschaffenheit,
(3) Zahlungsbedingungen,
(4) Versandkosten,
(5) Verpackungskosten,
(6) Lieferbedingungen und
(7) Erfüllungsort
enthalten.

Bei unklaren oder fehlenden Angebotsbedingungen greift die entsprechende Regelung des Handelsgesetzbuchs (HGB), wenn der Kunde für sein Unternehmen einkauft (zweiseitiger Handelskauf[1]).

(1) Menge und Preis inkl. Preisnachlässe
Der Preis ist der in Geld ausgedrückte Wert einer Leistung. Er kann sich auf gesetzliche Maßeinheiten oder handelsübliche Mengeneinheiten beziehen.

Stück	Kilogramm	Meter	Liter	Paletten

In der betrieblichen Praxis sind noch folgende zwei Sonderfälle anzutreffen:

---

1   Die Unterscheidung beim Kaufvertrag nach den Beteiligten in Bürgerlicher Kauf, Ein- und Zweiseitiger Handelskauf haben wir bereits auf der Seite 26 kennengelernt. Im Folgenden gehen wir immer von zwei beteiligten Kaufleuten aus, also vom zweiseitigen Handelskauf.

Mindestbestellmenge: Wenn der Anbieter erst ab einer größeren Menge liefert.
Höchstbestellmenge: Wenn der Anbieter die Abgabemenge beschränkt.

Den Preis für eine Mengeneinheit bezeichnet man nun als Listenpreis, also den Preis, der auf Werbeprospekten und Katalogen zu finden ist. Kaufleute bieten grundsätzlich Nettopreise (Listenpreis ohne Umsatzsteuer) an. Jedoch werden in der Praxis aus den verschiedensten Gründen Preisnachlässe gegeben:

Rabatt (= sofortiger Abzug vom Listenpreis)	
Mengenrabatt	Preisnachlass für die Abnahme großer Mengen (z. B. „ab 100 Stück erhalten Sie 10 % Rabatt")
Wiederverkäuferrabatt	Preisnachlass meist an Einzelhändler für den Weiterverkauf von Waren
Treuerabatt	Preisnachlass für Stammkunden (z. B. „als langjähriger Kunde erhalten Sie 10 % Rabatt")
Personalrabatt	Preisnachlass für Mitarbeiter des Unternehmens (z. B. „unsere Mitarbeiter erhalten 20 % Rabatt")
Sonderrabatt	Preisnachlass zu besonderen Anlässen (z. B. Jubiläum, Aktionen)
Naturalrabatt	Preisnachlass, der in Form von Waren gewährt wird; als Draufgabe (Kunde erhält eins zusätzlich) oder als Dreingabe (Kunde zahlt eins weniger)
Einführungsrabatt	Preisnachlass in der Einführungsphase eines neuen Produktes
Gutschrift (= nachträglicher Preisnachlass)	
Bonus	Preisnachlass, der beim Erreichen einer bestimmten Umsatzzahl gutgeschrieben wird (z. B. „Sie erhalten 1 % Bonus auf alle Ihre Umsätze pro Jahr")
Gutschrift	Preisnachlass aufgrund einer Mängelrüge
Skonto	Preisnachlass bei der Bezahlung innerhalb einer bestimmten Frist (z. B. „Sie erhalten bei Zahlung innerhalb von 14 Tagen 2 % Skonto")

(2) Art, Güte und Beschaffenheit

Um die Art und Qualität eines Produktes näher zu beschreiben, gibt es in der Praxis bestimmte Klassifizierungen, die es dem Kunden ermöglichen, die Produkte besser miteinander zu vergleichen:

Klassifizierungen	**Beispiele**
Genaue Bezeichnung der Ware	Artikel-Nr., Bestell-Nr., Katalog-Nr.
Güteklassen	Eier
Typen	Mehl
Gütezeichen	Wollsiegel
Warenzeichen	Milka
Herkunft	Wein
Muster	Stoffe, Textilien
Proben	Lebensmittel
Abbildungen	Möbel, Maschinen

Werden in einem Angebot keine näheren Angaben gemacht, so schreibt das Gesetz eine Qualität in **mittlerer Art und Güte** vor (§ 243 BGB, § 360 HGB).

5

(3) Zahlungsbedingungen

Macht der Verkäufer keine Angaben zu den Zahlungsbedingungen, so muss der Schuldner **sofort** bezahlen. Die Übermittlung des Geldes an den Gläubiger erfolgt dabei auf Kosten und Gefahr des Schuldners (§ 270 BGB, § 271 HGB); denn **Geldschulden sind Bringschulden.**

Auch bei den Zahlungsbedingungen besteht die Möglichkeit, andere vertragliche Vereinbarungen zu treffen:

Zahlung vor der Lieferung
Zahlung gegen Vorkasse
Anzahlung
Zahlung bei der Lieferung
Zahlung per Nachnahme
Zahlung bei Empfang der Ware
Zahlung nach der Lieferung
Ratenzahlung
Kauf auf Rechnung

(4) Versandkosten

Die Kosten der Abnahme und der Versendung der Ware **fallen dem Käufer zur Last** (§ 448 BGB), denn **Warenschulden sind Holschulden.**

Haben Käufer und Verkäufer ihren Geschäfts- bzw. Wohnsitz am selben Ort **(Platzkauf),** dann holt der Käufer die Ware üblicherweise selbst ab und trägt dabei die Beförderungskosten. Ist ein **Versendungskauf** vereinbart, dann übernimmt der Verkäufer die Beförderungskosten bis zur Verladestation, der Käufer trägt die restlichen Beförderungskosten.

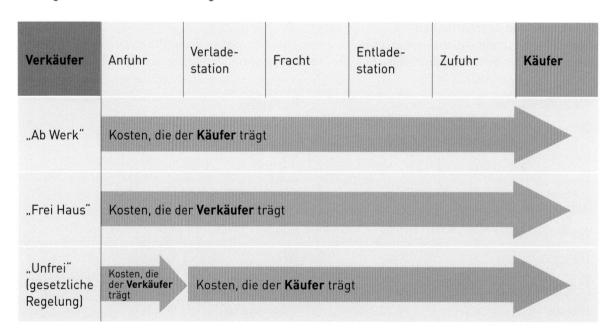

„Ab Werk" und „frei Haus" sind die gebräuchlichsten vertraglichen Vereinbarungen, wer die Kosten des Versands tragen muss. Neben der gesetzlichen Regelung „unfrei" gibt es weitere Möglichkeiten, bei denen die Kosten zwischen dem Käufer und dem Verkäufer aufgeteilt werden („frei Waggon", „frei Bahnhof"). Diese spielen in der betrieblichen Praxis aber eine eher untergeordnete Rolle.

(5) Verpackungskosten

Die Kosten der Abnahme und der Versendung der Ware fallen dem Käufer zur Last (§ 448 BGB). Daraus folgt, dass der Käufer also auch die Kosten der Versandverpackung tragen muss, weil die Verpackungskosten bei der Versendung der Ware anfallen.

In der betrieblichen Praxis haben sich bestimmte Verpackungsregelungen durchgesetzt:

Verpackungsklausel	Erklärung
Nettogewicht ausschließlich Verpackung (gesetzliche Regelung)	Die Verpackungskosten werden zusätzlich berechnet.
Nettogewicht einschließlich Verpackung	Die Verpackungskosten sind im Preis enthalten, die Verpackung wird nicht berechnet.
Bruttogewicht einschließlich Verpackung (brutto für netto, bfn, b/n)	Die Verpackung wird wie Ware berechnet.

Beispiel für die Berechnung der Verpackungskosten:
Wir haben Ware zum Preis von 3,00 € je kg gekauft. Das Nettogewicht der Ware beträgt 200 kg. Die Kosten für die Palette (= Verpackung) betragen 25,00 €. Die Palette wiegt 10 kg.

Nettogewicht ausschließlich Verpackung (gesetzliche Regelung)
3,00 € × 200 kg + 25,00 € = 625,00 €

Nettogewicht einschließlich Verpackung
3,00 € × 200 kg = 600,00 €

Bruttogewicht einschließlich Verpackung
3,00 € × (200 kg + 25 kg) = 675,00 €

(6) Lieferbedingungen

Wird in einem Angebot nichts Näheres zum Lieferzeitpunkt bzw. -termin genannt, so schreibt das Gesetz die sofortige Lieferung vor (§ 271 BGB). Da der Begriff „sofort" aber keinen klaren kalendermäßig bestimmbaren Termin beinhaltet, kann es somit zu Unstimmigkeiten zwischen Verkäufer und Käufer kommen.

Um also Ärger zu vermeiden, wird die Lieferzeit bzw. der Liefertermin in Angeboten meistens genau angegeben:

Lieferzeit bzw. -termin	Erklärung
Terminkauf	Lieferung erfolgt innerhalb einer bestimmten Frist bzw. bis zu einem bestimmten Zeitpunkt (z. B. „Lieferung innerhalb von 14 Tagen nach Bestellung", „Lieferung Anfang Mai")
Fixkauf	Lieferung erfolgt zu einem festen Zeitpunkt, wobei der Liefertermin wesentlicher Bestandteil des zu schließenden Vertrags ist. Der Vertrag steht und fällt mit der Einhaltung des Termins. Eine verspätete Annahme der Leistung ist für den Käufer in diesen Fällen nicht zumutbar (z. B. Hochzeit, Geburtstagsfeier, Messetermin)

(7) Erfüllungsort

Der Erfüllungsort ist der Ort, an dem die Vertragspartner ihre Leistungsverpflichtungen erfüllen müssen (Leistungsort), an dem die Gefahr auf den Käufer übergeht und an dem geklagt werden kann (Gerichtsstand).

5

Lernbereich 10II.3.1

Die gesetzliche Regelung zum Erfüllungsort haben wir schon kennengelernt, denn ...

Warenschulden sind Holschulden	**Geld**schulden sind Bringschulden
Erfüllungsort ist also der Sitz des Verkäufers	Erfüllungsort ist also Sitz des Käufers
Gerichtsstand ist Sitz des Verkäufers	Gerichtsstand ist Sitz des Käufers

Daneben besteht natürlich auch die Möglichkeit, einen anderen als den gesetzlichen Erfüllungsort festzulegen:

– Vertraglich (z. B. „Erfüllungsort für beide Seiten ist München")
– Natürlich, wenn sich der Erfüllungsort aus der Natur der Sache ergibt (z. B. Ziegel müssen beim Bau einer Lagerhalle an die Baustelle geliefert werden)

5.4.2   Kalkulationsschema

Um einen Angebotsvergleich durchführen zu können, ist es notwendig, alle Kosten zu berücksichtigen. So müssen neben den Preisnachlässen auch alle zusätzlich anfallenden Kosten berechnet und aufaddiert werden.

Das Kalkulationsschema zieht vom Nettolistenpreis des Verkäufers alle Rabatte, z. B. aufgrund einer großen Bestellmenge oder für Kundentreue, ab und erhält damit den Zieleinkaufspreis. Um auf den Bareinkaufspreis zu gelangen, wird Skonto abgezogen, dies ist ein Nachlass für die vorzeitige Zahlung des Rechnungspreises. Die Rabatte und der Skonto sind in der Regel in einem Prozentsatz gegeben und können mithilfe der Prozentrechnung als Eurobetrag ermittelt werden. Im Anschluss an den Bareinkaufspreis müssen die Bezugskosten, das heißt die Kosten für Verpackung, Transport und Transportversicherung sowie gegebenenfalls Zölle und Einfuhrsteuern, hinzugerechnet werden, um den Bezugspreis zu berechnen. Dieser Preis stellt die Vergleichsbasis zwischen verschiedenen Angeboten dar.

	Listeneinkaufspreis
–	Rabatte
=	Zieleinkaufspreis
–	Liefererskonto
=	Bareinkaufspreis
+	Bezugskosten
=	Bezugspreis bzw. Einstandspreis

 Du möchtest dir einen Rucksack bei der Firma Wanderlust AG auf Rechnung bestellen und erhältst folgendes Angebot:

Der Listeneinkaufspreis für den Rucksack beträgt 40,00 € zzgl. Mehrwertsteuer. Aufgrund des Geschäftsjubiläums wird dir ein Rabatt von 10 % gewährt. Weitere 3 % bekommst du, weil deine Eltern gute Kunden bei der Firma Wanderlust AG sind. Für die Verpackung fallen 1,50 € und für den Transport 3,40 € an. Bezahlst du deine Rechnung innerhalb von 7 Tagen nach Lieferung, kannst du 2 % Skonto abziehen.

Listenpreis	40,00 €
– Rabatte	– 5,20 €
= Zieleinkaufspreis	= 34,80 €
– Skonto	– 0,70 €
= Bareinkaufspreis	= 34,10 €
+ Bezugskosten	+ 4,90 €
= Bezugspreis	**= 39,00 €**

5.4.3 Angebotsvergleich

Haben wir von mehreren Lieferanten Angebote eingeholt, müssen diese erst einmal vergleichbar gemacht werden. Zuerst wird rein rechnerisch mithilfe der Bezugskalkulation der preisgünstigste
Anbieter ermittelt. Die allen Angeboten gemeinsame Größe dabei ist der Einstandspreis.

Listeneinkaufspreis
– Liefererrabatt
= Zieleinkaufspreis
– Liefererskonto
= Bareinkaufspreis
+ Bezugskosten
= Bezugspreis
   (= Einstandspreis)

Der preisgünstigste Anbieter muss nicht immer der beste Anbieter sein. Denn neben dem rein quantitativen (= rechnerischen) Angebotsvergleich sollten auch andere, rein qualitative Gründe bei der Findung des
besten Angebotes eine Rolle spielen:

– Zahlungsbedingungen (z. B. Einräumung eines Zahlungsziels)
– Lieferbedingungen (Lieferzeit)
– Zuverlässigkeit (z. B. Termintreue)
– Serviceleistungen (z. B. Reparaturservice, Montageservice, Finanzierungshilfen)
– Garantie und Kulanz bei Leistungsstörungen
– Fair Trade
– Image des Lieferanten
– Einhaltung sozialer Standards
– usw.

Die für ein Unternehmen wichtigen Kriterien können nun in einer Entscheidungstabelle eingetragen und
ausgewertet werden. Für die Chiemgauer Sportmoden GmbH könnte diese Entscheidungstabelle folgendes Aussehen haben:

Entscheidungstabelle					
Kriterium	**Gewichtung**	**Unternehmen X**		**Unternehmen Y**	
		Einstufung		Einstufung	
Einstandspreis	20	2	= 40	5	= 100
Qualität	20	6	= 120	3	= 60
Zahlungsbedingungen	10	4	= 40	3	= 30
Lieferbedingungen	20	4	= 80	2	= 40
Zuverlässigkeit	20	3	= 60	3	= 60
Service	5	3	= 15	5	= 25
Auftragsabwicklung	5	2	= 10	5	= 25
	Gesamt		365		340

Jedes Unternehmen wird individuell die Gewichtung festlegen; auch bei der Einstufung bleibt es jedem
Unternehmen selbst überlassen, in welchen Schritten es Abstufungen vornimmt. In unserem Beispiel
wurde eine Einstufung umgekehrt zu den Schulnoten von 6 = sehr gut bis 1 = sehr schlecht vorgenommen.

Im Gesamtergebnis lässt sich erkennen, dass Unternehmen X trotz des schlechteren Einstandspreises
insgesamt die höhere Punktzahl aufweist. Das bedeutet, dass sich die Chiemgauer Sportmoden für Unternehmen X entscheiden wird.

Die Chiemgauer Sportmoden GmbH hat folgendes Angebot erhalten.

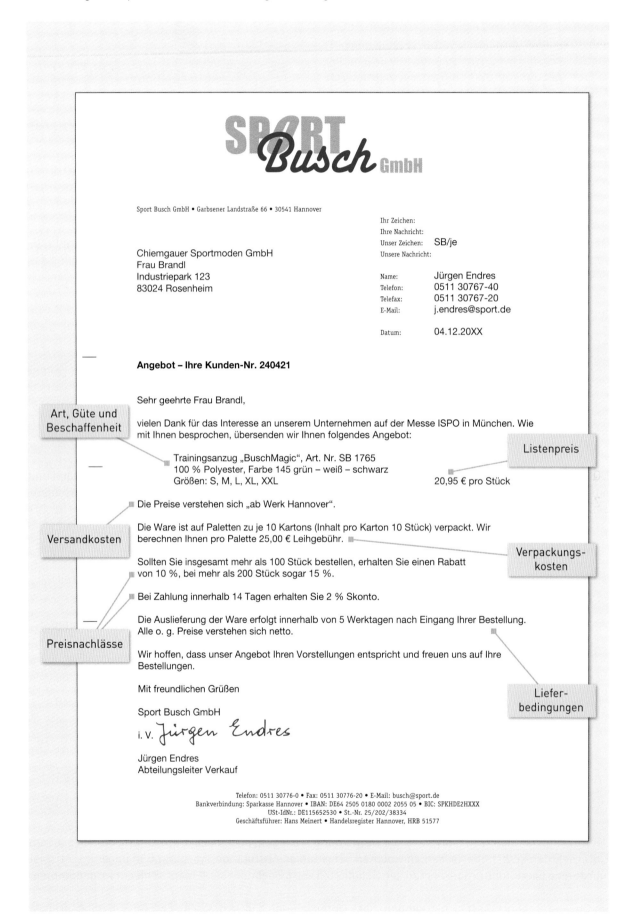

SP⊘RT *Busch* GmbH

Sport Busch GmbH • Garbsener Landstraße 66 • 30541 Hannover

Chiemgauer Sportmoden GmbH
Frau Brandl
Industriepark 123
83024 Rosenheim

Ihr Zeichen:
Ihre Nachricht:
Unser Zeichen: SB/je
Unsere Nachricht:

Name: Jürgen Endres
Telefon: 0511 30767-40
Telefax: 0511 30767-20
E-Mail: j.endres@sport.de

Datum: 04.12.20XX

Angebot – Ihre Kunden-Nr. 240421

Sehr geehrte Frau Brandl,

Art, Güte und Beschaffenheit

vielen Dank für das Interesse an unserem Unternehmen auf der Messe ISPO in München. Wie mit Ihnen besprochen, übersenden wir Ihnen folgendes Angebot:

Listenpreis

Trainingsanzug „BuschMagic", Art. Nr. SB 1765
100 % Polyester, Farbe 145 grün – weiß – schwarz
Größen: S, M, L, XL, XXL   20,95 € pro Stück

Die Preise verstehen sich „ab Werk Hannover".

Versandkosten

Die Ware ist auf Paletten zu je 10 Kartons (Inhalt pro Karton 10 Stück) verpackt. Wir berechnen Ihnen pro Palette 25,00 € Leihgebühr.

Verpackungskosten

Sollten Sie insgesamt mehr als 100 Stück bestellen, erhalten Sie einen Rabatt von 10 %, bei mehr als 200 Stück sogar 15 %.

Bei Zahlung innerhalb 14 Tagen erhalten Sie 2 % Skonto.

Die Auslieferung der Ware erfolgt innerhalb von 5 Werktagen nach Eingang Ihrer Bestellung. Alle o. g. Preise verstehen sich netto.

Preisnachlässe

Wir hoffen, dass unser Angebot Ihren Vorstellungen entspricht und freuen uns auf Ihre Bestellungen.

Mit freundlichen Grüßen

Sport Busch GmbH

i. V. *Jürgen Endres*

Jürgen Endres
Abteilungsleiter Verkauf

Lieferbedingungen

Telefon: 0511 30776-0 • Fax: 0511 30776-20 • E-Mail: busch@sport.de
Bankverbindung: Sparkasse Hannover • IBAN: DE64 2505 0180 0002 2055 05 • BIC: SPKHDE2HXXX
USt-IdNr.: DE115652530 • St.-Nr. 25/202/38334
Geschäftsführer: Hans Meinert • Handelsregister Hannover, HRB 51577

5

Lernbereich 10II.3.1

Auf Grundlage dieses Angebotes beabsichtigt die Chiemgauer Sportmoden GmbH 300 Trainingsanzüge zu bestellen:

Listeneinkaufspreis		6.285,00 €
– Liefererrabatt	15 %	942,75 €
= Zieleinkaufspreis		5.342,25 €
– Liefererskonto	2 %	106,85 €
= Bareinkaufspreis		5.235,40 €
+ Bezugskosten		75,00 €
= Einstandspreis		5.310,40 €
Einstandspreis pro Stück		17,70 €

Neben dieser rein quantitativen Beurteilung werden nun in aller Regel auch qualitative Kriterien berücksichtigt. Da es sich bei Sport Busch GmbH um einen neuen Geschäftskontakt handelt, kann die Chiemgauer Sportmoden GmbH nicht auf Erfahrungen aus der Vergangenheit zurückgreifen und muss sich auf die Informationen, die im Angebot stehen, verlassen:

Entscheidungstabelle			
Kriterium	**Gewichtung**	**Sport Busch GmbH**	
		Einstufung	
Einstandspreis	20	4	= 80
Qualität	20	4	= 80
Zahlungsbedingungen	10	3	= 30
Lieferbedingungen	20	5	= 100
Zuverlässigkeit	20	–	–
Service	5	–	–
Auftragsabwicklung	5	–	–
	Gesamt		290

Zu den letzten drei Punkten kann aufgrund der neuen Geschäftsverbindung noch keine Einstufung gemacht werden. Welche Aussagekraft die Gesamtpunktzahl 290 hat, wird erst durch einen Vergleich mit anderen Lieferanten deutlich.

5.4.4 Prozentrechnung

Die Prozentrechnung dient zum Vergleich verschiedener Zahlen. Prozent (per centrum, lat. = pro Hundert) hat die Vergleichszahl 100 und wird abgekürzt mit dem Zeichen „%". Die Berechnung erfolgt analog dem Dreisatz mit geradem Verhältnis.

Dir liegen zwei Rechnungen mit unterschiedlichen Preisen vor. Du darfst von beiden Rechnungen 15 % Rabatt abziehen und fragst dich nun, wie viel dies in Euro beträgt:

Rechnung 1:   450,00 €
Rechnung 2:   500,00 €

Berechnung:

100 % = Rechnungsbetrag

Rabatt in % = x in Euro

$$x = \frac{\text{Rechnungsbetrag} \times \text{Rabatt in Prozent}}{100}$$

Rechnung 1:	Rechnung 2:
100 % = 450,00 € 15 % = x	100 % = 500,00 € 15 % = x
$x = \dfrac{450\,€ \times 15\,\%}{100}$ $= 67,50\,€$	$x = \dfrac{500\,€ \times 15\,\%}{100}$ $= 75,00\,€$

Lösung: Bei Rechnung 1 ergibt sich ein Rabatt von 67,50 €, während sich bei Rechnung 2 mit gleichen Prozentsatz 75,00 € Rabatt ergeben.

Durch Aufstellung des Dreisatzes können bei abweichenden Bezugsgrößen auch der Rechnungsbetrag oder der Prozentsatz des Rabattes berechnet werden.

Aufgaben zur Lernsituation 21

Aufgabe 1
Ein Handy wurde im Preis um 15 % herabgesetzt. Wie viel € sind das, wenn es bisher 82,00 € kostete?

Aufgabe 2
Frau Dr. Schmidt erhält eine Nachricht der Wartungsfirma. In dieser wird ihr mitgeteilt, dass die Gebühren ab nächsten Monat um 5,5 % angehoben werden. „Das sind bei Ihnen lediglich 9,90 €", heißt es in dem Schreiben. Wie hoch war die Wartungsgebühr bisher?

Aufgabe 3
Ein Möbelmarkt bestellt Couchgarnituren im Wert von 124 000,00 € ohne Umsatzsteuer.
Wie viel € beträgt die Umsatzsteuer bei einem Steuersatz von 19 %?

Aufgabe 4
In einer Warensendung von 750 Reagenzgläsern befinden sich sechs zerbrochene Gläser.
Wie viel Prozent sind das?

Aufgabe 5
Du hast zwei Angebote zum Kauf eines Schrankes vorliegen:
Angebot I: Listenpreis 422,00 € je Stück, 6 % Rabatt.
Angebot II: Listenpreis 419,80 € je Stück, 5 % Rabatt.
Welches der beiden Angebote ist günstiger?

Aufgabe 6

Ein medizinisches Fachbuch kostet 48,30 €. Früher betrug der Preis 42,00 €.
Wie viel Prozent beträgt die Erhöhung?

Aufgabe 7

Die Kelterei Hans Richter, die sich auf die Herstellung von Fruchtsäften spezialisiert hat, möchte ihren Abnehmern auch Saftflaschen mit eigenem Firmenlogo verkaufen. Es werden wöchentlich 6 000 Flaschen verkauft. Zwei Angebote liegen der Kelterei vor:

Lieferant A:	Lieferant B:
pro Flasche 1,35 €, 12 % Rabatt und 2 % Skonto wöchentliche Bezugskosten: Verpackung 155,00 €, Fracht 300,00 € und Transportversicherung 65,00 €	pro Kasten 24 Flaschen, Kasten 28,40 € Lieferung frei Haus[3]

Aufgabe 8

Hausmitteilung vom 13. April 20XX

Hallo, Auszubildende(r),
du weißt doch, dass wir uns dazu entschlossen haben, Biomehl in unser Sortiment aufzunehmen. Aus diesem Grund haben wir auch einige Lieferanten um Angebote für das Biomehl gebeten, von denen wir inzwischen drei interessante Angebote erhalten haben.
Natürlich haben wir auch schon alle unsere Kunden angeschrieben und die Rückmeldungen sind echt Spitzenklasse. Viele unserer Kunden haben bereits Bestellungen geschickt. Die ersten Auslieferungen sollen bereits in der nächsten Woche erfolgen.
Jetzt haben wir aber ein Problem. Dein Abteilungsleiter Herr Böhm ist leider krank und hat vergessen, jemanden zu beauftragen, die Angebote genauer anzuschauen.
Also, auf, an die Arbeit: Wir benötigen insgesamt 25 Tonnen Biomehl.

---

2   Lieferung frei Haus bedeutet, es fallen keine Kosten für die Verpackung und Lieferung an.

5

Lernbereich 10II.3.1

Räuber Mühle KG, Oberndorfer Str. 23, 83134 Mühltal

Frisch & Lecker OHG
Industriestraße 44
97424 Schweinfurt

Ihr Zeichen:	fr/mü
Ihre Nachricht:	07.04.20XX
Unser Zeichen:	teu
Unsere Nachricht:	
Name:	Paul Teubert
Telefon:	08036 9954-14
Telefax:	08036 9954-10
E-Mail:	teubert@raeubermuehle.de
Datum:	10.04.20XX

Angebot
Kunden-Nr. 240077

Sehr geehrter Herr Frisch,

wir danken für Ihr Interesse an unseren Produkten.

Gern unterbreiten wir Ihnen folgendes Angebot:

Bio-Weizenmehl M 480 Premium   **1,30 € netto je kg-Sack**

Die Lieferung erfolgt „frei Haus Schweinfurt". Sollten Sie mehr als 10 Tonnen bestellen, erhalten Sie einen Rabatt von 10 %. Bei einer Bestellung von mehr als 20 Tonnen gewähren wir Ihnen sogar 15 % Rabatt.

Wir liefern innerhalb von 14 Tagen ab Bestelldatum.

Wir hoffen, dass unser Angebot Ihren Vorstellungen entspricht und freuen uns auf Ihre Bestellungen.

Mit freundlichen Grüßen

Räuber Mühle KG

ppa. *Paul Teubert*

Paul Teubert
Geschäftsführer

Telefon: 08036 9954-0	Geschäftsführer: Paul Teubert	**Bankverbindu**
Fax: 08036 9954-10	Amtsgericht Traunstein, HRA 11918	Postbank Mün
E-Mail: info@raeubermuehle.de	St.-Nr.: 139/185/94457	IBAN: DE03 7
Internet: www.raeubermuehle.de	USt-IdNr.: DE634958771	BIC: PBNKD

Biogut Merz e. K. • Dorfgasse 8 • 83098 Brannenburg

Frisch & Lecker OHG
Industriestraße 44
97424 Schweinfurt

Ihr Zeichen: fr/mü
Ihre Nachricht: 07.04.20XX
Unser Zeichen: bo/ha
Unsere Nachricht:

Ihr Ansprechpartner:
Telefon: 08034 366-27
Telefax: 08034 366-20
E-Mail: p.bosch@biomerz.eu

Datum: 10.04.20XX

Angebot – Kundennummer 240021

Sehr geehrter Herr Frsich,

vielen Dank für das Interesse an unseren Produkten. Hiermit übersenden wir Ihnen folgendes Angebot:

Art.-Nr. 6145 Bio Weizenmehl M 480 Premium   1.350,00 € netto je Tonne

Die Ware ist auf Paletten zu je 1 Tonne verpackt. Wir berechnen Ihnen für den Transport 35,00 € netto je Palette.

Sollten Sie insgesamt mehr als 20 Tonnen bestellen, erhalten Sie einen Rabatt von 20 %. Bei Zahlung innerhalb 10 Tagen erhalten Sie 3 % Skonto, innerhalb 30 Tagen ohne Skonto. Die Lieferung erfolgt innerhalb von 10 Tagen ab Bestelldatum.

Wir hoffen, dass unser Angebot Ihren Vorstellungen entspricht und freuen uns auf Ihre Bestellungen.

Mit freundlichen Grüßen

Biogut Merz e. K.

ppa. *Paul Bosch*

Paul Bosch
Geschäftsführer

Bankverbindung: Commerzbank Rosenheim
IBAN: DE07 7118 0005 0005 0000 2205 50
BIC: DRESDEFF711
Geschäftsführer: Paul Bosch

Mühle Mönch AG
Darmstadt

Mühle Mönch AG • Im Grund 22 • 60502 Darmstadt

Frisch & Lecker OHG
Industriestraße 44
97424 Schweinfurt

Kunden-Nr.	240334
Unser Zeichen:	MM
Ihr Zeichen:	fr/mü
Angebot Nr.:	**5222A**
Datum:	10.04.20XX

Angebot

Sehr geehrter Herr Frisch,

vielen Dank für Ihre freundliche Anfrage und Ihr Interesse an unseren Produkten.

Wir übersenden Ihnen folgendes Angebot:

Art.-Nr. MM, Bio Weizenmehl MM 33 A-Qualität   je kg-Sack   1,10 € netto

Bei Zahlung innerhalb 10 Tagen erhalten Sie 2 % Skonto, Lieferung erfolgt frei Haus innerhalb einer Woche ab Bestelldatum.

Wir hoffen, unser Angebot sagt Ihnen zu und freuen uns auf Ihre Bestellung.

Mit freundlichen Grüßen

Mühle Mönch AG

ppa. *Manfred Mönch*

Manfred Mönch
Geschäftsführer

5.5 Lernsituation 22: Wir erhalten eine Lieferung

Nach Durchsicht und Bewertung der einzelnen Angebote hat sich die Chiemgauer Sportmoden GmbH für die Bestellung der Trainingsanzüge bei der Wolf Import GmbH entschieden.

Chiemgauer Sportmoden GmbH · Industriepark 123 · 83024 Rosenheim

Bestelldatum:	22.02.20XX
Bestellnummer:	115/20XX
Lieferant:	440056
Lieferbedingung:	ab Werk

Wolf Import GmbH
Hafenbecken 17
28334 Bremen

Bestellung

Pos.	Art.-Nr.	Art.-Bezeichnung	Menge	ME	Einzel-preis (€)	Rabatt	Gesamt-preis (€)
1	WO 1765B	Trainingsanzung „Europe"	150	Stück	21,90	10 %	2.956,50

Mit freundlichen Grüßen

Chiemgauer Sportmoden GmbH

i. V. *Paul Kröner*

Paul Kröner
Leiter Abteilung Verkauf

Die Ware wurde am 26. Februar 20XX durch die Spedition Lahm OHG auf dem Lager der Chiemgauer Sportmoden mit folgenden Papieren angeliefert:

Versender	Wolf Import GmbH Hafenbecken 17 28334 Bremen	**Lahm OHG** internationale Spedition	
Belade-stelle	dito		
Empfänger	Chiemgauer Sportmoden GmbH Industriepark 123 83024 Rosenheim	Datum	25.02.20XX
Ablade-stelle	dito	Versandvermerk für den Spediteur/ Terminangaben	Auslieferung am 26.02.20XX von 08:00 – 16:00 Uhr

Zeichen und Nr.	Anzahl	Verpackung	Inhalt	Gewicht (kg)
WO 1765B	15	Karton	Trainingsanzüge verladen auf 1 St. EURO-Palette	39,0
	15		effektives Gewicht	39,0

Volumen	1 cbm bzw. ldm		frachtpflichtiges Gewicht	150,0
Frankatur	ab Werk Bremen		Warenwert für SLVS	2.956,50 €
Besondere Vermerke	keine			

Übernahmebestätigung des Empfängers:
Obige Sendung vollständig und in ordnungs-gemäßen Zustand übernommen

....
Datum, Uhrzeit, Unterschrift

Wolf Import GmbH, Hafenbecken 17, 28334 Bremen

Chiemgauer Sportmoden GmbH
Herrn Kröner
Industriepark 123
83024 Rosenheim

Ihr Zeichen:
Ihre Nachricht:
Unser Zeichen:
Unsere Nachricht:

Ihr Ansprechpartner:
Telefon:
Telefax:
E-Mail:

Datum:

Lieferschein/Rechnung

Kundennummer	Lieferschein	Auftrag	Lieferdatum	Rechnungsdatum
240133	WO 97-20XX	115/20XX	26.02.20XX	25.02.20XX

Pos.	Anzahl	Artikelbezeichnung	Einzelpreis	Gesamtpreis
1	150	Trainingsanzug „Europe" WO 1765B	21,90 €	3.285,00 €

Gesamtpreis		3.285,00 €
Rabatt	10%	328,50 €
Warenwert netto		2.956,50 €
Fracht		118,50 €
Verpackung		25,00 €
Rechnungsbetrag netto		3.100,00 €
USt.	19%	589,00 €
Rechnungsbetrag brutto		**3.689,00 €**

Zahlungsbedingung:
Zahlbar innerhalb von 10 Tagen mit 2 % Skonto, innerhalb von 30 Tagen netto Kasse.

Simon: Guten Morgen, Herr Kröner. Die Lieferung von Wolf Import GmbH ist heute Morgen einge-troffen.

Herr Kröner: Gut. Und habt ihr die Ware auch gleich kontrolliert?

Simon: Ja klar, alles schon erledigt.

Herr Kröner: Aber damit ist diese Bestellung noch nicht abgeschlossen.

Simon: Ich weiß. Mein Vater sagt auch immer: „Wenn du dir etwas bestellst, ist der Vorgang erst dann beendet, wenn du die Rechnung gezahlt hast!"

Herr Kröner: Genauer als dein Vater hätte ich das auch nicht sagen können. Also, auf an die Arbeit ... und wenn dann alles soweit vorbereitet ist, legst du mir bitte den kompletten Vorgang auf meinen Schreibtisch.

Simon: Geht klar, Chef.

1. Macht euch mit der Situation vertraut, indem ihr euch zunächst orientiert: Betrachtet hierzu die erhaltenen Informationen zum Thema Abschluss eines Kaufvertrages und die sich daraus ergebenden Pflichten für den Käufer. Informiert euch bei Bedarf auch im Internet. Stellt sicher, dass euch die Aufgabe klar ist. **(Orientierung und Information)**

2. Plant euer weiteres Vorgehen, indem ihr euch Gedanken macht, was in dieser konkreten Situation zu tun ist, und notiert dies stichpunktartig. **(Planung)**

3. Erstellt eine übersichtliches Mindmap zu allen Aufgaben, die im Rahmen einer Bestellung bis zur Bezahlung zu erledigen sind. **(Durchführung)**

4. Präsentiert eure Ergebnisse im Klassenplenum. Bewertet euere Mindmap zusammen mit dem Lehrer und den Mitschülern. Nehmt Kritikpunkte auf zur Vollständigkeit und inhaltlichen Richtigkeit, ergänzt eure Ausarbeitungen und korrigiert Fehler. **(Bewertung)**

5. Reflektiert über eure Präsentation, indem ihr konstruktives Feedback des Lehrers und der Gruppenmitglieder annehmt und Schlüsse für zukünftige Präsentationen zieht. **(Reflexion)**

5.5.1 Abschluss des Kaufvertrages

Da der Chiemgauer Sportmoden GmbH das Angebot der Wolf Import GmbH zusagt, erteilt sie ihr einen Auftrag, d. h., sie bestellt die angebotene Leistung.

Die Bestellung ist eine verbindliche Willenserklärung des Käufers, mit der er sich verpflichtet, eine bestimmte Ware zu den angegebenen Bedingungen zu kaufen. Die Bestellung ist empfangsbedürftig, d. h., sie wird erst rechtswirksam, wenn sie dem Verkäufer zugegangen ist. Ein Widerruf seitens des Käufers muss spätestens gleichzeitig mit der Bestellung beim Verkäufer eingehen. Die Bestellung kann in beliebiger Form (schriftlich, per Fax, per E-Mail, telefonisch) abgegeben werden. Mit der Bestellung kommt ein Kaufvertrag zustande, wenn ihr ein verbindliches Angebot vorausging und dieses Angebot rechtzeitig und inhaltsgleich angenommen wurde.

Fehlt eine dieser drei Voraussetzungen, dann kommt mit der Bestellung ein Kaufvertrag erst dann zustande, wenn der Empfänger die Bestellung rechtzeitig beantwortet und sie unverändert annimmt (Auftragsbestätigung). Für die Annahmefristen gelten analog dieselben Bestimmungen wie für das Angebot (§ 147 BGB).

Wir haben bereits auf Seite 121 kennengelernt, dass man Kaufverträge nach den beteiligten Personen unterscheiden kann. Diese Unterscheidung ist vor allem deswegen so wichtig, weil sie teilweise unterschiedliche Rechte und Pflichten der Kaufvertragspartner nach sich ziehen.

Bürgerlicher Kauf	Beide Vertragspartner sind Privatpersonen (= Nichtkaufleute). Für beide gelten die Vorschriften des BGB. Hans Hingsen verkauft seinen gebrauchten Pkw an Melanie Müller.
Einseitiger Handelskauf	Ein Vertragspartner ist eine Privatperson, ein Vertragspartner ist ein Kaufmann. Für die Privatperson gelten die Vorschriften des BGB, für den Kaufmann gelten darüber hinaus die Vorschriften des HGB (= Handelsgesetzbuch). Sonderfall: Ist der Verkäufer ein Kaufmann, der Käufer eine Privatperson, so spricht man von einem **Verbrauchsgüterkauf.** Hier gelten die besonderen Vorschriften der §§ 474 ff. BGB. Frau Bayer kauft im Bekleidungsgeschäft Shoppy ein Sommerkleid.
Zweiseitiger Handelskauf	Beide Vertragspartner sind Kaufleute. Für beide gelten sowohl das BGB als auch das HGB. Die Berger & Thaler Sportswear GmbH verkauft Trikots an das Einzelhandelsgeschäft Sportladen Müller e. K.

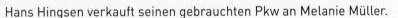

Im vorliegenden Fall ist ein Kaufvertrag zwischen zwei Unternehmen (Chiemgauer Sportmoden GmbH und Wolf Import GmbH) zustande gekommen. Aus diesem Grund werden wir uns im Folgenden etwas näher mit den Rechten und Pflichten aus dem „Zweiseitigen Handelskauf" auseinandersetzen.

Der Verkäufer einer Ware hat im Kaufvertrag die Verpflichtung übernommen, seinem Kunden einwandfreie Ware zu liefern, d. h., diese muss bei der Übergabe der vereinbarten Beschaffenheit entsprechen.

Als einwandfrei ist eine Ware anzusehen,

- wenn sie sich für die vorgesehene Verwendung eignet.
- wenn sie die Eigenschaft aufweist, die der Käufer nach Art der Ware erwarten kann. Diese Erwartung kann sich auch auf die Aussage des Herstellers in der Produktwerbung beziehen.

Die Ware muss insbesondere frei von Sach- und Rechtsmängeln sein.

Die Arten von Mängeln

Sachmängel		
Mangel	**Erklärung**	**Beispiel**
Falsch-lieferung	Es wird eine andere als die bestellte Ware geliefert.	Anstelle der Trainingsanzüge werden Trikots geliefert.
Beschaffen-heitsmangel	Die Ware hat nicht die vereinbarte Beschaffenheit, Güte oder Qualität.	Die Trainingsanzüge weisen Fehler in der Verarbeitung auf, z. B. Webfehler.
Zu-wenig-Lieferung	Es wird zwar die richtige Ware, aber zu wenig geliefert.	Anstelle der 150 Trainingsanzüge werden nur 140 geliefert.
Montage-mangel	Unsachgemäße Montage bzw. fehler-hafte Montageanleitung (sog. IKEA-Klausel)	Ein streng nach der Montageanleitung montierter Schrank hat die Türgriffe innen.
Ware ungleich Werbung	Die Ware weicht von Angaben ab, die in der Werbung oder in Werbeaus-sagen des Verkäufers oder auf der Verpackung gemacht werden.	Ein Trainingsanzug wird in der Werbung als „atmungsaktiv" angepriesen. Schon beim ersten leichten Joggen stellt der Kunde fest, dass der Trainingsanzug keine Luft nach innen lässt und innen alles nass ist.

Rechtsmangel	
Erklärung	**Beispiel**
Auf der Sache ruhen Eigentums-, Pfand- oder Urheberrechte; d. h., der Verkäufer ist gar kein Eigentümer der Ware oder aber bei der Ware handelt es sich um eine Raubkopie.	Wie sich nach dem Kauf eines Fahrrads heraus-stellt, war der Verkäufer gar kein Eigentümer; denn das Fahrrad war gestohlen.

Kein Sachmangel liegt vor, wenn der Käufer den Mangel bei Vertragsabschluss kennt (fehlende TÜV-Plakette beim Gebrauchtwagen) oder erkennen muss (abgefahrene Reifen).

5.5.2 Pflichten des Käufers

Während der Verbraucher (Privatperson) beim einseitigen Handelskauf das Recht hat, die Prüfung und Rüge innerhalb der Gewährleistung (= zwei Jahre) vorzunehmen (§ 438 BGB), muss beim zweiseitigen Handelskauf eine unverzügliche[3] Prüfung und Rüge gelieferter Waren auf offene (die man sofort erken-nen kann) und versteckte Mängel (die sich erst nach einiger Zeit oder bei Gebrauch herausstellen können) erfolgen (§ 377 HGB).

Pflichten aus dem Kaufvertrag beim zweiseitigen Han-delskauf (Auszug aus dem HGB)
§ 377
(1) Ist der Kauf für beide Teile ein Handelsgeschäft, so hat der Käufer die Ware unverzüglich nach der Ablieferung durch den Verkäufer, soweit dies nach ordnungsmäßigem Geschäftsgang tunlich ist, zu untersuchen und, wenn sich ein Mangel zeigt, dem Verkäufer unverzüglich Anzeige zu machen.

(2) Unterlässt der Käufer die Anzeige, so gilt die Ware als genehmigt, es sei denn, dass es sich um einen Mangel handelt, der bei der Untersuchung nicht erkennbar war.
(3) Zeigt sich später ein solcher Mangel, so muss die An-zeige unverzüglich nach der Entdeckung gemacht werden; anderenfalls gilt die Ware auch in Ansehung dieses Man-gels als genehmigt.
(4) Zur Erhaltung der Rechte des Käufers genügt die rechtzeitige Absendung der Anzeige.

---

3   Unverzüglich bedeutet, dass die Prüfung „so schnell wie möglich", also ohne schuldhaftes Verzögern, zu erfolgen hat.

5.5.3 Die Warenannahme

Die angelieferte Ware wird von den Mitarbeitern des Lagers anhand der Warenbegleitpapiere (Speditionsauftrag, Lieferschein, Rechnung) zunächst einer äußeren Prüfung unterzogen, dann einer inhaltlichen Prüfung.

Die äußere Prüfung erstreckt sich auf:

- die Prüfung der Berechtigung der Lieferung
- die Überprüfung der Anzahl und des Gewichts der Lieferung
- die Kontrolle der äußeren Unversehrtheit der Ware

Noch während der Überbringer der Sendung (Spediteur, Paketdienst, Post) anwesend ist, wird geprüft, ob die Ware nicht irrtümlich an uns gesendet wurde (durch Abgleich der Anschriften des Absenders und Empfängers) oder ob es sich um eine unverlangte Warensendung handelt (durch Abgleich der Lieferung mit unseren Bestelldaten). Im Anschluss werden die Anzahl, das Gewicht, Zeichen und Nummern der Ware mit den Informationen auf den Warenbegleitpapieren verglichen. Schließlich erfolgt noch eine genaue Untersuchung der Verpackung, dass keine Beschädigungen vorliegen.

Ergeben sich Mängel, so lässt sich der Lagermitarbeiter dies durch den Überbringer der Warensendung schriftlich bescheinigen.

Danach sollte auch der Inhalt der Sendung unverzüglich geprüft werden. Art, Menge und Beschaffenheit der Ware werden genau geprüft und mit der Bestellung und dem Lieferschein verglichen. Werden Mängel und Abweichungen festgestellt, sollten diese sehr genau auf dem Lieferschein vermerkt und ebenfalls schriftlich beanstandet werden.

Der Einkaufsabteilung ist eine Meldung über die Mängel zu machen, damit diese sofort eine Information an den Lieferanten weitergeben kann (= Mängelrüge).

Obwohl für die Mängelrüge keine bestimmte Form vorgegeben ist, so sollten wir immer schriftlich reklamieren. Der Brief an den Lieferanten enthält:

- die Empfangsbestätigung der Sendung
- die genaue Beschreibung des Mangels
- die Ansprüche, die aus der mangelhaften Erfüllung des Kaufvertrages abgeleitet werden
- die Bitte an den Lieferanten, sich zum Sachverhalt zu äußern

5.5.4 Die Kontrolle der Eingangsrechnung

Jede Eingangsrechnung wird von der Einkaufsabteilung überprüft. Diese achtet dabei darauf, dass die Rechnung sachlich und rechnerisch richtig erstellt wurde.

Sachliche Richtigkeit	Die Einkaufsabteilung vergleicht die Eingangsrechnung mit der Bestellung und der Wareneingangsmeldung aus dem Lager. Sie überprüft, ob Art, Menge und Einzelpreis der Ware, Preisnachlässe und die Lieferungs- und Zahlungsbedingungen korrekt sind.
Rechnerische Richtigkeit	Die Abteilung Buchführung prüft, ob Preisnachlässe, der Umsatzsteuerbetrag und der Gesamtbetrag der Lieferung richtig berechnet wurden. Sollten Rechenfehler festgestellt werden, ist eine Rücksprache mit dem Lieferanten notwendig.

Im Anschluss an die sachliche und rechnerische Überprüfung (und einer möglichen Korrektur nach Absprache mit dem Lieferanten) wird die Rechnung zur Zahlung freigegeben.

CHIEMGAUER SPORTMODEN GMBH

Chiemgauer Sportmoden GmbH · Industriepark 123 · 83024 Rosenheim

Bestelldatum:	13.03.20XX
Bestellnummer:	224/20XX
Lieferant:	440086
Lieferbedingung:	ab Werk

Sport Busch GmbH
Garbsener Landstraße 66
30541 Hannover

Bestellung

Pos.	Art.-Nr.	Art.-Bezeichnung	Menge	ME	Einzel-preis (€)	Rabatt	Gesamt-preis (€)
1	SB 345/17	Schultertasche „Large", schwarz	20	Stück	11,90	10%	214,20
2	SB 348/12	Trainertasche „Large", blau	20	Stück	18,80	10%	338,40
3	SB 352/17	Schuhfachtasche „Large", schwarz	20	Stück	25,80	10%	464,40

Mit freundlichen Grüßen

Chiemgauer Sportmoden GmbH

i. V. *Paul Kröner*

Paul Kröner
Leiter Abteilung Verkauf

Tel.: 08031 12343-0
Fax: 08031 12343-21
E-Mail: info@chiem-sport.de
Internet: www.chiem-sport.de

Geschä
Handel
USt-Idl
St.-Nr.

Busch GmbH

Sport Busch GmbH • Garbsener Landstraße 66 • 30541 Hannover

Kunden-Nr.	240421
Unser Zeichen:	SB/je
Ihr Zeichen:	Bestell 224/20XX

Chiemgauer Sportmoden GmbH
Frau Brandl
Industriepark 123
83024 Rosenheim

Rechnungs-Nr.:	**349 SB**
Lieferdatum:	04.04.20XX
Rechungsdatum:	04.04.20XX

Rechnung

Pos.	Art.-Nr.	Artikelbezeichnung	Menge	Einzelpreis (€)	Rabatt	Gesamtpreis (€)
1	SB 345/17	Schultertasche „Large", schwarz	20	11,90	10 %	214,20
2	SB 348/12	Trainertasche „Large", blau	20	18,80	10 %	338,40
3	SB 352/17	Schuhfachtasche „Large", schwarz	20	25,80	10 %	464,40

Warenwert netto		1.017,00
Fracht		58,00
Verpackung		25,00
Rechnungsbetrag netto		1.100,00
Umsatzsteuer	19%	209,00
Rechnungsbetrag brutto		**1.309,00**

Zahlungsbedingungen
Bei Zahlung innerhalb 14 Tagen 2 % Skonto, innerhalb von 30 Tagen ohne Abzug

Telefon: 0511 30776-0 • Fax: 0511 30776-20 • E-Mail: busch@sport.de
Bankverbindung: Sparkasse Hannover • IBAN: DE64 2505 0180 0002 2055 05 • BIC: SPKHDE2HXXX
USt-IdNr.: DE115652530 • St.-Nr. 25/202/38334
Geschäftsführer: Hans Meinert • Handelsregister Hannover, HRB 51577

5.5.5 Die Bezahlung der Eingangsrechnung

5.5.5.1 Ausnutzung von Skonto
Aus dem Rechnungsdatum und den Zahlungsbedingungen ergibt sich, wann wir spätestens bezahlen müssen.

Im Beispiel der Sport Busch GmbH auf der vorherigen Seite ist das Rechnungsdatum der 4. April, die Zahlungsbedingungen lauten: Zahlung innerhalb 14 Tagen mit 2 % Skonto, innerhalb von 30 Tagen ohne Abzug.

Das bedeutet, dass bis zum 18. April die Rechnung unter Ausnutzung von Skonto bezahlt werden kann. Ansonsten muss die Rechnung bis spätestens 4. Mai beglichen werden.

Sollte uns der Lieferant (wie im Beispiel) einen Skonto bei Zahlung innerhalb einer Frist in Aussicht stellen, so sollten wir diesen immer ausnutzen.

Nutzen wir das Zahlungsziel (30 Tage) voll aus, dann entgeht uns der Skontoabzug. Der Skonto ist also der Preis der Inanspruchnahme des Zahlungsziels 30 Tage. Will man die Kosten des entgangenen Skontos mit denen eines Bankkredits (z. B. 10 % Überziehungszins) vergleichen, muss der Skontobetrag mit dem effektiven Jahreszinssatz gegengerechnet werden.

Durch einfaches Umstellen der allgemeinen Zinsformel würden wir in unserem Beispiel einen Zinssatz von ca. 50 % errechnen.[4]

Verglichen mit dem Überziehungszinssatz der Bank ist der effektive Jahreszinssatz des Lieferantenziels, also des entgangenen Skontos, erheblich höher.

5.5.5.2 Die Zahlungsarten
Es gibt viele Möglichkeiten, die Eingangsrechnung zu bezahlen. Diese können der folgenden Übersicht entnommen werden:

Käufer = Schuldner = Zahler; Verkäufer = Gläubiger = Zahlungsempfänger

Barzahlung	Halbbare Zahlung	Bargeldlose Zahlung
Schuldner zahlt mit Bargeld Gläubiger erhält Bargeld	Schuldner zahlt mit Bargeld Gläubiger erhält Geld auf sein Konto **oder** Schuldner zahlt Geld auf sein Konto Gläubiger erhält Bargeld	Schuldner zahlt Geld auf sein Konto Gläubiger erhält Geld auf sein Konto

– Unmittelbare (persönliche) Barzahlung
– Mittelbare Barzahlung
  – Barzahlung durch Boten
  – Express-Brief
  – Postbank-Minuten-Service
	– Zahlung per Nachnahme
	– Zahlung per Zahlschein
	– Zahlung per Scheck
		– Verrechnungsscheck
		– Überweisung
		– Kartenzahlung
		– Online-Zahlung

Die zwei am meisten genutzten Möglichkeiten werden nun etwas näher vorgestellt.

---

4   Auf die Berechnung mithilfe der Zinsformel wird an dieser Stelle bewusst verzichtet.

5

Unmittelbare (persönliche) Barzahlung

Unmittelbare Barzahlung liegt dann vor, wenn

- Geld vom Käufer = Schuldner (Zahler) an den Verkäufer = Gläubiger (Zahlungsempfänger) persönlich übermittelt wird.
- für die Zahlung keine eigenen Konten verwendet werden.

Nach wie vor ist die Zahlung mit Bargeld in vielen Einzelhandelsgeschäften üblich. Da hier Waren an eine Vielzahl von Kunden abgegeben werden, wäre es sehr umständlich und unwirtschaftlich, würde der Einzelhändler dem Kunden stattdessen einen Kredit einräumen, der nur einmal im Monat bezahlt zu werden brauchte. Der Verwaltungsaufwand für die Überwachung der Außenstände wäre viel zu groß. Hinzu kommt, dass viele Kunden unbekannt sind. Und einem Unbekannten gibt man keine Ware ohne sofortige Zahlung.

Ein großer Nachteil besteht natürlich in dem Risiko, dass der Verlust oder der Diebstahl von Bargeld nicht versichert ist.

Wer bar bezahlt, sollte sich immer einen Beweis für seine Bezahlung geben lassen – die Quittung. Die Quittung beweist die Übergabe von Bargeld als Kassenbon, Kassenzettel, quittierte Rechnung ("Betrag dankend erhalten/Unterschrift").

Der Schuldner hat ein Recht auf eine Quittung:

> **Quittung (Auszug aus dem BGB)**
> **§ 368**
> Der Gläubiger hat gegen Empfang der Leistung auf Verlangen ein schriftliches Empfangsbekenntnis (Quittung) zu erteilen.

Lagermitarbeiter Boris Markovic von der Chiemgauer Sportmoden GmbH kauft ein Paar Sicherheitsschuhe für 120,00 € und verlangt vom Verkäufer eine Quittung.

Die Quittung sollte folgende Angaben enthalten:

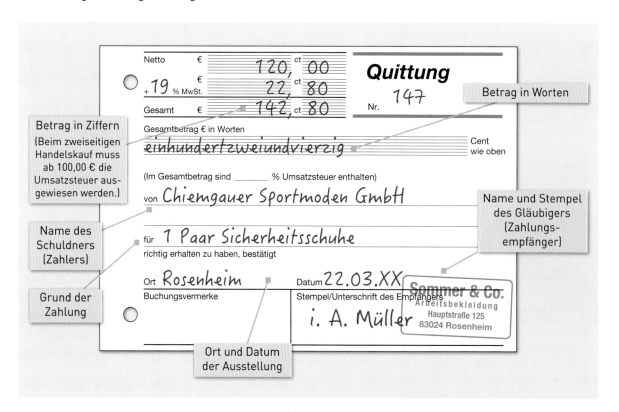

Die bargeldlose Zahlung durch Überweisung

Die in Deutschland häufigste Form der bargeldlosen Zahlung ist die Überweisung. Eine Überweisung ist die Anweisung eines Kontoinhabers an sein Kreditinstitut, einen bestimmten Betrag von seinem Konto auf das Konto des Zahlungsempfängers zu übertragen.

Um eine Überweisung vorzunehmen, muss der Schuldner ein besonderes Formular benutzen (das gleiche wie beim Zahlschein, nur mit dem Unterschied, dass der Schuldner hier seine Kontonummer eintragen muss).

Die Überweisung besteht in der Regel aus einem zweiseitigen Durchschreibeformular (Original für den Zahlungsempfänger, Durchschlag für den Schuldner als Beleg).

Eine besondere Form der Überweisung ist der Dauerauftrag. Mit ihm weist der Schuldner (= Zahler) sein Kreditinstitut an, Zahlungen, die regelmäßig und in gleicher Höhe anfallen, für ihn automatisch zu tätigen. Der Dauerauftrag eignet sich somit gut für die Zahlung der Miete oder des Schulgeldes. Eine andere Sonderform der Überweisung ist die Lastschrift. Sie eignet sich für Zahlungen, die zwar regelmäßig, aber in unterschiedlicher Höhe anfallen, z. B. Telefongebühren. Man unterscheidet bei der Lastschrift zwischen dem Einzugsermächtigungsverfahren (Schuldner ermächtigt den Gläubiger durch Lastschrift einzuziehen) und dem Abbuchungsverfahren (Schuldner teilt seiner Bank mit, dass der Gläubiger bis zu einer bestimmten Höhe abbuchen darf).

Führen wir unser Beispiel von oben fort. Die Eingangsrechnung der Sport Busch GmbH wurde bereits auf sachliche und rechnerische Richtigkeit geprüft. Nun folgt die Bezahlung durch Banküberweisung. Hierzu muss zunächst der nachstehende Überweisungsträger ausgefüllt werden.

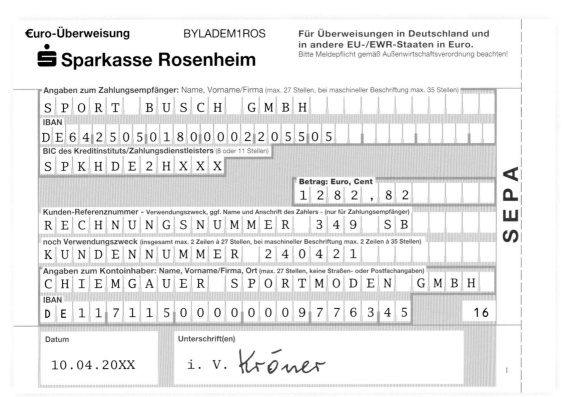

Sport Busch GmbH • Garbsener Landstraße 66 • 30541 Hannover

Kunden-Nr.	240421
Unser Zeichen:	SB/je
Ihr Zeichen:	Bestell 224/20XX

Chiemgauer Sportmoden GmbH
Frau Brandl
Industriepark 123
83024 Rosenheim

Rechnungs-Nr.: **349 SB**

Lieferdatum: 04.04.20XX
Rechungsdatum: 04.04.20XX

Rechnung

Pos.	Art.-Nr.	Artikelbezeichnung	Menge	Einzelpreis (€)	Rabatt	Gesamtpreis (€)
1	SB 345/17	Schultertasche „Large", schwarz	20	11,90	10 %	214,20
2	SB 348/12	Trainertasche „Large", blau	20	18,80	10 %	338,40
3	SB 352/17	Schuhfachtasche „Large", schwarz	20	25,80	10 %	464,40

Warenwert netto		1.017,00
Fracht		58,00
Verpackung		25,00
Rechnungsbetrag netto		1.100,00
Umsatzsteuer	19 %	209,00
Rechnungsbetrag brutto		**1.309,00**

Zahlungsbedingungen
Bei Zahlung innerhalb 14 Tagen 2 % Skonto, innerhalb von 30 Tagen ohne Abzug

Telefon: 0511 30776-0 • Fax: 0511 30776-20 • E-Mail: busch@sport.de
Bankverbindung: Sparkasse Hannover • IBAN: DE64 2505 0180 0002 2055 05 • BIC: SPKHDE2HXXX
USt-IdNr.: DE115652530 • St.-Nr. 25/202/38334
Geschäftsführer: Hans Meinert • Handelsregister Hannover, HRB 51577

Da die Rechnung innerhalb der Skontofrist bezahlt wird (Rechnungsdatum 04.04.20XX + 14 Tage = 18.04.20XX), können wir bei der Bezahlung 2 % Skonto abziehen:

Rechnungsbetrag	1.309,00 €
− 2 % Skonto	26,18 €
= Überweisungsbetrag	1.282,82 €

Aufgaben zum Lernbereich 10II.3.1 „Waren und Materialien beschaffen"

Aufgabe 1

Aus der Lagerkartei der Sport Busch GmbH ergaben sich für Trainingsanzüge einer bestimmten Größe während des Jahres folgende Bestände:
Anfangsbestand: 144 Stück

Januar	14	Mai	34	September	37
Februar	12	Juni	37	Oktober	28
März	40	Juli	48	November	88
April	27	August	11	Dezember	21

Jahresabsatz: 221 Stück

(1) Berechne den durchschnittlichen Lagerbestand.
(2) Berechne die Lagerumschlagshäufigkeit.
(3) Berechne die durchschnittliche Lagerdauer.

Aufgabe 2

Für Artikel Nr. 1765 „Spax-Schrauben" liegen uns aus der Lagerbuchführung und Inventur folgende Daten vor:

Jahresanfangsbestand	750,00 €
Summe der 12 Monatsendbestände	14.200,00 €
Zugänge während des Jahres	7.150,00 €
Jahresendbestand	1.000,00 €

(1) Berechne den durchschnittlichen Lagerbestand.
(2) Berechne die Lagerumschlagshäufigkeit.
(3) Berechne die durchschnittliche Lagerdauer.

Aufgabe 3

Die Metallfabrik Eisenhammer AG aus Passau legt den eisernen Bestand für Eisenerz auf 2000 Tonnen fest. Im Durchschnitt gehen von diesem Rohstoff pro Arbeitswoche (= fünf Arbeitstage) 350 Tonnen in die Produktion ein. Ermittle den Meldebestand, wenn für die Lieferzeit des Eisenerzes sechs Tage veranschlagt werden und unsere Einkaufsabteilung für die Bearbeitung der Bestellung drei Tage benötigt.

Aufgabe 4

Die Geschäftsleitung der Sport Busch GmbH diskutiert die Entwicklung der Lagerumschlagshäufigkeit bei Sporttaschen.

Lagerumschlagshäufigkeit bei Sporttaschen		
	1. Quartal:	**12,2**
	2. Quartal:	**12,0**
	3. Quartal:	**11,5**
	4. Quartal:	**11,0**

(1) Beschreibe, wie sich die Umschlagshäufigkeit bei den Sporttaschen entwickelt hat, und führe drei Gründe an, die zu dieser Entwicklung geführt haben könnten.
(2) Erläutere zwei unterschiedliche Maßnahmen, die dazu beitragen könnten, die Lagerumschlagshäufigkeit bei den Sporttaschen zu erhöhen, und triff eine begründete Entscheidung für eine dieser Maßnahmen.

5

Lernbereich 10II.3.1

Aufgabe 5

Du bist in der Lagerverwaltung tätig und dir liegt folgende Lagerkartei vor. Berechne den Meldebestand und trage diesen in die Lagerkartei ein.

Lagerkartei

Artikel:	**Bio-Apfelsaft naturtrüb, 1,0-l-Flasche**
Einkaufspreis:	1,40 € ab 100 Flaschen 5 % Rabatt ab 150 Flaschen 10 % Rabatt
Artikel-Nr.: **Lieferant:**	88336298 440231 – Lindemann OHG
Lieferzeit: **Ø-Tagesverbrauch:** **Höchstbestand:** **Mindestbestand:**	5 Tage 15 Flaschen 250 Flaschen 60 Flaschen
Meldebestand:	.... Flaschen

Tag, Monat 20xx	Vorgang	Bestellung, Menge	Lagervorgang Ein	Lagervorgang Aus	Lager- bestand
29.06.	Übertrag				201
29.06.	Bestellung vom ...			20	181
30.06.	Bestellung vom ...			22	159

Aufgabe 6

In der Schule besteht seit einigen Jahren eine Schülercafeteria, die von den Schülerinnen und Schülern aus den Abschlussklassen betrieben wird. Jeweils zum Halbjahr werden von den Betreibern die Geschäfte an ihre Nachfolger übergeben. Du gehörst zu der Gruppe, der die Verantwortung für die Cafeteria übertragen wird. In einer Besprechung wird dir die Warengruppe MoPro (Molkereiprodukte) übertragen. Vom Projektleiter erhältst du folgende Unterlagen: Leider hat dein Vorgänger etwas Kaffee auf der Karteikarte verschüttet.

(1) Übertrage die vorhandenen Werte in das Diagramm! (Anlage 2)

(2) Ergänze die Informationen, die vom Kaffeefleck verdeckt werden! (Anlage 1)

(3) Der Projektleiter bittet dich um Verbesserungsvorschläge, da es – wie aus der Grafik ersichtlich – einige Probleme in der Vergangenheit gab.

Anlage 1
Lagerkarte Milchtüten vom Jahr 20XX

Schülercafeteria, 97424 Schweinfurt
Artikelnummer 2280M1486

Lagerbestand am Freitag, 04.06.20XX				25
		Zugänge	Abgänge	Tagesendbestand
Montag	07.06.20XX	250	55	220
Dienstag	08.06.20XX		60	160
Mittwoch	09.06.20XX		45	115
Donnerstag	10.06.20XX		50	65
Freitag	11.06.20XX		40	25
Montag	14.06.20XX	250	35	240
Dienstag	15.06.20XX		45	195
Mittwoch	16.06.20XX		35	160
Donnerstag	17.06.20XX		20	140
Freitag	18.06.20XX		45	95
Montag	21.06.20XX	250	65	280
Dienstag	22.06.20XX		75	205
Mittwoch	23.06.20XX		50	155
Donnerstag	24.06.20XX		60	95
Freitag	25.06.20XX		55	40
Montag	28.06.20XX	250	45	245
Dienstag	29.06.20XX		75	170
Mittwoch	30.06.20XX		65	105
Donnerstag	01.07.20XX		50	55
Freitag	02.07.20XX		30	25

Mindestbestand	
Meldebestand	

Anlage 2

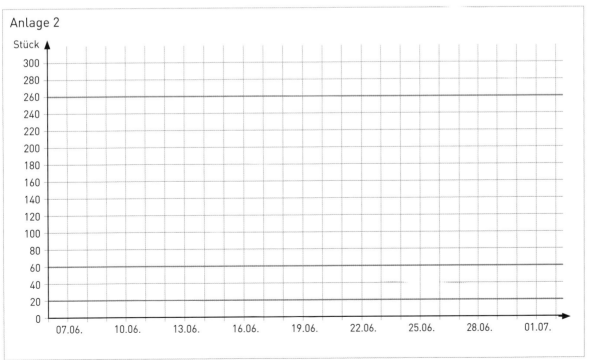

Aufgabe 7

Dem Bekleidungsgeschäft Schreiner e. K. liegen folgende zwei Angebote für T-Shirts vor:

Angebot Bengler & Sohn, Donauwörth	Angebot Meister, Nürnberg
Preis 8,40 € pro Stück einschließlich Verpackung; bei Abnahme von mindestens 50 Stück gewähren wir einen Mengenrabatt von 15 %. Bei unserer Lieferung ab Werk Donauwörth stellen wir Ihnen pro T-Shirt 0,10 € Transportkosten in Rechnung. Die T-Shirts sind innerhalb von zwei Wochen lieferbar. Die Zahlung erbitten wir innerhalb von sechs Wochen ab Rechnungsdatum.	Preis 7,40 € pro Stück; als Verpackungskostenpauschale berechnen wir 10,00 €. Der Preis gilt frei Haus. Ihre Zahlung erbitten wir innerhalb von 14 Tagen abzüglich 2 % Skonto oder innerhalb von 30 Tagen ohne Abzug.

(1) Ermittle den Einstandspreis für 100 T-Shirts.
(2) Überlege dir Gründe, warum Schreiner bei dem teureren Händler bestellt.

Aufgabe 8

Die Alpin Sport GmbH möchte Snowboards in ihr Sortiment aufnehmen. Aus diesem Grund wurde eine Anfrage an mehrere Lieferanten versendet. Betrachte hierzu nachfolgendes Angebot der Snow World AG aus Aschaffenburg:

Angebot

Sehr geehrte Frau Hillenbrandt,

vielen Dank für Ihre Anfrage vom 22.07.20XX.

Aus unserem aktuellen Sortiment können wir Ihnen anbieten:

Snowboard „Drive"	319,95 € pro Stück

Bei der von Ihnen geplanten Bestellmenge von 20 Stück und der in Aussicht gestellten Gesamtabnahmemenge von 300 Stück können wir Ihnen einen Rabatt von 10 % einräumen.

Die Kosten für Fracht und Verpackung berechnen wir mit 25,00 € pro Stück.

Die von Ihnen gewünschte Lieferzeit von 10 Tagen können wir garantieren.

Wir können Ihnen ein Zahlungsziel von 40 Tagen anbieten; sollten Sie allerdings innerhalb von 14 Tagen nach Rechnungseingang bezahlen, gewähren wir 3 % Skonto.

Sollten Sie noch Fragen haben, stehen wir Ihnen selbstverständlich zur Verfügung. Wir sind uns sicher, Ihnen ein attraktives Angebot unterbreitet zu haben, und freuen uns schon jetzt auf Ihre Bestellungen.

Mit freundlichen Grüßen

Snow World AG

i. V. *Heidi Bergner*

Heidi Bergner
Leitung Verkauf

(1) Überprüfe das Angebot auf seine Vollständigkeit.
(2) Erläutere zu den einzelnen im Angebot gefundenen Angebotsbedingungen die entsprechenden gesetzlichen Regelungen.
(3) Begründe auch, weshalb die vertraglichen Angebotsbedingungen Vorrang vor den gesetzlichen Regelungen haben.

Lernbereich 10|I.3.1

5

Aufgabe 9

Du bist beim Küchenparadies Martin KG in Neuburg an der Donau in der Abteilung Einkauf beschäftigt. Der neueste Verkaufsschlager ist die Küche „Future" mit integriertem Essbereich; allerdings nur im Stehen. Aus diesem Grund wird die Verkaufsabteilung immer wieder nach Sitzgelegenheiten für diesen Essbereich angefragt. Die Geschäftsleitung hat nun beschlossen, Hocker in das Programm mit aufzunehmen. Betrachte hierzu nachfolgende Gesprächsnotiz:

Küchenparadies Martin KG

Gesprächsnotiz

Betreff: Sitzhocker für das Küchenprogramm „Future"
Gesprächspartner: Max Moser, Abteilungsleiter Einkauf

Wie von der Geschäftsleitung beschlossen, werden wir unser Küchenprogramm „Future" um Sitzhocker für den Essbereich erweitern. Wir haben deswegen schon ausgiebig im Internet nach geeigneten Lieferanten Ausschau gehalten. Nach intensiver Prüfung kommen für uns nur folgende zwei Unternehmen infrage:

⟶ **Möbel Hansen KG in Coburg**

⟶ **Kunststoffmöbel Berger GmbH in Dresden**

Wir planen vorerst mit einem Bedarf von 1500 Sitzhockern pro Jahr.

⟶ **Verfassen Sie Anfragen an diese beiden Lieferanten.**

⟶ **Führen Sie einen Angebotsvergleich durch (nutzen Sie hierfür eine entsprechende Entscheidungstabelle).**

Bereiten Sie abschließend eine Bestellung an den ausgewählten Lieferanten vor.

Vielen Dank für Ihre Unterstützung

Max Moser

Max Moser

Aufgrund der Anfragen gehen innerhalb von zwei Wochen die Angebote der beiden Lieferanten ein:

Angebot Berger:

Angebot

Sehr geehrter Herr Moser,

wir bedanken uns für Ihre Anfrage vom 5. März 20XX und bieten Ihnen wie folgt an:

Listenpreis: 45,00 € netto bei einer Mindestabnahmemenge von 500 Stück pro Jahr.

Für die Fracht belasten wir Sie mit 3,00 € pro Hocker.

Alle weiteren Details zu unserem Produkt entnehmen Sie bitte dem beiliegenden Prospekt.

Unsere Lieferzeit beträgt drei Wochen. Bei Zahlung innerhalb von 14 Tagen erhalten Sie 2 % Skonto, innerhalb von 30 Tagen ohne Abzug.

Mit freundlichen Grüßen

Kunststoffmöbel Berger GmbH

i. V. *Petra Thomas*

Petra Thomas
Leitung Verkauf

Infos zum Lieferanten:
- 24-Stunden-Hotline
- Produktion in Deutschland
- Wird von Kunden als absolut zuverlässiger Lieferant beschrieben
- Umweltzertifikat ISO 14001
- Qualitätszertifikat ISO 9001

Angebot Hansen:

Angebot

Sehr geehrter Herr Moser,

vielen Dank für Ihre Anfrage vom 5. März 20XX. Aus unserem Sortiment bieten wir Ihnen an:

Sitzhocker „Fabian" mit den gewünschten Eigenschaften,

Listenpreis netto 38,00 € je Stück

Die Preise gelten für eine jährliche Mindestabnahmemenge von 1000 Stück. Die Lieferung erfolgt frei Haus.

Wir gewähren einen Sonderrabatt von 5 %.

Zahlungsbedingung: Bei Zahlung innerhalb von 10 Tagen 2 % Skonto; 60 Tage netto Kasse.

Bitte beachten Sie auch unseren beigefügten Prospekt.

Die Hocker können innerhalb einer Woche geliefert werden. Wir gewähren 3 Jahre Garantie.

Wir wären erfreut, wenn unser Angebot Ihren Vorstellungen entsprechen würde.

Mit freundlichen Grüßen

Möbel Hansen KG

Berthold Hansen

Berthold Hansen
Geschäftsführer

Infos zum Lieferanten:
- Guter Kundendienst
- Kein Umwelt-/Qualitätszertifikat
- Lässt in Fernost produzieren; soziale Standards werden nicht geprüft
- Sehr gute Fachberatung
- Schleppende Abwicklung
- Absolut termintreu

Lernbereich 10II.3.2: Eine Werbemaßnahme entwickeln

Kapitel 6

6.1   Lernsituation 23: Wir planen eine Sonderaktion

6 Lernbereich 10II.3.2: Eine Werbemaßnahme entwickeln

Kompetenzerwartungen
Die Schülerinnen und Schüler

– entwickeln im Team Konzepte für anlassbezogene Werbemaßnahmen (z. B. für ein Jubiläum oder eine Sonderaktion) und skizzieren diese. Dabei berücksichtigen sie eigene Wertvorstellungen und rechtliche Grenzen der Werbung.
– setzen eine von ihnen gewählte Werbemaßnahme sprachlich und gestalterisch, auch mithilfe von Softwareprogrammen, um.

6.1 Lernsituation 23: Wir planen eine Sonderaktion

Die Chiemgauer Sportmoden GmbH plant, zum Betriebsjubiläum ein Trikot mit der Beflockung des individuellen Namens herauszubringen. Die Auszubildende Hannah ist gerade bei Frau Pechmann im Bereich Verkauf eingesetzt. In einer Teambesprechung wird die Werbeanzeige, die ein externes Marketingunternehmen erstellt hat, besprochen. Hannah, die in der Berufsschule bereits das Themengebiet „Marketing" durchgenommen hat, ist sich sicher, dass diese Anzeige so nicht abgedruckt werden kann. Sie äußert ihre Bedenken gegenüber Frau Pechmann und erhält den Auftrag, die Anzeige mit Verbesserungsvorschlägen bei ihr einzureichen.[1]

Jubiläumsangebot

Sporttrikot mit individuellem Namen
statt wie bisher 30,00 € jetzt ab 25,00 €!

Ihre Vorteile:

- Unsere Trikots sind aus deutscher Fertigung! Wir verkaufen keine Sportsachen aus Kinderarbeit wie unser Konkurrent Sporti!
- Beste Qualität!
- Bei einem Einkauf von mindestens 50,00 € nehmen Sie automatisch an der Verlosung eines nagelneuen BMW teil!
- Beim Kauf erhalten Sie eine Schwimmbrille kostenlos dazu!
- Rund-um-die Uhr-Service, denn wir stehen nicht vor der Pleite wie einer unser Möchtegern-Konkurrenten am Stadtrand.

---

1 Auf die vollständige Planung einer Werbemaßnahme wird hier bewusst verzichtet, da dieses Themengebiet Lehrplanstoff der zweistufigen 11. Jahrgangsstufe ist.

1. Macht euch mit der Situation vertraut, indem ihr euch zunächst orientiert: Stellt sicher, dass euch die Aufgabe klar ist. **(Orientierung und Information)**
2. Plant euer weiteres Vorgehen, indem ihr euch Gedanken macht, was in dieser konkreten Situation zu tun ist, und notiert dies stichpunktartig. **(Planung)**
3. Erstellt für Hannah mithilfe des Computers die Werbeanzeige nach den Richtlinien der Werbegrundsätze und unter Einhaltung des Gesetzes gegen unlauteren Wettbewerb. Überlegt im Team, ob es sinnvoll war, das Gesetz gegen unlauteren Wettbewerb zu erlassen oder ob Alternativen möglich gewesen wären. Verfasst einen Hefteintrag, in dem ihr das Gesetz zusammenfasst. **(Durchführung)**
4. Präsentiert eure Ergebnisse im Klassenplenum und diskutiert diese. Kürt im Anschluss die beste Anzeige und erläutert eure Ergebnisse in Bezug auf das Gesetz gegen unlauteren Wettbewerb. **(Bewertung)**
5. Gebt euch gegenseitig ein Feedback zu euren Ergebnissen und zieht aus diesen wichtige Schlüsse für euer zukünftiges Handeln. **(Reflexion)**

6.1.1 Werbegrundsätze

Im Rahmen der Kommunikationspolitik sind bei der Erstellung von Werbemaßnahmen die Werbegrundsätze und das Gesetz gegen unlauteren Wettbewerb (UWG) zu beachten. Die Werbegrundsätze lauten **Wahrheit, Klarheit, Wirksamkeit und Wirtschaftlichkeit.**

Wahrheit
Der Inhalt der Werbung darf keine unwahren Behauptungen enthalten. Das heißt, die getroffenen Aussagen zum Produkt und dessen Eigenschaften müssen wahr und somit nachprüfbar sein.

Klarheit
Die Werbung sollte leicht verständlich, eindeutig und klar formuliert sein, damit die Aussagen zum Produkt, den Eigenschaften und den Inhaltsstoffen für jedermann zu verstehen sind. Kurze Sätze und eine einfache Wortwahl dienen zur Erfüllung des Grundsatzes. Übertreibende Formulierungen haben hingegen innerhalb der Werbung nichts zu suchen.

Wirksamkeit
Die Werbung soll erreichen, dass ein bestimmter Kundenkreis (= Zielgruppe) durch den Einfallsreichtum des Unternehmens zum Kauf der Produkte angeregt wird. Dabei führt nur eine regelmäßig durchgeführte Werbung mit einem einheitlichen Werbekonzept, den bekannten Unternehmensfarben sowie dem Logo zum Erfolg.

Wirtschaftlichkeit
Der Grundsatz der Wirtschaftlichkeit findet seine Grenzen in den Kosten der Werbung. Die Ausgaben für Werbung stellen Aufwendungen für ein Unternehmen dar und verringern den Gewinn. Der zusätzliche Ertrag aus der Werbemaßnahme, d. h. der Mehrverkauf der Produkte aufgrund der Werbung, sollte somit höher sein als die Aufwendungen, damit der Grundsatz eingehalten wird.

6.1.2 Gesetz gegen den unlauteren Wettbewerb (UWG)

Das Gesetz gegen den unlauteren Wettbewerb (UWG) existiert, um Kunden, Mitbewerber und sonstige Marktteilnehmer zu schützen, und untersagt in den §§ 3–6 unlautere, irreführende sowie vergleichende Werbung. In § 7 regelt das Gesetz, was unter unzumutbarer Belästigung zu verstehen ist, und gibt in den nachfolgenden Paragrafen Auskunft über die Rechtsfolgen, die sich bei einem Verstoß ergeben.

Lernbereich 10II.3.2

6

In erster Linie besteht bei einem Verstoß gegen die wettbewerbsrechtlichen Bestimmungen durch einen Konkurrenten ein Beseitigungsanspruch. Dies bedeutet, der Konkurrent muss seine Werbemaßnahme einstellen und darf sie nicht mehr veröffentlichen. Bei der Gefahr einer Wiederholung kann der Konkurrent sogar auf Unterlassung verklagt werden (§ 8 UWG). Das Gesetz sieht des Weiteren vor, dass bei fahrlässigen oder vorsätzlichen Verstößen gegen die Vorschriften der klagende Händler Schadensersatz einfordern kann (§ 9 UWG). Bei Gesetzesübertretungen, in denen eine Vielzahl von Personen betroffen ist, ermittelt die Staatsanwaltschaft entweder automatisch oder auf besonderen Antrag und kann die Vergehen mit Geldstrafen und Freiheitsstrafen bis zu zwei Jahren ahnden. Dieser Vorgang wird als strafrechtliche Verfolgung bezeichnet und in § 20 UWG geregelt. Um hohe Prozesskosten und gerichtliche Auseinandersetzungen zu vermeiden, sind zunächst die Einigungsstellen der Industrie- und Handelskammer des jeweiligen Bundeslandes zuständig. Diese sollen zwischen den einzelnen Parteien vermitteln und Wettbewerbsstreitigkeiten durch gütliche Vergleiche beilegen.

Ein Gesetz kann jedoch nicht alles regeln und auch nicht alle Lebensbereiche abdecken, sodass sich die Verbraucher durch eine Werbemaßnahme verletzt fühlen können oder diese so nicht akzeptieren möchten. In diesen Fällen fungiert der Deutsche Werberat als eine Art Schiedsrichter und drängt das Unternehmen bei berechtigter Kritik auf eine Einstellung oder Abänderung der Werbemaßnahme. Grundlagen für Entscheidungen des Werberats sind die allgemeinen Gesetze, wettbewerbsrechtliche Vorschriften, spezielle Verhaltensregeln der Werbebranche zu einigen Sozialbereichen – Werbung mit und vor Kindern im Fernsehen, Werbung für alkoholische Getränke, Werbung, die die Menschenwürde angreift – sowie die aktuell herrschende Auffassung über Sitte, Anstand und Moral in der Gesellschaft.

Gesetz gegen den unlauteren Wettbewerb
Allgemeine Bestimmungen (sinngemäße Wiedergabe)

§ 1 Zweck des Gesetzes

Dieses Gesetz dient dem Schutz der Mitbewerber, der Verbraucherinnen und der Verbraucher sowie der sonstigen Marktteilnehmer vor unlauterem Wettbewerb. Es schützt zugleich das Interesse der Allgemeinheit an einem unverfälschten Wettbewerb.

§ 3 Verbot unlauteren Wettbewerbs

Unlautere Wettbewerbshandlungen, die geeignet sind, den Wettbewerb zum Nachteil der Mitbewerber, der Verbraucher oder der sonstigen Marktteilnehmer nicht nur unerheblich zu beeinträchtigen, sind unzulässig.

§ 4 Beispiele unlauteren Wettbewerbs

Unlauter im Sinne von § 3 handelt insbesondere, wer
1. Wettbewerbshandlungen vornimmt, die geeignet sind, die Entscheidungsfreiheit der Verbraucher oder sonstiger Marktteilnehmer durch Ausübung von Druck, in menschenverachtender Weise oder durch sonstigen unangemessenen unsachlichen Einfluss zu beeinträchtigen;
2. Wettbewerbshandlungen vornimmt, die geeignet sind, die geschäftliche Unerfahrenheit insbesondere von Kindern oder Jugendlichen, die Leichtgläubigkeit, die Angst oder die Zwangslage von Verbrauchern auszunutzen;
3. [...]
4. bei Verkaufsförderungsmaßnahmen wie Preisnachlässen, Zugaben oder Geschenken die Bedingungen

für ihre Inanspruchnahme nicht klar und eindeutig angibt;
5. [...]
6. die Teilnahme von Verbrauchern an einem Preisausschreiben [...] von dem Erwerb einer Ware oder der Inanspruchnahme einer Dienstleistung abhängig macht, es sei denn, das Preisausschreiben oder Gewinnspiel ist naturgemäß mit der Ware oder der Dienstleistung verbunden;
7. die Kennzeichen, Waren, Dienstleistungen, Tätigkeiten oder persönlichen oder geschäftlichen Verhältnisse eines Mitbewerbers herabsetzt oder verunglimpft;
8. über die Waren, Dienstleistungen oder das Unternehmen eines Mitbewerbers oder über den Unternehmer oder ein Mitglied der Unternehmensleitung Tatsachen behauptet oder verbreitet, die geeignet sind, den Betrieb des Unternehmens oder den Kredit des Unternehmers zu schädigen, sofern die Tatsachen nicht erweislich wahr sind; [...]
9. Waren oder Dienstleistungen anbietet, die eine Nachahmung der Waren oder Dienstleistungen eines Mitbewerbers sind, wenn er
   a) eine vermeidbare Täuschung der Abnehmer über die betriebliche Herkunft herbeiführt,
   b) die Wertschätzung der nachgeahmten Ware oder Dienstleistung unangemessen ausnutzt oder beeinträchtigt oder
   c) die für die Nachahmung erforderlichen Kenntnisse oder Unterlagen unredlich erlangt hat;
10. Mitbewerber gezielt behindert;
[...]

§ 5 Irreführende Werbung

(1) Unlauter im Sinne von § 3 handelt, wer irreführend wirbt.

---

(2) Bei der Beurteilung der Frage, ob eine Werbung irreführend ist, sind alle ihre Bestandteile zu berücksichtigen, insbesondere in ihr enthaltene Angaben über:

1. die Merkmale der Waren oder Dienstleistungen wie Verfügbarkeit, Art, Ausführung, Zusammensetzung, Verfahren und Zeitpunkt der Herstellung oder Erbringung, die Zwecktauglichkeit, Verwendungsmöglichkeit, Menge, Beschaffenheit, die geographische oder betriebliche Herkunft oder die von der Verwendung zu erwartenden Ergebnisse oder die Ergebnisse und wesentlichen Bestandteile von Tests der Waren oder Dienstleistungen;

2. den Anlass des Verkaufs und den Preis oder die Art und Weise, in der er berechnet wird, und die Bedingungen, unter denen die Waren geliefert oder die Dienstleistungen erbracht werden;

3. [..]
Bei der Beurteilung, ob das Verschweigen einer Tatsache irreführend ist, sind insbesondere deren Bedeutung für die Entscheidung zum Vertragsschluss […] zu berücksichtigen.

(3) Angaben im Sinne von Absatz 2 sind auch Angaben im Rahmen vergleichender Werbung sowie bildliche Darstellungen und sonstige Veranstaltungen, die darauf zielen und geeignet sind, solche Angaben zu ersetzen.

(4) Es wird vermutet, dass es irreführend ist, mit der Herabsetzung eines Preises zu werben, sofern der Preis nur für eine unangemessen kurze Zeit gefordert worden ist. Ist streitig, ob und in welchem Zeitraum der Preis gefordert worden ist, so trifft die Beweislast denjenigen, der mit der Preisherabsetzung geworben hat.

(5) Es ist irreführend, für eine Ware zu werben, die unter Berücksichtigung der Art der Ware sowie der Gestaltung und Verbreitung der Werbung nicht in angemessener Menge zur Befriedigung der zu erwartenden Nachfrage vorgehalten ist. Angemessen ist im Regelfall ein Vorrat für zwei Tage, es sei denn, der Unternehmer weist Gründe nach, die eine geringere Bevorratung rechtfertigen.

§ 6 Vergleichende Werbung

(1) Vergleichende Werbung ist jede Werbung, die unmittelbar oder mittelbar einen Mitbewerber oder die von einem Mitbewerber angebotenen Waren oder Dienstleistungen erkennbar macht.

(2) Unlauter im Sinne von § 3 handelt, wer vergleichend wirbt, wenn der Vergleich

1. sich nicht auf Waren oder Dienstleistungen für den gleichen Bedarf oder dieselbe Zweckbestimmung bezieht,

2. nicht objektiv auf eine oder mehrere wesentliche, relevante, nachprüfbare und typische Eigenschaften oder den Preis dieser Waren oder Dienstleistungen bezogen ist,

3. im geschäftlichen Verkehr zu Verwechslungen zwischen dem Werbenden und einem Mitbewerber oder zwischen den von diesen angebotenen Waren oder Dienstleistungen oder den von ihnen verwendeten Kennzeichen führt,

4. die Wertschätzung des von einem Mitbewerber verwendeten Kennzeichens in unlauterer Weise ausnutzt oder beeinträchtigt,

5. die Waren, Dienstleistungen, Tätigkeiten oder persönlichen oder geschäftlichen Verhältnisse eines Mitbewerbers herabsetzt oder verunglimpft oder

6. eine Ware oder Dienstleistung als Imitation oder Nachahmung einer unter einem geschützten Kennzeichen vertriebenen Ware oder Dienstleistung darstellt.

(3) Bezieht sich der Vergleich auf ein Angebot mit einem besonderen Preis oder anderen besonderen Bedingungen, so sind der Zeitpunkt des Endes des Angebots und, wenn dieses noch nicht gilt, der Zeitpunkt des Beginns des Angebots eindeutig anzugeben. Gilt das Angebot nur so lange, wie die Waren oder Dienstleistungen verfügbar sind, so ist darauf hinzuweisen.

§ 7 Unzumutbare Belästigungen

(1) Unlauter im Sinne von § 3 handelt, wer einen Marktteilnehmer in unzumutbarer Weise belästigt.

(2) Eine unzumutbare Belästigung ist insbesondere anzunehmen

1. bei einer Werbung, obwohl erkennbar ist, dass der Empfänger diese Werbung nicht wünscht;

2. bei einer Werbung mit Telefonanrufen gegenüber Verbrauchern ohne deren Einwilligung oder gegenüber sonstigen Marktteilnehmern ohne deren zumindest mutmaßliche Einwilligung;

3. bei einer Werbung unter Verwendung von automatischen Anrufmaschinen, Faxgeräten oder elektronischer Post, ohne dass eine Einwilligung der Adressaten vorliegt;

4. bei einer Werbung mit Nachrichten, bei der die Identität des Absenders, in dessen Auftrag die Nachricht übermittelt wird, verschleiert oder verheimlicht wird oder bei der keine gültige Adresse vorhanden ist, an die der Empfänger eine Aufforderung zur Einstellung solcher Nachrichten richten kann, ohne dass hierfür andere als die Übermittlungskosten nach den Basistarifen entstehen.

(3) Abweichend von Absatz 2 Nr. 3 ist eine unzumutbare Belästigung bei einer Werbung unter Verwendung elektronischer Post nicht anzunehmen, wenn

1. ein Unternehmer im Zusammenhang mit dem Verkauf einer Ware oder Dienstleistung von dem Kunden dessen elektronische Postadresse erhalten hat,

2. der Unternehmer die Adresse zur Direktwerbung für eigene ähnliche Waren oder Dienstleistungen verwendet,

3. der Kunde der Verwendung nicht widersprochen hat und

4. der Kunde bei Erhebung der Adresse und bei jeder Verwendung klar und deutlich darauf hingewiesen wird, dass er der Verwendung jederzeit widersprechen kann, ohne dass hierfür andere als die Übermittlungskosten nach den Basistarifen entstehen.

Lernbereich 10II.3.3: Waren und Dienstleistungen verkaufen

Kapitel 7

7 Lernbereich 10II.3.3: Waren und Dienstleistungen verkaufen

Kompetenzerwartungen
Die Schülerinnen und Schüler

- erstellen Auftragsbestätigungen aufgrund von Kundenbestellungen, wobei sie die Liefer- bzw. Leistungsfähigkeit des Unternehmens (z. B. anhand des Lagerbestands) berücksichtigen.
- kommunizieren bei Rückfragen der Kunden sowohl mündlich als auch schriftlich sachlich korrekt und in höflichem Ton. Sie reflektieren ihr verbales und nonverbales Verhalten, holen sich Rückmeldungen ein und nutzen diese aktiv, um ihr Verhalten im Umgang mit den Kunden zu optimieren.
- erstellen Lieferscheine und veranlassen die rechtzeitige Lieferung.
- erstellen inhaltlich und rechnerisch richtige Ausgangsrechnungen.
- prüfen anhand der Kontoauszüge, ob Zahlungen rechtzeitig und in richtiger Höhe eingegangen sind.
- überprüfen bei Barzahlung das Wechselgeld durch Kopfrechnen und stellen Quittungen aus.
- führen das Kassenbuch.

7.1 Lernsituation 24: Wir bearbeiten eine Kundenbestellung

Die Auszubildende Hannah Nitsch durchläuft im Rahmen ihrer Ausbildung auch die Verkaufsabteilung. Zusammen mit der Verkaufsmitarbeiterin Susanne Englert hat sie nun schon mehrere Verkaufsvorgänge bearbeitet.

Eines Morgens findet sie auf ihrem Arbeitsplatz folgendes Schreiben:

Sport Glück e. K. · Brunnthaler Straße 44 · 82041 Oberhaching

Chiemgauer Sportmoden GmbH
Frau Pechmann
Industriepark 123
83024 Rosenheim

Ihr Zeichen:
Ihre Nachricht:
Unser Zeichen: Gl
Unsere Nachricht: 06.05.20XX

Name: Manuela Glück
Telefon: 089 7890-21
Telefax: 089 7890-55
E-Mail: info@sport-glueck.de

Datum: 14.05.20XX

Bestellung

Sehr geehrte Frau Pechmann,

vielen Dank für Ihr umfassendes Angebot vom 10. Mai 20XX.

Wir bestellen zu den im Angebot genannten Bedingungen

20 Trainingsanzüge „Bavaria", L, Farbe grün zum Einzelpreis netto 29,95 €.

Bei einer entsprechend reibungslosen Auftragsabwicklung können Sie mit weiteren Aufträgen rechnen.

Wir freuen uns auf eine gute und dauerhafte Zusammenarbeit.

Mit freundlichen Grüßen

Sport Glück e. K.

Manuela Glück

Manuela Glück
Inhaberin

*Hannah,
könntest du bitte alles Notwendige abklären und dem Kunden dann die Auftragsbestätigung schicken?
Gruß Susanne*

Artikel-Nr.:			Artikel:				Bestellmenge:		100	
2280 CSM 2014			Trainingsanzug „BAVARIA", Farbe grün				Meldebestand:		80	
							Mindestbestand		40	
NR.	Datum	Auftrags-/ Bestellnummer	Bedarf		Bestellung		Lagervorgang		Lager-bestand	Verfügb. Bestand	Zeichen
			Menge	Liefertermin	Menge	Lieferwoche	Ein	Aus			
1	11.05.20XX	ANFANGSB./ ÜBERTRAG							100	60	
2	12.05.20XX	876 CSM 20XX	10	13.11.20XX					100	50	
3	12.05.20XX	877 CSM 20XX	20	13.11.20XX					100	30	
4	12.05.20XX	245/20XX					100		200	130	
5	13.05.20XX	876 CSM 20XX						10	190	130	
6	13.05.20XX	877 CSM 20XX						20	170	130	

1. Macht euch mit der Situation vertraut, indem ihr euch zunächst orientiert: Informiert euch über die rechtliche Wirkung einer Bestellung und die rechtliche Notwendigkeit einer Auftragsbestätigung (Bestellungsannahme). Ebenso informiert euch über die notwendigen Schritte der weiteren Auftragsbearbeitung und die Bestandteile einer Auftragsbestätigung und eines Lieferscheins. Informiert euch bei Bedarf auch im Internet. Stellt sicher, dass euch die Aufgabe klar ist. **(Orientierung und Information)**
2. Plant euer weiteres Vorgehen, indem ihr euch Gedanken macht, was in dieser konkreten Situation zu tun ist, und notiert dies stichpunktartig. **(Planung)**
3. Bearbeitet eine Bestellung und erstellt die dazu notwendigen Dokumente (Auftragsbestätigung, Lieferschein) mithilfe eines Textverarbeitungsprogramms. Beachtet dabei rechtliche und gestalterische Gesichtspunkte wie Briefformat und DIN-Normen. Erstellt ein Plakat mit den notwendigen Schritten der Auftragsbearbeitung. **(Durchführung)**
4. Kontrolliert den Erfolg eures Handelns bezüglich Qualität und Kundenzufriedenheit. Nehmt dabei Kritikpunkte anderer Mitschüler und der Kunden zur Vollständigkeit und inhaltlichen Richtigkeit auf, ergänzt eure Ausarbeitungen und korrigiert Fehler. **(Bewertung)**
5. Reflektiert über eure Erfahrungen im Umgang mit Kundinnen und Kunden. Dabei erkennt ihr, dass das erwartete Verhalten nicht immer dem tatsächlichen Verhalten entspricht und dass Regeln eingehalten werden müssen. **(Reflexion)**

Die Lieferantenseite

Wir haben bereits im Lernbereich 10II.3.1 „Waren und Materialien beschaffen" die wesentlichen Grundlagen erfahren, allerdings aus Sicht des Käufers bzw. Kunden. Im Folgenden wechseln wir die Seite, nämlich auf die Seite des Lieferanten bzw. Verkäufers.

Viele Lerninhalte (Inhalte des Angebotes, Zustandekommen des Kaufvertrages usw.) ändern sich natürlich nicht, sodass wir aus diesem Grund immer wieder auf den Lernbereich 10II.3.1 verweisen.

Fit & Fun OHG - Innere Ringstraße 58 - 83024 Rosenheim

	Ihr Zeichen:
	Ihre Nachricht:
	Unser Zeichen: ma
Chiemgauer Sportmoden GmbH	Unsere Nachricht:
Frau Englert	
Industriepark 123	Name: Laura Mayer
83024 Rosenheim	Telefon: 08031 98547-62
	Telefax: 08031 98547-20
	E-Mail: l.mayer@fit&fun.de
	Datum: 07.06.20XX

Bestellung

Sehr geehrte Frau Englert,

hiermit möchten wir zu den bekannten Bedingungen bestellen:

10 Trainingsanzüge „ISAR", XL, Farbe schwarz-weiß

Bitte notieren Sie als Liefertermin den 13.06.20XX.

Auf weiterhin gute Zusammenarbeit.

Mit freundlichen Grüßen

Fit & Fun OHG

i. A. *Laura Mayer*

Laura Mayer
Einkauf

7.1.1   Die rechtliche Wirkung einer Bestellung

Wir haben auf Anfrage des Kunden ein Angebot an ihn geschickt. Dieses Angebot ist eine verbindliche Willenserklärung (des Verkäufers). Sagt dem Kunden das Angebot zu, dann wird er bei uns bestellen. Diese Bestellung ist die zweite verbindliche Willenserklärung (des Käufers). Der Kunde verpflichtet sich also, eine bestimmte Ware zu den angegebenen Bedingungen zu kaufen. Da beide Willenserklärungen (Angebot und Bestellung) übereinstimmen, kommt ein Kaufvertrag zustande (vgl. hierzu auch Lernbereich 10II.3.5.1 Abschluss des Kaufvertrages auf Seite 121).

7.1.2   Die Auftragsannahme

Nur in dem Fall, dass der Bestellung kein Angebot vorausging, müssen zuerst zwei Fragen geklärt werden:

– Haben wir die bestellte Ware in unserem Sortiment?
– Sind wir mit den in der Kundenbestellung angegebenen Preisen einverstanden?

Der zweite Schritt ist, dass im Lager nachgefragt werden muss, ob wir die Ware überhaupt liefern können. Das Lager teilt uns dann mit, wie viele Stück von dem gewünschten Artikel verfügbar sind.

Trainingsanzug „ISAR":

Vorhandener Lagerbestand	86 Stück
– Reservierungen für andere Aufträge	20 Stück
– Mindestbestand	15 Stück
= Verfügbarer Lagerbestand	51 Stück

Ist die Menge nicht ohne Weiteres lieferbar bzw. wird der Meldebestand unterschritten, wird sofort der Einkauf eingeschaltet.

Für die Bestellung wird nun eine laufende Auftragsnummer vergeben, um den Auftrag eindeutig zu kennzeichnen. Dann werden die weiteren Auftragsdaten (z. B. Bestelldatum, Liefertermin, Artikel, Auftragsmenge) in den dafür vorgesehenen Unterlagen erfasst.

Auftragsbuch						Monat/Jahr: Juni 20XX Seite 2		
	Auftragsbearbeitung				Lager	Fakturierung		
Unsere Auftragsnummer	Kunde	Reservierung im Lager	Liefer-scheinsatz geschrieben		Ware versandt	Unsere AR-Nummer	Rechnung geschrieben	Rechnung kontrolliert
350 CSM 20XX	Schiller GmbH, München	02.06.20XX eng	03.06.20XX eng		03.06.20XX mar	351 CSM 20XX	03.06.20XX eng	03.06.20XX lei
351 CSM 20XX	Fit & Fun OHG, Rosenheim	08.06.20XX eng						

Artikel-Nr.:			Artikel:				Bestellmenge:		30
2280 CSM 2105			Trainingsanzug „ISAR", Farbe schwarz-weiß				Meldebestand:		45
							Mindestbestand		15

NR.	Datum	Auftrags-/ Bestellnummer	Bedarf		Bestellung		Lagervorgang		Lager-bestand	Verfügb. Bestand	Zeichen
			Menge	Liefertermin	Menge	Lieferwoche	Ein	Aus			
1	01.06.20XX	ANFANGSB./ ÜBERTRAG							56	41	
2	03.06.20XX	116/20XX					30		86	71	
3	05.06.20XX	332 CSM 20XX	20	10.06.20XX					86	51	
5	08.06.20XX	351 CSM 20XX	10	12.06.20XX							

7.1.3 Die Auftragsbestätigung

Nach der Erfassung der Auftragsdaten wird der Verkauf eine Auftragsbestätigung an den Kunden schicken. Damit ein Kaufvertrag zustande kommt, muss eine Auftragsbestätigung erfolgen, wenn

- das Angebot freibleibend war,
- das Angebot verspätet angenommen wurde,
- das Angebot abgeändert wurde.

Um Missverständnissen vorzubeugen, sollte eine Auftragsbestätigung übersandt werden, wenn

- ein Kunde mündlich oder auf elektronischem Wege bestellt,
- ein Kunde erstmals bestellt,
- die Bestellung sehr umfangreich ist,
- der Kunde ausdrücklich eine Bestätigung wünscht.

Unabhängig von der rechtlichen Notwendigkeit senden viele Betriebe dem Kunden eine Auftragsbestätigung zu, sobald der Auftrag angenommen wurde. Diese enthält alle wesentlichen Auftragsdaten und die Terminbestätigung.

Lernbereich 10 II.3.3

Bestandteile einer Auftragsbestätigung

- Dank für die Bestellung und das Vertrauen
- Bezug zur Bestellung des Kunden (= Auftraq)
- Wiederholung der wesentlichen Auftragsdaten
- Zusicherung einer pünktlichen Lieferung
- Ausdruck der Freude über die Zusammenarbeit

Beispiel für eine Auftragsbestätigung zu obiger Bestellung:

Chiemgauer Sportmoden GmbH · Industriepark 123 · 83024 Rosenheim

Auftragsnummer:	351 CSM 20XX
Bestellnummer:	
Kunde:	240098

Fit & Fun OHG
Frau Mayer
Innere Ringstraße 58
83024 Rosenheim

Name:	Susanne Englert
Telefon:	08031 12343-17
Telefax:	08031 12343-21
E-Mail:	s.englert@chiem-sport.de
Datum:	08.06.20XX

Auftragsbestätigung

Sehr geehrte Frau Mayer,

vielen Dank für Ihre Bestellung vom 07.06.20XX.

Hiermit bestätigen wir alle wesentlichen Auftragsdaten für Auftrag 351 CSM 351.

Bezeichnung	Trainingsanzug „ISAR", Größe XL, Farbe schwarz-weiß
Menge	10 St.
Stückpreis	gemäß unserem Angebot vom 18.05.20XX
Zahlung	gemäß unserem Angebot vom 18.05.20XX
Liefertermin	13.06.20XX

Wir bedanken uns für Ihr Vertrauen und freuen uns auf eine weiterhin gute Zusammenarbeit.

Mit freundlichen Grüßen

Chiemgauer Sportmoden GmbH

i. A. *Susanne Englert*

Susanne Englert
Verkauf

Tel.: 08031 12343-0
Fax: 08031 12343-21
E-Mail: info@chiem-sport.de
Internet: www.chiem-sport.de

Geschäftsführerin: Franziska Brandl
Handelsregister Rosenheim, HRB 5302
USt-IdNr.: DE 167234959
St.-Nr. 156/324/60754

Bankverbindung:
Sparkasse Rosenheim – Bad Aibling
IBAN: DE11 7115 0000 0009 7763 45
BIC: BYLADEM1ROS

7.1.4 Der Lieferschein und die Vorbereitung des Versands

Die Waren müssen jetzt versandbereit gemacht und ausgeliefert bzw. zur Abholung bereitgestellt werden.
Dazu wird ein Lieferschein erstellt.

Bestandteile eines Lieferscheins

– Bezug zur Bestellung des Kunden (= Kundenauftrag)
– Lieferschein-Nummer
– Lieferdatum, Bezeichnung der gelieferten Artikel, Versandart, Liefermenge
– Eventuell Verpackungseinheiten

Chiemgauer Sportmoden GmbH · Industriepark 123 · 83024 Rosenheim

Auftrags-Nr.:	351 CSM 20XX
Bestell-Nr.:	
Kunde:	240098
Datum:	12.06.20XX

Fit & Fun OHG
Innere Ringstraße 58
83024 Rosenheim

Lieferschein Nr. 351, Ihre Bestellung vom 7. Juni 20XX

Pos.	Art.-Nr.	Artikelbezeichnung	Anzahl	Einheit
1	2280 CSM 2105	Trainingsanzug „Isar", Größe XL, Farbe schwarz-weiß	10	Stück

Versand erfolgt durch
☐ Postpaket
☒ firmeneigenen Lkw
☐ Spedition
☐ Abholung durch Kunden

Wenn der Lieferschein vorliegt, geht ein Versandauftrag an die Versandabteilung – diese erstellt die Versandpapiere je nach vereinbarter Versandart (Lkw, Bahn usw.). Übernimmt der Betrieb selbst die Auslieferung (Werkverkehr), muss für den Fuhrpark eine Tourenplanung erstellt werden.

Nach erfolgtem Versand wird ein entsprechender Vermerk im Auftragsbuch gemacht.

Lernbereich 10II.3.3

7

7.1.5 Exkurs: Sachlich korrekte Kommunikation mit dem Kunden

Die schriftliche Kommunikation zwischen Unternehmen findet heutzutage fast ausschließlich mithilfe von PC-Textverarbeitungsprogrammen (z. B. WORD) statt. Hierfür gibt es einige grundlegende Schreib- und Gestaltungsregeln, die sogenannten DIN-Regeln. Sie legen den typografisch korrekten Gebrauch von Satzzeichen, Schriftzeichen für Wörter, Rechenzeichen, Formeln und Zahlengliederungen sowie den Aufbau von Tabellen und die Gliederung von Texten fest, um eine Anleitung zu geben, Schriftstücke zweckmäßig und übersichtlich zu gestalten.

Wir werden an dieser Stelle nur die wichtigsten Schreib- und Gestaltungsregeln zum Erstellen eines Geschäftsbriefes nach DIN 5008 zusammenfassen. Dabei gliedert sich die Briefmaske in die folgenden Teile:

1. **Briefkopf** mit Namen oder Firmenlogo des Absenders.

2. **Anschrift des Absenders,** die in einer kleineren Schriftart unmittelbar über dem Anschriftenfeld des Empfängers aufgeführt wird.

3. **Anschrift des Empfängers,** die in der 4. Zeile des Anschriftenfeldes aufgeführt wird.

4. **Kommunikationsangaben** und **Datum** des Schriftstücks, welche im Informationsblock oder in der Bezugszeichenzeile (die Briefmaske dieser Art wird heute fast nur noch in Behörden verwendet) aufgeführt werden.

5. **Betreffangabe** (zwei Leerzeilen nach den Bezugszeichen bzw. dem Informationsblock): Bei dem Betreff ist darauf zu achten, dass dieser ohne Satzzeichen endet und fett formatiert wird. Das Leitwort „Betreff" wird nicht geschrieben.

6. **Anrede im Brief** (zwei Leerzeilen nach der Betreffangabe): Ist der Empfänger bekannt, wird der Name in der Anredezeile genannt („Sehr geehrte Frau Brandl"). Andernfalls gilt die allgemeine Anrede für beide Geschlechter („Sehr geehrte Damen und Herren"). Die Anrede ist mit einem Komma abzuschließen.

7. **Brieftext:** folgt nach der Anrede und ist durch eine Leerzeile zu trennen.
   Absätze werden immer mit einer Leerzeile zum vorherigen und nachfolgenden Text abgegliedert, ebenso Nummerierungen und Aufzählungen. Für diese gilt zusätzlich, dass die Aufzählungszeichenposition auf 0 cm oder 2,5 cm einzustellen ist.

8. **Grußformel:** diese ist mit einer Leerzeile vom Brieftext abzugliedern und endet ohne ein Satzzeichen.

9. **Unterschriftfeld,** welches mit einer Leerzeile Abstand zur Grußformel abzugliedern ist und insgesamt aus 5 Zeilen besteht:

   1. Zeile: Firma des Absenders
   2. Zeile: Leerzeile
   3. Zeile: Handschriftlicher Namenszug des Unterzeichners (Zusätze wie „i. V."; „i. A.", „ppa." können maschinell vorangestellt werden)
   4. Zeile: Leerzeile
   5. Zeile: Gedruckte Wiederholung des Namens des Unterzeichners und der Zusätze wie „i. V.", „i. A.", „ppa.", falls diese nicht in der 3. Zeile maschinell aufgeführt wurden)

10. **Anlagenvermerk,** ggf. **Verteilervermerk** sind jeweils mit einer Leerzeile zum vorherigen Text abzutrennen. Das Wort Anlage (bei einer Anlage) bzw. Anlagen (bei mehreren Anlagen) kann Fett formatiert werden und endet ohne Satzzeichen. Anlage(n) können unter diesem Vermerk aufgeführt werden, müssen es laut DIN 5008 aber nicht.

11. **Brieffuß:** enthält alle Geschäftsangaben des Unternehmens, wie Telefon-, Fax-, Online-, Bankverbindung, Hausadresse. Handelt es sich bei dem Schreiben um eine Rechnung, sind weitere Pflichtangaben erforderlich. Außerdem sind auf Geschäftsbriefen der Geschäftsname (Firma), die Rechtsform, der Niederlassungsort, das Registergericht und die Nummer, unter der die Firma in das Handelsregister eingetragen ist, sowie die Steuernummer anzugeben.

1

2 Sport Busch GmbH • Garbsener Landstraße 66 • 30541 Hannover

Ihr Zeichen:	
Ihre Nachricht:	
Unser Zeichen:	HM/je
Unsere Nachricht:	

3
Chiemgauer Sportmoden GmbH
Frau Brandl
Industriepark 123
83024 Rosenheim

4
Name:	Hans Meinert
Telefon:	0511 30767-25
Telefax:	0511 30767-20
E-Mail:	h.meinert@sport.de
Datum:	23.10.20XX

5 **Neuigkeiten aus der Sportwelt**

6 Sehr geehrte Frau Brandl,

als langjähriger Kunde unseres Hauses gehören Sie zu den Ersten, denen wir unsere neue Sommerkollektion „Rush" vorstellen möchten.

Unsere Designer haben eine umfangreiche Sportmoden-Kollektion entwickelt, die sich besonders für junge, modebewusste Freizeitsportler eignet – diese Zielgruppe ist sehr interessiert an Bekleidung, welche sowohl sportlichen Anforderungen genügt als auch im übrigen Freizeitbereich gut tragbar ist.

7 Beigefügte Prospekte und Flyer werden Sie sicher neugierig machen!

Überzeugen Sie sich von den Vorzügen der „Rush"-Kollektion und lernen Sie auch weitere Neuigkeiten aus der Sportmoden-Welt kennen. Gern senden wir Ihnen Musterexemplare zur Ansicht.

Wir freuen uns schon auf Ihre Anfragen und versichern, dass bisherige mit Ihrem Haus vereinbarte Rabatte und Lieferbedingungen weiterhin gelten.

8 Mit freundlichen Grüßen

Sport Busch GmbH

9 *Hans Meinert*

Hans Meinert

10 **Anlagen**
Prospekte und Flyer unserer Sportmoden-Kollektionen

11

Telefon: 0511 30776-0 • Fax: 0511 30776-20 • E-Mail: busch@sport.de
Bankverbindung: Sparkasse Hannover • IBAN: DE64 2505 0180 0002 2055 05 • BIC: SPKHDE2HXXX
USt-IdNr.: DE115652530 • St.-Nr. 25/202/38334
Geschäftsführer: Hans Meinert • Handelsregister Hannover, HRB 51577

7

Lernbereich 10II.3.3

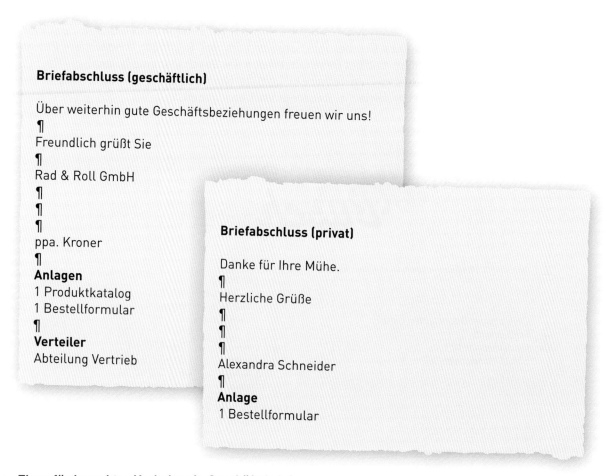

Briefabschluss (geschäftlich)

Über weiterhin gute Geschäftsbeziehungen freuen wir uns!
¶
Freundlich grüßt Sie
¶
Rad & Roll GmbH
¶
¶
¶
ppa. Kroner
¶
Anlagen
1 Produktkatalog
1 Bestellformular
¶
Verteiler
Abteilung Vertrieb

Briefabschluss (privat)

Danke für Ihre Mühe.
¶
Herzliche Grüße
¶
¶
¶
Alexandra Schneider
¶
Anlage
1 Bestellformular

Tipps für korrektes Verhalten in Geschäftsbriefen

Im Laufe der Jahre entwickelt jedes Unternehmen und natürlich auch jeder „Briefverfasser" einen eigenen Briefstil, welcher der internen sowie externen schriftlichen Kommunikation angepasst ist. Dabei muss berücksichtigt werden, dass natürlich nicht immer dieselben Formulierungen verwendet werden sollten; denn auch der Briefstil unterliegt gewissen Modewandlungen.

Nachfolgend einige Empfehlungen, um stilistische Unarten zu vermeiden.

- **Wähle eine angemessene Satzlänge**
  Formuliere treffende Sätze, die deinen Empfänger nicht überfordern (durch z. B. viele Verschachtelungen) aber auch nicht unterfordern (primitive Sätze, in denen nur Subjekt, Prädikat und Objekt vorkommen). Wähle eine angemessene Satzlänge und achte darauf, dass du möglichst wenige Nebensätze in den Hauptsatz einbaust.
  Tipp: Passe deine Sprache der des Empfängers an (Niveau, Satzbau ...).
- **Verwende eine breite Wortwahl**
  Achte darauf, dass du einen ausreichenden Wortschatz verwendest und vermeide Wiederholungen. Füllwörter wie wirklich, an, eigentlich, auch, dann ... haben nichts in deinem Brief zu suchen!
- **Verwende den Indikativ, nicht den Konjunktiv**
  Aus diesem Grund ist es besser „Wir laden Sie dazu ein ..." und nicht „Wir möchten Sie dazu einladen ..." zu schreiben., „Können Sie uns mitteilen, ob Ihnen das Angebot zusagen würde". Sätze mit diesem wirken „veraltet, ja geradezu verstaubt", und haben im modernen Briefverkehr nichts mehr verloren.
- **Formuliere aus dem „Sie"-Standpunkt**
  Eine stärkere Wirkung des Briefes wird bei dem Empfänger erzielt, wenn sich der Brieftext auf die Sie-Perspektive bezieht. Sätze wie: „Wir übersenden Ihnen ..." werden durch „Sie erhalten die von Ihnen bestellte Ware ..." ersetzt.
- **Verwende einen lebendigen Sprachstil**
  Gestalte deine Schreiben lebendig, achte aber darauf, dass keine Umgangssprache, Füllwörter oder sonstige unnötige Zusätze verwendet werden. Außerdem sollten Hauptwörter mit der Endung „-ung" vermieden werden. Besser: „senden" statt „Sendung", „liefern" statt „Lieferung", „berechnen "statt „in Rechnung stellen", „mitteilen" statt „Mitteilung". Wörter wie „diesbezüglich", „Ihrerseits", „seitens", „mit Bezug" wirken verstaubt und es entsteht der Eindruck eines „veralteten Unternehmens".

- **Verwende die Aktivform, nicht die Passivform**
  Das Aktiv steigert zusätzlich die Lebendigkeit deines Schreibens und dieses wirkt persönlicher. Wörter wie „wird", „wurde", „werden" … sollten vermieden werden, da diese zur unpersönlichen Passivform führen.
- **Nimm die Grußformel nicht in den Schlusssatz auf**
  Der Schlusssatz sollte immer mit einem Punkt enden, die Grußformel ist mit einer Leerzeile Abstand abzutrennen. Sätze wie: „In Erwartung einer baldigen Nachricht verbleiben wir mit freundlichen Grüßen" finden im modernen Brief keine Anwendung mehr.

Tipps für korrektes Verhalten am Telefon

Nachfolgend sind die wichtigsten Grundsätze zusammengefasst:

- Melde dich immer mit deinem Namen am Telefon (nicht mit „ja" …).
- Bei eingehenden dienstlichen Anrufen melde dich immer mit dem Firmennamen und deinem Nachnamen (Beispiel: „Chiemgauer Sportmoden GmbH, Nitsch).
- Bei dienstlichen Anrufen, die du tätigst, melde dich mit deinem Namen und deinem Firmennamen (Beispiel: „Hier spricht Frau Nitsch von der Chiemgauer Sportmoden GmbH" …).
- Bereite dich auf ein Telefonat, welches du führen möchtest, vor und mache dir zu dem angestrebten Inhalt des Telefonates Notizen, damit du während des Gesprächsverlaufs nichts vergisst.
- Sei immer freundlich und höflich am Telefon.
- Bleibe ruhig, wenn sich dein „telefonisches Gegenüber" aufregt.
- Entschuldige dich für Dinge, die nach Aussage deines „telefonischen Gegenübers" weniger gut gelaufen sind.
- Sprich laut und deutlich.
- Sprich nicht zu schnell und nicht zu langsam.
- Vermeide Umgangssprache.
- Sprich möglichst Hochdeutsch und keinen Dialekt (dieser wird von deinem Gegenüber häufig nicht verstanden oder als unprofessionell empfunden).
- Buchstabiere schwierige Wörter unter Anwendung der amtlichen Buchstabiertafel (siehe Tabelle unten).
- Schreibe wichtige Informationen während des Telefonates mit.

Die Amtliche Buchstabiertafel

Buchstabe	National (D)	International
A	Anton	Alfa
Ä	Ärger	Alpha-Echo
B	Berta	Bravo
C	Cäsar	Charlie
CH	Charlotte	Charlie-Hotel
D	Dora	Delta
E	Emil	Echo
F	Friedrich	Foxtrott
G	Gustav	Golf
H	Heinrich	Hotel
I	Ida	India
J	Julius	Juliett
K	Kaufmann	Kilo
L	Ludwig	Lima
M	Martha	Mike
N	Nordpol	November

Buchstabe	National (D)	International
O	Otto	Oscar
Ö	Ökonom	Oscar-Echo
P	Paula	Papa
Q	Quelle	Quebec
R	Richard	Romeo
S	Samuel	Sierra
SCH	Schule	–
T	Theodor	Tango
U	Ulrich	Uniform
Ü	Übermut	Uniform-Echo
V	Viktor	Victor
W	Wilhelm	Whiskey
X	Xanthippe	X-Ray
Y	Ypsilon	Yankee
Z	Zacharias	Zoulou

7

Lernbereich 10II.3.3

7.2 Lernsituation 25: Wir rechnen die Lieferung an einen Kunden ab

Fortsetzung der Lernsituation 24:
Die Auszubildende Hannah Nitsch hat die Bestellung von Sport Glück e. K. bis zur Versandbereitschaft bearbeitet. Am 13.06.20XX morgens wurde die Ware durch die Spedition Wiesel & Flink abgeholt.

Die Bestellung eines Kunden ist erst dann erledigt, wenn der Kunde bezahlt hat.

1. Macht euch mit der Situation vertraut, indem ihr euch zunächst orientiert: Informiert euch über die weiteren Schritte der Auftragsbearbeitung nach dem Versand der Ware, insbesondere über die Bestandteile einer Ausgangsrechnung. Informiert euch bei Bedarf auch im Internet. Stellt sicher, dass euch die Aufgabe klar ist. **(Orientierung und Information)**
2. Plant euer weiteres Vorgehen, indem ihr euch Gedanken macht, was in dieser konkreten Situation zu tun ist, und notiert dies stichpunktartig. **(Planung)**
3. Bearbeitet eine Bestellung weiter, indem ihr die Ausgangsrechnung erstellt. **(Durchführung)**
4. Kontrolliert den Erfolg eures Handelns bezüglich Qualität und Kundenzufriedenheit. Dabei nehmt Kritikpunkte anderer Mitschüler und der Kunden zur Vollständigkeit und inhaltlichen Richtigkeit auf, ergänzt eure Ausarbeitungen und korrigiert Fehler. **(Bewertung)**
5. Reflektiert über eure Erfahrungen im Umgang mit Kundinnen und Kunden. Dabei erkennt ihr, dass das erwartete Verhalten nicht immer dem tatsächlichen Verhalten entspricht und dass Regeln eingehalten werden müssen. **(Reflexion)**

7.2.1 Ausgangsrechnung

Auf der Grundlage des Lieferscheins wird die Ausgangsrechnung erstellt. Dieser Vorgang wird Fakturierung genannt.

Rechnungen können auch elektronisch versandt werden, z. B. per Mail (als pdf- oder Textdatei), per Serverfax oder als Web-Download. Dabei müssen die Echtheit der Herkunft (Identität des Rechnungsstellers), die Unversehrtheit des Inhalts und die Lesbarkeit der Rechnung gewährleistet sein. Digitale Signaturen sind nicht erforderlich.

Führt ein Unternehmer eine Lieferung oder Leistung aus, ist er verpflichtet, innerhalb von sechs Monaten nach Ausführung der Leistung eine Rechnung auszustellen. Nach dem Umsatzsteuergesetz müssen Rechnungen bestimmte Angaben enthalten. Die Pflichtangaben sind bei einem Rechnungsbetrag von über 150,00 € (ohne Umsatzsteuer) umfangreicher als bei Kleinbetragsrechnungen bis 150,00 € (einschließlich Umsatzsteuer).

Gesetzliche Bestandteile einer Rechnung über 150,00 € (netto)

- Vollständige Namen und Anschriften des Leistungserstellers (Lieferant) und des Leistungsempfängers (Kunde)
- Die dem leistenden Unternehmer vom Finanzamt erteilte Steuernummer oder die ihm vom Bundeszentralamt für Steuern erteilte Umsatzsteuer-Identifikationsnummer

- Ausstellungsdatum der Rechnung und Zeitpunkt der Lieferung bzw. Leistung
- Fortlaufende Rechnungsnummer und ggf. Lieferschein-Nummer
- Menge und handelsübliche Bezeichnung der gelieferten Gegenstände oder Art und Umfang der sonstigen Leistung
- Nach Steuersätzen und -befreiungen aufgeschlüsseltes Entgelt
- Im Voraus vereinbarte Minderungen des Entgelts
- Entgelt und hierauf entfallender Steuerbetrag sowie Hinweis auf Steuerbefreiung
- Bei Bauleistungen: Hinweis auf die zweijährige Aufbewahrungsfrist (wenn der Leistungsempfänger ein Endverbraucher ist)

Weitere kaufmännische Bestandteile einer Ausgangsrechnung

- Bezug zur Bestellung des Kunden (Bestell- bzw. Auftragsnummer)
- Dank für die Bestellung und das Vertrauen
- Bankverbindung(en)

Gesetzliche Bestandteile einer Ausgangsrechnung bis 150,00 € (brutto)

- Vollständige Namen und Anschriften des Leistungserstellers (Lieferant) und des Leistungsempfängers (Kunde)
- Ausstellungsdatum der Rechnung
- Menge und Art der gelieferten Gegenstände oder Art und Umfang der sonstigen Leistung
- Entgelt und Steuerbetrag für die Lieferung oder Leistung in einer Summe, Steuersatz bzw. Hinweis auf Steuerbefreiung

CHIEMGAUER SPORTMODEN GMBH

Chiemgauer Sportmoden GmbH · Industriepark 123 · 83024 Rosenheim

Fit & Fun OHG
Innere Ringstraße 58
83024 Rosenheim

Rechnungs-Nr.:	351 CSM 20XX
Auftragsdatum:	08.06.20XX
Kunde:	240098
Lieferdatum:	12.06.20XX
Lieferbedingung:	frei Haus
Datum:	13.06.20XX

Rechnung

Pos.	Art.-Nr.	Artikelbezeichnung	Anzahl	Einheit	Einzel-preis (€)	Gesamt-preis (€)
1	2280 CSM 2105	Trainingsanzug „Isar", Größe XL, Farbe schwarz-weiß	10	Stück	24,00	240,00
		Warenwert netto				240,00
		19 % USt.				45,60
		Rechnungsbetrag				**285,60**

Zahlungsbedingungen:
Bei Zahlung innerhalb 14 Tagen 2 % Skonto vom Warenwert,
innerhalb von 30 Tagen ohne Abzug.

Der Rechnungsausgang wird im Rechnungsausgangsbuch registriert und in der Finanzbuchhaltung (Debitoren- bzw. Kundendatei) als offener Posten geführt. Die Ausgangsrechnung wird dem Kunden übermittelt. Bei Barverkäufen im Laden wird eine Direktrechnung bzw. ein Kassenbeleg erstellt und der Lagerabgang sofort aus der Lagerbestandsdatei ausgebucht,

Der Zahlungseingang wird anhand der Offenen-Posten-Liste überwacht. Terminüberschreitungen haben eine Mahnung zur Folge.

Offene-Posten-Liste											
AR-Nummer (fortlaufend)			**Kunde**	**Debitoren-nummer**	**Rechnung**	**Fälligkeit**	**Mahnung geschrieben**			**Zahlungs-eingang**
					Vom	**Am**	**Am**	**Am**	**Am**	**Am**
300	CSM	20XX	Sportgeschäft Heinrich e. K., Bad Tölz	240001	18.05.20XX	18.06.20XX	20.06.20XX			22.06.20XX
...	...	...	...	...	...	...	...	...	...	...
350	CSM	20XX	Sportgeschäft Horstmann OHG, München	240144	12.06.20XX	12.07.20XX				
351	CSM	20XX	Fit & Fun OHG, Rosenheim	240098	13.06.20XX	13.07.20XX				
352	CSM	20XX								
...	...	...								

Lernbereich 10II.3.4: Geeignete Mitarbeiter suchen

Kapitel 8

8.1   Lernsituation 26: Wir suchen geeignete Mitarbeiter

8 Lernbereich 10II.3.4: Geeignete Mitarbeiter suchen

Kompetenzerwartungen

Die Schülerinnen und Schüler

– legen zur Besetzung einer offenen Stelle Kriterien für ein Anforderungsprofil fest, z. B. gewünschte Ausbildung, stellenbezogene Fachkenntnisse, Persönlichkeitsmerkmale.
– nutzen unterschiedliche Möglichkeiten der internen und externen Personalbeschaffung.
– schätzen anhand selbst gewählter und gewichteter Kriterien die Eignung der Bewerber aufgrund der Bewerbungsunterlagen ein und treffen eine Vorauswahl.

8.1 Lernsituation 26: Wir suchen geeignete Mitarbeiter

Hausmitteilung

Absender: Franziska Brandl, Geschäftsführerin
Empfänger: alle Abteilungsleiter/-innen

mit der Bitte um   ☒ **Erledigung**
                              ☐ **Stellungnahme**
                              ☒ **Information**

Sehr geehrte Abteilungsleiterinnen und Abteilungsleiter,

das Geschäftsjahr neigt sich langsam dem Ende und wir können wirklich von einem erfolgreichen Jahr sprechen. Das belegen vor allem die Umsatzzahlen, aber natürlich auch die Zufriedenheit unserer Kunden, Lieferanten und Mitarbeiter.

Aber ich habe auch das Gefühl, dass alle Mitarbeiter/-innen unseres Unternehmens langsam, aber sicher „auf dem Zahnfleisch" gehen. Aufgrund der zu erwartenden Absatzsteigerungen bin ich mir nicht ganz sicher, ob wir das mit dem bestehenden Personal schaffen werden.

Herr Wend, könnten Sie bitte bis nächsten Donnerstag die hierfür erforderlichen Informationen zusammenstellen und mir einen entsprechenden Vorschlag machen?

Vielen Dank für Ihre Unterstützung

Franziska Brandl

Franziska Brandl
Geschäftsführerin

Entwicklung des Personalstands der Chiemgauer Sportmoden zum 31.12. des Jahres

Jahr	Vorjahr	Berichtsjahr	Planjahr (Ziel)
Personalbestand	14	16	?

Nach Abteilung

Leitung	1	1	1
Einkauf	3	4	?
Lager	4	5	?
Verkauf	3	3	?
Verwaltung	1	1	1
Auszubildende	2	2	?

Hausmitteilung *streng vertraulich*

Absender: Herbert Wend, Personalverwaltung
Empfänger: Franziska Brandl, Geschäftsführerin

mit der Bitte um ☐ **Erledigung**
                      ☐ **Stellungnahme**
                      ☐ **Information**

Personalbedarf kommendes Geschäftsjahr

Top 1
Aufgrund unseres zunehmenden Bekanntheitsgrades und guter Konjunkturaussichten werden wir unseren derzeitigen Umsatz von 4 Millionen Euro im kommenden Geschäftsjahr voraussichtlich um 20 % auf 4,8 Millionen Euro steigern können.

Dies hat aufgrund meiner Berechnungen zur Folge, dass wir in den Abteilungen Einkauf, Lager und Verkauf jeweils eine/-n zusätzliche/-n Mitarbeiter/-in benötigen.

Top 2
Frau Leistner wird zum 1. Februar in Elternzeit gehen.
Herr Lang wird unser Unternehmen am 1. Januar auf eigenen Wunsch verlassen.

Top 3
Herr Fell und Frau Nitsch werden ihre Ausbildung im kommenden Jahr beenden. Ich schlage bei beiden eine Weiterbeschäftigung vor.

Herbert Wend
Herbert Wend

8

Lernbereich 10II.3.4

1. Macht euch mit der Situation vertraut, indem ihr euch zunächst orientiert: Betrachtet hierzu die erhaltenen Informationen zum Thema Personalbedarf und Personalbeschaffung. Informiert euch bei Bedarf auch im Internet. Stellt sicher, dass euch die Aufgabe klar ist. **(Orientierung und Information)**
2. Plant euer weiteres Vorgehen, indem ihr euch Gedanken macht, was in dieser konkreten Situation zu tun ist, und notiert dies stichpunktartig. **(Planung)**
3. Verfasst eine ausführliche Stellungnahme für die Geschäftsführerin Frau Brandl über Anzahl und Qualität an künftigen Mitarbeitern. Entscheidet schließlich auch über die Art der Personalbeschaffung, indem ihr die Vor- und Nachteile der einzelnen Möglichkeiten gegenüberstellt. **(Durchführung)**
4. Präsentiert eure Ergebnisse im Klassenplenum und diskutiert über diese bzw. nehmt Verbesserungen vor. **(Bewertung)**
5. Reflektiert über eure Stellungnahme, indem ihr konstruktives Feedback des Lehrers und der Gruppenmitglieder annehmt und Schlüsse für zukünftige Stellungnahmen zieht. **(Reflexion)**

8.1.1 Personalbedarf

Das Personal trägt wesentlich zum Erfolg eines Unternehmens bei. Die Mitarbeiter müssen nicht nur in ausreichender Anzahl vorhanden sein, sondern auch für die zu erledigenden Aufgaben entsprechend qualifiziert sein. Sind also zu viele Mitarbeiter bzw. Mitarbeiter mit zu hoher Qualifikation im Unternehmen beschäftigt, so entstehen zu hohe Kosten. Arbeiten im Unternehmen zu wenige Mitarbeiter bzw. Mitarbeiter mit zu niedriger Qualifikation, so sind diese überlastet: somit leidet die Zufriedenheit der Kunden, der Lieferanten und der Mitarbeiter selbst und letztendlich die Wettbewerbsfähigkeit zu anderen Unternehmen.

Aus diesem Grund ist eine genaue Personalbedarfsplanung für ein Unternehmen außerordentlich wichtig.

Bei der Planung des Personalbedarfs geht es um zwei zentrale Fragen:

– Wie viele Mitarbeiter braucht unser Unternehmen? (quantitativer Personalbedarf)
– Welche Mitarbeiter braucht unser Unternehmen? (qualitativer Personalbedarf)

Daneben spielen aber auch noch weitere Fragen eine Rolle:

– Wann wird der Mitarbeiter gebraucht? (zeitlicher Personalbedarf)
– Wo wird der Mitarbeiter gebraucht? (örtlicher Personalbedarf)

8.1.1.1 Quantitativer Personalbedarf
Die Ermittlung des mengenmäßigen Personalbedarfs erfolgt nach einer einfachen Formel:

Geplanter Personalbestand (SOLL)

– gegenwärtiger Personalbestand (IST)

+ voraussichtliche Personalabgänge

– voraussichtliche Personalzugänge

= Mehr- bzw. Minderbedarf

Dabei gestaltet sich die Planung des zukünftigen Personalbestandes (Soll-Personalbestand) am schwierigsten, hängt sie doch von vielen, nicht beeinflussbaren Faktoren ab. Zudem ist eine möglichst exakte Schätzung für das Unternehmen aus Kostengründen enorm wichtig, da jeder einzelne Mitarbeiter neben den Lohn- und Lohnnebenkosten auch Arbeitsplatzkosten verursacht. Unternehmen neigen deswegen häufig dazu, den Personalbestand eher knapp als großzügig zu planen.

8

Lernbereich 10II.3.4

Beispiel für die Berechnung des SOLL-Personalbestandes: Personalplanung in der Abteilung Verkauf bei der Chiemgauer Sportmoden GmbH	
Durchschnittliche Arbeitszeit einer Mitarbeiterin in Vollzeit pro Jahr (8 Std. × 5 Tage × 44 Wochen)	1.760 Stunden
Durchschnittlicher Umsatz pro Mitarbeiter/-in pro Stunde	950,00 €
Anteil Mitarbeiter/-in mit Kundenkontakt	90 %
Umsatz pro Mitarbeiter/-in pro Jahr (1.760 Std. × 950,00 € × 0,9)	1.504.800,00 €
Geplanter Umsatz für das folgende Geschäftsjahr	4.800.000,00 €
Bedarf an Mitarbeitern/Mitarbeiterinnen im Verkauf (4.800.000,00 € : 1.504.800,00 €)	~ 3 Mitarbeiter/-innen

Unternehmensinterne Faktoren (z. B. Unternehmensphilosophie, Umsatzzahlen, Stellung am Markt, Fluktuation) können noch relativ einfach bei der Planung berücksichtigt werden; allerdings können Faktoren, die außerhalb des Unternehmens liegen, nicht beeinflusst werden. Hierzu zählen:

- Gesamtwirtschaftliche Entwicklung
- Bevölkerungsentwicklung und damit auch Entwicklung der Einkommen und Kaufkraft
- Werteentwicklung und damit auch Trends
- Entwicklung der Branche und damit auch der Konkurrenz

Die voraussichtlichen Personalabgänge haben mehrere Ursachen:

- Mitarbeiter scheiden aufgrund ihres Alters aus dem Unternehmen aus.
- Mitarbeiter verlassen das Unternehmen, um bei einem anderen Arbeitgeber zu arbeiten.
- Mitarbeiter müssen aus verschiedenen Gründen gekündigt werden.
- usw.

Auch für die voraussichtlichen Personalzugänge gibt es mehrere Gründe:

- Eine Mitarbeiterin kommt aus der Elternzeit zurück.
- Ein Auszubildender hat seine Ausbildung mit Erfolg bestanden und wird vom Unternehmen übernommen.
- usw.

Je nachdem, ob sich am Ende ein Mehr- oder ein Minderbedarf berechnet, müssen Mitarbeiter neu eingestellt oder entlassen werden. Und hier stellt sich für das Unternehmen noch eine weitere Frage: Sollte sich z. B. ein Mehrbedarf von vier Mitarbeitern ergeben, so kann dies durch die Einstellung von vier Vollzeit-Mitarbeitern, aber auch durch fünf und mehr Teilzeit-Mitarbeiter erfolgen. Letztendlich hat das Unternehmen auch noch die Möglichkeit, den zusätzlichen Personalbedarf mit Leiharbeitern (also Mitarbeiter eines anderen Unternehmens) auszugleichen.

8.1.1.2 Qualitativer Personalbedarf
Der qualitative Personalbedarf geht von den Fähigkeiten und Fertigkeiten der Mitarbeiter aus. Paul Kröner, Abteilungsleiter Einkauf und Lager, benötigt z. B. ein anderes Qualifikationsprofil als der Fahrer der Chiemgauer Sportmoden GmbH, Maik Hofmann.

Bei der qualitativen Personalplanung müssen also die Qualifikationen des Mitarbeiters mit den Anforderungen an eine Stelle verglichen werden. Bei den Anforderungen kann man in der Regel folgende Abstufungen unterscheiden:

8

Lernbereich 10II.3.4

Anforderung	Tätigkeit	Beispiel
Ungelernt	Vorwiegend schematische Aufgaben	Aushilfe im Lager
Angelernt	Einfache kaufmännische Aufgaben in einem abgegrenzten Aufgabengebiet	Kassierer/-in
Kaufmännische Ausbildung	Alle kaufmännischen Tätigkeiten, die selbstständig im Rahmen allgemeiner Anweisungen durchgeführt werden können	Sachbearbeiter/-in Verkauf
Kaufmännische Ausbildung mit Zusatzqualifikation	Tätigkeiten, die eine kaufmännische Ausbildung erfordern und zusätzlich mit Verantwortung und Weisungsbefugnis verbunden sind	Abteilungsleiter/-in
Fachhochschul- oder Universitätsabschluss	Leitende Tätigkeiten im Unternehmen, die mit umfassender Verantwortung und Weisungsbefugnis verbunden sind	Geschäftsführer/-in

Die Anforderungen werden dann in einer Beschreibung der Stelle festgehalten:

Stellenbeschreibung

Bezeichnung der Stelle
Sachbearbeiter/-in Einkauf

Organisatorische Einordnung
Vorgesetzte des Stelleninhabers: Abteilungsleiter Einkauf
Untergebene des Stelleninhabers: keine

Zielsetzung
Beschaffung der gewünschten Ware in der entsprechenden Menge und Qualität zu den günstigsten Konditionen zum richtigen Zeitpunkt an den richtigen Ort.

Aufgaben

- Erstellen von Anfragen
- Einholen und Prüfen von Angeboten
- Bestellung oder Erteilen von Aufträgen
- Überprüfen der Bestandslisten
- Kontrolle der Eingangsrechnungen und Freigabe zur Überweisung
- Führen von Einkaufs-Statistiken
- Beratung der Abteilungsleitung bei Sortimentserweiterungen

Besondere Befugnisse
Zeichnungsbefugnis bis zu einem Betrag von 5.000,00 € im Rahmen der beschriebenen Aufgaben

Stellvertretung
Der Stelleninhaber vertritt den zweiten Einkaufssachbearbeiter.
Der Stelleninhaber wird vom zweiten Einkaufssachbearbeiter vertreten.

8

Lernbereich 10II.3.4

Weiterhin kann man zu den Qualifikationen der Mitarbeiter zusätzlich persönliche Leistungsmerkmale hinzuzählen:

- **Begabung:** persönliche Merkmale, wie z. B. Intelligenz, Kreativität, praktisch-technische Fähigkeiten und künstlerische Begabung.
- **Körperliche Eignung:** für bestimmte Aufgaben sind bestimmte Körperkräfte, -größen, Ausdauer etc. erforderlich.
- **Erfahrung:** bei jeder Tätigkeit gewinnt der Mitarbeiter im Laufe der Zeit Kenntnisse oder Erkenntnisse dazu. Je länger also der Mitarbeiter in seiner Branche aktiv ist, umso erfahrener ist er.

Die Vergleichbarkeit erfolgt so, dass die Qualifikationen und persönlichen Merkmale in Kompetenzen unterteilt werden:

1. **Fachkompetenz;** die Fähigkeit zur selbstständigen Einarbeitung, zu systematischem und zusammenhängendem Denken
2. **Sozialkompetenz;** die Fähigkeit zur Anpassung an ein Team oder eine Gemeinschaft (Teamfähigkeit) bzw. die Anpassung an vielfältige Aufgaben innerhalb eines Teams
3. **Selbstkompetenz;** die Fähigkeitn neues Wissen selbstständig und eigenverantwortlich zu erschließen und mit altem Wissen zu verknüpfen: die Fähigkeit problemgerecht auf neue, sich verändernde Situationen zu reagieren (Flexibilität)
4. **Methodenkompetenz;** die Fähigkeit in den verschiedenen Situationen die effektivste Methode zielgerichtet anzuwenden

Zusammen mit der Stellenbeschreibung werden die Kompetenzen in einem Anforderungsprofil für die zu besetzende Stelle festgehalten. Dieses Anforderungsprofil kann folgendes Aussehen haben:

Anforderungsprofil für einen Sachbearbeiter im Einkauf

Anforderungsart	Beschreibung	– –	–	+	+ +
Fachkompetenz	Fachliches Wissen und Können (Fertigkeiten), EDV- und Office-Kenntnisse, Produkt-, Sprach-, Methodenkenntnisse, Kunden- und Serviceorientierung, Kenntnisse im Medieneinsatz			✗	
Methoden-kompetenz	Zielgerichtetes, planmäßiges Vorgehen, Beherrschung von Techniken der Informationsgewinnung, Textaufbereitung, Textstrukturierung, Visualisierung, Anwendung von Kreativitäts-, Moderations- und Präsentationstechniken		✗		
Selbst-kompetenz	Selbstständigkeit, Kritikfähigkeit, Selbstvertrauen, Zuverlässigkeit, Flexibilität auf veränderte Bedingungen, Vertrauenswürdigkeit, Verantwortungs-, Pflichtbewusstsein (Termineinhaltung, Sorgfalt), eigene Wertvorstellungen haben				✗
Sozial-kompetenz	Teamfähigkeit, Kooperation, Fähigkeit zur Vernetzung, Konfliktfähigkeit, soziales und ökologisches Verantwortungsbewusstsein, solidarisches Verhalten			✗	
Kommunikative Kompetenz	Eigene Interessen wahrnehmen, Absichten der Partner verstehen, Gesprächssituationen verstehen und gestalten			✗	
Lernkompetenz	Sachverhalte und Zusammenhänge verstehen und in Strukturen einordnen, Lerntechniken nutzen (z. B. Lernkartei), Bereitschaft zu lebenslangem Lernen		✗		
Führungs-kompetenz	Bereitschaft zur Aufgabendelegation und Informationsweitergabe, Durchsetzungsfähigkeit, Fähigkeit, andere zu motivieren, Entscheidungsfreude, Überzeugungskraft, Weitsicht		✗		

8

Lernbereich 10II.3.4

8.1.1.3 Zeitlicher Personalbedarf

Unter dem zeitlichen Personalbedarf versteht man die Frage, wann der Mitarbeiter benötigt wird. Dies ist insbesondere bei Saisongeschäften (z. B. Skilehrer in einem Wintersportort, Bedienung in einem Strandcafe) wichtig. Bei der Einstellung von Auszubildenden spielt der Zeitpunkt eine entscheidende Rolle, denn das Ausbildungsjahr beginnt regelmäßig zum 1. August bzw. 1. September.

8.1.1.4 Örtlicher Personalbedarf

Der örtliche Personalbedarf ist vor allem für Unternehmen mit mehreren Standorten von großer Bedeutung. Müssen Mitarbeiter an verschiedenen Standorten eingesetzt werden, so sind vor allem Mobilität und Flexibilität gefragt.

Neben dieser rein geografischen Betrachtung gilt es auch den innerbetrieblichen Bereich zu berücksichtigen; d. h. in welcher Abteilung der Mitarbeiter eingesetzt werden soll.

8.1.2 Personalbeschaffung

Ein Unternehmen wird bei der Personalbeschaffung immer versuchen, den für die Stelle geeignetsten Mitarbeiter zu finden. Die Personalbeschaffung erfolgt dabei nach folgendem Schema:

Interne Personalbeschaffung

Bei der internen Personalbeschaffung werden die Mitarbeiter aus dem eigenen Unternehmen beschafft. Dies erfolgt meistens durch Aushänge am schwarzen Brett oder Rundschreiben, in denen auf die zu besetzenden Stellen aufmerksam gemacht wird.

Nach dem Betriebsverfassungsgesetz kann der Betriebsrat[1] auf einer internen Stellenausschreibung bestehen; Ausnahmen bestehen nur bei Positionen für Leitende Angestellte oder wenn ersichtlich ist, dass im Unternehmen kein geeigneter Bewerber vorhanden ist.

Eine zweite Möglichkeit der internen Personalbeschaffung ist die Versetzung. Darunter versteht man die nicht nur vorübergehende Zuweisung eines anderen Arbeitsplatzes. Die Versetzung kommt besonders dann zum Zuge, wenn sich die Zahl bestimmter Stellen (z. B. eines Produktbereiches) verringert und gleichzeitig andere Arbeitsplätze eingerichtet werden. Anwendung findet die Versetzung auch, wenn für

---

1   Auf den Betriebsrat (Aufgaben, Rechte und Pflichten) soll im Folgenden nicht näher eingegangen werden.

einen Mitarbeiter, der aus gesundheitlichen Gründen seine Arbeit nicht mehr erledigen kann, ein anderer Arbeitsplatz gefunden wird.

Eine weitere Möglichkeit der internen Personalbeschaffung ist die Personalentwicklung. Hier bietet das Unternehmen als Grundlage die Ausbildung, für weiterführende und verantwortungsvollere Tätigkeiten werden unternehmensinterne Fort- und Weiterbildungslehrgänge angeboten.

Schließlich steht einem Unternehmen noch die Möglichkeit der Mehrarbeit offen. Zu dieser Möglichkeit wird oft nur dann gegriffen, wenn der Mehrbedarf vorübergehend ist.

Externe Personalbeschaffung

Bei der externen Personalbeschaffung werden die Mitarbeiter von außerhalb des Unternehmens beschafft. Auch hier hat ein Unternehmen mehrere Möglichkeiten. Die immer noch am meisten genutzten sind die Stellenanzeigen in verschiedenen Zeitschriften oder im Internet oder die Stellensuche über die Bundesagentur für Arbeit. Daneben werden gerade bei Führungspositionen Personalberater eingesetzt, die im Auftrag des Unternehmens eine Vorauswahl treffen. Eine weitere Möglichkeit ist die direkte Kontaktaufnahme mit Mitarbeitern anderer Unternehmen (= Abwerbung).

Ist der Mehrbedarf nur vorübergehender Art, können auch Zeitarbeitsfirmen eingeschaltet werden. Diese „verleihen" dann ihre Mitarbeiter an das Unternehmen.

Vor- und Nachteile der internen Personalbeschaffung

Die interne Personalbeschaffung bietet klare Vorteile. Neben geringen zeitlichen und finanziellen Aufwendungen besteht auch ein geringeres Risiko von Fehlbesetzungen. Das begründet sich dadurch, dass der Kandidat bzw. seine Qualifikation dem Unternehmen bereits bekannt sind. Da der Bewerber das Unternehmen und die dort ablaufenden Prozesse kennt, kann er außerdem schneller in die betrieblichen Abläufe integriert werden. Andererseits gibt es einen wichtigen Aspekt, der gerne vergessen wird: die Nachbesetzung der durch Versetzung oder Umsetzung frei werdenden Stelle. Ein weiteres Problem besteht darin, dass „hauseigene Gewächse" oft zur „Betriebsblindheit" neigen, was die Chancen auf neue Impulse und Ideen für das Unternehmen deutlich vermindert. Außerdem müssen Chefs auch mit Enttäuschungen, Spannungen oder Missstimmungen innerhalb der Belegschaft rechnen, wenn der vermeintlich „falsche" Kollege den tollen Job bekommen hat.

Vor- und Nachteile der externen Personalbeschaffung

Die Vorzüge einer externen Personalbeschaffung liegen zum einen in der größeren Auswahlmöglichkeit, zum anderen im zusätzlichen Wissen und in externen Informationen, die der von außen kommende Mitarbeiter mitbringt (Infos über Konkurrenzverhalten, Kooperationspartner). Ein weiterer Vorteil ist, dass speziell bei Beförderungen die Akzeptanz von Externen bei Vorgesetzten/Mitarbeitern generell höher ist als bei einer internen Stellenbesetzung. Als nachteilig bei der externen Personalbeschaffung sind die hohen Beschaffungskosten, längere Einarbeitungszeiten oder aber auch die mangelnde Betriebskenntnis zu beurteilen. Des Weiteren sind auch die Fluktuationsraten bei Neueinstellungen nachweislich deutlich höher als bei der internen Personalbeschaffung. Prinzipiell ist jeweils situations- und unternehmensspezifisch abzuwägen, welche und in welcher Reihenfolge die Beschaffungswege zu wählen sind. Einen eindeutigen Vorzug kann keinem der vorgeschlagenen Beschaffungswege eingeräumt werden.

Aufgaben zur Lernsituation 26

Aufgabe 1

Vom 28.05.–30.05. findet in Regensburg wieder das legendäre „Rock im Wald-Festival" statt. Mit dem kompletten organisatorischen Ablauf von der Security bis zur Reinigung des Konzertgeländes ist die Konzert-Veranstaltungs GmbH Regensburg (KVR) beauftragt worden. Für dieses bevorstehende Megaereignis wird an den drei Veranstaltungstagen mit ca. 250 000 Besuchern gerechnet. Jeder Besucher wird aufgrund von Erfahrungswerten im Durchschnitt 1,5 kg Abfall verursachen. Ein Mitarbeiter ist in der Lage, in sechs Stunden eine Tonne Abfall einzusammeln und in entsprechende Sammelcontainer zu verbringen. Für das Einsammeln der Abfälle stehen der KVR nur fünf Tage zur Verfügung. Ein Mitarbeiter kann unter den schwierigen Arbeitsbedingungen nicht länger als zehn Stunden pro Tag arbeiten.

Die KVR verfügt derzeit über 65 fest angestellte Mitarbeiter. Davon arbeiten 36 im Bereich Reinigung. Ein Mitarbeiter muss bis dahin ersetzt werden, weil er in den verdienten Ruhestand geht. Eine weitere Reinigungskraft geht in den Mutterschutz. Aus den Filialen Nürnberg und Passau stoßen vier neue Reinigungsfachkräfte hinzu, die aus persönlichen Gründen nach Nürnberg versetzt werden wollten.

Arbeitsauftrag: Ermittle den tatsächlichen Personalbedarf.

Aufgabe 2

Die Holzer GmbH in Nürnberg sucht für ihren Geschäftsbereich Ersatzteile einen Einkäufer/eine Einkäuferin. Sie stellt folgende Stellenanzeige auf ihre Homepage:

Holzer GmbH ist der Begriff für hochwertige Büroeinrichtungen. Mit über 500 Mitarbeitern an vier Standorten in Deutschland und Spanien gehören wir zu den bedeutendsten Büromöbelherstellern. Innovation, fachliche Kompetenz und höchste Produktqualität machen uns zum Marktführer.

Innerhalb unseres Geschäftsbereichs Ersatzteile suchen wir zur Ergänzung unseres Einkaufsteams eine/einen

Einkäuferin/Einkäufer.

Das Aufgabengebiet umfasst das Beschaffungsmarketing, die Einkaufsplanung und Einkaufsabwicklung für das Ersatzteilgeschäft von der Marktbeobachtung über die Suche nach neuen Beschaffungsquellen bis hin zu Verhandlungen mit Lieferern und deren Auditierung.

Sie haben Ihre kaufmännische Ausbildung erfolgreich abgeschlossen und bringen Erfahrungen aus der Möbelindustrie mit. Sie beherrschen die englische Sprache und sprechen idealerweise auch Spanisch.

Teamfähigkeit, Flexibilität und Einsatzbereitschaft, verbunden mit dem für den Einkauf notwendigen Verhandlungsgeschick, zeichnen Sie aus. Verhandlungstechniken wie Visualisierung, Moderation und Coaching sind Ihnen bestens vertraut. Sie kennen das Arbeiten in größeren Teams und behalten auch in schwierigen Situationen Ruhe und Ausgeglichenheit. Ihre Kommunikationsfreude, Ihre überzeugende und offene Art, nicht zuletzt auch Ihre Selbstständigkeit und Eigeninitiative werden Sie für uns unersetzlich machen.

Es erwartet Sie ein sicherer und zukunftsorientierter Arbeitsplatz in einem dynamischen Einkaufsteam. Sie erhalten von Anfang an ein überdurchschnittliches Einkommen.

Ihre vollständigen Bewerbungsunterlagen mit Gehaltsvorstellung und frühestem Eintrittstermin richten Sie bitte an unsere Frau Herbert.

Wir freuen uns auf Ihre Online-Bewerbung (herbert@buero_holzer.com).

Nach der ersten Sichtung aller eingehenden Bewerbungen trifft Frau Herbert, Leiterin der Personalabteilung, eine erste Vorauswahl. Die vier infrage kommenden Kandidaten werden daraufhin zu Vorstellungsgesprächen eingeladen. Betrachte nun die folgenden Informationen:

Janik Meister

Lebenslauf

Familienstand:	ledig
Schulbildung:	..., Wirtschaftsgymnasium mit Abitur (Gesamtnote 2,2)
Berufsausbildung:	Ausbildung zum Bürokaufmann bei Maschinenbau Rottmann GmbH, München; Abschlussprüfung befriedigend
Berufstätigkeit:	2 Jahre Einkäufer beim ausbildenden Betrieb; 2 Jahre Sachbearbeiter Auftragsbearbeitung, Moritz OHG Bauunternehmen, Erding 1 Jahr Einkaufssachbearbeiter Memo AG Industrieanlagen, München Seit 01.01.2012 Einkäufer Holzmann Möbel GmbH, Fürstenfeldbruck
Sonstige Kenntnisse:	Lehrgänge SAP, Office (Word, Excel, Outlook)

Arbeitszeugnis

Herr Janik Meister, geboren am ..., ist seit 01.01.2012 in unserem Unternehmen als Einkäufer beschäftigt. Sein Arbeitsgebiet umfasst den Einkauf von Roh-, Hilfs- und Betriebsstoffen sowie Fremdbauteilen, die Überwachung der Liefertermine und die Zahlungsabwicklung.

Herr Janik Meister hat die ihm übertragenen Aufgaben mit Engagement zu unserer Zufriedenheit erledigt. Sein persönliches Verhalten war stets korrekt. Wir wünschen Herrn Janik Meister für die Zukunft alles Gute.

...

Stichwort-Protokoll aus dem Bewerbungsgespräch

Janik Meister
Herr Meister war sportlich modisch gekleidet, gepflegtes Äußeres, arbeitete bei seinen bisherigen Arbeitsstellen in Teams, Auftreten betont locker, etwas undeutliche Aussprache, formuliert nicht immer ganze Sätze, berufliches Ziel Abteilungsleiter, Grundkenntnisse Moderation und Präsentation vorhanden, Englischkenntnisse mäßig (jedoch bereit zur Weiterbildung), nur geringe Kenntnisse über unser Unternehmen, keine besonderen Wünsche für ein spezielles Aufgabengebiet, gute fachliche Kenntnisse, Hobbys Fußballspielen (aktiver Vereinsspieler) und Fallschirmspringen. Ist beim Surfen im Internet zufällig auf die Stellenanzeige gestoßen.

Nicole Breitenreiter

Name:	**Nicole Breitenreiter**
Familienstand:	ledig
Schulbildung:	.., Gymnasium mit Abitur (Note 3,3)
Berufsausbildung:	Ausbildung zur Industriekauffrau bei Stratos Kunststoffmöbel GmbH, Kronach; Abschlussprüfung sehr gut
Berufstätigkeit:	4 Jahre Einkäuferin bei Stratos Kunststoffmöbel GmbH; Seit 01.07.2013: Einkäuferin bei Krokus Möbel GmbH, Coburg
Sonstige Kenntnisse:	Volkshochschulkurse in Französisch

Arbeitszeugnis

Frau Nicole Breitenreiter, geboren am ..., ist seit 01.07.2013 in unserem Betrieb als Sachbearbeiterin in der Einkaufsabteilung beschäftigt. Neben der Bestellung von Material für die Produktion obliegt ihr die Überwachung der Liefertermine sowie der Qualität der gelieferten Materialien. Preisverhandlungen mit den Lieferanten und die Zahlungsabwicklung gehören ebenfalls zu ihrem Aufgabengebiet.

Wir waren während der ganzen Beschäftigungszeit mit den Leistungen von Frau Nicole Breitenreiter voll und ganz zufrieden. Es gelang ihr, ein vertrauensvolles Verhältnis zu unseren Lieferanten aufzubauen. In ihrer Abteilung trug sie wesentlich zu einem positiven Betriebsklima bei. Ihr Verhalten war jederzeit einwandfrei. Zu Beanstandungen gab sie niemals Anlass. Wir bedauern das Ausscheiden von Frau Nicole Breitenreiter sehr und wünschen ihr für die Zukunft alles Gute.

...

Stichwort-Protokoll aus dem Bewerbungsgespräch

Nicole Breitenreiter
Frau Nicole Breitenreiter war sehr modisch gekleidet, trug einen Ring im Ohr und in der Nase, rote Haare, kann sich schnell verständlich machen, sieht den internationalen Markt als Herausforderung, neben guten Englischkenntnissen Grundkenntnisse in Spanisch, konnte ihre Nervosität nicht ganz ablegen, klare Ausdrucksweise, offene Grundhaltung, freundlich, Präsentations- und Moderationstechniken sind bekannt, weiß über unser Unternehmen Bescheid: sehr guter Überblick über den Büromöbelmarkt , möchte sich gerne weiterentwickeln, Hobbysängerin in einer regional bekannten Rockband, hat von einem Vertreter von der Stelle gehört.

Alexander Klein

Lebenslauf

Familienstand:	verheiratet, 2 Kinder
Schulbildung:	..., Montessori Realschule, Abschluss Mittlere Reife (Note 1,8)
Berufsausbildung:	Ausbildung zum Kaufmann im Groß- und Außenhandel bei Gustav Eiring Büromöbel GmbH, Nürnberg; Abschlussprüfung gut
Berufstätigkeit:	13 Jahre Sachbearbeiter Einkauf bei der Büromöbel Herbst GmbH, Fürth
Sonstige Kenntnisse:	Lehrgang Microsoft Dynamics NAV, VH-Kurs Geschäftsenglisch

Arbeitszeugnis

Herr Alexander Klein, geboren am ..., ist seit 01.04.2002 in unserem Betrieb als Sachbearbeiter Einkauf tätig. Er ist mit der kompletten Einkaufsabwicklung für den Bereich Fertigteile für unsere Produktion betraut. Die Suche nach neuen Lieferanten und deren Bewertung gehört ebenso zu seinem Aufgabengebiet wie der ständige Kontakt zu unserer Produktionsabteilung zur Sicherung und Verbesserung unserer Qualitätsstandards.

Wir waren mit den Leistungen von Herrn Alexander Klein in jeder Hinsicht zufrieden. Er bewies immer großes Verhandlungsgeschick mit unseren Lieferanten. Seine Einsatzbereitschaft war groß und er konnte im Team arbeiten. Seine Führung gab uns zu Beanstandungen keinen Anlass.

Herr Alexander Klein verlässt uns auf eigenen Wunsch. Wir wünschen ihm viel Erfolg.

...

Stichwort-Protokoll aus dem Bewerbungsgespräch

Alexander Klein

Herr Alexander Klein war sehr korrekt gekleidet, gepflegte Erscheinung, ruhiges und sicheres Auftreten, freundlich distanziert, solide Fachkenntnisse, war bei seiner letzten Arbeitsstelle maßgeblich an einer Re-Organisation der Einkaufsabteilung beteiligt, möchte unbedingt zu unserem Unternehmen, um seine Kenntnisse auf dem Büromöbelsektor einzubringen, würde gerne berufliche Chancen nutzen, wenn sie sich bieten, erst seit Kurzem Erfahrung mit Teamarbeit und Präsentationstechnik, offene Haltung gegenüber neuen Entwicklungen, fortbildungswillig, formuliert manchmal etwas umständlich, stellt Zusammenhänge aber klar dar, Hobbys Wandern, Obstbau, sehr engagiert beim DRK-Rettungsdienst. Ein Freund hat ihn auf die Stellenanzeige aufmerksam gemacht.

8

Lernbereich 10II.3.4

Romina Winter

Lebenslauf

Familienstand:	ledig
Schulbildung:	..., Wirtschaftsschule (Note 1,5)
Berufsausbildung:	Ausbildung zur Industriekauffrau bei Bürotechnik Leim KG, Schwabach, Abschlussprüfung sehr gut
Berufstätigkeit:	seit 01.07.2008 Einkäuferin bei Bürotechnik Leim KG
Sonstige Kenntnisse:	VH-Kurs Spanisch

Arbeitszeugnis

Frau Romina Winter, geboren am ..., ist seit 01.09.2005 in unserem Betrieb tätig. Sie absolvierte zunächst eine dreijährige Ausbildung als Industriekauffrau. Seit 01.07.2008 ist sie als Einkäuferin bei uns tätig. Neben der Abwicklung von Bestellvorgängen gehört es zu ihrem Aufgabengebiet, Kontakte zu den von ihr betreuten Lieferanten im In- und Ausland intensiv zu pflegen und deren Produkte mit unseren Bedürfnissen optimal abzustimmen.

Mit den Leistungen von Frau Romina Winter sind wir zufrieden. Sie verfügt neben Verhandlungsgeschick auch über Durchsetzungsvermögen. Zu den Lieferern konnte sie ein vertrauensvolles Verhältnis aufbauen. Sie arbeitete im Team. Ihr Verhalten bot uns keinen Anlass zur Beanstandung. Frau Romina Winter verlässt uns auf eigenen Wunsch.

...

Stichwort-Protokoll aus dem Bewerbungsgespräch

Romina Winter
Frau Romina Winter ist modisch, jedoch nicht übertrieben, gekleidet; vielleicht etwas zu lebhaft, freundlich, sehr gute Ausdrucksfähigkeit, würde gerne ihre Fremdsprachenkenntnisse im internationalen Umfeld anwenden, offen für alle Einsatzbereiche, möchte wegen des positiven Unternehmensleitbildes gerne für unser Unternehmen arbeiten, Präsentations- und Moderationstechniken sind geläufig, kennt die Eigenheiten auf dem Ersatzteilmarkt für Büromöbel, möchte beruflich weiterkommen, wenn sie sich bewährt hat, Hobbys: Reisen, andere Leute kennenlernen. Sie hat gezielt nach einer Stelle im Internet gesucht.

Arbeitsaufträge:
(1) Notiere Argumente für und gegen eine Stellenanzeige im Internet.
(2) Prüfe und beurteile die Aufmachung und Vollständigkeit der Stellenanzeige.
(3) Ergänze die Vergleichstabelle um fünf weitere Kriterien, die für die ausgeschriebene Stelle wichtig sind. Ttriff anschließend eine begründete Entscheidung für eine Bewerberin/einen Bewerber. Nutze hierzu die erhaltenen Informationen.

Vergleichstabelle

Kriterien ╱ Bewerber	Janik Meister	Nicole Breitenreiter	Alexander Klein	Romina Winter
Berufserfahrung				

Lernbereich 10II.3.4

8

Lernbereich 10II.3.5: Wertströme erfassen

Kapitel 9

9 Lernbereich 10II.3.5: Wertströme erfassen

Kompetenzerwartungen
Die Schülerinnen und Schüler

- erfassen die Wertströme des Unternehmens, indem sie Belege sortieren und buchen. Dabei beachten sie die entsprechenden Rechtsvorschriften und Grundsätze der ordnungsgemäßen Buchführung. Beim Buchen verwenden sie den für das Unternehmen geeigneten Kontenrahmen und bewerten ihren Arbeitsprozess hinsichtlich der eingehaltenen Sorgfalt.
- schließen die Konten ab.
- ermitteln durch Gegenüberstellung von Warenaufwendungen und Umsatzerlösen den Rohgewinn.
- ermitteln mithilfe der Gewinn- und Verlustrechnung den Reingewinn und analysieren wesentliche Einflussfaktoren auf das Ergebnis.
- erstellen eine Bilanz, um die Vermögens- und Kapitallage des Unternehmens abzubilden.

9.1 Lernsituation 27: Wir führen eine Inventur durch

Bei der Chiemgauer Sportmoden GmbH herrschte in den letzten beiden Tagen reges Treiben – es ist Inventur. Auch die beiden Auszubildenden Hannah Nitsch und Simon Fell sind den ganzen Tag mit Zählen beschäftigt. Heute Morgen bittet Herr Wend Hannah, die im Rahmen ihrer Ausbildung nun auch die Buchführung kennenlernt, in sein Büro.

Herr Wend: Hannah, ich habe heute eine besondere Aufgabe für dich.
Hannah: Kein Problem, Herr Wend.
Herr Wend: Du hast ja schon eine Woche in der Buchhaltung verbracht und kennst dich auch schon mit den verschiedenen Aufgaben aus. Also, ich habe gestern damit begonnen, die einzelnen Inventurlisten zu sammeln und zu ordnen. Ich habe sie auch schon in das Inventurverzeichnis übertragen. Heute kommen sicher noch weitere Unterlagen dazu.
Hannah: Mach ich, Herr Wend.
Herr Wend: Und anschließend bereiten wir dann das Inventar und die Bilanz vor.
Hannah: Okay, hört sich ja nach viel Arbeit an.

Arbeitsmaterial

Folgende Inventurlisten liegen bereits vor und wurden von Herrn Wend in einem Verzeichnis zusammengestellt:

Inventurverzeichnis			
Abteilung	**Allgemeine Verwaltung**	Datum	**31. Dez. 20XX**
Verantwortlicher	**Herr Wend**	Blatt	**1**
Lfd. Nr. Inventurliste	**Bezeichnung**	**Gezählte Menge**	**Inventurwert gesamt**
1	Grundstück Industriepark 123	1	350.000,00 €
2	Gebäude Industriepark 123	1	340.000,00 €
3	Betriebs- und Geschäftsausstattung (lt. Anlagenverzeichnis)	54	63.500,00 €
4	Lkw Scania P 380 6x2	1	62.000,00 €
5	Geschäfts-Pkw (lt. Anlagenverzeichnis)	2	38.000,00 €
6	Lagereinrichtung (lt. Anlagenverzeichnis)	8	24.000,00 €
...	...	...	...

Die folgenden Unterlagen müssen noch erfasst werden:

Inventurliste				
	Blatt-Nr.	**12**		
	Abteilung	**Lager**		
		Regale 1–48		
	Aufgenommen am	**31. Dez. 20XX**		
Bezeichnung		**Gezählte Menge**	**Inventurwert**	
			Einzeln	**Gesamt**
1	2280 CSM 2315 Trainingsanzug „Master" Farbe grün-schwarz Größe S	16	19,80 €	316,80 €
2	2280 CSM 2315 Trainingsanzug „Master" Farbe grün-schwarz Größe M	18	19,80 €	356,40 €
3	2280 CSM 2315 Trainingsanzug „Master" Farbe grün-schwarz Größe L	24	19,80 €	475,20 €
4	2280 CSM 2315 Trainingsanzug „Master" Farbe grün-schwarz Größe XL	16	19,80 €	316,80 €
5	2280 CSM 2315 Trainingsanzug „Master" Farbe grün-schwarz Größe XXL	22	19,80 €	435,60 €
...	...	...	...	...
47	2280 CSM 2317 Trainingsanzug „Master" Farbe orange-weiß Größe XL	18	19,80 €	356,40 €
48	2280 CSM 2317 Trainingsanzug „Master" Farbe orange-weiß Größe XXL	40	19,80 €	792,00 €
	GESAMT	**3 480**		**71.722,80 €**
Unterschriften:	Angesagt	Simon Fell		
	Geschrieben	Sandra Winter		
	Kontrolliert	Shahrukh Nandu		

9

Lernbereich 10II.3.5

Hausmitteilung

Absender: Paul Kröner, Abteilungsleiter Einkauf
Empfänger: Herbert Wend, Abteilungsleiter Verwaltung

mit der Bitte um ☐ **Erledigung**
☐ **Stellungnahme**
☒ **Information**

Sehr geehrter Herr Wend,

in Vorbereitung auf unseren Jahresabschluss kann ich Ihnen mitteilen, dass wir folgende Rechnungen unserer Lieferanten bis heute noch nicht bezahlt haben:

Lieferant	Rechnungsnummer	Betrag
Hannelore Lorz Trikots e. Kfr., Hamburg	HaLoTri 20234	3.153,50 €
Hannelore Lorz Trikots e. Kfr., Hamburg	HaLoTri 20235	2.975,00 €
Wolf Import GmbH, Bremen	WO 63-20XX	1.666,00 €
Wolf Import GmbH, Bremen	WO 64-20XX	5.355,00 €
Wolf Import GmbH, Bremen	WO 65-20XX	19.040,00 €
Berger & Thaler Sportswear OHG, Schweinfurt	BTS 114/20XX	37.782,50 €
	GESAMT	**69.972,00 €**

Mit freundlichen Grüßen

i. V. *Paul Kröner*

Paul Kröner

Hausmitteilung

Absender: Jana Pechmann, Abteilungsleiterin Verkauf
Empfänger: Herbert Wend, Abteilungsleiter Verwaltung

mit der Bitte um ☐ **Erledigung**
☐ **Stellungnahme**
☒ **Information**

Sehr geehrter Herr Wend,

in Vorbereitung auf unseren Jahresabschluss kann ich Ihnen mitteilen, dass folgende Kunden ihre Rechnungen bis heute noch nicht bezahlt haben:

Kunde	Rechnungsnummer	Betrag
Sportgeschäft Alois Reindl e. K. , Bad Tölz	CH 7524	5.283,60 €
Sport Lachner OHG, Wasserburg	CH 7577	1.701,70 €
Sport Lachner OHG, Wasserburg	CH 7587	2.856,00 €
Sport Lachner OHG, Wasserburg	CH 7612	4.046,00 €
Sportgeschäft Horstmann OHG, München	CH 7971	14.280,00 €
Sportgeschäft Horstmann OHG, München	CH 7128	15.470,00 €
Sport Huber e. K., Rosenheim	CH 7301	6.223,70 €
	gesamt	**49.861,00 €**

Mit freundlichen Grüßen

i. V. *Jana Pechmann*

Jana Pechmann

**Volksbank Raiffeisenbank
Rosenheim-Chiemsee eG**

Volksbank Rosenheim-Chiemsee Tegernseestraße 20 83022 Rosenheim

Chiemgauer Sportmoden GmbH
Industriepark 123
83024 Rosenheim

Ihr Zeichen:	
Ihre Nachricht:	
Unser Zeichen:	
Unsere Nachricht:	
Name:	Julia Franke
Telefon:	
Telefax:	
E-Mail:	
Datum:	30.12.20XX

Aktuelle Auskunft über Darlehensvertrag VB 5432-1357-9876

Sehr geehrte Damen und Herren,

von dem am 15. März 20XX aufgenommenen Darlehen in Höhe von 500.000,00 € wurden bereits 185.000,00 € getilgt.

Somit sind noch

315.000,00 €

zuzüglich Zinsen an uns zurückzuzahlen.

Raten und Zinssatz entnehmen Sie bitte dem Darlehensvertrag.

Für weitere Rückfragen stehen wir Ihnen natürlich gerne zur Verfügung.

Mit freundlichen Grüßen

Volksbank Raiffeisenbank Rosenheim-Chiemsee eG

i. V. *Julia Franke*

Julia Franke
Leiterin Abteilung Firmenkunden

```
Konto-Nr. 9 776 345   BLZ 711 500 00                    Kontoauszug   35
Sparkasse Rosenheim - Bad Aibling                          Blatt     2
Datum      Erläuterungen                                          Betrag

Kontostand in EUR am 30.12.20XX, Auszug Nr. 34                 17.800,00 +
                                                      ------------------
30.12. Lastschrift                      Wert: 30.12.              500,00 -
       Barabhebung

                                                      ------------------
Kontostand in EUR am 31.12.20XX, Auszug Nr. 35                 17.300,00 +




Chiemgauer Sportmoden GmbH
Industriepark 123                                                   IBAN:
83024 Rosenheim                          DE11 7115 0000 0009 7763 45
                                                    BIC: BYLADEM1ROS
```

Auch der Kassenbestand muss noch gezählt werden:

Inventar der Chiemgauer Sportmoden GmbH					
		Laut Inventurliste Nr.	Menge	Gesamtpreis (€)	Summe (€)
A. Vermögen					
A.1	Anlagevermögen				

Lernbereich 10II.3.5

9

1. Macht euch mit der Situation vertraut, indem ihr euch zunächst orientiert: Betrachtet hierzu die erhaltenen Unterlagen und stellt sicher, dass euch die Aufgabe klar ist. Informiert euch insbesondere über die rechtlichen Anforderungen an eine ordnungsgemäße Buchführung und die korrekte Erstellung eines Inventars und einer Bilanz. **(Orientierung und Information)**
2. Plant euer weiteres Vorgehen, indem ihr euch Gedanken macht, was in dieser konkreten Situation zu tun ist, und notiert dies stichpunktartig. **(Planung)**
3. Erstellt auf Grundlage der Inventur ein ordnungsgemäßes Inventar und die Bilanz für die Chiemgauer Sportmoden GmbH. **(Durchführung)**
4. Präsentiert eure Ergebnisse im Klassenplenum. Bewertet euren Vortrag zusammen mit dem Lehrer und den Mitschülern anhand des Kriterienkatalogs für Präsentationen. Nehmt Kritikpunkte zur Vollständigkeit und inhaltlichen Richtigkeit auf, ergänzt eure Ausarbeitungen und korrigiert Fehler. **(Bewertung)**
5. Reflektiert über eure Präsentation, indem ihr konstruktives Feedback des Lehrers und der Gruppenmitglieder annehmt und Schlüsse für zukünftige Präsentationen zieht. **(Reflexion)**

Ergänzender Handlungsauftrag für den kompletten Bereich 10II.3.5:

1. Entwerft eine Lernkartei für das Thema „Buchführung".

2. Schreibt jeden der folgenden Begriffe auf die Kopfzeile eines DIN-A6-Kärtchens:

> Aufgaben der Buchführung, Geschäftsvorfall, Buchführungspflicht, Belegarten (Begriff, Beispiele), Adressaten der Buchführung, Bücher der Buchführung (Grundbuch, Hauptbuch), Grundsätze ordnungsmäßiger Buchführung (GoB), Inventur, Inventar, Vermögen (Begriff, Gliederungsprinzip), Anlagevermögen (Begriff, Beispiele), Umlaufvermögen (Begriff, Beispiele), Schulden (Begriff, Gliederungsprinzip), langfristige Schulden (Begriff, Beispiele), kurzfristige Schulden (Begriff, Beispiele), Bilanz (Begriff), Aktiva, Passiva

3. Sortiert die Begriffskärtchen nach den Kriterien „weiß ich" oder „weiß ich nicht".

4. Bildet Kleingruppen und erklärt euch gegenseitig die „Weiß-ich-nicht"-Kärtchen. Schlagt dabei die ungeklärten Begriffe im Schulbuch nach.

5. Schreibt die Begriffserklärungen auf die Rückseite des entsprechenden Kärtchens und ordnet diese unter der Leitkarte „Buchführung" alphabetisch in eure Lernkartei-Behälter ein.

9.1.1 Grundlagen der Buchführung eines Unternehmens

Das Führen eines Buches begegnet uns in vielen Lebensbereichen. Du führst vielleicht ein **Tagebuch**. Du möchtest dich auch in ferner Zukunft immer wieder an bestimmte Ereignisse zurückerinnern können.

Etwas wirtschaftlicher betrachtet interessieren uns nur noch Ereignisse, die etwas mit Geld zu tun haben. Genau dies tun möglicherweise deine Eltern, wenn sie ein **Haushaltsbuch**[1] führen. Sie notieren immer dann ein Ereignis, wenn sie Geld ausgeben oder wenn sie Geld einnehmen. Sie möchten damit immer einen genauen Überblick über alle Ausgaben und Einnahmen der Familie haben. Dies dient ihnen dann als Grundlage, um Anschaffungen zu tätigen.

Um nichts anderes geht es in der Buchführung eines Unternehmens. Im Unternehmen „Chiemgauer Sportmoden GmbH" ereignen sich Tag für Tag sehr viele Ereignisse:

---

[1] Vgl. hierzu auch die Lernsituation 5 zur Einnahmen- und Ausgabenrechnung im Band 7. Jahrgangsstufe.

9

Lernbereich 10II.3.5

- Die Rechnung von der Berger & Thaler Sportswear OHG für gekaufte Trainingsanzüge ist eingetroffen.
- Die Trainingsanzüge werden an viele verschiedene Kunden wieder verkauft.
- Das Büro in der neuen Lagerhalle wird mit neuen Schreibtischen, Stühlen und Aktenschränken eingerichtet.
- Mitarbeiter/-innen erhalten für ihre Arbeit im Unternehmen einen Lohn.
- usw.

Alle diese Ereignisse nennen wir **Geschäftsvorfälle.** Um alle Geschäftsvorfälle genau zuordnen zu können und auch im Nachhinein noch einen schriftlichen Beweis zu haben, benötigen wir für jeden einzelnen Geschäftsvorfall einen **Beleg.**

Die für uns wichtigsten Belege sind folgende[2]:

Kassenbon (Zahlung erfolgt bar)

Quittung (Zahlung erfolgt bar)

Netto €	424, ct 00	**Quittung**
+ 19 % MwSt. €	80, ct 56	
Gesamt €	504, ct 56	Nr. 385

Gesamtbetrag € in Worten

~~fünfhundertvier~~   Cent wie oben

(Im Gesamtbetrag sind _____ % Umsatzsteuer enthalten)

von *Chiemgauer Sportmoden GmbH*

für *2 Aktenschränke „Style" Art.-Nr. WE 7453*

richtig erhalten zu haben, bestätigt

Ort *Rosenheim* Datum *2. Juli 20XX*

Buchungsvermerke Stempel/Unterschrift des Empfängers

i. A. Haberle

Büro Weidmann GmbH
83024 Rosenheim

---

2   Natürlich gibt es in der Realität noch eine Vielzahl mehr an unterschiedlichen Belegen. Für die Einführung der Buchführung sind die sechs genannten aber ausreichend.

Einzahlungsquittung (Zahlung erfolgt bar; von der Kasse auf das Geschäftsbankkonto)

Einzahlungs-quittung

CHIEMGAUER SPORTMODEN GMBH

Wir bestätigen den Erhalt
Ihrer Einzahlung!

Kasse **3**

Anzahl		Wert (€)		Betrag (€)
—	x	500,00	=	—
—	x	200,00	=	—
2	x	100,00	=	200,00
8	x	50,00	=	400,00
29	x	20,00	=	580,00
17	x	10,00	=	170,00
25	x	5,00	=	125,00
16	x	2,00	=	32,00
81	x	1,00	=	81,00
95	x	0,50	=	47,50
76	x	0,20	=	15,20
68	x	0,10	=	6,80
312	x	0,05	=	15,60
213	x	0,02	=	4,26
164	x	0,01	=	1,64

Summe 1.679,00

Rosenheim, 17.04.20XX

Ort, Datum

i. A. Englert

Unterschrift Einzahler

i. V. Dend

Unterschrift Buchhaltung

Kontoauszug (Zahlung erfolgt durch Überweisung)

```
Konto-Nr. 9 776 345   BLZ 711 500 00              Kontoauszug   3
Sparkasse Rosenheim - Bad Aibling                 Blatt         1
Datum      Erläuterungen                               Betrag

Kontostand in EUR am 24.05.20XX, Auszug Nr. 2         4.234,80 +
                                                  ------------------
25.05. Gutschrift AR Sport Eichelmann Nr. 299  Wert: 25.05.   535,50 +

25.05. Gutschrift AR Kruse Moden Nr. 297       Wert: 25.05.   892,50 +

25.05. Lastschrift ER Berger & Thaler          Wert: 25.05. 1.785,00 -
       Sportswear OHG Nr. BTS 47/06/14
                                                  ------------------
Kontostand in EUR am 25.05.20XX, Auszug Nr. 3         3.877,80 +

Chiemgauer Sportmoden GmbH
Industriepark 123                                     IBAN:
83024 Rosenheim                       DE11 7115 0000 0009 7763 45
                                              BIC: BYLADEM1ROS
```

9

Lernbereich 10II.3.5

Ausgangsrechnung (Wir haben dem Kunden etwas verkauft und ihm dafür eine Rechnung geschrieben; d. h. er hat es noch nicht bezahlt)

Chiemgauer Sportmoden GmbH · Industriepark 123 · 83024 Rosenheim

Sportgeschäft Heinrich e. K.
Haupstraße 56
83646 Bad Tölz

Rechnungs-Nr.:	399 CSM 20XX
Auftragsdatum:	21.06.20XX
Kunde:	240098
Lieferdatum:	21.06.20XX
Lieferbedingung:	frei Haus
Datum:	21.06.20XX

Rechnung

Pos.	Art.-Nr.	Artikelbezeichnung	Anzahl	Einheit	Einzel-preis (€)	Gesamt-preis (€)
1	2280 CSM 2201	Trainingsanzug „Olymp", Größe M, Farbe grün-weiß	25	Stück	24,90	622,50
2	2280 CSM 3201	Kapuzenpulli „Olymp", Größe M, Farbe grün-weiß	25	Stück	23,90	597,50
				Warenwert netto		1.220,00
				19 % USt.		231,80
				Rechnungsbetrag		**1.451,80**

Zahlungsbedingungen:
Bei Zahlung innerhalb 14 Tagen 2 % Skonto vom Warenwert,
innerhalb von 30 Tagen ohne Abzug.

Eingangsrechnung (Wir haben bei einem Lieferanten etwas gekauft und er hat uns dafür eine Rechnung geschrieben; d. h. wir haben es noch nicht bezahlt)

Hannelore Lorz Trikots e. Kfr. – Industriestraße 55 – 22442 Hamburg

Chiemgauer Sportmoden GmbH
Industriepark 123
83024 Rosenheim

Ihr Zeichen:	
Ihre Nachricht:	
Unser Zeichen:	HL
Unsere Nachricht:	
Name:	Hannelore Lorz
Telefon:	040 68040-41
Telefax:	040 68040-49
E-Mail:	h.lorz@bekleidung.com
Datum:	14.02.20XX

Rechnung

Kunden-nummer	Rechnungs-nummer	Liefer-datum	Auftrags-nummer	Auftrags-datum	Bestell-nummer
240054	40123	13.02.20XX	WE 77889	10.02.20XX	3032

Pos.	Bezeichnung	Anzahl	Einheit	Einzelpreis	Gesamtpreis
1	Fußballtrikot „FC Bayern München"	40	Stück	49,95 €	1.998,00 €
2	Fußballtrikot „1. FC Nürnberg"	20	Stück	49,95 €	999,00 €
	Rechnungsbetrag netto				2.997,00 €
	+ 19 % Umsatzsteuer				569,43 €
	Rechnungsbetrag brutto				**3.566,43 €**

Zahlungsbedingung:
Innerhalb 10 Tagen 2 % Skonto auf den reinen Warenwert, Innerhalb 30 Tagen rein netto.

Natürlich macht ein Unternehmen die Buchführung nicht zum Spaß. Auf der einen Seite möchte gerade die Unternehmensführung immer einen vollständigen Überblick über die finanzielle Lage des Unternehmens haben **(Informationsaufgabe),** auf der anderen Seite kann sie durch einen Vergleich mehrerer Jahre die Entwicklung des Unternehmens erkennen **(Kontrollaufgabe).**

Sollten die dadurch gewonnenen Informationen nicht den Vorstellungen und Zielsetzungen der Unternehmensführung entsprechen, können geeignete Gegenmaßnahmen eingeleitet werden **(Dispositionsaufgabe).**

Doch nicht nur die Unternehmensführung selbst, sondern auch noch weitere Personen und Personengruppen innerhalb und außerhalb des Unternehmens sind an Informationen, die die Buchführung liefert, interessiert:

Kapitalgeber	In vielen Unternehmen stellen Personen dem Unternehmen nur ihr Kapital zur Verfügung, ohne selbst mitzuarbeiten. Sie möchten natürlich regelmäßig darüber informiert werden, wie gut ihr Kapital angelegt ist.
Mitarbeiter	Informationen der Buchführung liefern Daten über den finanziellen Zustand des Unternehmens und damit über die Sicherheit der Arbeitsplätze im Unternehmen.
Kunden und Lieferanten	Der finanzielle Zustand des Unternehmens hat wesentliche Auswirkungen auf die Geschäftsbeziehungen.
Banken	Benötigt ein Unternehmen zur Finanzierung einer Investition ein Darlehen, so prüft die Bank mithilfe der Informationen aus der Buchführung die Kreditwürdigkeit.
Staat	Gerade für die durch das Unternehmen zu zahlenden Steuern benötigt der Staat (insbesondere das Finanzamt) die Berechnungsgrundlage.

9.1.2 Rechtliche Grundlagen

Anders als bei einer Privatperson sind die meisten Unternehmen zu einer Buchführung verpflichtet. Ihnen wird genau vorgeschrieben, wie ihre Buchführung auszusehen hat. Entsprechende Regelungen enthält das Handelsgesetzbuch (HGB).

Auszug aus dem HGB
§ 238
(1) Jeder Kaufmann ist verpflichtet, Bücher zu führen und in diesen seine Handelsgeschäfte und die Lage seines Vermögens nach den Grundsätzen ordnungsmäßiger Buchführung ersichtlich zu machen. Die Buchführung muss so beschaffen sein, dass sie einem sachverständigen Dritten innerhalb angemessener Zeit einen Überblick über die Geschäftsvorfälle und über die Lage des Unternehmens vermitteln kann. Die Geschäftsvorfälle müssen sich in ihrer Entstehung und Abwicklung verfolgen lassen.

Unter einem Kaufmann versteht das Gesetz dabei jeden, der ein Handelsgewerbe betreibt, das „nach Art und Umfang einen kaufmännischen Geschäftsbetrieb" erfordert. Die Art und der Umfang hängen dabei vom erzielten Umsatz, der Anzahl der Mitarbeiter, der Größe des Kundenstamms usw. ab.

Kleine Unternehmen wie der „Tante-Emma-Laden" oder die Ein-Mann-Autowerkstatt im Ort fallen in der Regel nicht unter ein Handelsgewerbe. Dennoch hat der Gesetzgeber eine Grenze gesetzt, ab der ein solcher Betrieb Bücher führen muss; und zwar im § 141 der Abgabenordnung (AO):

Auszug aus der AO
§ 141
Gewerbliche Unternehmer, die Umsätze von mehr als 500.000 € im Kalenderjahr oder einen Gewinn aus Gewer- bebetrieb von mehr als 50.000 € im Wirtschaftsjahr erzielen, sind verpflichtet, für diesen Betrieb Bücher zu führen und aufgrund jährlicher Bestandsaufnahmen Abschlüsse zu machen.

Die wichtigsten Bücher der Buchführung sind:

Grundbuch bzw. Journal	Hier werden alle Buchungsbelege (z. B. Eingangsrechnungen, Kontoauszüge, Durchschläge von Ausgangsrechnungen) **zeitlich geordnet (chronologisch)** aufgezeichnet.
Nebenbücher	Hier werden die Aufzeichnungen **sachlich geordnet.** – Im **Kundenbuch** werden die von unseren Kunden noch nicht bezahlten Ausgangsrechnungen (offene Posten) getrennt nach den jeweiligen Kunden eingetragen und nach erfolgtem Zahlungseingang ausgetragen. – Im **Lieferantenbuch** werden die von uns noch nicht bezahlten Eingangsrechnungen (offene Posten) getrennt nach den jeweiligen Lieferern eingetragen und nach erfolgter Zahlung ausgetragen. – Im **Kassenbuch** werden die ein- und ausgehenden Barzahlungen (Banknoten, Münzen) täglich anhand von Kassenbelegen (z. B. Kassenabrechnung, Quittungen) aufgezeichnet. – Im **Lagerbuch** werden die Lagerzugänge und Lagerabgänge der Handelswaren getrennt nach der Warenart mengen- und wertmäßig aufgezeichnet.
Hauptbuch	Hier werden die Nebenbücher **sachlich geordnet zusammengefasst,** z. B. alle offenen Posten der Kunden im Sachkonto Forderungen, alle offenen Posten des Lieferantenbuchs im Sachkonto Verbindlichkeiten, die Bestände aller Handelswaren im Sachkonto Handelswaren oder alle bargeldlosen Zahlungseingänge und -ausgänge im Sachkonto Bank.

Auch für die Art und Weise, wie die Buchführung erfolgen muss, gibt es gesetzliche Vorschriften. Diese Grundsätze ordnungsgemäßer Buchführung (GoB) entstanden in den letzten Jahrhunderten und haben auch noch heute ihre Gültigkeit (vgl. §§ 238, 239 HBG).

Auszug aus dem HGB
§ 238
(1) [...] Die Buchführung muss so beschaffen sein, dass sie einem sachverständigen Dritten innerhalb angemessener Zeit einen Überblick über die Geschäftsvorfälle und über die Lage des Unternehmens vermitteln kann. Die Geschäftsvorfälle müssen sich in ihrer Entstehung und Abwicklung verfolgen lassen.

§ 239
(2) Die Eintragungen in Büchern und die sonst erforderlichen Aufzeichnungen müssen vollständig, richtig, zeitgerecht und geordnet vorgenommen werden.

§ 239
(3) Eine Eintragung oder eine Aufzeichnung darf nicht in einer Weise verändert werden, dass der ursprüngliche Inhalt nicht mehr feststellbar ist.

Zusammenfassend können die Grundsätze ordnungsgemäßer Buchführung wie folgt dargestellt werden:

Vollständigkeit	Kein Geschäftsvorfall darf in der Buchführung unberücksichtigt bleiben.
Richtigkeit	Jede Buchung muss wahrheitsgemäß erfolgen.
Zeitgerecht	Die Buchung muss in angemessener Zeit nach dem Geschäftsvorfall erfolgen; Kasseneinnahmen und -ausgaben sollen täglich erfasst werden.
Geordnet	Geschäftsvorfälle sind zeitlich fortlaufend zu erfassen; sachliche Zuordnung auf Konten und geordnete Ablage der Belege.
Belegprinzip	Für jede Buchung muss ein Beleg vorhanden sein.
Sprache, Währung	Handelsbücher und Aufzeichnungen in lebender Sprache; Abkürzungen, Ziffern, Buchstaben oder Symbole nur mit eindeutig festgelegter Bedeutung; Jahresabschluss in deutscher Sprache und in Euro.
Berichtigungen	Eintragungen oder Aufzeichnungen dürfen nicht in einer Weise verändert werden, dass der ursprüngliche Inhalt nicht mehr feststellbar ist (keine Bleistifteintragungen, kein Tipp-Ex, Radieren, Überschreiben, Löschen von Datenträgern usw.).
Aufbewahrungspflicht	Unterlagen der Buchführung müssen aufbewahrt werden.

9.1.3 Inventur

Dieses Schild hast du mit Sicherheit schon einmal gesehen. Denn viele Handelsunternehmen schließen ihre Geschäfte, wenn sie Inventur durchführen. Um aber den normalen Geschäftsbetrieb nicht zu sehr zu unterbrechen, wird meist am Wochenende je nach Größe des Unternehmens 24 Stunden rund um die Uhr durchgearbeitet. Fast alle Mitarbeiter und manchmal sogar zusätzlich Schüler und Studenten als Aushilfen sind damit beschäftigt, alles, was in dem Unternehmen ist, genau nach Menge und Wert zu erfassen. Insbesondere die Waren benötigen sehr viel Zeit, weil bereits kleine Unternehmen mehrere 100 verschiedene Artikel in ihrem Warensortiment haben.

Auszug aus dem HGB
§ 240
Der Kaufmann hat zu Beginn seines Handelsgewerbes und für den Schluss eines jeden Geschäftsjahrs seine Vermögensgegenstände und Schulden genau zu verzeichnen und dabei den Wert der einzelnen Vermögensgegenstände und Schulden anzugeben.

Ein Unternehmen muss also erstmals am Tag seiner Gründung und dann jedes Jahr zum Ende des Geschäftsjahres (meist ist das der 31. Dezember) ein Verzeichnis erstellen, in dem **alle Vermögensgegenstände und Schulden** aufgelistet werden. Doch zuvor muss natürlich alles erst einmal gezählt, gemessen, gewogen oder berechnet werden.

Die Mitarbeiter erfassen alles in ihrer Abteilung nach Menge (in Stück, Meter, Kilogramm usw.) und Wert (in Euro). Diesen Vorgang nennt man **Inventur.**

9

Lernbereich 10II.3.5

Das Chiemgauer Sportmoden GmbH besitzt u. a. folgende Vermögensgegenstände:

Lagerhalle und Lkw
zum Ausliefern der Ware

Büroausstattung (Schreibtische, Bürostühle,
PC, Telefonanlage, Aktenschränke usw.)

Gabelstapler zum Be- und Entladen
der Lkws

Lagereinrichtung (Regale, „Ameisen" zum
leichteren Befördern der Ware im Lager usw.)

Ware (noch sauber verpackt in Kartons und in
den Regalen mit System eingelagert)

Das Zählen von Vermögensgegenständen, die längerfristig im Unternehmen verbleiben, ist unproblematisch, da sich ihr Bestand im Laufe eines Geschäftsjahres im Normalfall nicht großartig verändert.

Hingehen nimmt das Zählen der über 1000 verschiedenen Artikel besonders viel Zeit in Anspruch. Dafür werden spezielle **Inventurlisten** verwendet:

Inventurliste				
Blatt-Nr.		**12**		
Abteilung		**Lager**		
		Regal 46 Teamtaschen		
Aufgenommen am		**31. Dez. 20XX**		
	Bezeichnung	**Gezählte Menge**	**Inventurwert**	
			Einzeln	**Gesamt**
1	2280 CSM 4713 Teamtasche „Standard" Farbe blau-weiß-schwarz	12	16,76 €	201,18 €
2	2280 CSM 4714 Teamtasche „Standard" Farbe grün-schwarz	10	16,76 €	167,65 €
3	2280 CSM 4715 Teamtasche „Standard" Farbe rot-weiß	13	16,76 €	217,94 €
4	2280 CSM 4813 Teamtasche „Modern" Farbe blau-weiß-schwarz	12	19,29 €	231,43 €
...	...	...	...	...
28	2280 CSM 4921 Teamtasche „Olympia" Farbe marine-schwarz	34	24,33 €	827,14 €
	GESAMT	**348**		**8.466,05 €**
Unterschriften:		Angesagt	Simon Fell	
		Geschrieben	Sandra Winter	
		Kontrolliert	Shahrukh Nandu	

9.1.4 Inventar

Am Ende der Inventur werden alle Inventurlisten gesammelt und ausgewertet. Die einzelnen Informationen werden dann in einem Bestandsverzeichnis, dem sogenannten **Inventar,** festgehalten. Für das Inventar existiert kein fest vorgeschriebener Aufbau, aber im Laufe der Zeit hat sich doch ein bestimmtes Schema herausgebildet. Das Inventar gliedert sich in folgende drei Hauptgruppen:

A. Vermögen

Im Vermögen wird alles aufgelistet, was im Unternehmen vorhanden ist. Es wird nach seiner **Liquidität**[3] geordnet, d. h. zuerst werden die am wenigsten liquiden Vermögensgegenstände genannt.

Man unterscheidet zwischen Anlagevermögen und Umlaufvermögen:

Vermögen	Beschreibung	Beispiele
Anlagever-mögen	Es steht dem Betrieb dauer-haft oder zumindest für längere Zeit zur Verfügung und stellt die Betriebsbereit-schaft sicher.	1. Grundstücke und Gebäude 2. Maschinen 3. Werkzeuge 4. Lager- und Transporteinrichtungen 5. Fuhrpark 6. Betriebsausstattung (Fabrikeinrichtung) Geschäftsausstattung (Büroeinrichtung)
Umlaufver-mögen	Es verändert sich ständig und ist Gegenstand der eigentlichen Geschäftstätig-keit (wie z. B. Einkauf, Lagerhaltung, Verkauf).	1. Handelswaren 2. Forderungen aus Lieferungen und Leistungen (L.L.) 3. Bankguthaben 4. Kasse (Bargeld)

B. Schulden (Verbindlichkeiten)

Schulden sind alle „fremden" Geldquellen (Banken, Lieferanten, Staat), die zur Finanzierung des Vermögens beigetragen haben. Schulden werden nach ihrer **Fristigkeit** geordnet, d. h. wann muss das Geld wieder zurückgezahlt werden.

Man unterscheidet zwischen langfristigen und kurzfristigen Schulden:

Schulden	Beschreibung	Beispiele
Langfristige Schulden	Alle Verbindlichkeiten mit einer Laufzeit größer als ein Jahr	1. Hypothek 2. Langfristige Verbindlichkeiten gegenüber der Bank (z. B. Darlehen)
Kurzfristige Schulden	Verbindlichkeiten mit einer Laufzeit unter einem Jahr	1. Kurzfristige Verbindlichkeiten gegenüber der Bank 2. Verbindlichkeiten gegenüber Lieferanten 3. Verbindlichkeiten gegenüber dem Staat (z. B. beim Finanzamt)

---

3   Die Liquidität (= Flüssigkeit) gibt an, wie schnell eine Vermögensposition in Geld umgewandelt (also „flüssig" gemacht) werden kann.

9

Lernbereich 10II.3.5

C. Reinvermögen (Eigenkapital)

Werden die gesamten Schulden vom gesamten Vermögen subtrahiert, so erfährt man, wie viel das Unternehmen selbst zur Finanzierung des Vermögens beigetragen hat. Dies nennt man dann das Reinvermögen bzw. Eigenkapital.

> Summe Vermögen
>
> – Summe Schulden
>
> = Reinvermögen bzw. Eigenkapital

Für die Chiemgauer Sportmoden GmbH könnte das Inventar des letzten Jahres folgendes Aussehen haben:

Inventar			
Datum		**31. Dez. 20XX**	
A	**Vermögen**		
	I Anlagevermögen		
	Grundstück Industriepark 123	350.000,00 €	
	Gebäude Industriepark 123	340.000,00 €	
	Lagereinrichtung	24.000,00 €	
	Fuhrpark	65.000,00 €	
	Betriebs- und Geschäftsausstattung	41.000,00 €	820.000,00 €
	II Umlaufvermögen		
	Handelswaren	35.850,00 €	
	Forderungen aus Lieferungen und Leistungen	26.745,00 €	
	Bank	5.600,00 €	
	Kasse	1.805,00 €	70.000,00 €
	Summe Vermögen		**890.000,00 €**
B	**Schulden**		
	I Langfristige Schulden		
	Darlehen	500.000,00 €	500.000,00 €
	II Kurzfristige Schulden		
	Verbindlichkeiten aus Lieferungen und Leistungen	33.200,00 €	33.200,00 €
	Summe Schulden		**533.200,00 €**
C	**Ermittlung des Reinvermögens**		
	Summe Vermögen	890.000,00 €	
–	Summe Schulden	533.200,00 €	
	Summe Reinvermögen (Eigenkapital)		**356.800,00 €**

Lernbereich 10II.3.5

9

9.1.5 Bilanz

Auf Grundlage des Inventars wird nun ein Verzeichnis erstellt, in dem ...

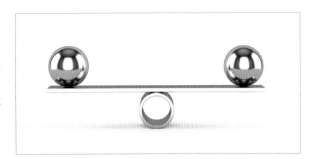

- die jeweiligen Sammelbegriffe weggelassen werden,
- Vermögensteile oder Schulden ohne Wert nicht geführt werden und
- nicht mehr untereinander, sondern nebeneinander geschrieben wird.

Dieses zusammenfassende, in T-Konten-Form erstellte Verzeichnis heißt **Bilanz.** Der Begriff Bilanz stammt vom italienischen „bilancia" und bedeutet „Waage". Das bedeutet, dass beide Seiten einer Bilanz immer in der Waage, also gleich groß sein müssen.

Die Bilanz der „Chiemgauer Sportmoden GmbH" für das vorangegangene Geschäftsjahr sieht dann wie folgt aus:

Aktiva	Bilanz der Chiemgauer Sportmoden GmbH zum 31.12.20XX		Passiva
Grundstücke und Gebäude	690.000,00 €	Eigenkapital	356.800,00 €
Lagereinrichtung	24.000,00 €	Darlehen	500.000,00 €
Fuhrpark	65.000,00 €	Verbindlichkeiten aus L.L.	33.200,00 €
BGA	41.000,00 €		
Handelswaren	35.850,00 €		
Forderungen aus L.L.	26.745,00 €		
Bank	5.600,00 €		
Kasse	1.805,00 €		
	890.000,00 €		**890.000,00 €**

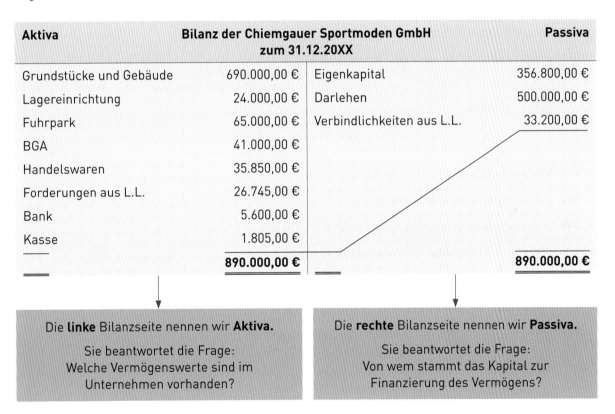

Die **linke** Bilanzseite nennen wir **Aktiva.**

Sie beantwortet die Frage:
Welche Vermögenswerte sind im Unternehmen vorhanden?

Die **rechte** Bilanzseite nennen wir **Passiva.**

Sie beantwortet die Frage:
Von wem stammt das Kapital zur Finanzierung des Vermögens?

9

Lernbereich 10II.3.5

Aufgabe zur Lernsituation 27

Bestimme die folgenden Positionen der Berger & Thaler Sportswear OHG, Schweinfurt:

AV = Anlagevermögen	**KS** = Kurzfristige Schulden
UV = Umlaufvermögen	**LS** = Langfristige Schulden
-- = nichts davon	

1. Offene Rechnung an das Sportgeschäft Müller OHG, Würzburg	**UV**
2. Lagerhalle im Schweinfurter Hafen	
3. Zu zahlende Steuern beim Finanzamt Schweinfurt	
4. Kredit bei der Sparkasse Schweinfurt	
5. Firmen-Pkw SW-BT 13	
6. Guthaben bei der Volksbank Schweinfurt	
7. Büro-Schreibtisch „ModernArt", Farbe schwarz	
8. Eingangsrechnung vom Lieferanten Cycle Tools Import GmbH, Hamburg	
9. Bürodrehstuhl „Amanda"	
10. Kassenbestand über 2.356,90 €	
11. Bauplatz in der Industriestraße 13 in Schweinfurt	
12. Privat-Pkw der Inhaberin Renate Berger, Kennzeichen SW-RB 11	
13. Drucker Color LaserJet 1754 mit integriertem Kopier- und Faxgerät	
14. Lkw MAN 17.280, Kennzeichen SW-BT 12	
15. Ausgangsrechnung an den Kunden Sportgeschäft Edgar Heinz e.K., Lohr	
16. Produktionsmaschine „PM CX 32"	
17. Eingangsrechnung des Lieferanten Textilfabrik Busch AG, Ingolstadt	

9

Lernbereich 10II.3.5

9.2 Lernsituation 28: Wir buchen einfache Geschäftsvorfälle

GESCHAFFT!

Die Arbeiten zum Jahresabschluss sind erledigt, die Bilanz wurde erstellt und schon Frau Brandl vorgelegt. Doch die Arbeiten in der Buchhaltung gehen natürlich weiter. Bereits am 03.01. findet Hannah folgenden Beleg in ihrem Eingangskörbchen:

```
Konto-Nr. 9 776 345   BLZ 711 500 00                    Kontoauszug  2
Sparkasse Rosenheim - Bad Aibling                        Blatt     1
Datum     Erläuterungen                                         Betrag


Kontostand in EUR am 02.01.20XX, Auszug Nr. 1               5.600,00 +
                                                        ------------------
02.01. Gutschrift                         Wert: 02.01.       1.500,00 +
       Bareinzahlung

                                                        ------------------
Kontostand in EUR am 03.01.20XX, Auszug Nr. 2               7.100,00 +




Chiemgauer Sportmoden GmbH
Industriepark 123                                                   IBAN:
83024 Rosenheim                            DE11 7115 0000 0009 7763 45
                                                    BIC: BYLADEM1ROS
```

Hannah:	Herr Wend, ich habe hier einen Kontoauszug in meinem Eingangskörbchen. Müssen wir jetzt noch einmal die Bilanz abändern?
Herr Wend:	Nein, das alte Geschäftsjahr ist abgeschlossen. Dieser Beleg betrifft schon das neue Geschäftsjahr.
Hannah:	Aber das verändert doch jetzt die Beträge bei der Bank und der Kasse. Muss jetzt bei jedem Beleg die ganze Bilanz neu gemacht werden?
Herr Wend:	Nein, um Gottes willen. Das wäre ja viel zu aufwendig. Du musst jetzt nur diesen Beleg sowohl im Hauptbuch als auch im Grundbuch eintragen. Und wenn das erledigt ist, machst du einfach einen Buchungsvermerk auf den Kontoauszug.

1. Macht euch mit der Situation vertraut, indem ihr euch zunächst orientiert: Informiert euch darüber, warum die Bilanz in Bestandskonten aufgelöst wird und wie die Bestandskonten eröffnet werden. Erkennt die Unterschiede zwischen Aktiv- und Passivkonten. Informiert euch über die Buchung mithilfe des Buchungssatzes und erkennt die Vorteile dieser Buchungstechnik. **(Orientierung und Information)**
2. Plant euer weiteres Vorgehen, indem ihr euch Gedanken macht, was in dieser konkreten Situation zu tun ist, und notiert dies stichpunktartig. **(Planung)**
3. Bucht den Beleg auf Bestandskonten (T-Konten). Entwickelt Buchungsregeln für die Buchung auf Aktiv- und Passivkonten. Wendet dabei das Grundprinzip der doppelten Buchführung an und bucht mithilfe von Buchungssätzen. **(Durchführung)**
4. Bewertet euer Ergebnis im Klassenplenum. Nehmt Kritikpunkte zur Vollständigkeit und inhaltlichen Richtigkeit auf, ergänzt eure Ausführungen gegebenenfalls und korrigiert Fehler. **(Bewertung)**
5. Reflektiert kritisch mögliche Fehlerquellen im Buchungsprozess und überprüft eure Arbeitsweise. Seid bereit, euer Arbeitsergebnis zu verantworten und aus Fehlern zu lernen. Erkennt, dass ihr bei der Kontierung von Buchungsbelegen besonders gewissenhaft arbeiten müsst. Ebenso reflektiert euer Verhalten in der Arbeitsgruppe und überlegt, wie ihr Verhaltensweisen verbessern könnt. **(Reflexion)**

Ergänzender Handlungsauftrag für den kompletten Bereich 10II.3.5:

1. Führt eure Lernkartei zum Thema „Buchführung" fort.

2. Schreibt jeden der folgenden Begriffe auf die Kopfzeile eines DIN-A6-Kärtchens:

> Möglichkeiten der Bilanzveränderung, Aktivtausch, Passivtausch, Aktiv-Passiv-Mehrung, Aktiv-Passiv-Minderung, Bestandskonten, Eröffnung Bestandskonten, Buchungsregeln

3. Sortiert die Begriffskärtchen nach den Kriterien „weiß ich" oder „weiß ich nicht".

4. Bildet Kleingruppen und erklärt euch gegenseitig die „Weiß-ich-nicht"-Kärtchen. Schlagt dabei die ungeklärten Begriffe im Schulbuch nach.

5. Schreibt die Begriffserklärungen auf die Rückseite des entsprechenden Kärtchens und ordnet diese unter der Leitkarte „Buchführung" alphabetisch in euren Lernkartei-Behälter ein.

9.2.1 Werteveränderungen in der Bilanz

Eine Bilanz wird immer zu einem bestimmten Stichtag zum Geschäftsjahresende (meistens zum 31. Dezember) aufgestellt. Jedoch ereignen sich in einem Unternehmen Tag für Tag viele Geschäftsvorfälle, die die in der Bilanz erfassten Werte verändern. Bei jedem Geschäftsvorfall sind mindestens zwei Bilanzposten betroffen. Betrachten wir nun zur Verdeutlichung folgende vier Geschäftsvorfälle, die sich bei der Chiemgauer Sportmoden GmbH an einem Arbeitstag ereignen.

Ausgangspunkt ist also die Bilanz, die die Chiemgauer Sportmoden GmbH zum 31.12.20XX erstellt hat:

Aktiva	Bilanz der Chiemgauer Sportmoden GmbH zum 31.12.20XX		Passiva
Grundstücke und Gebäude	690.000,00 €	Eigenkapital	356.800,00 €
Lagereinrichtung	24.000,00 €	Darlehen	500.000,00 €
Fuhrpark	65.000,00 €	Verbindlichkeiten aus L.L.	33.200,00 €
BGA	41.000,00 €		
Handelswaren	35.850,00 €		
Forderungen aus L.L.	26.745,00 €		
Bank	5.600,00 €		
Kasse	1.805,00 €		
	890.000,00 €		**890.000,00 €**

9.2.1.1 Aktivtausch

Geschäftsvorfall 1: Am 02.01. bezahlt ein Kunde eine ausstehende Forderung über 10.000,00 € durch Banküberweisung.

Aktiva	Bilanz der Chiemgauer Sportmoden GmbH		Passiva
Grundstücke und Gebäude	690.000,00 €	Eigenkapital	356.800,00 €
Lagereinrichtung	24.000,00 €	Darlehen	500.000,00 €
Fuhrpark	65.000,00 €	Verbindlichkeiten aus L.L.	33.200,00 €
BGA	41.000,00 €		
Handelswaren	35.850,00 €		
Forderungen aus L.L.	16.745,00 €		
Bank	15.600,00 €		
Kasse	1.805,00 €		
	890.000,00 €		**890.000,00 €**

Wir sehen sofort, dass nur zwei Positionen der Aktivseite betroffen sind: Die Forderungen nehmen um 10.000,00 € ab, gleichzeitig nimmt die Bank um 10.000,00 € zu. An der Bilanzsumme ändert sich nichts. Wir nennen diesen Vorgang Aktivtausch.

9.2.1.2 Passivtausch

Geschäftsvorfall 2: Die Chiemgauer Sportmoden GmbH wandelt eine Verbindlichkeit gegenüber einem Lieferanten in Höhe von 20.000,00 € in ein Darlehen um.

Aktiva	Bilanz der Chiemgauer Sportmoden GmbH		Passiva
Grundstücke und Gebäude	690.000,00 €	Eigenkapital	356.800,00 €
Lagereinrichtung	24.000,00 €	Darlehen	520.000,00 €
Fuhrpark	65.000,00 €	Verbindlichkeiten aus L.L.	13.200,00 €
BGA	41.000,00 €		
Handelswaren	35.850,00 €		
Forderungen aus L.L.	16.745,00 €		
Bank	15.600,00 €		
Kasse	1.805,00 €		
	890.000,00 €		**890.000,00 €**

Wir sehen sofort, dass nur zwei Positionen der Passivseite betroffen sind: Die Verbindlichkeiten gegenüber den Lieferanten nehmen um 20.000,00 € ab, gleichzeitig nimmt die Position Darlehen um 20.000,00 € zu. Die Bilanzsumme bleibt auch hier unverändert. Wir nennen diesen Vorgang Passivtausch.

9.2.1.3 Aktiv-Passiv-Mehrung

Geschäftsvorfall 3: Die Chiemgauer Sportmoden GmbH kauft einen neuen Lkw im Wert von 80.000,00 € durch Aufnahme eines Darlehens.

Aktiva	Bilanz der Chiemgauer Sportmoden GmbH		Passiva
Grundstücke und Gebäude	690.000,00 €	Eigenkapital	356.800,00 €
Lagereinrichtung	24.000,00 €	Darlehen	600.000,00 €
Fuhrpark	145.000,00 €	Verbindlichkeiten aus L.L.	13.200,00 €
BGA	41.000,00 €		
Handelswaren	35.850,00 €		
Forderungen aus L.L.	16.745,00 €		
Bank	15.600,00 €		
Kasse	1.805,00 €		
	970.000,00 €		**970.000,00 €**

Sowohl der Fuhrpark auf der Aktivseite als auch das Darlehen auf der Passivseite nehmen um 80.000,00 € zu. Darüber hinaus steigt auch die Bilanzsumme um 80.000,00 € von 890.000,00 € auf 970.000,00 €. Diesen Vorgang nennen wir Aktiv-Passiv-Mehrung.

9.2.1.4 Aktiv-Passiv-Minderung

Geschäftsvorfall 4: Die Chiemgauer Sportmoden GmbH bezahlt eine Eingangsrechnung (= Verbindlichkeit gegenüber einem Lieferanten) in Höhe von 1.000,00 € bar.

Aktiva	Bilanz der Chiemgauer Sportmoden GmbH		Passiva
Grundstücke und Gebäude	690.000,00 €	Eigenkapital	356.800,00 €
Lagereinrichtung	24.000,00 €	Darlehen	600.000,00 €
Fuhrpark	145.000,00 €	Verbindlichkeiten aus L.L.	12.200,00 €
BGA	41.000,00 €		
Handelswaren	35.850,00 €		
Forderungen aus L.L.	16.745,00 €		
Bank	15.600,00 €		
Kasse	805,00 €		
	969.000,00 €		**969.000,00 €**

Sowohl die Kasse auf der Aktivseite als auch die Verbindlichkeiten auf der Passivseite nehmen um 1.000,00 € ab. Darüber hinaus sinkt auch die Bilanzsumme um 1.000,00 € von 970.000,00 € auf 969.000,00 €. Diesen Vorgang nennen wir Aktiv-Passiv-Minderung.

9.2.2 Bestandsvorgänge buchen

Wie gerade gesehen, ändert jeder Geschäftsvorfall mindestens zwei Werte in der Bilanz. Aus diesem Grund müsste nach jedem Geschäftsvorfall eine neue Bilanz erstellt werden. Dies wäre aber mit einem erheblichen zeitlichen Aufwand verbunden und außerdem würde die Übersichtlichkeit verloren gehen, sodass alle Bilanzpositionen zu Beginn des Geschäftsjahres in sogenannten **Bestandskonten** erfasst werden.

Schritt 1

Wir eröffnen für jede einzelne Position der Bilanz ein eigenes Konto. Je nachdem, auf welcher Seite der Bilanz die Position steht, heißt das zugehörige Konto **Aktiv-** oder **Passivkonto.**

Aktiva	Bilanz der Chiemgauer Sportmoden GmbH zum 31.12.20XX		Passiva
Grundstücke und Gebäude	690.000,00 €	Eigenkapital	356.800,00 €
Lagereinrichtung	24.000,00 €	Darlehen	500.000,00 €
Fuhrpark	65.000,00 €	Verbindlichkeiten aus L.L.	33.200,00 €
BGA	41.000,00 €		
Handelswaren	35.850,00 €		
Forderungen aus L.L.	26.745,00 €		
Bank	5.600,00 €		
Kasse	1.805,00 €		
	890.000,00 €		**890.000,00 €**

Die linke Seite eines Kontos heißt **Soll,** die rechte **Haben.** Den Anfangsbestand des Kontos übernehmen wir aus der Bilanz. Wir erfassen ihn auf der gleichen Seite, auf der die Position in der Bilanz steht; d. h. alle Aktivkonten haben ihren Anfangsbestand im Soll, alle Passivkonten im Haben. Die Zunahme eines Kontos erfassen wir auf der gleichen Seite wie den Anfangsbestand, die Abnahme auf der jeweils anderen Seite.

Soll	Aktivkonto (z. B. Fuhrpark)	Haben
Anfangsbestand		– Abnahme
+ (Zunahme)		

Soll	Passivkonto (z. B. Verbindlichkeiten)	Haben
– (Abnahme)		Anfangsbestand
		+ (Zunahme)

> **Bei Aktivkonten werden Zunahmen im Soll, Abnahmen im Haben gebucht.**
> **Bei Passivkonten werden Abnahmen im Soll, Zunahmen in Haben gebucht.**

Schritt 2

Betrachten wir nun folgenden Geschäftsvorfall: Wir bezahlen die Rechnung eines Lieferanten in Höhe von 500,00 € bar. Unsere Verbindlichkeiten werden „weniger", unsere Kasse wird ebenfalls „weniger".

Dieser Geschäftsvorfall bewirkt zum einen eine Abnahme des Passivkontos Verbindlichkeiten und zum anderen eine Abnahme des Aktivkontos Kasse. Unsere Buchung auf den betroffenen Konten sieht folgendermaßen aus:

Soll	Kasse		Haben
Anfangsbestand	1.805,00	Verbindlichkeiten	500,00

Soll	Verbindlichkeiten		Haben
Kasse	500,00	Anfangsbestand	33.200,00

Wir erkennen sofort, dass nicht mehr die komplette Bilanz betroffen ist, sondern nur noch die beiden Konten „Verbindlichkeiten" und „Kasse". Eine Bestandsmehrung oder -minderung wird durch den Eintrag auf der vorgegebenen Kontenseite, im Soll oder im Haben, eindeutig festgelegt.

> – **Jeder Geschäftsvorfall muss auf zwei Konten gebucht werden.**
> – **Zuerst wird immer im Soll und anschließend im Haben unter Angabe des Gegenkontos gebucht.**
> – **Soll- und Haben-Buchungen müssen wertmäßig immer gleich sein!**
> – **Es gibt keine Buchung ohne Gegenbuchung!**

9.2.3 Der Buchungssatz

In der betrieblichen Praxis wird jeder Geschäftsvorfall im „Hauptbuch" (auf T-Konten) und im „Grundbuch" (oder Journal) erfasst. Betrachten wir hierzu folgenden Beleg:

Diesem Beleg liegt folgender Geschäftsvorfall zugrunde:

Ein Mitarbeiter der Chiemgauer Sportmoden GmbH nimmt die Tageseinnahmen in Höhe von 580,00 € aus der Geschäftskasse und zahlt sie auf dem Bankkonto ein.

9.2.3.1 Erfassung im Hauptbuch

Hauptbuch							
Soll	Bank		Haben	Soll	Kasse		Haben
Anfangsbestand	5.600,00			Anfangsbestand	1.805,00	(1) Bank	580,00
(1) Kasse	580,00						

Das Konto Bank nimmt um 580,00 € zu; dies wird auf der Soll-Seite erfasst.

Das Konto Kasse nimmt um 580,00 € ab; dies wird auf der Haben-Seite erfasst.

Um nun jederzeit einen Überblick zu haben, dass der komplette Geschäftsvorfall erfasst wurde, tragen wir neben der laufenden Nummer des Geschäftsvorfalls (in unserem Beispiel die Nummer 1) auch das betroffene Gegenkonto ein. Somit können wir jederzeit nachprüfen, ob auch dort der Geschäftsvorfall eingetragen wurde.

Auf dem Beleg wird nun vermerkt, dass er bereits im Hauptbuch erfasst wurde. In der betrieblichen Praxis wird hierfür ein Stempel verwendet mit einem kurzen und eindeutigen Vermerk, dem sogenannten **Buchungssatz.**

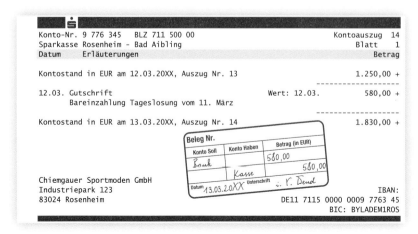

9.2.3.2 Erfassung im Grundbuch (= Journal)

Nachdem der Buchungsstempel auf dem Beleg gemacht wurde, erfassen wir den Buchungssatz im Grundbuch. Die Erfassung erfolgt in zeitlicher Reihenfolge, um eine schnelle und unkomplizierte Überprüfbarkeit jedes Beleges zu gewährleisten.

Für die verschiedenen Belege gibt es allgemein verwendete Abkürzungen, z. B.:

AR = Ausgangsrechnung   KA = Kontoauszug
ER = Eingangsrechnung   QU = Quittung

Grundbuch (Journal)					
Datum	Beleg	Buchungstext (= Buchungssatz)		Betrag (in €)	
13.03.20XX	KA 14/1	Bank	an[5]	580,00	
			Kasse		580,00

Wenn wir also in Zukunft einen Buchungssatz bilden, stellen wir uns immer die gleichen vier Fragen:

1. **Welche Konten sind betroffen?**
2. **Um welche Kontenart handelt es sich jeweils? (Aktiv- oder Passivkonten?)**
3. **Wie verändern sich die Konten? (Nehmen sie zu, nehmen sie ab?)**
4. **Auf welcher Kontenseite wird gebucht? (Soll oder Haben?)**

Der Buchungssatz lautet immer:	**Konto Soll**	**an**
		Konto Haben

Zur Verdeutlichung folgendes Beispiel:

Geschäftsvorfall: Die Chiemgauer Sportmoden GmbH kauft für das Lagerbüro einen neuen Bürodrehstuhl im Wert von 450,00 € auf Rechnung.

Welche Konten sind betroffen?	
Betriebs- und Geschäftsausstattung (BGA)	**Verbindlichkeiten aus L.L.**

Um welche Kontenart handelt es sich?	
Aktiv	**Passiv**

Wie verändern sich die Konten?	
Zunahme	**Zunahme**

Auf welcher Kontenseite wird gebucht?	
Soll	**Haben**

Buchungssatz			Betrag (in €)	
BGA	an		450,00	
		Verbindlichkeiten		450,00

---

4   Das Wörtchen „an" wird zur Trennung der Soll- und Haben-Konten dazwischen geschoben.

9.2.4 Der zusammengesetzte Buchungssatz

In vielen Fällen werden bei einem Geschäftsvorfall mehr als zwei Konten berührt. Wir sprechen dann von einem zusammengesetzten Buchungssatz.

Betrachten wir folgenden Geschäftsvorfall:
Ein Kunde der Chiemgauer Sportmoden GmbH bezahlt am 15.03.20XX die Rechnung CSM 87 über 12.000,00 €. Er zahlt sofort 1.000,00 € bar an, den Restbetrag begleicht er durch Banküberweisung.

Eintrag ins Hauptbuch

Hauptbuch

Soll	Forderungen aus L.L.		Haben
Anfangsbestand 26.745,00	(2) Kasse		1.000,00
	(2) Bank		11.000,00

Soll	Kasse		Haben
Anfangsbestand	1.805,00		
(2) Forderungen	1.000,00		

Soll	Bank		Haben
Anfangsbestand	5.600,00		
(2) Forderungen	11.000,00		

Dieser Geschäftsvorfall bewirkt eine Abnahme des Aktivkontos Forderung um 12.000,00 € auf der Haben-Seite und eine Zunahme der beiden Aktivkonten Kasse um 1.000,00 € und Bank um 11.000,00 € auf der Soll-Seite.

Wir sehen sofort, dass beim zusammengesetzten Buchungssatz die Summe der Soll-Buchungen und die Summe der Haben-Buchungen gleich groß ist.

Erfassung im Grundbuch (= Journal)

Grundbuch (Journal)					
Datum	Beleg	Buchungstext (= Buchungssatz)		Betrag (in €)	
15.03.20XX	CSM	Kasse		1.000,00	
		Bank	an	11.000,00	
			Forderungen		12.000,00

Der zu diesem Geschäftsvorfall entsprechende Buchungssatz lautet also:

Buchungssatz			Betrag (in €)	
Kasse			1.000,00	
Bank	an		11.000,00	
		Forderungen		12.000,00

Aufgaben zur Lernsituation 28

Aufgabe 1

Bilde zu den unten stehenden Geschäftsvorfällen den Buchungssatz, indem du dir zuerst immer die folgenden vier Fragen stellst.

Beispiel: Unser Kunde überweist eine ausstehende Rechnung über 2.500,00 €.

Welche Konten sind betroffen?	
Bank	Forderungen aus L.L.

Um welche Kontenart handelt es sich?	
Aktiv	Aktiv

Wie verändern sich die Konten?	
Zunahme	Abnahme

Auf welcher Kontenseite wird gebucht?	
Soll	Haben

Buchungssatz			Betrag (in €)	
Bank	an		2.500,00	
		Forderungen		2.500,00

(1) Kauf einer Maschine im Wert von 200.000,00 € gegen Barzahlung.
(2) Bareinzahlung auf unser Bankkonto in Höhe von 5.800,00 €.
(3) Wir erhalten eine Rechnung für gelieferte Schreibtische über 3.250,00 €.
(4) Wir verkaufen unseren alten Drucker im Wert von 250,00 € auf Ziel.
(5) Wir wandeln eine Lieferantenschuld über 20.000,00 € in eine Darlehensschuld um.
(6) Wir lassen eine Lagerhalle erstellen und zahlen per Banküberweisung 135.000,00 €.
(7) Wir kaufen einen Pkw im Wert von 22.000,00 € auf Ziel.
(8) Wir verkaufen eine alte Schreibmaschine im Wert von 180,00 € bar.
(9) Wir verkaufen ein altes Regal im Wert von 467,00 € auf Ziel.
(10) Wir erhalten ein Darlehen von unserer Bank über 68.000,00 €.
(11) Zielkauf eines neuen Faxgerätes im Wert von 1.750,00 €.
(12) Unser Kunde überweist eine ausstehende Rechnung über 2.700,00 €.
(13) Wir tilgen unser Darlehen durch Banküberweisung; 22.000,00 €.
(14) Bareinzahlung von 1.200,00 € auf das Bankkonto.
(15) Wir erhalten eine Rechnung für gelieferte Bürostühle im Wert von 10.000,00 €.
(16) Wir verkaufen unseren gebrauchten Firmen-Pkw im Wert von 25.000,00 € auf Ziel.
(17) Wir bezahlen einen neuen Drucker im Wert von 600,00 € bar.
(18) Wir kaufen ein neues Grundstück gegen Darlehen; Wert 750.000,00 €.
(19) Wir überweisen eine Lieferantenrechnung über 3.800,00 €.
(20) Wir verkaufen einen alten Aktenschrank im Wert von 1.000,00 € gegen bar.
(21) Zielkauf eines neuen Faxgerätes im Wert von 1.750,00 €.
(22) Kauf einer Maschine im Wert von 25.000,00 € auf Rechnung.
(23) Verkauf eines alten Schreibtisches im Wert von 400,00 € gegen bar.
(24) Banküberweisung eines Kunden zum Rechnungsausgleich 4.500,00 €.
(25) Bareinzahlung auf das Geschäftsbankkonto in Höhe von 3.600,00 €.
(26) Umwandlung einer Lieferantenschuld in Höhe von 6.250,00 € in ein Darlehen.

9

Lernbereich 10II.3.5

(27) Banküberweisung einer Hypothekenschuld in Höhe von 30.000,00 €.
(28) Wir verkaufen eine gebrauchte Schreibmaschine im Wert von 390,00 € gegen Barzahlung.
(29) Zum Ausgleich einer Rechnung überweist der Kunde 4.330,00 € auf unser Bankkonto.
(30) Eine Lieferantenrechnung über 340,00 € bezahlen wir bar.

Aufgabe 2

Bilde zu den unten stehenden Geschäftsvorfällen den zusammengesetzten Buchungssatz, indem du dir zuerst immer die folgenden vier Fragen stellst.
Beispiel: Unser Kunde zahlt eine Rechnung; 2.000,00 € bar, 5.000,00 € durch Bank.

Welche Konten sind betroffen?		
Kasse	**Bank**	**Forderungen aus L.L.**

Um welche Kontenart handelt es sich?		
Aktiv	**Aktiv**	**Aktiv**

Wie verändern sich die Konten?		
Zunahme	**Zunahme**	**Abnahme**

Auf welcher Kontenseite wird gebucht?		
Soll	**Soll**	**Haben**

Buchungssatz			Betrag (in €)	
Kasse			2.000,00	
Bank	an		5.000,00	
		Forderungen		7.000,00

(1) Wir verkaufen unser altes Firmengrundstück in der Berliner Straße; der Kunde zahlt 10 % bar an, den restlichen Betrag über 180.000,00 € zahlt er durch Banküberweisung.
(2) Wir bezahlen eine Rechnung; 2.000,00 € bar, 5.000,00 € durch Bank.
(3) Wir kaufen einen Lkw im Wert von 85.500,00 €; 50 % Baranzahlung, Restbetrag auf Rechnung.
(4) Verkauf einer gebrauchten Maschine; 4.000,00 € gegen bar, 26.000,00 € auf Ziel.
(5) Kauf eines Lkw im Wert von 50.000,00 €; 15 % werden überwiesen, der Restbetrag geht auf Rechnung.
(6) Verkauf eines Computers; 10 % zahlt der Kunde bar an, die restlichen 1.800,00 € werden überwiesen.
(7) Aufnahme eines Darlehens in Höhe von 250.000,00 €; es werden 80.000,00 € unserem Bankkonto und 110.000,00 € unserem Postbankkonto gutgeschrieben. Mit dem Restbetrag kaufen wir einen neuen Lkw.
(8) Wir verkaufen ein gebrauchtes Regalsystem im Wert von 5.000,00 €; der Kunde zahlt die Hälfte bar an, der Restbetrag geht auf Rechnung.
(9) Wir kaufen ein Grundstück im Wert von 120.000,00 €. Wir zahlen $1/3$ durch Postbanküberweisung an, über den Restbetrag nehmen wir eine Hypothekenschuld auf.
(10) Ein Kunde begleicht eine Rechnung. Er zahlt 20 % bar an, 30 % durch Banküberweisung und 4.500,00 € durch Postbanküberweisung.
(11) Wir kaufen einen Lkw im Wert von 55.000,00 € und eine Maschine im Wert von 230.000,00 €. 40.000,00 € bezahlen wir durch Banküberweisung, den Restbetrag auf Rechnung.
(12) Wir zahlen ein Darlehen zurück; durch Banküberweisung 23.000,00 €, durch Postbanküberweisung 47.000,00 €.

Lernbereich 10II.3.5 · 9

(13) Wir zahlen eine Lieferantenrechnung; 4.300,00 € bar und 5.200,00 € durch Postbanküberweisung.

(14) Wir kaufen einen Geschäftswagen im Wert von 33.000,00 € und einen Lkw im Wert von 84.000,00 €; 10 % werden bar angezahlt, der Restbetrag geht auf Rechnung.

Aufgabe 3

Bilde die entsprechenden Geschäftsvorfälle anhand der Eintragungen auf dem jeweiligen Konto.

(1)

Soll	Kasse		Haben
Anfangsbestand	2.400,00	(1) Verbindlichkeiten	650,00
(2) Forderungen	525,00	(3) Bank	1.000,00

Beispiel: Geschäftsvorfall 1 auf dem Konto Kasse

Buchungssatz			Betrag (in €)
Verbindlichkeiten	an		650,00
		Kasse	650,00

Geschäftsvorfall: Wir bezahlen eine Eingangsrechnung in Höhe von 650,00 € bar.

(2)

Soll	Verbindlichkeiten		Haben
(1) Bank	1.250,00	Anfangsbestand	32.000,00
(2) Darlehen	5.000,00	(3) BGA	850,00

9

Lernbereich 10II.3.5

9.3 Lernsituation 29: Wir buchen erfolgswirksame Geschäftsvorfälle

Den Buchungssatz hat Hannah jetzt schon gut begriffen. Fleißig trägt sie die einzelnen Belege zuerst in das Hauptbuch und anschließend in das Grundbuch ein. Doch bei nachfolgendem Beleg wird sie stutzig, passt er doch nicht so ganz in ihr bisher gewohntes Ablaufschema:

Netto	€	420, ct 00	**Quittung**
	€	ct	
+ % MwSt		ct	
Gesamt	€	420, ct 00	Nr. 77

Gesamtbetrag € in Worten

vierhundertzwanzig — Cent wie oben

(Im Gesamtbetrag sind _____ % Umsatzsteuer enthalten)

von *Chiemgauer Sportmoden GmbH*

für *Aushilfslohn Monat Januar 20XX*

richtig erhalten zu haben, bestätigt

Ort *Rosenheim*   Datum *01.02.20XX*

Buchungsvermerke   Stempel/Unterschrift des Empfängers

Anton Brettschneider

Hannah: Herr Wend, also bisher war ja immer alles klar. Aber bei dieser Quittung weiß ich nicht ganz so recht. Dass die Kasse abnimmt, okay, ist klar. Aber was mache ich mit dem Aushilfslohn? Der passt eigentlich zu keinem Bestandskonto, das ich kenne. Wenn überhaupt, wirkt sich das allerhöchstens auf den Gewinn aus.

Herr Wend: Richtig. Und welches Bestandskonto ist dann betroffen?

Hannah: Hm ... das Eigenkapital vielleicht?

Herr Wend: Richtig, und damit hast du das Problem fast schon gelöst.

1. Macht euch mit der Situation vertraut, indem ihr euch zunächst orientiert: Informiert euch über das Konto Eigenkapital und seine Unterkonten, die Erfolgskonten. Erkennt den Unterschied zwischen Erfolgskonten und Bestandskonten. **(Orientierung und Information)**
2. Plant euer weiteres Vorgehen, indem ihr euch Gedanken macht, was in dieser konkreten Situation zu tun ist, und notiert dies stichpunktartig. **(Planung)**
3. Bucht den Beleg auf T-Konten. Entwickelt Buchungsregeln für die Buchung auf die Erfolgskonten. Wendet dabei das Grundprinzip der doppelten Buchführung an und bucht mithilfe von Buchungssätzen. **(Durchführung)**
4. Bewertet euer Ergebnis im Klassenplenum. Nehmt Kritikpunkte auf zur Vollständigkeit und inhaltlichen Richtigkeit, ergänzt eure Ausführungen gegebenenfalls und korrigiert Fehler. **(Bewertung)**
5. Reflektiert kritisch mögliche Fehlerquellen im Buchungsprozess und überprüft eure Arbeitsweise. Seid bereit, euer Arbeitsergebnis zu verantworten und aus Fehlern zu lernen. Erkennt, dass ihr bei der Kontierung von Buchungsbelegen besonders gewissenhaft arbeiten müsst. Ebenso reflektiert euer Verhalten in der Arbeitsgruppe und überlegt, wie ihr Verhaltensweisen verbessern könnt. **(Reflexion)**

9   Lernbereich 10II.3.5

Ergänzender Handlungsauftrag für den kompletten Bereich 10II.3.5:

1. Führt eure Lernkartei zum Thema „Buchführung" fort.

2. Schreibt jeden der folgenden Begriffe auf die Kopfzeile eines DIN-A6-Kärtchens:

> Eigenkapital und seine Unterkonten, Erfolgskonten (Aufwandskonten, Ertragskonten)

3. Sortiert die Begriffskärtchen nach den Kriterien „weiß ich" oder „weiß ich nicht".

4. Bildet Kleingruppen und erklärt euch gegenseitig die „Weiß-ich-nicht"-Kärtchen. Schlagt dabei die ungeklärten Begriffe im Schulbuch nach.

5. Schreibt die Begriffserklärungen auf die Rückseite des entsprechenden Kärtchens und ordnet diese unter der Leitkarte „Buchführung" alphabetisch in euren Lernkartei-Behälter ein.

9.3.1 Aufwands- und Ertragskonten

Bisher haben die Geschäftsvorfälle nur die Bestände der Vermögens- und Schuldenpositionen verändert. Das Eigenkapital des Unternehmens blieb davon unberührt; d. h. diese Geschäftsvorfälle hatten keinen Einfluss auf den Erfolg (Gewinn oder Verlust) des Unternehmens. Der Erfolg verändert das Eigenkapital:

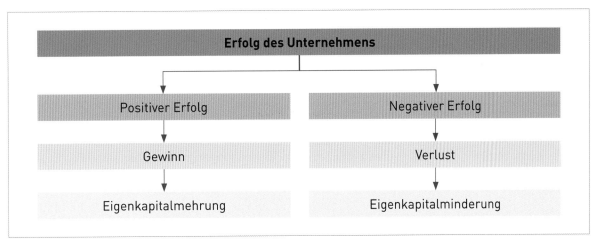

Bei diesen erfolgswirksamen Geschäftsvorfällen führt die Veränderung einer Vermögens- oder Schuldenposition nicht dazu, dass der entsprechende Gegenwert eine Vermögens- oder Schuldenposition verändert.

Zur Verdeutlichung folgende Beispiele:

Geschäftsvorfall 1: Die Chiemgauer Sportmoden GmbH kauft einen neuen Geschäfts-Pkw im Wert von 25.000,00 € durch Banküberweisung. Dieser Geschäftsvorfall bewirkt eine Zunahme des Aktivkontos Fuhrpark und eine Abnahme des Aktivkontos Bank.

– Dieser Geschäftsvorfall ist **erfolgsneutral.** Es werden Werte (Geld) verbraucht, der unmittelbar entsprechende Gegenwert fließt aber in Form einer Mehrung der Vermögensposition Fuhrpark zu.

Geschäftsvorfall 2: Die Chiemgauer Sportmoden GmbH bezahlt die Miete für eine Lagerhalle in Höhe von 2.300,00 € durch Banküberweisung. Dieser Geschäftsvorfall bewirkt eine Abnahme des Aktivkontos Bank; die Miete für die Lagerhalle bewirkt keine Veränderung einer Vermögens- oder Schuldenposition.

– Dieser Geschäftsvorfall ist **erfolgswirksam.** Es werden Werte (Geld) verbraucht, ohne dass der unmittelbar entsprechende Gegenwert in Form einer Vermögensmehrung oder Schuldenminderung zu-

Lernbereich 10II.3.5   9

fließt. Dieser Werteverbrauch vermindert das Eigenkapital. Wir bezeichnen jeden Werteverbrauch an Gütern und Dienstleistungen als **Aufwand.**

Beispiele für einen Aufwand im Unternehmen:

– Aufwand beim Einkauf von Handelswaren
– Löhne und Gehälter der Mitarbeiter
– Aufwand für Zinsen
– Aufwand für Miete
– Aufwand für Reparaturen
– Aufwand für Werbung
– Aufwand für betriebliche Steuern

Geschäftsvorfall 3: Die Chiemgauer Sportmoden GmbH hat Geld bei der Hausbank angelegt und erhält dafür Zinsen in Höhe von 150,00 € auf dem Bankkonto gutgeschrieben. Dieser Geschäftsvorfall bewirkt eine Zunahme des Aktivkontos Bank; die Zinsen bewirken keine Veränderung einer Vermögens- oder Schuldenposition.

– Dieser Geschäftsvorfall ist **erfolgswirksam.** Es fließen Werte (Geld) zu, ohne dass der unmittelbar entsprechende Gegenwert in Form einer Vermögensminderung oder Schuldenmehrung abfließt. Dieser Wertezufluss vermehrt das Eigenkapital. Wir bezeichnen jeden Wertezufluss an Gütern und Dienstleistungen als **Ertrag.**

Beispiele für einen Ertrag im Unternehmen:

– Ertrag aus dem Verkauf von Handelswaren
– Ertrag aus Vermietung und Verpachtung
– Ertrag aus Zinsen
– Ertrag aus Provisionen

Somit kann zusammenfassend festgestellt werden:

Erträge führen zu einer Zunahme des Eigenkapitals, Aufwendungen zu einer Abnahme des Eigenkapitals.

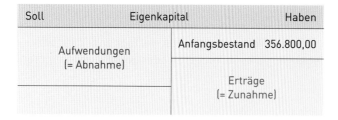

Soll	Eigenkapital	Haben
Aufwendungen (= Abnahme)	Anfangsbestand	356.800,00
	Erträge (= Zunahme)	

Sind am Ende eines Geschäftsjahres die Erträge größer als die Aufwendungen, so nimmt das Eigenkapital zu, d. h. das Unternehmen hat einen Gewinn gemacht.

Sind die Aufwendungen größer als die Erträge, so nimmt das Eigenkapital ab und das Unternehmen hat einen Verlust gemacht.

Da in der betrieblichen Praxis sehr viele Geschäftsvorfälle erfolgswirksam sind, wird das Konto Eigenkapital mit der Zeit unübersichtlich. Darüber hinaus kann nicht mehr klar nachvollzogen werden, was genau die Veränderung verursacht hat.

Aus diesem Grund werden Unterkonten des Kontos Eigenkapital eingeführt, die **Erfolgskonten.** Die Erfolgskonten werden je nach ihrer Wirkung auf das Konto Eigenkapital in **Aufwandskonten** und **Ertragskonten** unterschieden.

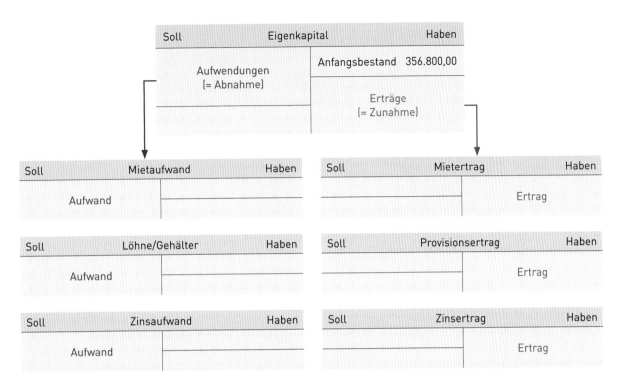

Im Unterschied zu den Bestandskonten besitzen die Erfolgskonten keine Anfangsbestände. Aufwendungen und Erträge fallen immer nur dann an, wenn der erfolgswirksame Geschäftsvorfall eben stattfindet. Er lässt sich nicht auf einen späteren Zeitpunkt (Bestand im neuen Geschäftsjahr) übertragen.

Wie wir gerade erfahren haben, sind Erfolgskonten Unterkonten des Eigenkapitals. Aus diesem Grund werden sie in der Buchhaltung genauso behandelt. Aufwendungen (Abnahme des Eigenkapitals) werden im Soll gebucht, Erträge im Haben (Zunahme des Eigenkapitals). Betrachten wir noch einmal die beiden erfolgswirksamen Geschäftsvorfälle von oben:

Geschäftsvorfall 2: Die Chiemgauer Sportmoden GmbH bezahlt die Miete für eine Lagerhalle in Höhe von 2.300,00 € durch Banküberweisung.

Soll	Mietaufwand	Haben
(2) Bank	2.300,00	

Buchungssatz		Betrag (in €)
Mietaufwand	an	2.300,00
	Bank	2.300,00

Geschäftsvorfall 3: Die Chiemgauer Sportmoden GmbH hat Geld bei der Hausbank angelegt und erhält dafür Zinsen in Höhe von 150,00 € auf dem Bankkonto gutgeschrieben.

Soll	Zinsertrag	Haben
	(2) Bank	150,00

Buchungssatz		Betrag (in €)
Bank	an	150,00
	Zinsertrag	150,00

Aufwendungen werden im Soll, Erträge im Haben gebucht.

9

Lernbereich 10II.3.5

Aufgaben zur Lernsituation 29

Aufgabe 1

Entscheide bei den folgenden Konten, ob sie Bestandskonten (Aktiv- bzw. Passivkonten) oder Erfolgskonten (Aufwands- bzw. Ertragskonten) sind.

Bank	Grundstücke	Schreibtisch
Mieteinnahmen	Maschinen	Ausgangsrechnung
Handelswaren	Lagerhalle	Gehälter
Steuern	Löhne	Heizkosten
Darlehen	Mietausgaben	Lkw
Eigenkapital	Eingangsrechnung	Werbekosten
Provisionseinnahmen	Stromkosten	

Aufgabe 2

Bilde zu nachfolgenden Geschäftsvorfällen die entsprechenden Buchungssätze! Entscheide jeweils, ob der Geschäftsvorfall erfolgswirksam (+ = Ertrag oder – = Aufwand) oder erfolgsneutral (n) ist!

(1) Wir kaufen einen neuen Firmen-Pkw im Wert von 25.000,00 € durch Banküberweisung.

Buchungssatz		Betrag (in €)		+, – oder n
Fuhrpark	an	25.000,00		
	Bank		25.000,00	

(2) Wir bezahlen die Vergütung für unsere Auszubildenden über 4.500,00 € durch Banküberweisung.

(3) Wir bezahlen unsere Miete über 800,00 € bar.

(4) Wir bezahlen unsere Stromrechnung über 1.200,00 € durch Banküberweisung.

(5) Die Bank belastet unser Konto mit 135,00 € Darlehenszinsen.

(6) Wir heben von unserem Bankkonto 3.000,00 € ab und legen es in die Kasse.

(7) Wir überweisen Reisekosten über 300,00 €.

(8) Wir bezahlen eine Lieferantenrechnung; Barzahlung über 10.980,00 €, 25.000,00 € durch Banküberweisung.

(9) Uns werden Provisionserträge über 2.500,00 € auf dem Bankkonto gutgeschrieben.

(10) Wir bezahlen die Rechnung für die Putzkolonne über 750,00 € bar.

(11) Provisionen in Höhe von 25.765,00 € werden unserem Bankkonto gutgeschrieben.

(12) Wir bezahlen unsere Heizungsrechnung über 4.759,00 € durch Banküberweisung.

(13) Unsere Bank schreibt uns 250,00 € für unser Sparbuch gut.

(14) Ein Kunde zahlt eine Rechnung über 357,50 € bar.

(15) Unser Bankkonto wird mit 390,00 € Telefonkosten, 80,00 € Strom und 62,00 € Zinsen belastet.

(16) Wir erhalten für unsere Verkaufserfolge eine Provision über 10.000,00 € per Postbanküberweisung.

(17) Wir bezahlen 300,00 € für eine Werbekampagne bar.

(18) Wie bezahlen unseren neuen Ausliefer-Lkw im Wert von 65.000,00 €; 20 % Baranzahlung, 10.000,00 € per Postbank, der Restbetrag geht auf Rechnung.

(18) Wir bezahlen die Betriebshaftpflichtversicherung über 1.000,00 € per Bank.

(20) Die Gehälter über 50.000,00 € werden per Banküberweisung beglichen.

(21) Wir bezahlen einen Schreibtisch im Wert von 1.200,00 € per Bank.

(22) Wir kaufen Briefmarken im Wert von 60,00 € bar.

(23) Wir erhalten die Miete für eine vermietete Lagerhalle über 2.500,00 € per Postbank.

(24) Unser Außendienstmitarbeiter hat im letzten Monat gut verkauft. Er erhält eine Umsatzprovision von 2.500,00 € bar ausgezahlt.

(25) Wir kaufen Kugelschreiber und Schreibblöcke für das Büro im Wert von 85,00 € auf Ziel.

(26) Wir bezahlen die Versicherung für unseren Geschäftswagen über 3.000,00 € per Bank.

(27) Der Pächter einer Lagerhalle erhält von uns eine Rechnung über 6.500,00 €.

(28) Wir bezahlen die Gehälter für unsere Mitarbeiter über 12.000,00 € durch Banküberweisung.

(29) Bezahlung unserer Telefonrechnung über 450,00 € durch Banküberweisung.

9.4 Lernsituation 30: Wir schließen alle Konten am Ende des Jahres ab

Das Buchen sowohl mit Bestands- als auch mit Erfolgskonten klappt nun schon ganz gut. Nun erklärt Herr Wend Hannah, was damit am Ende eines Jahres passiert.

Herr Wend: Glückwunsch, Hannah. Beim Buchen bist du schon ein richtiger Profi. Aber eins fehlt jetzt noch. Wir müssen alle Konten am Ende eines Geschäftsjahres abschließen.

Hannah: Warum das denn? Wir machen doch sowieso Inventur.

Herr Wend: Genau. Und dann vergleichen wir die Zahlen der Inventur mit denen der Buchhaltung. Die müssen natürlich übereinstimmen.

1. Macht euch mit der Situation vertraut, indem ihr euch zunächst orientiert: Informiert euch über das Schlussbilanzkonto und das Gewinn- und Verlustkonto (GuV). **(Orientierung und Information)**
2. Plant euer weiteres Vorgehen, indem ihr euch Gedanken macht, was in dieser konkreten Situation zu tun ist, und notiert dies stichpunktartig. **(Planung)**
3. Entwickelt eine Systematik für den Abschluss der Konten und haltet diese schriftlich fest. **(Durchführung)**
4. Bewertet euer Ergebnis im Klassenplenum. Nehmt Kritikpunkte auf zur Vollständigkeit und inhaltlichen Richtigkeit, ergänzt eure Ausführungen gegebenenfalls und korrigiert Fehler. **(Bewertung)**
5. Reflektiert kritisch mögliche Fehlerquellen im Buchungsprozess und überprüft eure Arbeitsweise. Seid bereit, euer Arbeitsergebnis zu verantworten und aus Fehlern zu lernen. Erkennt, dass ihr bei der Kontierung von Buchungsbelegen besonders gewissenhaft arbeiten müsst. Ebenso reflektiert euer Verhalten in der Arbeitsgruppe und überlegt, wie ihr Verhaltensweisen verbessern könnt. **(Reflexion)**

Ergänzender Handlungsauftrag für den kompletten Bereich 10II.3.5:

1. Führt eure Lernkartei zum Thema „Buchführung" fort.

2. Schreibt jeden der neuen Begriffe auf die Kopfzeile eines DIN-A6-Kärtchens:

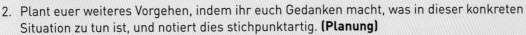

Schlussbilanzkonto, Gewinn- und Verlustkonto

3. Sortiert die Begriffskärtchen nach den Kriterien „weiß ich" oder „weiß ich nicht".

4. Bildet Kleingruppen und erklärt euch gegenseitig die „Weiß-ich-nicht"-Kärtchen. Schlagt dabei die ungeklärten Begriffe im Schulbuch nach.

5. Schreibt die Begriffserklärungen auf die Rückseite des entsprechenden Kärtchens und ordnet diese unter der Leitkarte „Buchführung" alphabetisch in eure Lernkartei-Behälter ein.

9.4.1 Abschluss der Erfolgskonten über das Gewinn- und Verlustkonto (GuV)

Um einen schnellen Überblick über alle Aufwendungen und Erträge zu haben, führen wir ein Sammelkonto ein, das Gewinn- und Verlustkonto (GuV). Hier erkennt das Unternehmen sofort, welchen Erfolg es im abgelaufenen Geschäftsjahr hatte:

Folgendes Beispiel zur Verdeutlichung:

Im Laufe des Geschäftsjahres wurden auf den Erfolgskonten folgende Geschäftsvorfälle gebucht:

Geschäftsvorfall 2: Die Chiemgauer Sportmoden GmbH bezahlt die Miete für eine Lagerhalle in Höhe von 2.300,00 € durch Banküberweisung.

Geschäftsvorfall 3: Die Chiemgauer Sportmoden GmbH hat Geld bei der Hausbank angelegt und erhält dafür Zinsen in Höhe von 150,00 € auf dem Bankkonto gutgeschrieben.

Geschäftsvorfall 4: Die Chiemgauer Sportmoden GmbH überweist die Löhne und Gehälter in Höhe von 30.000,00 € an die Mitarbeiter.

Geschäftsvorfall 5: Die Chiemgauer Sportmoden GmbH erhält Provisionen für verkaufte Waren in Höhe von 50.000,00 € per Banküberweisung.

Buchung der Geschäftsvorfälle auf den Erfolgskonten:[5]

Hauptbuch						

Soll	Mietaufwand	Haben		Soll	Zinsertrag	Haben
(2) Bank	2.300,00				(3) Bank	150,00

Soll	Löhne/Gehälter	Haben		Soll	Provisionsertrag	Haben
(4) Bank	30.000,00				(5) Bank	50.000,00

Am Ende des Geschäftsjahres werden nun alle Ertrags- und Aufwandskonten über das Sammelkonto GuV abgeschlossen. Doch zunächst müssen die einzelnen Konten erst einmal ausgeglichen werden:

Hauptbuch						

Soll	Mietaufwand		Haben	Soll	Zinsertrag		Haben
(2) Bank	2.300,00	GuV	2.300,00	GuV	150,00	(3) Bank	150,00

Soll	Löhne/Gehälter		Haben	Soll	Provisionsertrag		Haben
(4) Bank	30.000,00	GuV	30.000,00	GuV	50.000,00	(5) Bank	50.000,00

---

5 Natürlich werden alle Geschäftsvorfälle auf dem Bestandskonto „Bank" gegengebucht. Da dies aber für das Verständnis dieses Kapitels keine Rolle spielt, bleibt es unberücksichtigt.

Die Gegenbuchung erfolgt auf dem Konto GuV:

Soll		GuV	Haben
Mietaufwand	2.300,00	Zinsertrag	150,00
Löhne/Gehälter	30.000,00	Provisionsertrag	50.000,00
Gewinn	17.850,00		

Wir können sofort erkennen, dass die Erträge größer als die Aufwendungen sind. Die Chiemgauer Sport-moden GmbH hat in diesem Geschäftsjahr also einen Gewinn gemacht. Dieser Gewinn wird nun auf das Konto Eigenkapital gebucht, sodass das Konto GuV abgeschlossen ist.

Soll	Eigenkapital		Haben
Schlussbestand	374.650,00	Anfangsbestand	356.800,00
		GuV	17.850,00

Buchungssatz			Betrag (in €)
GuV	an		17.850,00
		Eigenkapital	17.850,00

9.4.2 Abschluss der Bestandskonten

Nachdem nun zuerst die Erfolgskonten über das Gewinn- und Verlustkonto (GuV) und dieses dann über das Konto Eigenkapital abgeschlossen wurden, müssen zuletzt auch noch die einzelnen Bestandskonten abgeschlossen werden. Die Bestandskonten schließen dabei über das Schlussbilanzkonto (SBK) ab.

Schauen wir uns nun beispielhaft nur das Aktivkonto „Bank" und das Passivkonto „Verbindlichkeiten"[6] an.

Hauptbuch

Soll	Bank		Haben
Anfangsbestand	5.600,00	(1) BGA	2.500,00
(5) Forderungen	8.400,00	(2) Verbindlkeiten	1.850,00
(7) Forderungen	16.450,00		

Soll	Verbindlichkeiten		Haben
(2) Bank	1.850,00	Anfangsbestand	33.200,00
		(3) Mietaufwand	2.500,00
		(4) Fuhrpark	20.000,00

Der Schlussbestand (SB) errechnet sich als Saldo der Soll- und der Haben-Seite, d. h. aus dem Anfangs-bestand plus aller Zunahmen und minus aller Abnahmen. Wir erkennen sofort, dass der Schlussbestand bei allen Aktivkonten im Haben und bei allen Passivkonten im Soll steht.

Hauptbuch

Soll	Bank		Haben
Anfangsbestand	5.600,00	(1) BGA	2.500,00
(5) Forderungen	8.400,00	(2) Verbindlkeiten	1.850,00
(7) Forderungen	16.450,00	Schlussbestand	26.100,00

Soll	Verbindlichkeiten		Haben
(2) Bank	1.850,00	Anfangsbestand	33.200,00
Schlussbestand	53.850,00	(3) Mietaufwand	2.500,00
		(4) Fuhrpark	20.000,00

---

6 Selbstverständlich gelten die folgenden Ausführungen für alle anderen Bestandskonten auch.

Der Schlussbestand wird dann auf das Schlussbilanzkonto gebucht.

Der Buchungssatz für den Abschluss eines Bestandskontos lautet:

SBK an Aktivkonto		Passivkonto an SBK	

Aktiva	Schlussbilanzkonto		Passiva
Grundstücke und Gebäude	690.000,00 €	Eigenkapital	374.650,00 €
Lagereinrichtung	26.000,00 €	Darlehen	500.000,00 €
Fuhrpark	85.000,00 €	Verbindlichkeiten aus L.L.	53.850,00 €
BGA	49.000,00 €		
Handelswaren	24.850,00 €		
Forderungen aus L.L.	26.745,00 €		
Bank	26.100,00 €		
Kasse	805,00 €		
	928.500,00 €		**928.500,00 €**

Die aus der Buchführung ermittelten Schlussbestände, die in das Schlussbilanzkonto gebucht werden, müssen mit den Werten der Inventur, die in der Schlussbilanz stehen, übereinstimmen.

Aufgaben zur Lernsituation 30

Aufgabe 1
Betrachte nachfolgenden Auszug aus dem Hauptbuch:

Hauptbuch

Soll	Kommunikationskosten	Haben
(1) Bank	1.945,00	

Soll	Mietaufwand	Haben
(3) Kasse	2.220,00	

Soll	Löhne/Gehälter	Haben
(5) Bank	18.500,00	
(6) Kasse	450,00	

Soll	Provisionsertrag	Haben
	(2) Bank	26.750,00
	(4) Bank	4.300,00

(1) Schließe die Konten ordnungsgemäß ab und bilde die entsprechenden Buchungssätze.

(2) Ermittle den Gewinn bzw. Verlust.

Aufgabe 2
Bilde zu den folgenden Geschäftsvorfällen den Buchungssatz. Anschließend verbuche sie auf Konten, schließe die Erfolgskonten ab und ermittle den Gewinn bzw. Verlust.

(1) Die Bank belastet unser Konto mit Zinsen   2.000,00 €
(2) Mieteinnahmen lt. Kontoauszug   2.500,00 €
(3) Zinsgutschrift der Bank   1.000,00 €
(4) Wir bezahlen die Miete bar   800,00 €
(5) Wir erhalten Provisionen auf unserem Konto gutgeschrieben   28.000,00 €
(6) Wir überweisen unseren Mietarbeitern die Löhne und Gehälter   19.300,00 €

Aufgabe 3
Gehe bei dem folgenden Geschäftsgang in folgenden Schritten vor:

a) Eröffne die Bestandskonten.
b) Verbuche die Geschäftsvorfälle.
c) Schließe die Bestandskonten über das Schlussbilanzkonto ab.

Die „World of Jacket OHG" hatte zum 31.12.20XX die folgenden Bilanzwerte vorliegen:

Anfangsbestände vom 01.01.20XX

Grundstücke und Gebäude   430.000,00 €
Fuhrpark   190.000,00 €
BGA   95.000,00 €
Handelswaren   80.000,00 €
Forderungen aus L.L.   22.000,00 €
Bank   54.000,00 €
Kasse   7.000,00 €
Eigenkapital   ?
Hypotheken   250.000,00 €
Darlehen   185.000,00 €
Verbindlichkeiten aus L.L.   79.000,00 €

Geschäftsvorfälle

(1) Verkauf gebrauchter Schreibtische und Regale im Wert von 3.000,00 € auf Ziel.
(2) Ein Kunde bezahlt eine Rechnung; Baranzahlung über 1.000,00 €, Restbetrag über 8.000,00 € durch Banküberweisung.
(3) Kauf eines Geschäftswagens im Wert von 32.000,00 € auf Ziel.
(4) Barabhebung über 2.500,00 € vom Bankkonto.
(5) Banküberweisung einer Liefererrechnung über 4.000,00 €.
(6) Umwandlung einer Lieferantenschuld über 15.000,00 € in ein langfristiges Darlehen.
(7) Kauf einer PC-Anlage; Baranzahlung über 25 %; Restbetrag von 7.500,00 € durch Banküberweisung.
(8) Verkauf einer Lagerhalle im Wert von 250.000,00 €; Kunde zahlt 10 % bar an, 50.000,00 € durch Banküberweisung, der Restbetrag geht auf Rechnung.

9.4.3 Exkurs: Kontenrahmen und Kontenplan

In der betrieblichen Praxis hat sich das Verwenden von Abkürzungen der einzelnen Konten durchgesetzt. So existieren beispielsweise für das Passivkonto „Verbindlichkeiten aus Lieferungen und Leistungen" die Abkürzungen „Verbindlichkeiten aus L.L.", „VeLL", „VLL" und „VE".

Würde jeder Betrieb seine Buchführung nach eigenem Ermessen gliedern und ordnen, dann wäre ein Chaos die Folge. Neu eingestellte Buchhalter und alle Interessengruppen wie Finanzämter, Gläubiger oder Gesellschafter müssten sich jeweils in dieses betriebsindividuelle Ordnungssystem einarbeiten, wenn sie ihre Arbeit tun oder Betriebe kontrollieren und miteinander vergleichen wollten.

Kontenrahmen

Diese Übersichtlichkeit der Buchführung wird wesentlich gesteigert, wenn eine Systematisierung der Konten erfolgt. Basis für diese Systematisierung ist ein Kontenrahmen, der eine Übersicht über alle möglichen Konten eines Unternehmens gibt. Damit nicht jede Unternehmung die Anzahl, Bezifferung und Bezeichnung seiner Konten willkürlich gestaltet und versucht, die buchhalterischen Besonderheiten seines Wirtschaftsbereiches zu berücksichtigen, wurden von den verschiedenen Spitzenverbänden der Wirtschaft Kontenrahmen erarbeitet und zur Anwendung empfohlen. Dabei wurden die speziellen Gegebenheiten der Branche (z. B. Industrie, Groß- und Außenhandel, Einzelhandel, Banken) berücksichtigt.

Der Kontenrahmen ordnet jedem Konto eine Kontonummer zu, die dieses Konto eindeutig bestimmt. Viele Unternehmen, die ihre Buchführung mithilfe der EDV bearbeiten, nutzen ausschließlich diese Kontennummern.

Der Kontenrahmen der Wirtschaftsschule ist dem Industriekontenrahmen IKR angelehnt, der in folgende acht Kontenklassen aufgeteilt ist:

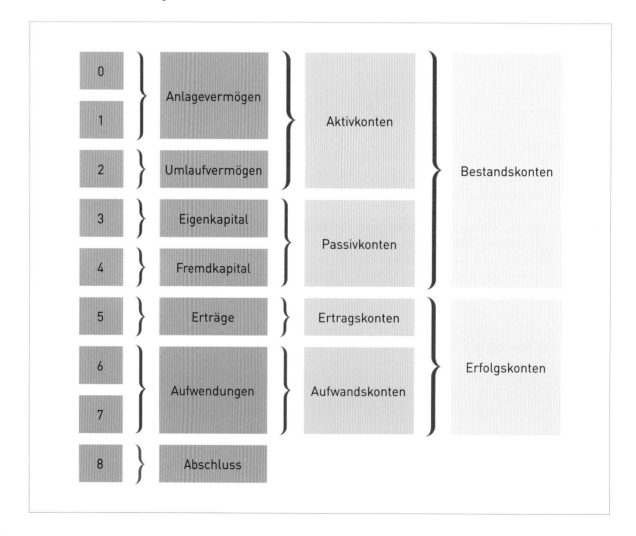

Die vierstellige Kontonummer wird nun wie folgt gebildet:

Kontonummer				Kontoname		
2	8	0	0	**Bank**		
				Kontenklasse 2:		Umlaufvermögen
				Kontengruppe 28:		Flüssige Mittel
				Kontenart 280:		Kasse
				Kontenunterart 2800:		Sparkasse (Hausbank)

Aufgrund des dekadischen Systems ist eine ausgesprochen tief greifende Aufteilung denkbar. In der Regel enthalten Kontenrahmen Empfehlungen bis zu den dreistelligen Kontenarten.

Die weitere Einteilung bleibt den Unternehmen überlassen, die je nach Bedarf, jedoch insbesondere dann, wenn die Buchführung EDV-unterstützt abgewickelt wird, oft eine tiefer gegliederte Bezifferung wählen.

Kontenplan

Ein Kontenrahmen ist in der Regel sehr umfassend – kaum ein Unternehmen wird alle Konten benötigen, die in diesem Kontenrahmen gelistet sind. Deswegen leitet sich jedes Unternehmen aus einem Kontenrahmen einen individuellen Kontenplan ab.

Ein **Kontenplan ist also ein auf ein Unternehmen zugeschnittener Kontenrahmen** – die Kontenklassen sowie die Nummerierung der Konten werden dabei vom Kontenrahmen übernommen. Je nach Bedarf des Unternehmens können Kontenarten oder auch Kontengruppen, die im Kontenrahmen vorgesehen sind, im Kontenplan gar nicht vorkommen, oder es werden im Kontenplan Kontenarten eingerichtet, die im Kontenrahmen so nicht vorgegeben sind. Dabei kann es vorkommen, dass Kontonummern mit drei Stellen nicht ausreichen, sodass vierstellige (oder sogar fünf- bzw. sechsstellige) Kontonummern vergeben werden müssen.

Für uns ergibt sich, dass in Zukunft jeder Buchungssatz unter Angabe der Kontonummer und des Kontennamens gebildet werden muss.

Geschäftsvorfall:
Die Chiemgauer Sportmoden GmbH überweist die Rechnung eines Lieferanten in Höhe von 25.000,00 €.

Der Buchungssatz lautet:

Buchungssatz				Betrag (in €)	
4400 VE		an		25.000,00	
			2800 BK		25.000,00

Aufgaben zu Kontenrahmen und Kontenplan

Aufgabe 1
Suche zu den nachfolgenden Kontenbezeichnungen die entsprechenden Kontonummern.

Maschinen	Zinserträge
Vorsteuer	Handelswaren
Umsatzerlöse für HW	Fuhrpark
Mietaufwendungen	Umsatzsteuer
Gewinn- und Verlustkonto	

Aufgabe 2
Suche zu den nachfolgenden Kontonummern die entsprechenden Kontenbezeichnungen.

2880	0720
6080	5401
3000	7510
4400	8010
2400	

Aufgabe 3
Formuliere zu den nachfolgenden Buchungssätzen die entsprechenden Geschäftsvorfälle!

(1)

2880	an		1.000,00	
		2800		1.000,00

(2)

2800	an		250,00	
		5401		250,00

(3)

0840	an		2.240,00	
		4400		2.240,00

(4)

4400	an		22.500,00	
		2800		22.500,00

9.5 Lernsituation 31: Wir buchen die Umsatzsteuer

Hannah Nitsch ist nun schon mit fast allen Grundlagen der betrieblichen Buchhaltung vertraut. Als sie eines Morgens auf dem PC von Herrn Wend etwas nachschauen will, sieht sie folgenden Ausschnitt auf dem Desktop:

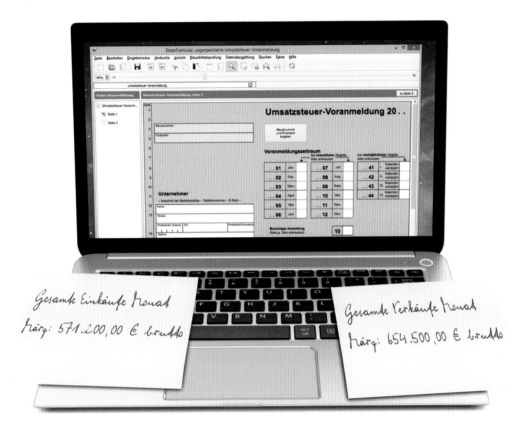

Hannah: Herr Wend, da steht nur etwas von Umsatzsteuer-Voranmeldung.

Herr Wend: Genau, das meine ich. Du weißt doch, dass wir die Umsatzsteuer an den Staat bezahlen müssen. Tja, und deshalb müssen wir eine sogenannte Voranmeldung machen und bis zum 10. eines Monats die schuldige Umsatzsteuer des Vormonats an das Finanzamt bezahlen. Unsere gesamten Ein- und Verkäufe habe ich schon mal ausgerechnet.

Hannah: Hört sich ja kompliziert an!

Herr Wend: Halb so schlimm! Lies dir einfach mal die Informationen durch. Dann können wir ja zusammen den Steuerabschluss für den Monat März machen.

1. Macht euch mit der Situation vertraut, indem ihr euch zunächst orientiert: Informiert euch über das System und das Buchen der Umsatzsteuer sowie die Berechnung der Umsatzsteuerschuld. Vertieft eure Kenntnisse der Prozentrechnung durch Berechnung der Umsatzsteuer bei gegebenen Netto- bzw. Bruttobeträgen. **(Orientierung und Information)**
2. Plant euer weiteres Vorgehen, indem ihr euch Gedanken macht, was in dieser konkreten Situation zu tun ist, und notiert dies stichpunktartig. **(Planung)**
3. Schließt die Umsatzsteuer für den Monat März ab. Entwickelt auch eine systematische Vorgehensweise, die ihr auf einem Plakat festhaltet. **(Durchführung)**
4. Bewertet euer Ergebnis im Klassenplenum. Nehmt Kritikpunkte auf zur Vollständigkeit und inhaltlichen Richtigkeit, ergänzt eure Ausführungen gegebenenfalls und korrigiert Fehler. **(Bewertung)**
5. Reflektiert kritisch mögliche Fehlerquellen und überprüft eure Arbeitsweise. Seid bereit, euer Arbeitsergebnis zu verantworten und aus Fehlern zu lernen. Erkennt, dass ihr bei der Kontierung von Buchungsbelegen besonders gewissenhaft arbeiten müsst. Ebenso reflektiert euer Verhalten in der Arbeitsgruppe und überlegt, wie ihr Verhaltensweisen verbessern könnt. **(Reflexion)**

Lernbereich 10II.3.5

9

Ergänzender Handlungsauftrag für den kompletten Bereich 10II.3.5:

1. Führt eure Lernkartei zum Thema „Buchführung" fort.

2. Schreibt jeden der folgenden Begriffe auf die Kopfzelle eines DIN-A6-Kärtchens:

   Umsatzsteuer, Vorsteuer, Zahllast, Vorsteuerüberhang

3. Sortiert die Begriffskärtchen nach den Kriterien „weiß ich" oder „weiß ich nicht".

4. Bildet Kleingruppen und erklärt euch gegenseitig die „Weiß-ich-nicht"-Kärtchen. Schlagt dabei die ungeklärten Begriffe im Schulbuch nach.

5. Schreibt die Begriffserklärungen auf die Rückseite des entsprechenden Kärtchens und ordnet diese unter der Leitkarte „Buchführung" alphabetisch in eure Lernkartei-Behälter ein.

9.5.1 Das System der Umsatzsteuer

9.5.1.1 Allgemeines

Der Staat hat vielfältige Aufgaben. Hierzu gehört neben der Sicherheit durch Polizei und Bundeswehr, der Gesundheit durch öffentliche Krankenhäuser und vielem mehr natürlich auch die Bildung durch Schulen und Universitäten. Um die durch diese Aufgaben entstehenden Ausgaben finanzieren zu können, benötigt der Staat entsprechende Einnahmen. Die Haupteinnahmequelle sind dabei die Steuern.

Wie wir sofort erkennen können, ist die Umsatzsteuer die bedeutendste Einnahmequelle des Staates.

Steuereinnahmen 2014
von Bund, Ländern und Gemeinden
insgesamt 643.617 Mio. Euro; davon (in Mio. Euro):

203.110 Umsatz-, Mehrwertsteuer	4.552 Zölle
167.983 Lohnsteuer	2.061 Branntweinsteuer
45.613 Einkommensteuer	1.441 Lotteriesteuer
43.756 Gewerbesteuer	1.016 Kaffeesteuer
39.758 Energiesteuer	990 Luftverkehrsteuer
20.044 Körperschaftsteuer	783 Vergnügugsteuer
17.423 nicht veranlagte Steuern	708 Kernbrennstoffsteuer
15.047 Solidaritätszuschlag	684 Biersteuer
14.612 Tabaksteuer	412 Schaumweinsteuer
12.691 Grundsteuer	409 Feuerschutzsteuer
12.046 Versicherungsteuer	309 Hundesteuer
9.339 Grunderwerbsteuer	232 Sport- und Rennwettsteuer
8.501 Kfz-Steuer	119 Zweitwohnungsteuer
7.812 Abgeltungsteuer	14 Zwischenerzeugnissteuer
6.638 Stromsteuer	10 Jagd- und Fischereisteuer
5.452 Erbschaftsteuer	52 sonstige Steuern

Quelle: Bundesministerium der Finanzen

Die Umsatzsteuer besteuert

– alle Lieferungen (z. B. Verkauf von eigenen Erzeugnissen und Handelswaren, Maschinen, Fuhrpark etc.) und Leistungen (z. B. Transport, Lagerung, Reparaturen), die ein Unternehmer im Inland gegen Entgelt ausführt.

– den Eigenverbrauch eines Unternehmers (z. B. Entnahme eines Schreibtisches, den ein Möbelfabri-
  kant für seinen Privathaushalt benötigt).
– alle Einfuhren von Gegenständen aus dem Ausland.

Der Höhe des Steuersatzes kann in drei Gruppen eingeteilt werden:

Allgemeiner Steuersatz 19 %	– Jede Lieferung und Leistung eines Unternehmers, die nicht steuer-ermäßigt oder -befreit ist
Ermäßigter Steuersatz 7 %	– Wichtige Lebensmittel: Fleisch, Milch, Fisch, Gemüse – Kulturelle Gegenstände und Leistungen: Bücher, Zeitungen, Museen, Schwimmbäder – Öffentlicher Personennahverkehr
Steuerbefreite Umsätze Keine USt.	– Ausfuhrlieferungen – Versicherungs- und Bankumsätze – Umsätze der Post – Leistungen der Ärzte

9.5.1.2 Berechnung der Umsatzsteuer

Für Lieferungen und Leistungen ist die Bemessungsgrundlage das Entgelt. Entgelt ist alles, was der Leistungsempfänger netto aufwenden muss, um die Leistung zu erhalten.

Die Chiemgauer Sportmoden GmbH kauft beim Lieferanten Sport Busch GmbH 40 Trainertaschen zu einem Einzelpreis von netto 18,80 €. Aufgrund langjähriger Geschäftsbeziehungen erhält die Chiemgauer
Sportmoden GmbH einen Treuerabatt von 10 %. Die Lieferung vom Lieferanten Sport Busch GmbH in
Hannover erfolgt „unfrei"; d. h., für die Chiemgauer Sportmoden GmbH entstehen zusätzlich noch Fracht-
und Verpackungskosten in Höhe von 36,74 €. Als Zahlungsbedingung wurde zwischen den beiden Ver-
tragspartnern vereinbart, dass bei Zahlung innerhalb von 14 Tagen 2 % Skonto gewährt werden. Die
Chiemgauer Sportmoden GmbH bezahlt innerhalb der Skontofrist.

Listeneinkaufspreis	40 Stück × 18,80 €	=	752,00 €
– Lieferantenrabatt		10 %	75,20 €
= Zieleinkaufspreis			676,80 €
– Lieferantenskonto		2 %	13,54 €
= Bareinkaufspreis			663,26 €
+ Bezugskosten			36,74 €
= Einstandspreis			700,00 €
+ Umsatzsteuer		19 %	133,00 €
= Rechnungsbetrag			833,00 €

Wir merken uns also, dass die Grundlage für die Berechnung der Umsatzsteuer der Einstandspreis ist,
d. h. der Einstandspreis entspricht dem Entgelt.

Ist der Einstandspreis (= Rechnungsbetrag **netto**) gegeben, so errechnet sich der Umsatzsteuerbetrag
„Vom-Hundert".

Lernbereich 10II.3.5

9

Die Chiemgauer Sportmoden GmbH kauft Trainertaschen zum Warenwert netto 700,00 €.

$$\text{Umsatzsteuerbetrag} = \frac{\text{Rechnungsbetrag \textbf{netto}} \times 19}{100} = \frac{700,00\ € \times 19}{100} = 133,00\ €$$

Ist der Rechnungsbetrag **brutto** gegeben, so errechnet sich der Umsatzsteuerbetrag „Auf-Hundert".

Die Chiemgauer Sportmoden GmbH kauft Trainertaschen zum Warenwert brutto 833,00 €.

$$\text{Umsatzsteuerbetrag} = \frac{\text{Rechnungsbetrag \textbf{brutto}} \times 19}{119} = \frac{833,00\ € \times 19}{119} = 133,00\ €$$

9.5.1.3 Ermittlung der Umsatzsteuerschuld

Das System der Umsatzbesteuerung verteilt die Umsatzsteuer auf alle beteiligten Wirtschaftsstufen. Waren, die von der Herstellung bis zum Verbrauch mehrere Unternehmen durchlaufen, werden auf jeder Stufe auf der Basis ihres Mehrwertes besteuert. Aus diesem Grund wird die Umsatzsteuer oftmals auch als Mehrwertsteuer bezeichnet. Damit wird zum einen verhindert, dass ein und dieselbe Ware mehrfach besteuert wird, und zum anderen werden dadurch alle Unternehmen verpflichtet, die Umsatzsteuer einzuziehen.

In den Eingangsrechnungen der vorgelagerten Unternehmen ist neben dem Warenpreis die vom Lieferanten an sein zuständiges Finanzamt abzuführende Umsatzsteuer enthalten. Somit sind die dem eigenen Umsatz vorgelagerten Umsätze innerhalb des eigenen Einkaufs Vorumsätze. Deshalb nennen wir die beim Einkauf anfallende Umsatzsteuer auch **Vorsteuer.**

Betrachten wir hierzu das Beispiel eines Trainingsanzuges „World Champion 2014", das die Chiemgauer Sportmoden GmbH in ihrem Sortiment hat:

	Einkaufs-preis	Vor-steuer	Verkaufs-preis	Umsatz-steuer	Mehr-wert	Umsatz-steuerschuld
Landwirtschaftlicher Betrieb (Baumwolle)	0,00 €	0,00 €	10,00 €	1,90 €	10,00 €	1,90 €
Garnspinnerei	10,00 €	1,90 €	15,00 €	2,85 €	5,00 €	0,95 €
Textilbetrieb	15,00 €	2,85 €	22,00 €	4,18 €	7,00 €	1,33 €
Großhandel	22,00 €	4,18 €	32,00 €	6,08 €	10,00 €	1,90 €
Einzelhandel	32,00 €	6,08 €	40,00 €	7,60 €	8,00 €	1,52 €
Endverbraucher					40,00 €	7,60 €

Der Endverbraucher zahlt 47,60 € für den Trainingsanzug (Mehrwert + Umsatzsteuer), da er die Umsatzsteuer nicht als Vorsteuer geltend machen kann. Für die Unternehmen ist die Erhebung der Umsatzsteuer nur ein „durchlaufender Posten" ohne Auswirkung auf den Erfolg des Unternehmens.

Von der Umsatzsteuer, die der Unternehmer seinen Kunden in Rechnung stellt, kann er die Vorsteuerbeträge abziehen, die er an seine Lieferanten zu zahlen hat. Nur die Differenz zwischen Umsatzsteuer und Vorsteuer muss an das Finanzamt abgeführt werden.

Einkauf (Eingangsrechnung)		**Verkauf** (Ausgangsrechnung)	
Die Chiemgauer Sportmoden GmbH kauft Trainingsanzüge zum Warenwert netto 1.000,00 € + 19 % USt.		Die Chiemgauer Sportmoden GmbH verkauft Trainingsanzüge zum Warenpreis netto 1.500,00 € + 19 % USt.	
Warenpreis netto	1.000,00 €	Warenpreis netto	1.500,00 €
+ 19 % USt.	190,00 €	+ 19 % USt.	285,00 €
= Rechnungsbetrag brutto	1.190,00 €	= Rechnungsbetrag brutto	1.785,00 €
Vorsteuer	**190,00 €**	**Umsatzsteuer**	**285,00 €**
(Forderung gegenüber dem Finanzamt)		(Verbindlichkeit gegenüber dem Finanzamt)	

Saldo
95,00 €

Finanzamt		
Umsatzsteuer > Vorsteuer	Zahllast	Die Zahllast muss bis zum 10. des Folgemonats an das Finanzamt bezahlt werden
Umsatzsteuer < Vorsteuer	Vorsteuerüberhang	Der Vorsteuerüberhang wird im Folgemonat vom Finanzamt erstattet.

9.5.2 Buchung beim Einkauf

Betrachten wir den folgenden Geschäftsvorfall:
Zur Neueinrichtung des Lagerbüros hat die Chiemgauer Sportmoden GmbH verschiedene Büromöbel gekauft. Hierzu liegt die abgebildete Eingangsrechnung vor.

Niedermayer Büromöbel GmbH - Nutzweg 62 - 83043 Bad Aibling

Chiemgauer Sportmoden GmbH
Industriepark 123
83024 Rosenheim

Rechnung

Rechnungs-Nr.	Rechnungsdatum	Auftrags-Nr.	Lieferdatum	Kunden-Nr.
NM 84/20XX	12.04.20XX	NM 84/20XX	12.04.20XX	240367

Pos.	Menge	Bezeichnung	Einzelpreis	Gesamtpreis
1	4	Bürodrehstuhl „Aktiv Plus"	130,00 €	520,00 €
2	10	Aktenschrank „Aktiv Plus" 200 x 100 x 50	80,00 €	800,00 €
3	2	Schreibtisch „Aktiv Plus"	240,00 €	480,00 €
		Rechnungsbetrag netto		1.800,00 €
		+ 19 % Umsatzsteuer		342,00 €
		Rechnungsbetrag brutto		**2.142,00 €**

Zahlungsbedingung: innerhalb 30 Tagen rein netto

Wie wir erkennen können, ist im Rechnungsbetrag bereits die Umsatzsteuer in Höhe von 342,00 € enthalten, die die Niedermayer Büromöbel GmbH an sein Finanzamt abführen muss. Somit kann sie die Chiemgauer Sportmoden GmbH als Vorsteuer geltend machen und vom Finanzamt wieder zurückfordern.

Der Buchungssatz zur obigen Rechnung lautet:

Buchungssatz				Betrag (in €)
0870 BGA				1.800,00
2600 VORST	an			342,00
		4400 VE		2.142,00

9.5.3 Buchung beim Verkauf

Betrachten wir nun folgenden Geschäftsvorfall:
Die Chiemgauer Sportmoden GmbH hat sich einen neuen Verteiler-Lkw gekauft. Aus diesem Grund wird der alte Lkw an die Liebermann AG verkauft. Es existiert diese Ausgangsrechnung:

Die Chiemgauer Sportmoden GmbH stellt dem Kunden Liebermann AG den Nettopreis über 40.000,00 € zuzüglich 19 % Umsatzsteuer in Rechnung. Die Umsatzsteuer in Höhe von 7.600,00 € muss die Chiemgauer Sportmoden GmbH an das Finanzamt abführen.

Der Buchungssatz zur obigen Rechnung lautet:

Buchungssatz				Betrag (in €)
2400 FO	an			47.600,00
		0840 FP		40.000,00
		4800 UST		7.600,00

9.5.4 Abschluss der Steuerkonten

Wir haben erfahren, dass jedes Unternehmen seine Umsatzsteuerschuld spätestens bis zum 10. des Folgemonats an das Finanzamt bezahlen muss.

Für die Chiemgauer Sportmoden GmbH liegen für den abgelaufenen Monat Mai folgende Informationen vor:

- Einkäufe zum Gesamtrechnungsbetrag brutto 595.000,00 €; darin sind 95.000,00 € Vorsteuer enthalten.
- Verkäufe zum Gesamtrechnungsbetrag brutto 690.200,00 €; darin sind 110.200,00 € Umsatzsteuer enthalten.

Jeder Einkauf war mit einer Zunahme der Vorsteuer verbunden. Dies wurde auf dem aktiven Bestandskonto „2600 Vorsteuer" im Soll gebucht.

Mit jedem Verkauf nahm die Umsatzsteuer zu, sodass beim passiven Bestandskonto „4800 Umsatzsteuer" im Haben gebucht wurde.

Betrachten wir hierzu den Auszug aus dem Hauptbuch:

Hauptbuch

Soll	Vorsteuer		Haben	Soll	Umsatzsteuer		Haben
Einkäufe	95.000,00					Verkäufe	110.200,00

Die Chiemgauer Sportmoden GmbH wird nun spätestens am 10. Juni von der Umsatzsteuer (die sie ihren Kunden in Rechnung gestellt hat) die Vorsteuerbeträge (die die Lieferanten in Rechnung gestellt haben) abziehen. Das bedeutet in der Buchführung, dass der Abschluss vom Konto „2600 Vorsteuer" auf das Konto „4800 Umsatzsteuer" erfolgt.

Hauptbuch

Soll	Vorsteuer		Haben	Soll	Umsatzsteuer		Haben
Einkäufe	95.000,00	Umsatzsteuer	95.000,00	Vorsteuer	95.000,00	Verkäufe	110.200,00

Der Buchungssatz für den Abschluss der Vorsteuer lautet:

Buchungssatz				Betrag (in €)	
4800 UST		an		95.000,00	
			2600 VORST		95.000,00

Abschließend wird die Chiemgauer Sportmoden GmbH die so ermittelte Zahllast an das Finanzamt überweisen.

Hauptbuch

Soll	Vorsteuer		Haben	Soll	Umsatzsteuer		Haben
Einkäufe	95.000,00	Umsatzsteuer	95.000,00	Vorsteuer	95.000,00	Verkäufe	110.200,00
				Bank	15.200,00		

Soll	Bank		Haben
Anfangsbestand	5.600,00	Umsatzsteuer	15.200,00

Lernbereich 10II.3.5

9

Der Buchungssatz für die Überweisung der Zahllast am 10. des Folgemonates lautet (nur für die Monate Januar bis November):

Buchungssatz			Betrag (in €)	
4800 UST	an		15.200,00	
		2800 BK		15.200,00

Der Monat Dezember ist für den Abschluss der Umsatzsteuer insofern ein Sonderfall, weil am 31. Dezember das Schlussbilanzkonto erstellt wird.

Für das obige Beispiel würde das bedeuten, dass wir die Zahllast am 31. Dezember auf dem Schlussbilanzkonto abschließen:

Hauptbuch			

Soll	Umsatzsteuer		Haben
Vorsteuer	95.000,00	Verkäufe	110.200,00
SBK	15.200,00		

Aktiva	Schlussbilanzkonto		Passiva
Grundstücke und Gebäude	690.000,00 €	Eigenkapital	359.450,00 €
Lagereinrichtung	26.000,00 €	Darlehen	500.000,00 €
Fuhrpark	85.000,00 €	Verbindlichkeiten aus L.L.	53.850,00 €
BGA	49.000,00 €	Umsatzsteuer	15.200,00
Handelswaren	24.850,00 €		
Forderungen aus L.L.	26.745,00 €		
Bank	26.100,00 €		
Kasse	805,00 €		
	928.500,00 €		**928.500,00 €**

Der Buchungssatz für den Abschluss der Umsatzsteuer am 31. Dezember (Ende des Geschäftsjahres) lautet:

Buchungssatz			Betrag (in €)	
4800 UST	an		15.200,00	
		8010 SBK		15.200,00

Die Umsatzsteuer öffnet dann am 2. Januar mit einem Anfangsbestand von 15.200,00 € und wird am 10. Januar durch die Banküberweisung an das Finanzamt ausgeglichen.

Aufgaben zur Lernsituation 31

Aufgabe 1
Berechne die fehlenden Beträge. (Tipp: Nutze zur Lösung den Dreisatz.)

(1)	Warenwert netto	3.500,00 €
	19 % Umsatzsteuer	?
(2)	Warenwert netto	6.400,00 €
	Warenwert brutto	?
(3)	Warenwert brutto	3.332,00 €
	19 % Umsatzsteuer	?
(4)	Warenwert brutto	6.426,00 €
	19 % Umsatzsteuer	?
(5)	Warenwert brutto	3.808,00 €
	Warenwert netto	?
(6)	Warenwert brutto	2.261,00 €
	Warenwert netto	?
(7)	19 % Umsatzsteuer	266,00 €
	Warenwert netto	?
(8)	19 % Umsatzsteuer	427,50 €
	Warenwert netto	?
(9)	19 % Umsatzsteuer	1.187,50 €
	Warenwert brutto	?
(10)	19 % Umsatzsteuer	931,00 €
	Warenwert brutto	?

Aufgabe 2
Berechne den Einstandspreis, die Umsatzsteuer und den Rechnungsbetrag.

(1) Ein fabrikneuer Pkw wird dem Autohändler Schrott e. K. zu folgenden Bedingungen angeboten: Listenpreis 25.000,00 €, 10 % Lieferantenrabatt, 2 % Lieferantenskonto. Hinzu kommen Bezugskosten in Höhe von 155,00 €.

(2) Der Kohlenhändler Georg Grandler beabsichtigt, 2 t Kohle zu kaufen. Ihm liegen zwei Angebote vor:

Angebot	Lieferer Schwarz	Lieferer Pech
Einkaufspreis	2,00 € je kg	1.950,00 € je Tonne
Rabatt	15 %	13 %
Skonto	2 %	2 %
Bezugskosten	0,35 € je kg	350,00 € je Tonne

(3) Das Uhrenfachgeschäft Gustav Glocke bezieht 120 Uhren aus der Schweiz. Diese sind in Kartons zu je 5 Stück verpackt. Der Listeneinkaufspreis beträgt 275,00 € pro Stück. An Verpackungskosten fallen 0,20 € pro Stück, an Fracht 9,00 € pro Karton und an Zoll pauschal 61,00 € an. Der Lieferer gewährt $16\frac{2}{3}$ % Rabatt und 3 % Skonto.

(4) Dem Sportgeschäft Fit & Fesch OHG werden Fußbälle zu einem Preis von 50,00 € je Ball angeboten. Die Fußbälle sind in Kartons zu je 5 Bällen verpackt. Bei einer Abnahme von weniger als 25 Fußbällen gewährt der Lieferant keinen Rabatt, nur Skonto in Höhe von 2 %. An Fracht fallen pauschal 50,00 € an. Bei einer Abnahme von mehr als 25 Fußbällen gewährt der Lieferant 10 % Mengenrabatt und 2 % Skonto. Für Fracht berechnet er 10,00 € je Karton. Das Sportgeschäft Fit & Fesch bestellt 30 Fußbälle.

Aufgabe 3
Bilde für das **Sportgeschäft Hansen GmbH** die entsprechenden Buchungssätze.

(1) Wir verkaufen unseren alten Firmen-Pkw durch Banküberweisung.

Warenwert netto	25.000,00 €
+ 19 % USt.	4.750,00 €
Rechnungsbetrag	29.750,00 €

(2) Wir erhalten eine Eingangsrechnung von der Fa. Opson AG für gelieferte Drucker.

Warenwert netto	4.000,00 €
+ 19 % USt.	?
Rechnungsbetrag	?

(3) Wir kaufen Monitore von der Fa. Makrosoft AG auf Ziel.

Warenwert netto	?
+ 19 % USt.	5.700,00 €
Rechnungsbetrag	?

(4) Wir verkaufen PCs an den Fachmarkt Heinemann auf Rechnung.

Warenwert netto	?
+ 19 % USt.	?
Rechnungsbetrag	5.950,00 €

(5) Wir bezahlen die Rechnung aus Aufgabe (2) durch Banküberweisung.

(6) Wir kaufen neue Schreibtische gegen bar.

Warenwert netto	?
+ 19 % USt.	114,00 €
Rechnungsbetrag	?

(7) Wir wandeln die Rechnung aus Aufgabe (3) in ein Darlehen um.

(8) Wir verkaufen Aktenschränke an den DV Fachmarkt Müller gegen Banküberweisung.

Warenwert netto	6.350,00 €
+ 19 % USt.	?
Rechnungsbetrag	?

(9) Wir kaufen einen neuen Firmen-Pkw auf Ziel.

Warenwert netto	?
+ 19 % USt.	?
Rechnungsbetrag	33.320,00 €

(10) Wir verkaufen ein gebrauchtes Regal gegen bar.

Warenwert netto	?
+ 19 % USt.	28,50 €
Rechnungsbetrag	?

(11) Wir kaufen Computersoftware von der Fa. Larsen AG auf Ziel.

Warenwert netto	?
+ 19 % USt.	?
Rechnungsbetrag	2.975,00 €

(12) Der Fachmarkt Heinemann (Aufgabe 4) bezahlt die Rechnung durch Banküberweisung.

(13) Wir kaufen einen neuen Ausliefer-Lkw auf Ziel.

Warenwert netto	48.500,00 €
+ 19 % USt.	?
Rechnungsbetrag	?

Aufgabe 4

Bilde für das **Möbelgeschäft Freiersinger e. K.** die entsprechenden Buchungssätze.

(1) Wir erhalten eine Rechnung für gelieferte Aktenschränke im Warenwert netto 420,00 €.

(2) Wir kaufen einen Kleintransporter für das Geschäft im Warenwert netto 35.000,00 € auf Ziel.

(3) Wir kaufen Briefmarken im Wert von 60,00 € gegen bar.

(4) Wir erhalten eine Lieferung Aktenordner im Warenwert brutto 35,70 €. Wir zahlen bar.

(5) Wir erhalten Zinsen über 250,00 € auf unserem Bankkonto gutgeschrieben.

(6) Wir bezahlen die Miete für unser Geschäft in Höhe von 2.480,00 € durch Banküberweisung.

(7) Wir verkaufen eine Verpackungsmaschine im Warenwert brutto 29.750,00 € auf Ziel.

(8) Wir verkaufen einen alten Verteiler-Lkw im Warenwert netto 12.000,00 € auf Ziel.

Lernbereich 10II.3.5   9

Aufgabe 5

Zum Monatsende Februar 20XX liegen dem **Sportgeschäft Jansen GmbH** folgende Informationen vor:

- Gesamte Verkäufe im Warenwert brutto 35.700,00 €
- Gesamte Einkäufe im Warenwert brutto 29.750,00 €

(1) Berechne die Vorsteuer und die Umsatzsteuer.
(2) Übertrage dein Ergebnis auf die beiden Steuerkonten „2600 Vorsteuer" und „4800 Umsatzsteuer".
(3) Schließe die beiden Steuerkonten ab und bilde die beiden Abschlussbuchungssätze.

Aufgabe 6

Der Geschäftsleitung der **Großhandlung Huber GmbH** liegen für den Monat Dezember 20XX folgende Daten vor:

- Einkäufe brutto lt. Eingangsrechnungen im lfd. Geschäftsjahr   892.500,00 €
- Verkäufe brutto lt. Ausgangsrechnungen im lfd. Geschäftsjahr   987.700,00 €

(1) Berechne die Vorsteuer und die Umsatzsteuer.
(2) Übertrage dein Ergebnis auf die beiden Steuerkonten „2600 Vorsteuer" und „4800 Umsatzsteuer".
(3) Schließe die beiden Steuerkonten ab und bilde die beiden Abschlussbuchungssätze.

Aufgabe 7

Betrachte folgenden Auszug aus dem Hauptbuch der **Großhandlung Seifert GmbH** für den Monat Dezember:

Hauptbuch						

Soll	Vorsteuer	Haben	Soll	Umsatzsteuer	Haben
(4) VE	475,00			(5) FO	855,00
(8) BK	684,00			(7) BK	323,00
(10) VE	883,50			(9) KA	85,50
(15) KA	95,00			(12) FO	2.280,00
(16) BK	646,00			(13) BK	513,00
				(14) BK	152,00

(1) Schließe die beiden Steuerkonten ab und bilde die beiden Abschlussbuchungssätze.

9

Lernbereich 10II.3.5

9.6 Lernsituation 32: Wir buchen den Ein- und Verkauf unserer Handelswaren

Hannah Nitsch bearbeitet gerade die Eingangspost, bei der sich auch folgendes Schreiben findet:

Chiemgauer Sportmoden GmbH · Industriepark 123 · 83024 Rosenheim

Sport Herold e. K.
Münchener Straße 18
83646 Bad Tölz

Rechnungs-Nr.:	857 CSM 20XX
Auftragsdatum:	17.09.20XX
Kunde:	240015
Lieferdatum:	20.09.20XX
Lieferbedingung:	frei Haus
Datum:	21.09.20XX

Rechnung

Pos.	Art.-Nr.	Artikelbezeichnung	Anzahl	Einheit	Einzel-preis (€)	Gesamt-preis (€)
1	63170	Glanz-Trainingsanzug „Olymp"	20	St.	24,95	499,00
2	64170	Kapuzenpulli „Olymp"	40	St.	23,95	958,00
3	65170	Kapuzenjacke „Olymp"	20	St.	25,95	519,00

Warenwert netto	1.976,00
abzgl. Rabatt 20 %	395,20
Zielpreis netto	1.580,80
19 % USt.	300,35
Rechnungsbetrag	**1.881,15**

Zahlungsbedingungen:
Bei Zahlung innerhalb 14 Tagen 2 % Skonto vom Warenwert, innerhalb von 30 Tagen ohne Abzug.

Sport Herold e. K. • Münchener Straße 18 • 83646 Bad Tölz

Chiemgauer Sportmoden GmbH
Industriepark 123
83024 Rosenheim

Ihr Zeichen:
Ihre Nachricht: Rechnung 857 CSM 20XX
Unser Zeichen:
Unsere Nachricht:

Ihr Ansprechpartner: Frau Greiner
Telefon:
Telefax:
E-Mail:

Datum: 22.09.20XX

Rücksendung nicht bestellter Ware

Sehr geehrte Damen und Herren,

am heutigen Tag wurde bei uns die Lieferung zu Ihrer Rechnung 857 CSM 20XX angeliefert.

Von dieser Lieferung senden wir Ihnen zurück:

Menge	Bezeichnung	Grund der Rücksendung
20	Kapuzenjacke „Olymp" (Art. 65170)	Ware war nicht bestellt

Wir werden die Rücksendung bei der Bezahlung der Rechnung entsprechend berücksichtigen.

Mit freundlichen Grüßen

Sport Herold e. K.

i. A. *Rebecca Greiner*

Rebecca Greiner

Hannah holt den Ordner mit der Aufschrift „Ausgangsrechnungen" aus dem Regal, sucht die dazugehörende Ausgangsrechnung und geht damit zu Herrn Wend.

Hannah: Herr Wend, ich habe gerade dieses Schreiben von Sport Herold aus Bad Tölz bekommen.
Herr Wend: Ah, eine Rücksendung. Hast du schon die entsprechende Ausgangsrechnung von uns rausgesucht?
Hannah: Ja, hier ist sie … gebucht ist sie auch schon.
Herr Wend: Alles klar, dann warten wir, bis unser Lager meldet, dass die Ware wieder da ist; und dann können wir die Rücksendung buchen.

1. Macht euch mit der Situation vertraut, indem ihr euch zunächst orientiert: Informiert euch über die drei Warenkonten und das von uns angewandte aufwandsorientierte Buchen des Ein- und Verkaufs unserer Handelswaren. Macht euch auch mit den Besonderheiten (Sofortnachlässe, Bezugs- und Versandkosten, nachträgliche Preisnachlässe, Rücksendungen) vertraut. **(Orientierung und Information)**
2. Plant euer weiteres Vorgehen, indem ihr euch Gedanken macht, was in dieser konkreten Situation zu tun ist, und notiert dies stichpunktartig. **(Planung)**
3. Bucht die Rücksendung von Sport Herold e. K. an die Chiemgauer Sportmoden GmbH. Entwerft eine Übersicht über die Besonderheiten beim Buchen der Ein- und Verkäufe von Handelswaren. Tipp: Bildet Stamm- und Expertengruppen zu den einzelnen Besonderheiten. **(Durchführung)**
4. Bewertet euer Ergebnis im Klassenplenum. Nehmt Kritikpunkte auf zur Vollständigkeit und inhaltlichen Richtigkeit, ergänzt eure Ausführungen gegebenenfalls und korrigiert Fehler. **(Bewertung)**
5. Reflektiert kritisch mögliche Fehlerquellen und überprüft eure Arbeitsweise. Seid bereit, euer Arbeitsergebnis zu verantworten und aus Fehlern zu lernen. Erkennt, dass ihr bei der Kontierung von Buchungsbelegen besonders gewissenhaft arbeiten müsst. Ebenso reflektiert euer Verhalten in der Arbeitsgruppe und überlegt, wie ihr Verhaltensweisen verbessern könnt. **(Reflexion)**

Ergänzender Handlungsauftrag für den kompletten Bereich 10II.3.5:

1. Führt eure Lernkartei zum Thema „Buchführung" fort.

2. Schreibt jeden der folgenden Begriffe auf die Kopfzeile eines DIN-A6-Kärtchens:

   > Einkauf (Aufwendungen für Handelswaren), Verkauf (Umsatzerlöse für Handelswaren), Bestandskonto Handelswaren (Mehr- und Minderbestand), Sofortnachlässe (Rabatte), Bezugskosten, Versandkosten (Unterschied Lieferung „frei Haus" und „ab Werk"), Rücksendungen, nachträgliche Preisnachlässe (Gutschriften, Boni, Skonti)

3. Sortiert die Begriffskärtchen nach den Kriterien „weiß ich" oder „weiß ich nicht".

4. Bildet Kleingruppen und erklärt euch gegenseitig die „Weiß-ich-nicht"-Kärtchen. Schlagt dabei die ungeklärten Begriffe im Schulbuch nach.

5. Schreibt die Begriffserklärungen auf die Rückseite des entsprechenden Kärtchens und ordnet diese unter der Leitkarte „Buchführung" alphabetisch in eure Lernkartei-Behälter ein.

9

Lernbereich 10II.3.5

9.6.1 Der Ein- und Verkauf von Handelswaren

Die Chiemgauer Sportmoden GmbH ist ein Großhandelsunternehmen. Zweck eines Großhandelsunternehmens ist es, Handelswaren bei einem Lieferanten einzukaufen und diese sofort bzw. nach einer kurzen Zeit der Lagerung möglichst gewinnbringend wieder an einen Kunden zu verkaufen.

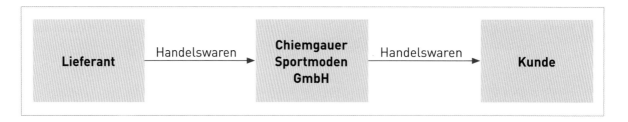

Wir unterstellen in Zukunft, dass gekaufte Handelswaren just in time angeliefert und „sofort" wieder verkauft werden.[7]

9.6.1.1 Einkauf von Handelswaren

Bereits beim Einkauf buchen wir so, als ob die Handelswaren schon verbraucht wurden, also erfolgswirksam den Warenwert netto auf das Aufwandskonto „6080 Aufwendungen für Handelswaren".

Der Buchungssatz lautet:

Buchungssatz			Betrag (in €)	
6080 AWHW			4.995,00	
2600 VORST	an		949,05	
		4400 VE		5.944,05

---

7   Es gibt auch Unternehmen, die Waren auf Vorrat einkaufen. Diese Unternehmen buchen dann die Ein- und Verkäufe über das Bestandskonto „2280 Handelswaren". Dieses bestandsorientierte Buchen wird im Folgenden nicht behandelt.

9.6.1.2 Verkauf von Handelswaren

Beim Verkauf verfahren wir analog zum Einkauf. Wir buchen den Warenwert netto auf das Ertragskonto „5100 Umsatzerlöse für Handelswaren".

Chiemgauer Sportmoden GmbH · Industriepark 123 · 83024 Rosenheim

Sportgeschäft Heinrich e. K.
Haupstraße 56
83646 Bad Tölz

Rechnungs-Nr.:	216 CSM 20XX
Auftragsdatum:	31.05.20XX
Kunde:	240001
Lieferdatum:	02.06.20XX
Lieferbedingung:	frei Haus
Datum:	02.06.20XX

Rechnung

Pos.	Art.-Nr.	Artikelbezeichnung	Anzahl	Einheit	Einzel-preis (€)	Gesamt-preis (€)
1	63168	Fußballtrikot „FC Bayern München"	50	St.	54,95	2.747,50
2	63169	Fußballtrikot „FC Augsburg"	25	St.	54,95	1.373,75
3	63170	Fußballtrikot „1. FC Nürnberg"	25	St.	54,95	1.373,75
		Warenwert netto				5.495,00
		19 % USt.				1.044,05
		Rechnungsbetrag				**6.539,05**

Zahlungsbedingungen:
Bei Zahlung innerhalb 14 Tagen 2 % Skonto vom Warenwert, innerhalb von 30 Tagen ohne Abzug.

Der Buchungssatz lautet:

Buchungssatz				Betrag (in €)	
2400 FO	an			6.539,05	
		5100	UEHW		5.495,00
		4800	UST		1.044,05

9.6.1.3 Bestandskonto Handelswaren

Immer am Ende eines Geschäftsjahres muss auch der Bestand an Handelswaren aus dem Lager erfasst werden. Dies geschieht mithilfe der Inventur. Anschließend wird dann dieser Schlussbestand mit dem Bestand zu Beginn des Geschäftsjahres verglichen. Das Unternehmen stellt fest, ob sich der Bestand vergrößert bzw. verkleinert hat oder ob er gleich geblieben ist. Dies bietet dann eine wertvolle Grundlage für die Einkaufsabteilung bei der Beurteilung, wie das Sortiment des Unternehmens im nächsten Jahr gestaltet sein sollte.

Auf dem Bestandskonto „2280 Handelswaren" werden also nur der Anfangsbestand und der Schlussbestand laut Inventur erfasst. Auf diesem Konto wird immer der Wert angesetzt, der **beim Einkauf** der Handelswaren bezahlt worden ist, nicht etwa der Verkaufspreis. Dieser könnte im schlimmsten Fall ja ganz ausfallen, da der Verkauf noch nicht stattgefunden hat. Grundsätzlich sind drei Fälle denkbar:

Fall 1: Der Anfangsbestand entspricht dem Schlussbestand

Wie wir bereits am Anfang des Kapitels erfahren haben, wird unterstellt, dass gekaufte Handelsware in der Regel sofort wieder verkauft wird. Dies bedeutet, dass sich am Bestand der Handelswaren nichts ändert. Es muss nichts weiter veranlasst werden, da das Konto ausgeglichen ist.

Hauptbuch

Soll	Handelswaren	Haben
Anfangsbestand 35.850,00	SBK	35.850,00

Fall 2: Der Anfangsbestand ist kleiner als der Schlussbestand

Können jedoch nicht alle Waren sofort wieder verkauft werden, weil zu wenig Nachfrage nach ihnen besteht (sog. Ladenhüter oder „Penner") oder wir aufgrund von stark schwankenden Preisen zu einem Zeitpunkt besonders niedriger Preise „auf Vorrat" eingekauft haben, ist der Anfangsbestand geringer als der Schlussbestand. Es wurde also mehr gekauft als anschließend verkauft werden konnte. Da dieser zusätzliche Bestand bereits beim Einkauf auf das Aufwandskonto „6080 Aufwendungen Handelswaren" im Soll gebucht worden ist, muss er am Ende des Geschäftsjahres auf der Gegenseite im Haben korrigiert werden.

Die Chiemgauer Sportmoden GmbH hat im Laufe des Geschäftsjahres Handelswaren im Warenwert netto 4.500.000,00 € eingekauft. Hiervon konnten Handelswaren im Warenwert von netto 4.450.000,00 € verkauft werden; das bedeutet, dass sich der Lagerbestand um den Saldo von 50.000,00 € erhöht hat.

Hauptbuch

Soll	Handelswaren	Haben
Anfangsbestand 35.850,00	SBK	85.850,00
Erhöhung Lagerbestand 50.000,00		

Soll	Aufwendungen für Handelswaren	Haben
Gesamte Einkäufe 4.500.000,00	Erhöhung Lagerbestand	50.000,00

Der Buchungssatz bei einer Erhöhung des Lagerbestandes lautet:

Buchungssatz			Betrag (in €)
2280 HW	an		50.000,00
		6080 AWHW	50.000,00

Fall 3: Der Anfangsbestand ist größer als der Schlussbestand

Es existiert jedoch auch die Möglichkeit, dass nach bestimmten Waren eine sehr große Nachfrage besteht. Es wurde also weniger eingekauft als anschließend verkauft werden konnte, sodass der Schlussbestand geringer als der Anfangsbestand ist. Dieser zusätzliche Verkauf wird mit Beständen aus dem letzten Jahr ausgeglichen. Dieser Lagerabbau wird wie ein Einkauf im laufenden Geschäftsjahr behandelt, d. h. er wird auf das Aufwandskonto „6080 Aufwendungen Handelswaren" im Soll gebucht.

Die Chiemgauer Sportmoden GmbH hat im Laufe des Geschäftsjahres Handelswaren im Warenwert netto 4.500.000,00 € eingekauft. Es konnten Handelswaren im Warenwert von netto 4.530.000,00 € verkauft werden; das bedeutet, dass das Lager um den Saldo von 30.000,00 € abgebaut wurde.

Hauptbuch

Soll	Handelswaren	Haben
Anfangsbestand 35.850,00	Lagerabbau	30.000,00
	SBK	5.850,00

Soll	Aufwendungen für Handelswaren	Haben
Gesamte Einkäufe 4.500.000,00		
Lagerabbau 30.000,00		

Der Buchungssatz bei einem Abbau des Lagerbestandes lautet:

Buchungssatz			Betrag (in €)	
6080 AWHW		an	30.000,00	
	2280 HW			30.000,00

Zusammenfassend merken wir uns:

Die drei Warenkonten		
2280 Handelswaren	**6080 Aufwendungen für Handelswaren**	**5100 Umsatzerlöse für Handelswaren**
Aktives Bestandskonto	Aufwandskonto	Ertragskonto
Erfasst werden nur der Anfangsbestand und der Schlussbestand lt. Inventur	Erfasst werden alle Einkäufe von Handelswaren während des Geschäftsjahres	Erfasst werden alle Verkäufe von Handelswaren während eines Geschäftsjahres

9.6.2 Besondere Buchungen beim Wareneinkauf

9.6.2.1 Sofortnachlässe
Immer wieder gibt es Situationen, in denen der Lieferant nicht den Listenpreis verrechnet, sondern einen Sofortnachlass (Rabatt) gewährt. Sofortnachlässe werden sofort mit der Eingangsrechnung in Abzug gebracht.

Hierzu zählen insbesondere:

Mengenrabatt
Dieser Rabatt soll zur Abnahme großer Mengen anregen. Eine Staffelung kann hierzu als besonderer Anreiz dienen, d. h. je höher die gekaufte Stückzahl ist, desto höher ist auch der Rabattsatz.

Treuerabatt
Dieser Rabatt dient der Kundenbindung. So wird Kunden für ihre langjährige und treue Geschäftsbeziehung diese Art von Rabatt gewährt.

Wiederverkäuferrabatt
Der Wiederverkäuferrabatt wird Handelsbetrieben gewährt, wenn der Endverkaufspreis vom Hersteller festgesetzt wird (Preisempfehlung). Er soll dem Händler einen angemessenen Gewinn sichern.

Sonderrabatte
Es existieren darüber hinaus noch verschiedene andere Rabattarten, die zu besonderen Anlässen gewährt werden (Saisonrabatt bei Saisonartikeln, Lagerräumungsrabatt usw.).

9

Lernbereich 10II.3.5

Betrachte hierzu folgenden Beleg:

Hannelore Lorz Trikots e. Kfr. – Industriestraße 55 – 22442 Hamburg

	Ihr Zeichen:	
	Ihre Nachricht:	
Chiemgauer Sportmoden GmbH	Unser Zeichen:	HL
Industriepark 123	Unsere Nachricht:	
83024 Rosenheim		
	Name:	Hannelore Lorz
	Telefon:	040 68040-41
	Telefax:	040 68040-49
	E-Mail:	h.lorz@bekleidung.com
	Datum:	04.06.20XX

Rechnung

Kunden-nummer	Rechnungs-nummer	Liefer-datum	Auftrags-nummer	Auftrags-datum	Bestell-nummer
240054	41331	04.06.20XX	WE 88412	30.05.20XX	4301

Pos.	Bezeichnung	Anzahl	Einheit	Einzelpreis	Gesamtpreis
1	Fußballtrikot „FC Bayern München"	100	Stück	49,95 €	4.995,00 €

Rechnungsbetrag netto	4.995,00 €
abzgl. Mengenrabatt 10 %	499,50 €
Zielpreis netto	4.495,50 €
+ Umsatzsteuer 19 %	854,15 €
Rechnungsbetrag brutto	**5.349,65 €**

Zahlungsbedingung:
Innerhalb 10 Tagen 2 % Skonto auf den reinen Warenwert, innerhalb 30 Tagen rein netto.

Listeneinkaufspreis		4.995,00 €
– Lieferantenrabatt	10 %	499,50 €
= Zieleinkaufspreis (= Einstandspreis)		4.495,50 €
+ Umsatzsteuer	19 %	854,15 €
= Rechnungsbetrag		5.349,65 €

Wir merken uns, dass Sofortnachlässe nur den in Rechnung gestellten Listeneinkaufspreis der Handelswaren vermindern. Sie werden nicht gebucht, d. h. Grundlage für die Buchung des Warenwertes ist somit immer der Zieleinkaufspreis.

Der Buchungssatz zur obigen Eingangsrechnung lautet:

Buchungssatz			Betrag (in €)	
6080 AWHW			4.495,50	
2600 VORST	an		854,15	
		4400 VE		5.349,65

9.6.2.2 Bezugskosten

Der Zieleinkaufspreis berücksichtigt nur die Kosten bis zur Bereitstellung der Ware im Werk des Lieferanten, denn Warenschulden sind „Holschulden". Weitere Kosten ab Werk des Lieferanten bis zum Lager des Käufers können z. B. für

- Verpackung,
- Transport,
- Transportversicherung,
- Zoll (im Außenhandel)

anfallen und werden als Bezugskosten zusammengefasst.

Bei der Lieferbedingung „ab Werk" trägt der Käufer alle Kosten ab Bereitstellung der Ware im Werk des Lieferanten bis zum Eintreffen in seinem Lager. In diesem Fall werden die Bezugskosten dem Käufer zugerechnet.

Lautet die Lieferbedingung „frei Haus", fallen für den Käufer keine Bezugskosten an. Diese werden vollständig vom Verkäufer übernommen.

Folgender Beleg zur Veranschaulichung:

Busch GmbH

Sport Busch GmbH • Garbsener Landstraße 66 • 30541 Hannover

Kunden-Nr.	240421
Unser Zeichen:	SB/je
Ihr Zeichen:	Bestell 301/20XX

Chiemgauer Sportmoden GmbH
Industriepark 123
83024 Rosenheim

Rechnungs-Nr.: 459 SB

Lieferdatum:	04.06.20XX
Rechnungsdatum:	04.06.20XX

Rechnung

Pos.	Art.-Nr.	Artikelbezeichnung	Menge	Einzelpreis (€)	Rabatt	Gesamtpreis (€)
1	SB 345/17	Schultertasche „Large", schwarz	40	11,90	10 %	428,40
2	SB 352/17	Schuhfachtasche „Large", schwarz	40	25,80	10 %	928,80

Warenwert netto		1.357,20
Fracht und Verpackung		42,80
Rechnungsbetrag netto		1.400,00
Umsatzsteuer	19 %	266,00
Rechnungsbetrag brutto		**1.666,00**

Zahlungsbedingungen
Bei Zahlung innerhalb 14 Tagen 2 % Skonto, innerhalb von 30 Tagen ohne Abzug

Lernbereich 10II.3.5

9

Listeneinkaufspreis		1.508,00 €
− Lieferantenrabatt	10 %	150,80 €
= Zieleinkaufspreis		1.357,20 €
+ Bezugskosten		42,80 €
= Einstandspreis		1.400,00 €
+ Umsatzsteuer	19 %	266,00 €
= Rechnungsbetrag		1.666,00 €

Der zu buchende Warenwert entspricht dem Zieleinkaufspreis. Die zusätzlich in Rechnung gestellten Bezugskosten werden auf dem Konto „6081 Bezugskosten" gebucht, einem Unterkonto des Kontos „6080 Aufwendungen für Handelswaren".

Der Buchungssatz zur obigen Eingangsrechnung lautet:

Buchungssatz				Betrag (in €)	
6080 AWHW				1.357,20	
6081 BZKHW				42,80	
2600 VORST	an			266,00	
		4400 VE			1.666,00

9.6.2.3 Rücksendungen an den Lieferanten

Rücksendung von Handelsware

Es kommt immer wieder vor, dass ein Unternehmen Ware an den Lieferanten zurücksenden muss. Gründe für Rücksendungen an den Lieferanten können sein:

– Die Ware war bei Anlieferung ganz oder teilweise beschädigt.
– Falsche Ware wurde geliefert.

Betrachten wir hierzu folgendes Beispiel:

Hannelore Lorz Trikots e. Kfr. – Industriestraße 55 – 22442 Hamburg

Ihr Zeichen:
Ihre Nachricht:
Unser Zeichen: HL
Chiemgauer Sportmoden GmbH   Unsere Nachricht:
Industriepark 123
83024 Rosenheim

Name: Hannelore Lorz
Telefon: 040 68040-41
Telefax: 040 68040-49
E-Mail: h.lorz@bekleidung.com

Datum: 07.06.20XX

Rechnung

Kunden-nummer	Rechnungs-nummer	Liefer-datum	Auftrags-nummer	Auftrags-datum	Bestell-nummer
240054	41340	07.06.20XX	WE 88451	02.06.20XX	4412

Pos.	Bezeichnung	Anzahl	Einheit	Einzelpreis	Gesamtpreis
1	Fußballtrikot „SpVgg Greuther Fürth"	40	Stück	49,95 €	1.998,00 €

Rechnungsbetrag netto	1.998,00 €
abzgl. Mengenrabatt 5 %	99,90 €
Zielpreis netto	1.898,10 €
+ Umsatzsteuer 19 %	360,64 €
Rechnungsbetrag brutto	**2.258,74 €**

Zahlungsbedingung:
Innerhalb 10 Tagen 2 % Skonto auf den reinen Warenwert, innerhalb 30 Tagen rein netto.

Der Buchungssatz zu dieser Eingangsrechnung lautet:

Buchungssatz					Betrag (in €)
6080	AWHW				1.898,10
2600	VORST	an			360,64
			4400	VE	2.258,74

Bei der Anlieferung der Ware auf unserem Lager stellt die Wareneingangskontrolle fest, dass zehn der gelieferten Fußballtrikots Verarbeitungsfehler haben. Nach telefonischer Reklamation beim Lieferanten HaLoTri werden diese zehn Fußballtrikots wieder zurückgesendet, was die HaLoTri am nächsten Tag schriftlich bestätigt.

Hannelore Lorz Trikots e. Kfr. – Industriestraße 55 – 22442 Hamburg

Chiemgauer Sportmoden GmbH
Industriepark 123
83024 Rosenheim

Ihr Zeichen:	
Ihre Nachricht:	
Unser Zeichen:	JM
Unsere Nachricht:	
Name:	Janina Moser
Telefon:	040 68040-42
Telefax:	040 68040-49
E-Mail:	j.moser@bekleidung.com
Datum:	18.06.20XX

Gutschrift – Rücksendung Nr. 14
Ihre Kunden-Nr.: 240054
Ihre Bestell-Nr.: 4412

Sehr geehrte Damen und Herren,

Sie haben vom Auftrag WE 88451 Ware an uns zurückgesendet.

Menge	Bezeichnung	Grund der Rücksendung
10	Fußballtrikot „SpVgg Greuther Fürth"	Materialfehler

Wir bitten das Versehen zu entschuldigen und werden uns bemühen, Ihre Aufträge zu Ihrer vollsten Zufriedenheit auszuführen.

Gutschrift netto	474,53 €
+ 19 % Umsatzsteuer	90,16 €
Gutschrift brutto	**564,68 €**

Mit freundlichen Grüßen

HaLoTri – Hannelore Lorz Trikots e. Kfr.

i. A. *Janina Moser*

Janina Moser
Verkauf

Berechnung der Rücksendung:

Listeneinkaufspreis		1.998,00 €	
– Lieferantenrabatt	5 %	99,90 €	
= Zieleinkaufspreis		1.898,10 €	40 Stück
Warenwert Rücksendung		474,53 €	10 Stück
+ Umsatzsteuer	19 %	90,16 €	
= Rechnungsbetrag		564,68 €	

Der Warenwert entspricht dem Zieleinkaufspreis. Rücksendungen müssen deshalb vom Zieleinkaufs-preis berechnet werden.

Die Rücksendung der zehn Fußballtrikots hat zur Folge, dass tatsächlich nur noch 30 Trikots bei der Chiemgauer Sportmoden GmbH verbleiben. Der Warenwert der eingekauften Trikots beträgt damit nur noch 1.423,57 € (= 1.898,10 € – 474,53 €).

Dies bedeutet, dass das Konto „6080 Aufwendungen für Handelswaren" auf der Gegenseite um den Be-trag der Rücksendung korrigiert werden muss. Da nur für 1.423,57 € Vorsteuer bezahlt wird, sind ent-sprechend das Konto „2600 Vorsteuer" und somit auch das Konto „4400 Verbindlichkeiten aus L.L.." zu korrigieren. Praktisch gesehen drehen wir also den Buchungssatz des Einkaufs nur herum.

Der Buchungssatz für die Rücksendung lautet:

Buchungssatz				Betrag (in €)	
4400 VE	an			564,68	
		6080	AWHW		474,53
		2600	VORST		90,16

Rücksendung von Verpackung

Viele Lieferanten verpacken ihre Waren auf soge-nannten Europaletten. Europaletten sind mehr-wegfähige Transportpaletten aus Holz mit einheit-lich genormten Maßen. Diese Paletten werden in der betrieblichen Praxis in aller Regel sofort bei Anlieferung ausgetauscht, also über das Trans-portunternehmen gleich wieder an den Lieferan-ten zurückgesendet.

Betrachten wir hierzu folgendes Beispiel:

Wolf Import GmbH, Hafenbecken 17, 28334 Bremen

Chiemgauer Sportmoden GmbH
Industriepark 123
83024 Rosenheim

Ihr Zeichen:
Ihre Nachricht:
Unser Zeichen: Mo/rk
Unsere Nachricht:

Ihr Ansprechpartner:
Telefon: 0421 320690-0
Telefax: 0421 320690-59
E-Mail:

Datum: 12.06.20XX

Rechnung

Kundennummer	Rechnungs-Nr.	Best.-Nr.	Lieferdatum	Rechnungsdatum
240133	WI 569/20XX	4513	12.06.20XX	12.06.20XX

Pos.	Anzahl	Artikelbezeichnung	Einzelpreis	Gesamtpreis
1	200	Trainingsanzug „Europe" WO 1765B verpackt auf 1 Europalette	21,90 €	4.380,00 €

Gesamtpreis		4.380,00 €
Verpackung		25,00 €
Rechnungsbetrag netto		4.405,00 €
USt.	19 %	836,95 €
Rechnungsbetrag brutto		**5.241,95 €**

Zahlungsbedingungen:
Bei Zahlung innerhalb 14 Tagen 2 % Skonto, innerhalb von 30 Tagen ohne Abzug.

9

Lernbereich 10II.3.5

Der Buchungssatz zu dieser Rechnung lautet:

Buchungssatz				Betrag (in €)	
6080	AWHW			4.380,00	
6081	BZKHW			25,00	
2600	VORST	an		836,95	
			4400 VE		5.241,95

Die Ware wird auf einer Europalette angeliefert. Im Austausch wird dem Transportunternehmen eine leere Palette zur Rücksendung an den Lieferanten gleich wieder mitgegeben. Dieser Tausch wird mit einem Palettenschein dokumentiert.

Wie wir gerade gelernt haben, muss eine Rücksendung auf dem betroffenen Konto auf der Gegenseite korrigiert werden.

Aus diesem Grund lautet der Buchungssatz für die Rücksendung der Paletten wie folgt:

Buchungssatz				Betrag (in €)	
4400	VE	an		29,75	
			6081 BZKHW		25,00
			2600 VORST		4,75

9.6.2.4 Nachträgliche Preisnachlässe vom Lieferanten
Es gibt neben den Sofortnachlässen auch Nachlässe, die im Nachhinein gewährt werden:

Nachlass	Erläuterung
Gutschrift	Aufgrund einer Mängelrüge oder Reklamation erhält der Käufer einen Preisnachlass. Im Unterschied zur Rücksendung wird die Ware **nicht** zum Lieferanten zurückgeschickt, sondern verbleibt beim Käufer.
Bonus	Wurden innerhalb eines vorgegebenen Zeitraums (z. B. Geschäftsjahr oder Quartal) bestimmte Umsatzzahlen erreicht, erhält der Käufer eine Rückvergütung auf seine geleisteten Zahlungen.
Skonto	Zahlt der Käufer eine Rechnung innerhalb einer vereinbarten Frist, erhält er einen Preisnachlass.

Gutschrift und Bonus

Beispiel für eine Gutschrift:
Die Chiemgauer Sportmoden GmbH hat bei der Sport Busch GmbH 50 Fußballtaschen, Farbe schwarz, gekauft. Bei der Anlieferung der Trikots stellt die Wareneingangskontrolle fest, dass zehn der Taschen in der Farbe Braun geliefert wurden.

Die Chiemgauer Sportmoden GmbH reklamiert sofort die zehn falsch gelieferten Taschen. Da sie auch diese Taschen in ihrem Sortiment hat und von Zeit zu Zeit bestellt, wird sie sie behalten und nicht zurückschicken. Die Sport Busch GmbH gewährt als Entgegenkommen nachträglich eine Gutschrift, um den langjährigen Kunden nicht zu verärgern.

9

Lernbereich 10II.3.5

Eine Gutschrift vermindert ebenso wie eine Rücksendung die Verbindlichkeiten an den Lieferanten. Da die Ware allerdings beim Käufer bleibt, wirkt sich die Gutschrift also nicht direkt auf den Warenwert aus. Aus diesem Grund wird auch nicht auf dem Konto „6080 Aufwendungen HW", sondern auf das Unterkonto „6082 Nachlässe" gebucht.

Sport Busch GmbH • Garbsener Landstraße 66 • 30541 Hannover

Chiemgauer Sportmoden GmbH
Industriepark 123
83024 Rosenheim

Ihr Zeichen:	Bestell 317/20XX
Ihre Nachricht:	
Unser Zeichen:	SB/me
Unsere Nachricht:	
Name:	Maria Ernst
Telefon:	0511 30767-44
Telefax:	0511 30767-20
E-Mail:	m.ernst@sport.de
Datum:	21.06.20XX

Gutschrift Nr. 14
Kunden-Nr. 240421

Sehr geehrte Damen und Herren,

wir haben bei unserer letzten Lieferung versehentlich die falsche Ware geliefert.

Wir bitten das Versehen zu entschuldigen und werden uns bemühen, Ihre Aufträge zu Ihrer vollsten Zufriedenheit auszuführen.

Gutschrift netto	50,00 €
+ 19 % Umsatzsteuer	9,50 €
Gutschrift brutto	**59,50 €**

Mit freundlichen Grüßen

Sport Busch GmbH

i. A. *Maria Ernst*

Maria Ernst
Verkauf

Der Buchungssatz lautet wie folgt:

Buchungssatz				Betrag (in €)	
4400 VE		an		59,50	
			6082 NLHW		50,00
			2600 VORST		9,50

Boni werden grundsätzlich genauso behandelt wie Gutschriften.

Betrachten wir hierzu folgendes Beispiel:
Die Chiemgauer Sportmoden GmbH ist ein guter Kunde der HaLoTri e. Kfr. aus Hamburg und kauft dort regelmäßig Fußballtrikots ein. Um den Kunden zu entsprechenden Einkäufen bei sich zu bewegen, bietet die HaLoTri einen Bonus beim Erreichen eines bestimmten Umsatzziels an.

Beleg zur Illustration:

HaLoTri

Hannelore Lorz Trikots e. Kfr. – Industriestraße 55 – 22442 Hamburg

Chiemgauer Sportmoden GmbH
Industriepark 123
83024 Rosenheim

Ihr Zeichen:	
Ihre Nachricht:	
Unser Zeichen:	JM
Unsere Nachricht:	
Name:	Janina Moser
Telefon:	040 68040-42
Telefax:	040 68040-49
E-Mail:	j.moser@bekleidung.com
Datum:	25.11.20XX

Gutschrift – Bonus Nr. 8
Ihre Kunden-Nr.: 240054

Sehr geehrte Damen und Herren,

mit Ihrem letzten Einkauf haben Sie Ihr Umsatzziel von 100.000,00 € erreicht.

Aus diesem Grund erhalten Sie von uns den vereinbarten Bonus von 3 %.

Einkäufe gesamt		120.000,00 €	
davon Gutschrift netto	3 %	3.600,00 €	
+ 19 % Umsatzsteuer		684,00 €	
Gutschrift brutto		4.284,00 €	

Vielen Dank für Ihr entgegengebrachtes Vertrauen und auf weiterhin gute Zusammenarbeit.

Mit freundlichen Grüßen

HaLoTri – Hannelore Lorz Trikots e. Kfr.

i. A. *Janina Moser*

Janina Moser
Verkauf

Der Buchungssatz lautet:

Buchungssatz				Betrag (in €)	
4400 VE		an		4.284,00	
			6082 NLHW		3.600,00
			2600 VORST		684,00

Lieferantenskonto

Ein besonderer nachträglicher Preisnachlass ist der Lieferantenskonto. Der Lieferant gewährt hierbei einen Preisnachlass, wenn der Kunde den Rechnungsbetrag innerhalb einer bestimmten Frist bezahlt.

Betrachte hierzu folgenden Auszug einer Eingangsrechnung:

Rechnungsbetrag netto			10.000,00
Umsatzsteuer	19 %		1.900,00
Rechnungsbetrag			**11.900,00**

Zahlungsbedingungen
Bei Zahlung innerhalb 14 Tagen 2 % Skonto, innerhalb von 30 Tagen ohne Abzug

Telefon: 0511 30776-0 • Fax: 0511 30776-20 • E-Mail: busch@sport.de
Bankverbindung: Sparkasse Hannover • IBAN: DE64 2505 0180 0002 2055 05 • BIC: SPKHDE2HXXX
USt-IdNr.: DE115652530 • St.-Nr. 25/202/38334
Geschäftsführer: Hans Meinert • Handelsregister Hannover, HRB 51577

Bezahlt die Chiemgauer Sportmoden GmbH den Rechnungsbetrag innerhalb der Skontofrist, kann sie vom Rechnungsbetrag 2 % Skonto abziehen. Der Restbetrag (98 %) wird durch Banküberweisung beglichen.

Rechnungsbetrag (brutto)		11.900,00 €
– Überweisungsbetrag	98 %	11.662,00 €
= Skonto (brutto)	2 %	238,00 €
davon 19 % Umsatzsteuer		38,00 €
davon Skonto netto		200,00 €

Teil 1: Buchungssatz für die Banküberweisung :

Buchungssatz				Betrag (in €)	
4400 VE	an			11.662,00	
		2800	BK		11.662,00

Teil 2: Buchungssatz für den Skontobetrag :

Buchungssatz				Betrag (in €)	
4400 VE	an			238,00	
		6082	NLHW		200,00
		2600	VORST		38,00

In der Praxis werden diese beiden Teile als ein Buchungssatz erfasst. Dieser lautet dann:

Buchungssatz				Betrag (in €)	
4400 VE	an			11.900,00	
		2800	BK		11.662,00
		6082	NLHW		200,00
		2600	VORST		38,00

9.6.3 Besondere Buchungen beim Warenverkauf

Im Warenverkauf gibt es analog zum Wareneinkauf natürlich die gleichen Sonderfälle. Aus diesem Grund wird im Folgenden nur bei wesentlichen Unterschieden genauer auf das jeweilige Themengebiet eingegangen.

9.6.3.1 Sofortnachlässe

Aus der Vielzahl verschiedener Sofortnachlässe, die wir bereits beim Einkauf von Handelswaren kennengelernt haben, gewährt die Chiemgauer Sportmoden GmbH ihren Kunden zum Beispiel einen Mengenrabatt. Betrachte hierzu diesen Beleg:

Chiemgauer Sportmoden GmbH · Industriepark 123 · 83024 Rosenheim

Rechnungs-Nr.:	396 CSM 20XX
Auftragsdatum:	13.06.20XX
Kunde:	240098
Lieferdatum:	14.06.20XX
Lieferbedingung:	frei Haus
Datum:	14.06.20XX

Fit & Fun OHG
Innere Ringstraße 58
83024 Rosenheim

Rechnung

Pos.	Art.-Nr.	Artikelbezeichnung	Anzahl	Einheit	Einzel-preis (€)	Gesamt-preis (€)
1	2280 CSM 2062	Train.-Anzug „Europa CSM", Größe L, Farbe schwarz	25	Stück	24,50	612,50
2	2280 CSM 2062	Train.-Anzug „Europa CSM", Größe XL, Farbe schwarz	25	Stück	24,50	612,50
3	2280 CSM 2062	Train.-Anzug „Europa CSM", Größe S, Farbe schwarz	30	Stück	22,50	675,00

Warenwert netto	1.900,00
abzgl. Rabatt 10 %	190,00
Zielpreis netto	1.710,00
19 % USt.	324,90
Rechnungsbetrag	**2.034,90**

Zahlungsbedingungen:
Bei Zahlung innerhalb 14 Tagen 2 % Skonto vom Warenwert,
innerhalb von 30 Tagen ohne Abzug.

Listenverkaufspreis		1.900,00 €
– Kundenrabatt	10 %	190,00 €
= Zielverkaufspreis		1.710,00 €
+ Umsatzsteuer	19 %	324,90 €
= Rechnungsbetrag		2.034,90 €

Wir merken uns, dass Sofortnachlässe nur den in Rechnung gestellten Listenverkaufspreis der Handelswaren vermindern. Sie werden **nicht** gebucht; d. h. Grundlage für die Buchung des Warenwertes ist somit immer der Zielverkaufspreis.

Der Buchungssatz zur obigen Ausgangsrechnung lautet:

Buchungssatz			Betrag (in €)
2400 FO	an		2.034,90
	5100	UEHW	1.710,00
	4800	UST	324,90

9.6.3.2 Vertriebskosten

Beim Verkauf entstehen z. B. für Verpackung, Transport und Versicherung der Ware Vertriebskosten, die vergleichbar mit den Bezugskosten im Wareneinkauf sind.

Der Zielverkaufspreis berücksichtigt nur die Kosten bis zur Bereitstellung der Ware im Werk der Chiemgauer Sportmoden GmbH. Kosten ab Werk der Chiemgauer Sportmoden GmbH bis zum Lager des Kunden fassen wir als Vertriebskosten zusammen.

Bei der Lieferbedingung „ab Werk" trägt der Kunde alle Kosten ab Bereitstellung der Ware im Werk der Chiemgauer Sportmoden GmbH bis zum Eintreffen in seinem Lager. Lautet die Lieferbedingung „frei Haus", trägt die Chiemgauer Sportmoden GmbH die Vertriebskosten.

An den Kunden Schiller GmbH wurden 20 Trainingsanzüge und 20 Fußballtrikots verkauft. Den Transport von Rosenheim nach München übernahm die Spedition Wiesel & Flink GmbH im Auftrag der Chiemgauer Sportmoden GmbH.

Möglichkeit 1: Lieferbedingung „frei Haus" – Die Chiemgauer Sportmoden GmbH trägt die Vertriebskosten

Lautet die Lieferbedingung „frei Haus", trägt die Chiemgauer Sportmoden GmbH die Vertriebskosten. In diesem Fall belastet sie den Kunden nur mit dem Warenwert; die Vertriebskosten bedeuten für die Chiemgauer Sportmoden GmbH einen Aufwand, der auf das Konto „6140 Ausgangsfrachten" gebucht wird.

Chiemgauer Sportmoden GmbH · Industriepark 123 · 83024 Rosenheim

Rechnungs-Nr.:	455 CSM 20XX
Auftragsdatum:	12.06.20XX
Kunde:	240177
Lieferdatum:	16.06.20XX
Lieferbedingung:	**frei Haus**
Datum:	18.06.20XX

Schiller GmbH
Pestalozzistraße 8
80469 München

Rechnung

Pos.	Art.-Nr.	Artikelbezeichnung	Anzahl	Einheit	Einzel-preis (€)	Gesamt-preis (€)
1	2280 CSM 2062	Train.-Anzug „Europa CSM", Größe L, Farbe schwarz	20	Stück	24,50	490,00
2	2280 CSM 1401	Fußballtrikot „FC Bayern München"	20	Stück	54,95	1.099,00
		Warenwert netto				1.589,00
		19 % USt.				301,91
		Rechnungsbetrag				**1.890,91**

Zahlungsbedingungen:
Bei Zahlung innerhalb 14 Tagen 2 % Skonto vom Warenwert, innerhalb von 30 Tagen ohne Abzug.

9

Lernbereich 10II.3.5

Listenverkaufspreis			1.589,00 €
+ Umsatzsteuer		19 %	301,91 €
= Rechnungsbetrag			1.890,91 €

Der Buchungssatz zur obigen Ausgangsrechnung lautet:

Buchungssatz					Betrag (in €)	
2400 FO		an			1.890,91	
			5100	UEHW		1.589,00
			4800	UST		301,91

Spedition Wiesel & Flink GmbH - Industriepark 86 - 83024 Rosenheim

Rechnungsnummer:	774/20XX
Auftragsdatum:	12.06.20XX
Kunde:	240177

Chiemgauer Sportmoden GmbH
Industriepark 123
83024 Rosenheim

Rechnungsatum: 18.06.20XX

Rechnung

Auftrag	Menge	Bezeichnung	Gesamtpreis
455 CSM 20XX	4 Kartons	Transport von Rosenheim nach München	41,00 €
		Rechnungsbetrag netto	41,00 €
		19 % USt.	7,79 €
		Rechnungsbetrag brutto	**48,79 €**

Zahlungsbedingungen:
Zahlung innerhalb von 30 Tagen ohne Abzug

Die Eingangsrechnung der Spedition Wiesel & Flink GmbH bucht die Chiemgauer Sportmoden GmbH wie folgt:

Buchungssatz				Betrag (in €)	
6140 AF				41,00	
2600 VORST	an			7,79	
		4400	VE		48,79

9

Lernbereich 10II.3.5

Möglichkeit 2: Lieferbedingung „ab Werk" – Der Kunde trägt die Vertriebskosten

Lautet die Lieferbedingung „ab Werk", muss der Kunde die Vertriebskosten tragen. Trotzdem erhält und verbucht die Chiemgauer Sportmoden GmbH nach wie vor die Rechnung der Wiesel & Flink GmbH für den Transport der Handelswaren. Diese Kosten werden in diesem Fall jedoch an den Kunden weitergegeben. Dabei rechnet die Chiemgauer Sportmoden GmbH die Vertriebskosten dem Listenverkaufspreis hinzu und verbucht den Gesamtbetrag auf das Konto „5100 Umsatzerlöse Handelswaren".

Chiemgauer Sportmoden GmbH · Industriepark 123 · 83024 Rosenheim

Rechnungs-Nr.:	455 CSM 20XX
Auftragsdatum:	12.06.20XX
Kunde:	240177
Lieferdatum:	16.06.20XX
Lieferbedingung:	**ab Werk**

Schiller GmbH
Pestalozzistraße 8
80469 München

Datum: 18.06.20XX

Rechnung

Pos.	Art.-Nr.	Artikelbezeichnung	Anzahl	Einheit	Einzel-preis (€)	Gesamt-preis (€)
1	2280 CSM 2062	Train.-Anzug „Europa CSM", Größe L, Farbe schwarz	20	Stück	24,50	490,00
2	2280 CSM 1401	Fußballtrikot „FC Bayern München"	20	Stück	54,95	1.099,00
		Warenwert netto				1.589,00
		Frachtkosten				41,00
		Rechnungsbetrag netto				1.630,00
		19 % USt.				309,70
		Rechnungsbetrag				**1.939,70**

Zahlungsbedingungen:
Bei Zahlung innerhalb 14 Tagen 2 % Skonto vom Warenwert, innerhalb von 30 Tagen ohne Abzug.

Listenverkaufspreis		1.589,00 €
+ Vertriebskosten		41,00 €
= Rechnungsbetrag netto		1.630,00 €
+ Umsatzsteuer	19 %	309,70 €
= Rechnungsbetrag		1.939,70 €

Der Buchungssatz zur obigen Ausgangsrechnung lautet:

Buchungssatz				Betrag (in €)	
2400 FO	an			1.939,70	
		5100	UEHW		1.630,00
		4800	UST		309,70

9.6.3.3 Rücksendungen vom Kunden

Rücksendung von Handelsware

Natürlich kann es auch vorkommen, dass der Kunde beschädigte oder falsch gelieferte Ware wieder an uns zurücksendet.

Chiemgauer Sportmoden GmbH · Industriepark 123 · 83024 Rosenheim

Fit & Fun OHG
Innere Ringstraße 58
83024 Rosenheim

Rechnungs-Nr.:	483 CSM 20XX
Auftragsdatum:	20.06.20XX
Kunde:	240098
Lieferdatum:	22.06.20XX
Lieferbedingung:	frei Haus
Datum:	22.06.20XX

Rechnung

Pos.	Art.-Nr.	Artikelbezeichnung	Anzahl	Einheit	Einzel-preis (€)	Gesamt-preis (€)
1	2280 CSM 2062	Trainingsanzug, „Europa CSM", Größe XL, Farbe schwarz	100	Stück	24,50	2.450,00
		Warenwert netto				2.450,00
		abzgl. Rabatt 10 %				245,00
		Rechnungsbetrag netto				2.205,00
		19 % USt.				418,95
		Rechnungsbetrag				**2.623,95**

Zahlungsbedingungen:
Bei Zahlung innerhalb 14 Tagen 2 % Skonto vom Warenwert, innerhalb von 30 Tagen ohne Abzug.

Der Buchungssatz zu dieser Ausgangsrechnung lautet:

Buchungssatz				Betrag (in €)
2400 FO	an			2.623,95
		5100	UEHW	2.205,00
		4800	UST	418,95

Bei der Anlieferung der Ware auf dem Lager der Fit & Fun OHG stellen die Lagermitarbeiter fest, dass zehn der gelieferten Trainingsanzüge Verarbeitungsfehler aufweisen. Nach telefonischer Reklamation bei der Chiemgauer Sportmoden GmbH werden diese zehn Trainingsanzüge wieder an uns zurückgesendet.

Dies wird am darauffolgenden Tag durch uns, die Chiemgauer Sportmoden GmbH, bestätigt:

Lernbereich 10II.3.5

9

Chiemgauer Sportmoden GmbH · Industriepark 123 · 83024 Rosenheim

Fit & Fun OHG
Innere Ringstraße 58
83024 Rosenheim

Auftragsnummer:	483 CSM 20XX
Bestellnummer:	
Kunde:	240098
Name:	Jana Pechmann
Telefon:	08031 12343-18
Telefax:	08031 12343-21
E-Mail:	j.pechmann@chiem-sport.de
Datum:	23.06.20XX

Ihre Rücksendung

Sehr geehrte Damen und Herren,

Sie haben vom Auftrag/Rechnung 483 CSM 20XX folgende Artikel zurückgesendet:

Artikel-Nr.	Artikel	Menge	Grund
2280 CSM 2062	Trainingsanzug „Europa CSM", Größe XL, Farbe schwarz	10 Stück	Verarbeitungsfehler

Selbstverständlich schreiben wir Ihnen die zurückgelieferten Artikel gut.

Gutschrift netto	220,50 €
19 % USt.	41,90 €
Gutschrift brutto	**262,40 €**

Berechnung der Rücksendung:

Listenverkaufspreis		2.450,00 €	
– Kundenrabatt	10 %	245,00 €	
= Zielverkaufspreis		2.205,00 €	100 Stück
Warenwert Rücksendung		220,50 €	10 Stück
+ Umsatzsteuer	19 %	41,90 €	
= Rechnungsbetrag		262,40 €	

Der Warenwert entspricht dem Zielverkaufspreis. Rücksendungen müssen deshalb vom Zielverkaufspreis berechnet werden.

Die Rücksendung der zehn Trainingsanzüge hat zur Folge, dass tatsächlich nur noch 90 Trainingsanzüge beim Kunden verbleiben. Der Warenwert der verkauften Trainingsanzüge beträgt damit nur noch 1.984,50 € (= 2.205,00 € – 220,50 €).

Dies bedeutet, dass das Konto „5100 Umsatzerlöse für Handelswaren" auf der Gegenseite um den Betrag der Rücksendung korrigiert werden muss. Da nur für 1.984,50 € Umsatzsteuer angefallen ist, sind entsprechend auch das Konto „4800 Umsatzsteuer" und das Konto „2400 Forderungen aus L.L." zu korrigieren. Praktisch gesehen drehen wir also den Buchungssatz des Verkaufs nur um.

9

Lernbereich 10II.3.5

Der Buchungssatz für die Rücksendung lautet:

Buchungssatz			Betrag (in €)
5100 UEHW			220,50
4800 UST	an		41,90
		2400 FO	262,40

Rücksendung von Verpackung

Auch die Chiemgauer Sportmoden GmbH verpackt ihre Waren bei größeren Aufträgen auf Europaletten. Diese Paletten werden in aller Regel sofort bei Anlieferung ausgetauscht, also über das Transportunternehmen gleich wieder an uns zurückgesendet.

Betrachten wir hierzu folgendes Beispiel:

Chiemgauer Sportmoden GmbH · Industriepark 123 · 83024 Rosenheim

Schiller GmbH
Pestalozzistraße 8
80469 München

Rechnungs-Nr.:   434 CSM 20XX
Auftragsdatum: 29.06.20XX
Kunde: 240177
Lieferdatum: 02.07.20XX
Lieferbedingung: **ab Werk**

Datum: 02.07.20XX

Rechnung

Pos.	Art.-Nr.	Artikelbezeichnung	Anzahl	Einheit	Einzel-preis (€)	Gesamt-preis (€)
1	2280 CSM 2062	Train.-Anzug „Europa CSM", Größe L, Farbe schwarz	100	Stück	24,50	2.450,00
2	2280 CSM 1401	Fußballtrikot „FC Bayern München"	100	Stück	54,95	5.495,00
3		Verpackt auf 1 Europalette				

Warenwert netto	7.945,00
Verpackung (Europalette)	25,00
Fracht	30,00
Rechnungsbetrag netto	8.000,00
19 % USt.	1.520,00
Rechnungsbetrag	**9.520,00**

Zahlungsbedingungen:
Bei Zahlung innerhalb 14 Tagen 2 % Skonto vom Warenwert, innerhalb von 30 Tagen ohne Abzug.

Der Buchungssatz zu dieser Ausgangsrechnung lautet:

Buchungssatz			Betrag (in €)
2400 FO	an		9.520,00
		5100 UEHW	8.000,00
		4800 UST	1.520,00

Die Ware wird auf einer Europalette beim Kunden angeliefert. Im Austausch wird dem Transportunternehmen eine leere Palette zur Rücksendung an die Chiemgauer Sportmoden GmbH gleich wieder mitgegeben. Der Tausch wird mit einem Palettenschein ordnungsgemäß dokumentiert.

9

Lernbereich 10II.3.5

Eine Rücksendung muss, wie wir gerade gelernt haben, auf dem betroffenen Konto auf der Gegenseite korrigiert werden. Der Buchungssatz für die Rücksendung der Palette lautet:

Buchungssatz			Betrag (in €)
5100 UEHW			25,00
4800 UST	an		4,75
		2400 FO	29,75

9.6.3.4 Nachträgliche Preisnachlässe an den Kunden

Gutschrift und Bonus

Die Chiemgauer Sportmoden GmbH hat an die Fit & Fun OHG 100 Trainertaschen, Farbe schwarz, verkauft. Bei der Anlieferung der Trainertaschen stellt ein Lagermitarbeiter der Fit & Fun OHG fest, dass zehn der Taschen in der Farbe Rot geliefert wurden.

Die Fit & Fun OHG reklamiert sofort die zehn falsch gelieferten Taschen. Da sie auch diese Taschen in ihrem Sortiment hat und von Zeit zu Zeit bestellt, wird sie sie behalten und nicht zurückschicken. Die Chiemgauer Sportmoden GmbH gewährt als Entgegenkommen nachträglich eine Gutschrift, um den guten Kunden nicht zu verärgern.

Eine Gutschrift vermindert ebenso wie eine Rücksendung die Forderungen an den Kunden. Allerdings bleibt die Ware beim Käufer, sodass sich die Gutschrift also nicht direkt auf den Warenwert auswirkt. Wir buchen aus diesem Grund auch nicht auf das Konto „5100 Umsatzerlöse für Handelswaren", sondern auf das Unterkonto „5101 Erlösberichtigungen".

Chiemgauer Sportmoden GmbH · Industriepark 123 · 83024 Rosenheim

Fit & Fun OHG
Innere Ringstraße 58
83024 Rosenheim

Auftragsnummer: 561 CSM 20XX
Bestellnummer:
Kunde: 240098

Name: Jana Pechmann
Telefon: 08031 12343-18
Telefax: 08031 12343-21
E-Mail: j.pechmann@chiem-sport.de

Datum: 08.07.20XX

Gutschrift

Sehr geehrte Damen und Herren,

aufgrund Ihrer berechtigten Mängelrüge schreiben wir Ihnen 40,00 € gut.

Gutschrift netto	40,00 €
19 % USt.	7,60 €
Gutschrift brutto	**47,60 €**

Wir bitten Sie, das Versehen zu entschuldigen und bemühen uns Ihre Aufträge künftig zu Ihrer vollsten Zufriedenheit zu erledigen.

Mit freundlichen Grüßen

Chiemgauer Sportmoden GmbH

i. V. *Jana Pechmann*

Jana Pechmann
Abteilungsleiterin Verkauf

Der Buchungssatz lautet wie folgt:

Buchungssatz			Betrag (in €)	
5101 EB			40,00	
4800 UST	an		7,60	
		2400 FO		47,60

Boni werden grundsätzlich genauso behandelt wie Gutschriften.

Die Schiller GmbH ist ein guter Kunde der Chiemgauer Sportmoden GmbH. Um ihre Kunden zu entsprechenden Einkäufen bei ihr zu bewegen, bietet die Chiemgauer Sportmoden GmbH einen Bonus beim Erreichen eines bestimmten Umsatzziels gemäß folgender Bonus-Staffel an:

Bonus-Staffel der Chiemgauer Sportmoden GmbH (halbjährig)	
Ab einem Umsatz von 25.000,00 €	0,5 %
Ab einem Umsatz von 50.000,00 €	1,0 %
Ab einem Umsatz von 100.000,00 €	2,0 %

Folgender Beleg liegt uns vor:

Chiemgauer Sportmoden GmbH · Industriepark 123 · 83024 Rosenheim

Schiller GmbH
Pestalozzistraße 8
80469 München

Auftragsnummer:	
Bestellnummer:	
Kunde:	240177
Name:	Jana Pechmann
Telefon:	08031 12343-18
Telefax:	08031 12343-21
E-Mail:	j.pechmann@chiem-sport.de
Datum:	02.07.20XX

Bonus

Sehr geehrte Damen und Herren,

herzlichen Glückwunsch. Sie haben in den Monaten Januar bis einschließlich Juni Waren im Gesamtwert von 65.000,00 € gekauft. Aus diesem Grund erhalten Sie einen Bonus von 1 %.

Gutschrift netto	650,00 €
19 % USt.	123,50 €
Gutschrift brutto	**773,50 €**

Auf weiterhin gute Zusammmenarbeit.

Mit freundlichen Grüßen

Chiemgauer Sportmoden GmbH

i. V. *Jana Pechmann*

Jana Pechmann
Abteilungsleiterin Verkauf

9

Lernbereich 10II.3.5

Der Buchungssatz lautet wie folgt:

Buchungssatz				Betrag (in €)	
5101 EB				650,00	
4800 UST	an			123,50	
		2400 FO			773,50

Kundenskonto

Schauen wir uns die Ausgangsrechnungen der Chiemgauer Sportmoden GmbH etwas genauer an, so stellen wir fest, dass folgende Zahlungsbedingung gilt:

Bei Zahlung innerhalb von 14 Tagen mit 2 % Skonto, bei Zahlung innerhalb von 30 Tagen ohne Abzug.

Bezahlt also der Kunde den Rechnungsbetrag innerhalb der Skontofrist, kann er vom Rechnungsbetrag 2 % Skonto abziehen. Der Restbetrag (98 %) wird durch Banküberweisung beglichen.

Betrachte hierzu folgenden Auszug einer Ausgangsrechnung:

Rechnungsbetrag netto	3.000,00
19 % USt	570,00
Rechnungsbetrag	**3.570,00**

Zahlungsbedingungen:
Bei Zahlung innerhalb 14 Tagen 2 % Skonto vom Warenwert, innerhalb von 30 Tagen ohne Abzug.

Tel.: 08031 12343-0
Fax: 08031 12343-21
E-Mail: info@chiem-sport.de
Internet: www.chiem-sport.de

Geschäftsführerin: Franziska Brandl
Handelsregister Rosenheim, HRB 5302
USt-IdNr.: DE 167234959
St.-Nr. 156/324/60754

Bankverbindung:
Sparkasse Rosenheim – Bad Aibling
IBAN: DE11 7115 0000 0009 7763 45
BIC: BYLADEM1ROS

Rechnungsbetrag (brutto)		3.570,00 €
– Überweisungsbetrag	98 %	3.498,60 €
= Skonto (brutto)	2 %	71,40 €
davon 19 % Umsatzsteuer		11,40 €
davon Skonto netto		60,00 €

Teil 1: Buchungssatz für die Banküberweisung:

Buchungssatz				Betrag (in €)	
2800 BK	an			3.498,60	
		2400 FO			3.498,60

Teil 2: Buchungssatz für den Skontobetrag:

Buchungssatz			Betrag (in €)	
5101 EB			60,00	
4800 UST	an		11,40	
		2400 FO		71,40

In der Praxis werden diese beiden Teile als ein Buchungssatz erfasst. Dieser lautet dann:

Buchungssatz			Betrag (in €)	
2800 BK			3.498,60	
5101 EB			60,00	
4800 UST	an		11,40	
		2400 FO		3.570,00

9

Lernbereich 10II.3.5

Aufgaben zur Lernsituation 32

Aufgabe 1

Du bist Mitarbeiter/-in in der Abteilung Finanzbuchhaltung der Mittermaier OHG, Großhändler für Herrenmode, in Passau.
Bilde zu den folgenden Geschäftsvorfällen die entsprechenden Buchungssätze.

(1) Wir kaufen Herrenhosen zum Listenpreis netto 2.500,00 € auf Ziel.

(2) Wir kaufen 60 Herrenhemden zum Listenpreis netto 80,00 € je Hemd gegen Banküberweisung.

(3) Eingangsrechnung über brutto 3.570,00 € für gelieferte Freizeithosen.

(4) Wir bezahlen eine Lieferung Herrenhemden zum Listenpreis netto 1.600,00 € durch Postbanküberweisung.

(5) Wir kaufen 75 Krawatten zum Listenpreis brutto 21,42 € je Krawatte auf Ziel.

(6) Wir erhalten eine Eingangsrechnung für gelieferte Anzüge von der Firma Jacky Schwarz GmbH, Saarbrücken: Listenpreis netto 12.000,00 € abzüglich 12 % Treuerabatt.

(7) Wir kaufen Hosen zum Listenpreis brutto 5.355,00 € auf Ziel. Der Lieferant gewährt uns einen Mengenrabatt von 10 %.

(8) Wir kaufen 35 Anzüge zum Einzelpreis netto 450,00 € gegen Banküberweisung. Der Lieferant gewährt uns einen Rabatt von 8 %.

(9) Kauf von 250 Krawatten zum Einzelpreis netto 20,00 €. Wir erhalten einen Mengenrabatt von 20 % und nach Abzug des Mengenrabatts zusätzlich noch einen Treuerabatt von 5 %.

(10) Eingangsrechnung der Grosso-Handels AG: 250 Herrensakkos à 350,00 € netto; wir erhalten einen Mengenrabatt von 15 % und nach Abzug des Mengenrabatts zusätzlich 5 % Großkundenrabatt.
    a) Buche die Eingangsrechnung.
    b) Der Rechnungsbetrag wird durch Banküberweisung bezahlt.

(11) Wir beziehen 2000 Hemden zum Listenpreis brutto 92,80 € je Hemd und 1200 Hosen zum Listenpreis brutto 139,20 € je Hose. Aufgrund der Menge erhalten wir einen Rabatt von 15 % auf die Hemden und 10 % auf die Hosen. Zusätzlich werden uns nach Abzug des Mengenrabatts für die langjährige Treue noch 5 % gutgeschrieben.
    a) Buche die Eingangsrechnung.
    b) Wir bezahlen die Rechnung wie folgt: 10 % bar, Restbetrag durch Postbanküberweisung.

Aufgabe 2

Du bist Mitarbeiter/-in in der Abteilung Finanzbuchhaltung der Mahler OHG, Großhändler für Freizeitmode.

(1) Wir erhalten folgende Eingangsrechnung der Firma Mutzmayer GmbH, Augsburg:

Warenwert netto	1.830,00 €
+ Fracht	150,00 €
+ Verpackung	20,00 €
= Rechnungsbetrag netto	2.000,00 €
+ 19 % Umsatzsteuer	380,00 €
= Rechnungsbetrag brutto	2.380,00 €

(2) Wir kaufen 150 Jacken im Warenwert netto 450,00 € je Jacke. Hinzu kommen für Fracht und Verpackung 175,00 € netto. Buche den Kauf auf Ziel.

(3) Kauf von 200 Sporthosen zum Einzelpreis netto von 25,00 €. Wir erhalten einen Mengenrabatt von 20 %. Hinzu kommen noch Transportkosten über netto 50,00 € und Kosten für die Leihverpackung über netto 25,00 €.
    a) Buche den Kauf auf Ziel.
    b) Wir senden 30 fehlerhafte Sporthosen wieder an den Lieferanten zurück.
    c) Wir senden die Leihverpackung wieder an den Lieferanten zurück.
    d) Wir bezahlen den korrigierten Rechnungsbetrag unter Abzug von 2 % Skonto durch Banküberweisung.

(4) Wir kaufen 50 Sporthosen zum Einzelpreis netto von 25,00 €. Wir erhalten einen Mengenrabatt von 10 % und nach Abzug des Mengenrabatts noch einen Treuerabatt von 5 %.
    a) Buche den Kauf durch Banküberweisung.
    b) Die Kosten für den Transport über 120,00 € netto bezahlen wir dem Transportunternehmen bar.

9

Lernbereich 10II.3.5

(5) Buche folgende Eingangsrechnung.

Rechnung

Pos.	Art.-Nr.	Bezeichnung	Menge	Einzelpreis	Gesamtpreis
1	HAN 44	Herrenhemd „Caribic", blau, XL	20	50,00 €	1.000,00 €
2	HAN 48	Herrenhemd "Caribic", rot, M	20	50,00 €	1.000,00 €
		Listenpreis netto			2.000,00 €
		Rabatt		20 %	400,00 €
		Zielpreis netto			1.600,00 €
		Fracht			100,00 €
		Verpackung			25,00 €
		Rechnungsbetrag netto			1.725,00 €
		Umsatzsteuer		19 %	327,75 €
		Rechnungsbetrag brutto			**2.052,75 €**

Aufgabe 3

Du bist Mitarbeiter/-in in der Abteilung Finanzbuchhaltung der Mahler OHG, Großhändler für Freizeitmode.

(1) Wir kaufen Damenjacken im Warenwert netto 1.500,00 €.
  a) Buche den Kauf auf Ziel.
  b) Wir senden Jacken mit Webfehlern im Warenwert netto 300,00 € an den Lieferanten zurück.
  c) Wir bezahlen den Restbetrag bar.
(2) Wir erhalten eine Eingangsrechnung über brutto 7.140,00 € für gelieferte Trainingsanzüge.
  a) Buche die Rechnung.
  b) Wir senden 20 Trainingsanzüge, die in der falschen Farbe geliefert wurden, im Warenwert brutto 65,45 € je Anzug an den Lieferanten zurück.
  c) Wir bezahlen den Restbetrag durch Banküberweisung.
(3) Wir kaufen 200 Herrenhosen bei der Firma „Mode Hinrichs AG" in Hamburg zum Listenpreis netto 50,00 € je Hose. Wir erhalten einen Mengenrabatt von 10 %.
  a) Buche die Eingangsrechnung.
  b) Wir senden 40 beschädigte Hosen an den Lieferanten zurück.
  c) Wir bezahlen den Restbetrag durch Banküberweisung.
(4) Wir nehmen einen langfristigen Kredit auf. Unsere Bank berechnet 2 % Bearbeitungsgebühr und schreibt unserem Konto 49.000,00 € gut.
(5) Unsere Bank belastet unser Konto mit 245,00 € Zinsen.
(6) Kauf von 100 Krawatten zum Einzelpreis brutto von 23,80 €. Wir erhalten einen Mengenrabatt von 20 %.
  a) Buche den Kauf auf Ziel.
  b) Wir senden 30 fehlerhafte Krawatten wieder an den Lieferanten zurück.
  c) Wir bezahlen den korrigierten Rechnungsbetrag; ¼ bar, den Rest durch Banküberweisung.
(7) Wir kaufen 50 Sporthosen zum Einzelpreis netto 25,00 €. Wir erhalten einen Mengenrabatt von 10 % und nach Abzug des Mengenrabatts noch einen Treuerabatt von 5 %.
  a) Buche die Eingangsrechnung.
  b) Wir senden zehn falsch gelieferte Sporthosen wieder an den Lieferanten zurück.
  c) Wir bezahlen den korrigierten Rechnungsbetrag durch Postbanküberweisung.
(8) Wir kaufen 25 Trikots zum Einzelpreis netto 30,00 €. Wir erhalten einen Mengenrabatt von 10 %.
  a) Buche die Eingangsrechnung.
  b) Wir senden fünf falsch gelieferte Trikots wieder an den Lieferanten zurück.
  c) Wir reklamieren fünf weitere Trikots, behalten diese aber. Der Lieferant schreibt uns daraufhin netto 50,00 € gut.
  d) Wir bezahlen den korrigierten Rechnungsbetrag durch Postbanküberweisung.

(9) Wir haben unser Umsatzziel für das laufende Geschäftsjahr erreicht. Wir erhalten von unserem Lieferanten für Trainingsanzüge einen Bonus von netto 250,00 €.

(10) Kauf von 200 Herrenhemden à 50,00 € netto. Wir erhalten einen Mengenrabatt von 25 %. Aufgrund unserer langjährigen Treue erhalten wir zusätzlich nach Abzug des Mengenrabatts einen Treuerabatt von 5 %.

   a) Buche die Eingangsrechnung.

   b) Zehn Hemden weisen schwere Verarbeitungsfehler auf. Wir senden sie wieder an den Lieferanten zurück.

   c) 20 weitere Hemden wurden in der falschen Farbe geliefert. Aufgrund unserer Mängelrüge erhalten wir eine Gutschrift über 10 % des Warenwertes.

   d) Mit diesem Kauf haben wir unser vereinbartes Umsatzziel erreicht. Der Lieferant gewährt uns einen Bonus über 300,00 € netto.

   e) Wir bezahlen den korrigierten Rechnungsbetrag; 20 % durch Banküberweisung, den restlichen Betrag durch Postbanküberweisung.

(11) Wir bezahlen die Miete für unsere Geschäftsräume über 2.350,00 € durch Banküberweisung.

(12) Betrachte folgenden Beleg:

Rechnung

Pos.	Art.-Nr.	Bezeichnung	Menge	Einzelpreis	Gesamtpreis
1	SF 1234	Freizeitanzug „Champion", rot, M	250	80,00 €	20.000,00 €
		Listenpreis netto			20.000,00 €
		Rabatt		15 %	3.000,00 €
		Rechnungsbetrag netto			17.000,00 €
		Umsatzsteuer		19 %	3.230,00 €
		Rechnungsbetrag brutto			**20.230,00 €**

   a) Buche die Eingangsrechnung.

   b) 10 Anzüge weisen schwere Verarbeitungsfehler auf. Wir senden sie wieder an den Lieferanten zurück.

   c) 40 weitere Hemden wurden in der falschen Farbe geliefert. Aufgrund unserer Mängelrüge erhalten wir eine Gutschrift über 5 % des Warenwertes.

   d) Wir bezahlen den korrigierten Rechnungsbetrag durch Postbanküberweisung.

Aufgabe 4

Du bist Mitarbeiter/-in in der Abteilung Finanzbuchhaltung der Mahler OHG, Großhändler für Freizeitmode.

(1) Wir kaufen Freizeitjacken im Warenwert netto 2.500,00 €.

   a) Buche den Kauf auf Ziel.

   b) Wir bezahlen den Restbetrag unter Abzug von 2 % Skonto durch Banküberweisung.

(2) Wir kaufen 150 Krawatten zum Listenpreis netto 22,00 € je Hose. Wir erhalten einen Mengenrabatt von 10 %.

   a) Buche die Eingangsrechnung.

   b) Wir überweisen die Rechnung unter Abzug von 3 % Skonto durch Postbanküberweisung.

(3) Wir kaufen 75 Trainingsanzüge zum Einzelpreis netto 75,00 €. Wir erhalten einen Mengenrabatt von 15 %.

   a) Buche die Eingangsrechnung.

   b) Wir senden zehn falsch gelieferte Trainingsanzüge wieder an den Lieferanten zurück.

c) Wir bezahlen den korrigierten Rechnungsbetrag unter Abzug von 2 % Skonto durch Postbanküberweisung.

(4) Wir kaufen 44 Herrenanzüge zum Einzelpreis netto 320,00 €. Wir erhalten einen Mengenrabatt von 10 %. Nach Abzug des Mengenrabatts erhalten wir für unsere langjährige Geschäftsbeziehung zum Lieferanten einen weiteren Rabatt von 5 %.
   a) Buche die Eingangsrechnung.
   b) Wir senden fünf Anzüge aufgrund von Verarbeitungsmängeln wieder an den Lieferanten zurück.
   c) Wir reklamieren vier weitere Anzüge, da sie in der falschen Größe geliefert wurden. Der Lieferant schreibt uns daraufhin 3 % des Warenwertes gut.
   d) Wir bezahlen den korrigierten Rechnungsbetrag unter Abzug von 2 % Skonto durch Postbanküberweisung.

(5) Wir überweisen 1.457,75 € an einen Lieferanten. Der Rechnungsbetrag wurde bereits um 2 % Skonto gekürzt.

(6) Buche den abgebildeten Kontoauszug.

```
   ⠀⠀s
Konto-Nr. 2 244 688   BLZ 739 500 00                    Kontoauszug  84
Sparkasse Schweinfurt                                       Blatt    1
Datum      Erläuterungen                                         Betrag

Kontostand in EUR am 20.05.20XX, Auszug Nr. 83              12.450,00 +
                                                         -------------------
21.05. Lastschrift                        Wert: 21.05.      5.247,90 -
       Eingangsrechnung Jörgensen AG Nr. 57
       Rechnungsbetrag    5.355,00 €
       abzgl. Skonto        107,10 €
                                                         -------------------
Kontostand in EUR am 21.05.20XX, Auszug Nr. 84              7.202,10 +


Mahler OHG
Wirsinggasse 7                                                      IBAN:
97424 Schweinfurt                         DE36 7395 0000 0002 2446 88
                                          BIC: BYLADEM1SSW
```

Aufgabe 5

Wir buchen für die Firma Sport Shop GmbH, ein Großhandelsunternehmen für Sportartikel aller Art. Nenne die Buchungssätze zu den folgenden Geschäftsvorfällen:

(1) Wir kaufen Ski-Ausrüstungen zum Nettowert von 3.200,00 € auf Ziel.
   a) Buche die Rechnung.
   b) Wir bezahlen die Rechnung unter Abzug von 2 % Skonto durch Banküberweisung.

(2) Wir kaufen 150 Hanteln zum Listenpreis netto 55,00 € je Stück. Der Lieferant gewährt uns auf den Listenpreis einen Rabatt von 5 %.
   a) Buche die Rechnung.
   b) Wir bezahlen die Rechnung unter Abzug von 2 % Skonto durch Banküberweisung.

(3) Wir bezahlen Frachtkosten für eingekaufte Fußbälle in Höhe von netto 150,00 € bar.

(4) Wir senden Leihverpackung im Nettowert von 50,00 € an den Lieferanten zurück.

(5) Der Lieferant aus Fall (2) stellt uns nachträglich 29,75 € brutto für die Transportversicherung in Rechnung.

(6) Wir senden Hanteln mit Lackschäden im Nettowert von 1.134,00 € an den Lieferanten zurück.

(7) Wir reklamieren Ware. Der Lieferant schreibt uns daraufhin brutto 396,27 € gut.

(8) Aufgrund einer Mängelrüge gewährt uns ein Lieferant einen Nachlass in Höhe von 264,18 € brutto.

(9) Wir begleichen die Rechnung eines Trikotlieferanten in Höhe von 5.950,00 € brutto unter Abzug von 2 % Skonto durch Banküberweisung.

(10) Wir begleichen die Rechnung eines Lieferers durch Überweisung von 4.850,00 €. Den Rechnungsbetrag haben wir bereits um 3 % Skonto gekürzt.

(11) Wir erhalten von unserem Spediteur eine Rechnung über netto 450,00 € für eingehende Frachten.

(12) Wir kaufen 25 T-Shirts zu je 95,20 € brutto gegen Rechnung.

    a) Buche die Rechnung.

    b) Mit diesem Einkauf haben wir unser Umsatzziel für diesen Monat erreicht. Aus diesem Grund erhalten wir einen Bonus von 5 % auf den Monatsumsatz (= 11.400,00 € netto).

    c) Die Fracht über netto 234,00 € zahlen wir dem Spediteur bar.

    d) 5 T-Shirts weisen Verarbeitungsfehler auf. Wir schicken sie wieder an den Lieferanten zurück.

    e) Den korrigierten Restbetrag zahlen wir unter Abzug von 2 % Skonto durch Banküberweisung.

(13) Wir kaufen eine Lieferung von 200 Fußbällen à netto 85,00 €. Aufgrund der Menge erhalten wir einen Rabatt von 15 %. Nach Abzug des Mengenrabatts gewährt uns der Lieferant zusätzlich noch einen Treuerabatt von 5 %. Für die Verpackung werden pauschal 25,00 € netto berechnet.

    a) Buche die Rechnung.

    b) Aufgrund einer Mängelrüge erhalten wir eine Gutschrift über brutto 100,00 €.

    c) Zehn Fußbälle entsprechen nicht dem gewünschten Typ, sodass wir sie wieder an den Lieferanten zurücksenden.

    d) Der korrigierte Rechnungsbetrag wird unter Abzug von 2 % Skonto bezahlt.

(14) Betrachte folgenden Beleg:

Rechnung

Pos.	Art.-Nr.	Bezeichnung	Menge	Einzelpreis	Gesamtpreis
1	SF 0751	Handball „WM Champion", Leder	125	60,00 €	7.500,00 €
		Listenpreis netto			7.500,00 €
		Rabatt		10 %	750,00 €
		Rechnungsbetrag netto			6.750,00 €
		Umsatzsteuer		19 %	1.282,50 €
		Rechnungsbetrag brutto			**8.032,50 €**

Zahlungsbedingungen
Innerhalb 14 Tagen 2 % Skonto, innerhalb 30 Tagen ohne Abzug

    a) Buche die Rechnung.

    b) Wir zahlen die Rechnung innerhalb der Skontofrist.

(15) Buche folgenden Beleg:

```
Konto-Nr. 2 244 688   BLZ 739 500 00          Kontoauszug  91
Sparkasse Schweinfurt                         Blatt     1
Datum      Erläuterungen                           Betrag

Kontostand in EUR am 12.06.20XX, Auszug Nr. 90         32.817,00 +
                                             ------------------
13.06. Lastschrift                Wert: 13.06.         14.928,36 -
       Eingangsrechnung
       Spielwelt Augsburg AG Nr. 776
       Rechnungsbetrag    15.232,00 €
       abzgl. Skonto         303,64 €

                                             ------------------
Kontostand in EUR am 13.06.20XX, Auszug Nr. 91         17.888,04 +


Mahler OHG
Wirsinggasse 7                                          IBAN:
97424 Schweinfurt                 DE36 7395 0000 0002 2446 88
                                    BIC: BYLADEM1SSW
```

Lernbereich 10II.3.5

Aufgabe 6

Du bist Mitarbeiter/-in in der Abteilung Finanzbuchhaltung der Mittermaier OHG, Großhändler für Herrenmode, in Kempten.

Bilde zu den folgenden Geschäftsvorfällen die entsprechenden Buchungssätze.

(1) Wir verkaufen Herrenhosen zum Listenpreis netto 4.500,00 € auf Ziel.

(2) Wir verkaufen 80 Hemden zum Listenpreis netto 90,00 € je Hemd gegen Banküberweisung.

(3) Ausgangsrechnung über brutto 8.925,00 € für gelieferte Sportanzüge.

(4) Wir verkaufen 25 Krawatten zum Listenpreis brutto 17,85 € je Krawatte auf Ziel.

(5) Wir senden eine Ausgangsrechnung für gelieferte Sporthosen an die Firma Sport Müller GmbH, Würzburg: Listenpreis netto 2.000,00 € abzüglich 12 % Rabatt.

(6) Wir verkaufen Hosen zum Listenpreis brutto 5.712,00 € auf Ziel. Wir gewähren einen Mengenrabatt von 10 %.

(7) Wir verkaufen 35 Anzüge zum Nettopreis 450,00 € je Stück gegen Banküberweisung. Wir gewähren einen Rabatt von 8 %.

(8) Wir verkaufen Herrenhemden zum Listenpreis netto 1.600,00 € auf Rechnung. Hinzu kommen noch 150,00 € netto für Fracht und 45,00 € netto für die Verpackung.

(9) Wir bezahlen die Ausgangsfrachten über 1.487,50 € brutto durch Banküberweisung.

(10) Ausgangsrechnung an die Mode-Handel Friedrich GmbH: 250 Herrensakkos à 350,00 €; wir gewähren einen Mengenrabatt von 15 % und nach Abzug des Mengenrabatts zusätzlich 5 % Großkundenrabatt. Hinzu kommen noch für Versicherung und Verpackung 45,00 € netto.
   a) Buche die Rechnung.
   b) Die Frachtkosten für die Lieferung zum Kunden über netto 130,00 € zahlen wir durch Postbanküberweisung.
   c) Der Rechnungsbetrag wird vom Kunden durch Banküberweisung bezahlt.

(11) Wir verkaufen 200 Hemden zum Listenverkaufspreis netto 28,00 € je Hemd und 120 Hosen zum Listenverkaufspreis netto 80,00 € je Hose. Aufgrund der Menge gewähren wir einen Rabatt von 15 % auf die Hemden und 10 % auf die Hosen. Zusätzlich erhält der Kunde nach Abzug des Mengenrabatts für die langjährige Treue noch einen Rabatt von 5 %. Gleichzeitig stellen wir Transportkosten über netto 120,00 € und Verpackungskosten über netto 25,00 € in Rechnung.
   a) Buche die Ausgangsrechnung.
   b) Der Kunde zahlt 20 % des Rechnungsbetrages bar an.
   c) Den Restbetrag überweist er unter Abzug von 2 % Skonto durch Bank.

Aufgabe 7

Du bist Mitarbeiter/-in in der Abteilung Finanzbuchhaltung der Sport Shop GmbH, Großhändler für Sportartikel aller Art.

(1) Wir verkaufen Hanteln im Wert netto 25.000,00 € auf Ziel.

(2) Wir verkaufen Hanteln im Wert netto 12.000,00 € auf Rechnung; hinzu kommen netto 150,00 € für Fracht und netto 45,00 € für Verpackung.

(3) Von der Lieferung aus Aufgabe (1) erhalten wir beschädigte Ware im Wert brutto 1.059,10 € vom Kunden zurück.

(4) Wir überweisen einem Spediteur 1.300,00 € für Ausgangsfrachten.

(5) Wir erhalten eine Rücksendung von beschädigten Tischtennisschlägern im Wert von brutto 714,00 €.

(6) Wir verkaufen 25 Trampolins zum Preis von 750,00 € netto. Wir gewähren einen Mengenrabatt von 12 %. Nach Abzug des Mengenrabatts erhält der Kunde noch einen Treuerabatt von 5 %. Hinzu kommen noch 250,00 € netto Transportkosten, 30,00 € netto für Verpackung und 5,00 € netto für die Transportversicherung.
   a) Buche den Verkauf auf Ziel.
   b) Die Rechnung wird vom Kunden termingerecht unter Abzug von 2 % Skonto durch Banküberweisung bezahlt.

(7) Zum Ausgleich einer Rechnung überweist ein Kunde 18.242,30 €. Er hat den Rechnungsbetrag bereits um 2 % Skonto gekürzt.

(8) Wir senden einem Kunden folgende Rechnung:

Warenwert	54.800,00 €
– 15 % Rabatt	8.220,00 €
	46.580,00 €
+ 19 % USt.	8.850,20 €
Rechnungsbetrag	55.430,20 €

    a) Bilde den Buchungssatz.
    b) Der Spediteur sendet uns für diese Warenlieferung eine Rechnung:

Fracht	430,00 €
+ 19 % USt.	81,70 €
Rechnungsbetrag	511,70 €

    c) Der Kunde stellt bei der Wareneingangskontrolle fest, dass ein Teil der Waren fehlerhaft und unbrauchbar ist. Diese Waren schickt er an uns zurück. Aufgrund der Mängelrüge erteilen wir dem Kunden eine Gutschrift in Höhe von 528,88 € brutto.

(9) Wir erhalten eine Bankgutschrift über 2.332,40 € für eine Ausgangsrechnung Handelswaren. Bitte beachte, dass hier bereits 2 % Skonto abgezogen sind.

(10) Wir verkaufen 4250 Pakete Tischtennisbälle zu netto 35,00 € je Paket. Aufgrund der Menge erhält der Kunde einen Rabatt von 20 %. Gleichzeitig stellen wir ihm die Fracht über netto 200,00 € und die Verpackung über netto 25,00 € in Rechnung.
    a) Bilde den Buchungssatz.
    b) In der darauf folgenden Woche sendet er die Palette (= Verpackung) an uns zurück.
    c) Den Restbetrag bezahlt der Kunde unter Abzug von 2 % Skonto durch Banküberweisung.

Aufgabe 8

Du bist Mitarbeiter der „Sport Hansen OHG", einem Großhandelsunternehmen für Sportartikel und -bekleidung aller Art. Bilde zu folgenden Geschäftsvorfällen den Buchungssatz:

(1) Wir erhalten eine Rechnung von einem Lieferanten für gelieferte Trainingsanzüge im Warenwert netto 5.000,00 €.
(2) Wir kaufen einen Kleintransporter für das Geschäft im Warenwert netto 50.000,00 € auf Ziel.
(3) Wir kaufen Briefmarken im Wert von 60,00 € gegen bar.
(4) Wir erhalten eine Lieferung Fußbälle im Warenwert brutto 3.570,00 € gegen Rechnung.
(5) Wir erhalten Zinsen über 250,00 € auf unserem Bankkonto gutgeschrieben.
(6) Wir kaufen neue Computer im Warenwert netto 4.500,00 € durch Postbanküberweisung.
(7) Wir verkaufen Trainingsanzüge im Warenwert brutto 2.975,00 € auf Ziel.
(8) Wir verkaufen einen alten Ausliefer-Lkw im Warenwert netto 12.000,00 € auf Ziel.
(9) Wir kaufen 100 Nordic-Walking-Stöcke im Wert von netto 25,00 € je Stock auf Rechnung.
(10) Wir verkaufen 20 Trikots im Wert von brutto 41,65 € je Trikot gegen Banküberweisung.

Aufgabe 9

Buche folgende Belege der Sport & Freizeit GmbH.

Lernbereich 10II.3.5

9

Sport & Freizeit GmbH | Landshuter Allee 134 | 80637 München

	Kunden-Nr.: 240012
	Rechnung: 296

Sportgeschäft Fit e. K.
Hauptstraße 22
97616 Bad Neustadt

Name: Herr Martin
Telefon: 089 98555-21

Datum: 25.02.20XX

Rechnung

Pos.	Art.-Nr.	Bezeichnung	Menge	Einzelpreis	Gesamtpreis
1	SF 0832	Trainingsanzug „Amira", Größe S	20	80,00 €	1.600,00 €
2	SF 0833	Trainingsanzug „Amira", Größe L	25	80,00	2.000,00 €

Listenpreis netto		3.600,00 €
Umsatzsteuer	19 %	684,00 €
Rechnungsbetrag brutto		**4.284,00 €**

Die Lieferungs- und Zahlungsbedingungen entnehmen Sie unseren AGB.

Tiger AG • Hohenzollernstraße 11 – 34 • 94032 Passau

Sport & Freizeit GmbH
Landshuter Allee 134
80637 München

Rechnung

Kundennummer	Rechnungs-Nr.	Bestellnummer	Bestelldatum	Rechnungsdatum
240077	T256/20XX	775/20XX	22.02.20XX	27.02.20XX

Pos.	Art. - Nr.	Bezeichnung	Menge	Einzelpreis	Gesamtpreis
1	175465	Trikots „Tiger Spezial" Größe S	100	45,00 €	4.500,00 €

Listenpreis netto		4.500,00 €
Umsatzsteuer 19 %		855,00 €
Rechnungsbetrag brutto		**5.355,00 €**

Die Lieferungs- und Zahlungsbedingungen entnehmen Sie unseren AGB.

9

Lernbereich 10II.3.5

Aufgabe 10

Du bist Mitarbeiter der Sport Shop GmbH, einem Großhändler für Sportartikel aller Art. Bilde zu den folgenden Geschäftsvorfällen die Buchungssätze:

(1) Wir kaufen Skateboards zum Nettowert von 3.200,00 € auf Ziel.

(2) Wir erhalten die Rechnung über den Einkauf von Skateboards zum Preis netto 12.000,00 €.

(3) Wir verkaufen Skateboards zum Nettowert von 2.400,00 € auf Ziel.

(4) Der Kunde begleicht die Rechnung aus Aufgabe (3) durch Banküberweisung.

(5) Wir kaufen einen neuen Computer zum Warenwert brutto 26.180,00 € auf Ziel.

(6) Wir bezahlen die Rechnung aus Fall (5) durch Postbanküberweisung.

(7) Wir zahlen die Miete über 2.500,00 € durch Banküberweisung.

(8) Wir begleichen die Rechnung eines Lieferers durch Überweisung von 4.600,00 €.

(9) Wir erhalten eine Rechnung für 10 Hockeyschlägern à netto 80,00 €.

(10) Wir erhalten die Miete für eine Lagerhalle über 3.000,00 € bar.

(11) Die Postbank schreibt uns Zinsen über 180,00 € gut.

(12) Wir verkaufen an einen Kunden 100 Hanteln zum Stückpreis von jeweils 59,50 € brutto auf Rechnung.

(13) Von einem Lieferanten erhalten wir eine Rechnung für 25 Sportschuhe zu je 45,00 € netto.

(14) Wir verkaufen 250 Trainingsanzüge zum Einzelpreis von 89,25 € an einen Kunden.

(15) Wir verkaufen unseren alten Firmen-Pkw im Warenwert netto 12.000,00 € gegen Banküberweisung.

(16) Wir kaufen Fußballtore im Wert von netto 10.000,00 €. Wir zahlen 20 % durch Postbank, der Restbetrag geht auf Rechnung.

(17) Wir verkaufen die Fußballtore für 13.090,00 € brutto. Der Kunde zahlt 10 % bar an, den Restbetrag durch Banküberweisung.

(18) Wir bezahlen zehn Computertische im Warenwert netto 450,00 € je Tisch. 20 % werden bar gezahlt, 1.800,00 € werden durch Bank bezahlt; den Restbetrag überweisen wir von unserem Postbankkonto.

(19) Wir liefern einem Kunden Fußbälle im Warenwert netto 6.500,00 €. Er zahlt 892,50 € bar an, der Restbetrag geht auf Rechnung.

(20) Wir kaufen 100 Fußballtrikots zum Listeneinkaufspreis netto von 85,00 € je Trikot auf Ziel.

(21) Wir verkaufen 40 Inlineskater zum Listeneinkaufspreis brutto von 78,54 € je Skate gegen Banküberweisung.

(22) Ein Kunde begleicht eine Rechnung über 6.752,50 € durch Banküberweisung.

(23) Wir bezahlen die Miete für unsere Geschäftsräume über 4.500,00 € per Postbank.

(24) Wir kaufen einen neuen Schreibtisch zum Warenwert brutto 690,20 € auf Rechnung.

(25) Wir verkaufen Handbälle im Warenwert netto 800,00 €; die Hälfte zahlt der Kunde bar, den Rest durch Postbanküberweisung.

(26) Wir kaufen 120 Hanteln zum Preis netto 45,00 € je Stück; 200,00 € zahlen wir bar an, der Restbetrag geht auf Rechnung.

(27) Wir erhalten die Miete für eine Lagerhalle über 1.500,00 € bar.

(28) Wir erhalten eine Rechnung für 50 Hockeyschläger à netto 90,00 €.

(29) Unsere Bank schreibt uns Zinsen über 50,00 € gut.

(30) Wir bezahlen Büromaterial zum Einkaufspreis netto 80,00 € bar.

(31) Wir bezahlen die Telefonrechnung über 450,00 € + 19 % USt. durch Banküberweisung.

(32) Wir kaufen eine neue Lagerhalle über 250.000,00 €; 5 % zahlen wir bar an, 27.500,00 € zahlen wir durch Banküberweisung, über den Restbetrag nehmen wir ein Darlehen auf.

(33) Unser Außendienstmitarbeiter hat sehr gut verkauft. Er erhält dafür Provisionen über 5.300,00 € + 19 % USt. durch Banküberweisung.

Zusammenfassende Situationen Lernbereich 10II.3.5

Situation 1

Unternehmensinformation

Die Walther OHG ist ein Getränke-Großhandelsunternehmen aus Schweinfurt. Es beliefert hauptsächlich den Einzelhandel im kompletten unterfränkischen Raum. Inhaber sind Willi und Waltraud Walther.

Die Walther OHG bietet ihren Kunden folgende Lieferungs- und Zahlungsbedingungen an:

- **Rabatte**
  Bei Abnahme von mehr als 100 Kästen   5,0 % Mengenrabatt
  Bei Abnahme von mehr als 200 Kästen   7,5 % Mengenrabatt
  Bei Abnahme von mehr als 300 Kästen   10,0 % Mengenrabatt
  Bei Abnahme von mehr als 400 Kästen   15,0 % Mengenrabatt
- **Skonto**
  Bei Zahlung innerhalb von zehn Tagen gewähren wir 2 % Skonto.
- Die Ware ist auf Paletten verpackt. Jede Palette enthält 60 Kästen.
- Die Lieferung erfolgt grundsätzlich „ab Werk". Dem Kunden werden für den Transport pro Palette 30,00 € netto in Rechnung gestellt.
- Für die Paletten werden 10,00 € netto Leihgebühr in Rechnung gestellt.

Aufgabe 1

Walther OHG · Industriestraße 55 · 97424 Schweinfurt

Getränke Heinrich
Hauptstraße 25
97616 Bad Neustadt

Ihr Zeichen:
Ihre Nachricht:
Unser Zeichen:
Unsere Nachricht:

Name:
Telefon:
Telefax:
E-Mail:

Datum:

RECHNUNG

Kunden-nummer	Rechnungs-nummer	Rechnungs-datum	Auftrags-nummer	Auftrags-datum	Bestell-nummer
240004	40123	25.01.20XX	WE 77889	15.01.20XX	3032

Pos.	Bezeichnung	Anzahl	Einheit	Einzelpreis	Gesamt
1	Lemon Fresh, 0,7 Liter	4	Paletten	330,00 €	1.320,00 €
2	Apfel Fresh, 0,7 Liter	6	Paletten	330,00 €	1.980,00 €
3	Spezi Fresh, 0,7 Liter	2	Paletten	350,00 €	700,00 €

Betrachte den abgebildeten Beleg.

(1) Erstelle die Ausgangsrechnung unter Berücksichtigung der Lieferungs- und Zahlungsbedingungen.
(2) Buche die Rechnung.
(3) Beim Transport gehen zwei Kästen „Lemon Fresh" zu Bruch.
(4) „Apfel Fresh" war als 0,5-Liter-Flaschen bestellt worden. Getränke Heinrich behält die gelieferten 0,7-Liter-Flaschen, erhält aber als Entgegenkommen für unser Versehen eine Gutschrift über 42,80 € brutto.
(5) Die Paletten schickt Heinrich wieder an uns zurück.
(6) Die korrigierte Rechnung bezahlt Getränke Heinrich ohne Abzug von Skonto.

Aufgabe 2
Die Mineralbrunnen AG, Hamburg, liefert uns 200 Kästen Mineralwasser zu einem Preis von brutto 5,35 € pro Kasten. Für die Paletten werden 25,00 € netto in Rechnung gestellt.

(7) Verbuche die Eingangsrechnung.
(8) Die Paletten senden wir wieder an den Lieferanten zurück.
(9) Den korrigierten Rechnungsbetrag überweisen wir unter Abzug von 2 % Skonto.

Aufgabe 3
Darüber hinaus befinden sich noch verschiedene andere Belege in deinem Posteingangskörbchen:

(10) Die Tilgungsrate für ein Darlehen über 1.850,00 € wird durch die Postbank überwiesen.
(11) Wir überweisen die Miete für die Lagerhalle über 2.250,00 €.
(12) Wir bezahlen die Firmenhaftpflichtversicherung über 2.400,00 € per Postbank.
(13) Wir bezahlen die Kfz-Steuer für den Getränke-Lkw über 3.500,00 € per Postbank.
(14) Wir erhalten eine Lieferung neuer Büromöbel (USt. 19 %). 20 % wurden bar angezahlt, die restlichen 9.520,00 € durch Banküberweisung.

Aufgabe 4
Für das Jahr 20XX liegt der Walther OHG folgender Auszug aus dem Hauptbuch vor:

Hauptbuch			
Soll	Gewinn- und Verlustkonto (GuV)		Haben
Aufwendungen für HW	145.000,00	Umsatzerlöse für HW	286.000,00
Mietkosten	88.000,00	Mieterträge	8.000,00
Energiekosten	14.500,00		
Sonstige Kosten	32.500,00		

Darüber hinaus steht noch als weitere Information zur Verfügung:
Anfangsbestand Konto Eigenkapital: 125.000,00 €

(16) Ermittle den Schlussbestand des Kontos Eigenkapital.
(17) Führe alle entsprechenden Abschlussbuchungen durch.

Situation 2

Unternehmensbeschreibung
Konrad und Karla Maier sind Inhaber eines mittelständischen Unternehmens mit dem Firmennamen „Handy-Zubehör Konrad und Karla Maier OHG", kurz „KAKOMA".
Das Unternehmen „KAKOMA" hat sich im unterfränkischen Bad Neustadt auf Einkauf und Verkauf von Handy-Zubehör in Kunststoffausführung spezialisiert.

Liefer- und Zahlungsbedingungen der KAKOMA OHG:

Verpackung
- Die Ware ist in Kartons zu je zehn Stück verpackt.
- Pro Karton werden 0,50 € in Rechnung gestellt.

Transport
- Die Lieferung erfolgt grundsätzlich „frei Haus".
- Dem Kunden entstehen durch den Transport keine zusätzlichen Kosten.

Rabatt
- Bei einem Warenwert von mindestens 1.500,00 € wird ein Mengenrabatt von 10 % gewährt.
- Bei einem Warenwert von mindestens 2.500,00 € wird ein Mengenrabatt von 15 % gewährt.

Skonto
Bei Zahlung innerhalb von zehn Tagen wird ein Skonto von 2 % gewährt.

Aufgabe 1

KAKOMA OHG – Rudolf-Diesel-Str. 64 – 97616 Bad Neustadt

Mahler OHG
Wirsingstraße 7
97424 Schweinfurt

Rechnung Nr.:	RK 256
Auftrag:	K 256
Kunde:	240088
Bestell-Nr.:	A 249735
Rechnungsdatum:	21.09.20XX

Rechnung

Pos.	Anzahl	Beschreibung	Einzelpreis	Gesamtpreis
1	250	Handy-Schale „Red Fashion"	5,00 €	1.250,00 €
2	150	Handy-Schale "Blue Fashion"	5,00 €	750,00 €
		Warenwert netto		
		...		
		...		
		...		

Betrachte die abgebildete Rechnung.

(1) Vervollständige die Ausgangsrechnung. Berücksichtige dabei die Liefer- und Zahlungsbedingungen der KAKOMA OHG (vgl. Unternehmensbeschreibung).
(2) Buche die Ausgangsrechnung.

Die Lieferung erfolgt durch die Spedition Hurtig GmbH, Bad Neustadt. Mit der Spedition wurde vertraglich ein Preis von netto 3,20 € pro Karton vereinbart.

(3) Buche die Barzahlung der Fracht für o. g. Lieferung an die Mahler OHG in Schweinfurt.

Aufgabe 2
Da du in den letzten zwei Wochen Urlaub hattest, haben sich noch weitere Belege in deinem Körbchen gestaut. Bilde hierzu die Buchungssätze.

(4) Kauf eines neuen Firmen-Pkws über netto 40.000,00 €. 20 % wurden bar angezahlt, der Restbetrag geht auf Rechnung.

(5) Postbanküberweisung der Miete über 1.350,00 €.

(6) Für den Warenbereich des Monats September 20XX liegen folgende Informationen vor:
Gesamte Einkäufe   brutto 333.200,00 €
Gesamte Verkäufe   brutto 368.900,00 €
Schließe die Konten „Vorsteuer" und „Umsatzsteuer" für den Monat September 20XX ab.

Aufgabe 3
Betrachte folgenden Beleg:

Fritz Handy Vertriebs GmbH • Am Rheinufer 121 • 52521 Köln

Ihr Zeichen:
Ihre Nachricht:
Unser Zeichen:
Unsere Nachricht:

KAKOMA OHG
Rudolf-Diesel-Straße 64
97616 Bad Neustadt

Name:
Telefon:
Telefax:
E-Mail:

Datum:

Rechnung

Kunden-nummer	Rechnungs-nummer	Rechnungs-datum	Auftrags-nummer	Auftrags-datum	Bestell-nummer
240071	88765-234	26.09.20XX	9800 12	16.09.20XX	20.03.18

Pos.	Bezeichnung	Anzahl	Einzelpreis	Gesamt
1	Handy-Tasche „Fritz L", Farbe rot	225	4,00 €	900,00 €
2	Handy-Tasche „Fritz XL", Farbe blau	260	5,00 €	1.300,00 €

Warenwert netto		2.200,00 €
Rabatt	10 %	220,00 €
Zielpreis netto		1.980,00 €
Verpackung		20,00 €
Rechnungsbetrag netto		2.000,00 €
Umsatzsteuer	19 %	380,00 €
Rechnungsbetrag brutto		**2.380,00 €**

Zahlungsbedingungen
Bei Zahlung innerhalb 10 Tagen 2 % Skonto, innerhalb von 30 Tagen ohne Abzug.

(7) Buche die Eingangsrechnung.

(8) Die Fracht von Köln nach Bad Neustadt über 180,00 € netto wird dem Spediteur per Banküberweisung bezahlt.

Lernbereich 10II.3.5
9

(9)   100 Handy-Taschen „Fritz XXL" wurden in der falschen Größe geliefert. Wir schicken sie wieder an die Fritz Handy Vertriebs GmbH zurück.

(10)   Wir bezahlen die korrigierte Rechnung am 03.10.20XX durch Banküberweisung.

Von der Telefix AG, Ludwigsburg, bezieht KAKOMA auch regelmäßig Handy-Taschen. Zum Ausgleich einer Rechnung für 200 Handy-Taschen werden 833,00 € überwiesen. Der Rechnungsbetrag wurde bereits um 2 % Skonto gekürzt.

(11)   Verbuche die Zahlung per Postbank.

(12)   Berechne den Nettopreis für eine Handy-Tasche beim Lieferanten Telefix AG.

Am 22. Oktober 20XX erhält die KAKOMA OHG einen Bonus von der Firma Telefix AG, Ludwigsburg über brutto 416,50 € auf ihrem Bankkonto gutgeschrieben.

(13)   Was ist ein Bonus?

(14)   Verbuche den Bonus.

Lernbereich 10II.4: Die Beschaffung neuer Waren organisieren

Kapitel 10

10 Lernbereich 10II.4: Die Beschaffung neuer Waren organisieren

Kompetenzerwartungen
Die Schülerinnen und Schüler

- wählen aus verschiedenen, zuvor ermittelten Lieferanten verantwortungsbewusst geeignete aus. Dabei beachten sie wirtschaftliche, ökologische, regionale sowie soziale Gesichtspunkte. Sie aktualisieren ihre Lieferantendaten in einer Datenbank.
- erstellen normgerechte Anfragen, um mit den Lieferanten adäquat in Kontakt zu treten.
- führen unter Beachtung der Allgemeinen Geschäftsbedingungen einen quantitativen und qualitativen Angebotsvergleich durch. Dazu erstellen sie Schemata mit einem Tabellenkalkulationsprogramm.
- führen mit den von ihnen ausgewählten Lieferanten mündliche Nachverhandlungen durch. Dazu formulieren sie Argumente, die die eigene Position stärken, und entkräften mögliche Gegenargumente der Lieferanten. Sie achten auf eine zielführende Kommunikation und dokumentieren das Gesprächsergebnis in einer Notiz.
- entscheiden sich aufgrund des Angebotsvergleichs und der Nachverhandlungen für einen Lieferanten und schließen einen entsprechenden Kaufvertrag ab. Den anfallenden Schriftverkehr erledigen sie normgerecht.
- überwachen die Lieferung und reagieren bei vorliegenden Kaufvertragsstörungen angemessen, indem sie einen normgerechten Geschäftsbrief aufsetzen.
- dokumentieren die Eingangsrechnung des Lieferanten sowie Gutschriften aufgrund von Rücksendungen und Nachlässen buchhalterisch.
- zahlen die Eingangsrechnung nach Möglichkeit unter Berücksichtigung von Skonto und dokumentieren dies buchhalterisch.

10.1 Lernsituation 33: Wir suchen einen geeigneten Lieferanten

Hannah Nitsch, die mittlerweile ihre Ausbildung zur Kauffrau für Groß- und Außenhandel bei der Chiemgauer Sportmoden GmbH erfolgreich beendet hat und nun das Team Verkauf verstärkt, muss in dieser Woche für die erkrankte Monika Kraus beim Team Einkauf einspringen.

Hannah: Einen wunderschönen guten Morgen, Herr Kröner.

Herr Kröner: Was soll an diesem Morgen so schön sein? Frau Pechmann aus dem Verkauf hat uns in der Abteilungsleitersitzung letzte Woche mitgeteilt, dass immer mehr Kunden nach Trikots internationaler Fußballmannschaften fragen.

Hannah: Ja, aber das ist doch gut so.

Herr Kröner: Aber diese Produkte haben wir doch gar nicht. Also wurde kurzerhand beschlossen, dass wir unser Sortiment um Trikots internationaler Fußballmannschaften erweitern. Und als ob mein Schreibtisch nicht schon voll genug wäre, soll ich jetzt auch noch nach geeigneten Lieferanten suchen.

Hannah: Da kann ich Ihnen doch helfen.

Herr Kröner: Aber am Mittwoch sollen schon alle Informationen so weit vorliegen, dass wir entsprechende Angebote einholen können.

Hannah: Kein Problem, das krieg ich schon hin.

Auszug aus der Lieferantenkartei der Chiemgauer Sportmoden GmbH:

Lieferant	Lieferantennummer
Berger & Thaler Sportswear OHG, Wirsingstraße 7, 97424 Schweinfurt	440001
Sortiment	**Bemerkungen**
– Trikots – Trainings- und Freizeitanzüge – komplette Teamlinien – zusätzlich: Sportzubehör (Taschen, Schuhe usw.) und Fanartikel	Muttergesellschaft und Hauptlieferant, Produktion erfolgt fast ausschließlich in Deutschland, dadurch relativ hohe Einkaufspreise, sehr guter Kundenservice, Entfernung 350 km

Lieferant	Lieferantennummer
HaLoTri Hannelore Lorz Trikots e. Kfr., Industriestraße 55, 22442 Hamburg	440004
Sortiment	**Bemerkungen**
– Trikots – zusätzlich: Fanartikel	kleines Unternehmen, das auf individuelle Kundenwünsche eingeht, Produktion erfolgt ausschließlich am Standort in Hamburg, sehr guter Kundenservice, sehr individuelle Betreuung, Entfernung 850 km

Lieferant	Lieferantennummer
Wolf Import GmbH, Hafenbecken 17, 28334 Bremen	440056
Sortiment	**Bemerkungen**
– Trikots – Trainings- und Freizeitanzüge – zusätzlich: Sportzubehör (Taschen, Schuhe usw.) und Fanartikel	Großhandelsunternehmen, das sich auf den Import von Sportmode und -zubehör spezialisiert hat, Produkte werden ausschließlich aus dem asiatischen Raum importiert, dadurch sehr niedrige Einkaufspreise, Kundenservice ist ok, Sonderwünsche können aber nicht bearbeitet werden, Entfernung 830 km

Lieferant	Lieferantennummer
Sport Busch GmbH, Garbsener Landstraße 66, 30541 Hannover	440129
Sortiment	**Bemerkungen**
– Trikots – Trainings- und Freizeitanzüge – komplette Teamlinien – zusätzlich: Sportzubehör (Taschen, Schuhe usw.) und Fanartikel	Großhandelsunternehmen, das viel mit Herstellern aus dem osteuropäischen Raum zusammenarbeitet, Produkte werden fast ausschließlich in Osteuropa hergestellt, dadurch relativ niedrige Einkaufspreise, relativ neuer Lieferant, Kundenservice lässt oftmals zu wünschen übrig, Entfernung 700 km

10

Lernbereich 10II.4

1. Macht euch mit der Situation vertraut, indem ihr euch zunächst orientiert: Betrachtet hierzu die erhaltenen Informationen zum Thema Bezugsquellenermittlung. Informiert euch bei Bedarf auch im Internet. Überlegt euch insbesondere auch Vor- und Nachteile der einzelnen Bezugsquellen. Stellt sicher, dass euch klar ist, was eure Aufgabe ist. **(Orientierung und Information)**

2. Plant euer weiteres Vorgehen, indem ihr euch Gedanken macht, was in dieser konkreten Situation zu tun ist, und notiert diese stichpunktartig. **(Planung)**

3. Erstellt eine Pro-Kontra-Liste der einzelnen Bezugsquellen und entscheidet euch für die geeignetste Bezugsquelle. Erstellt im Anschluss eine normgerechte Anfrage an einen von euch gewählten Lieferanten. **(Durchführung)**

4. Präsentiert eure Ergebnisse im Klassenplenum. Bewertet eure Vorschläge zusammen mit dem Lehrer und den Mitschülern. Nehmt Kritikpunkte zur Vollständigkeit und inhaltlichen Richtigkeit auf, ergänzt eure Ausarbeitungen und korrigiert Fehler. **(Bewertung)**

5. Reflektiert über eure Präsentation, indem ihr konstruktives Feedback des Lehrers und der Gruppenmitglieder annehmt und Schlüsse für zukünftige Präsentationen zieht. **(Reflexion)**

10.1.1 Die Ermittlung von Bezugsquellen

Eine der wichtigsten Aufgaben der Abteilung Einkauf ist es, die für das Unternehmen besten Bezugsquellen zu ermitteln. Hierbei wird vor allem auf folgende Punkte Wert gelegt:

- **Ökonomische Gesichtspunkte**

  Hier steht die Wirtschaftlichkeit im Vordergrund, d. h. wie günstig etwas eingekauft werden kann. Oft ergeben sich bei größeren Verpackungseinheiten günstigere Preise oder bestimmte Preisnachlässe, z. B. ein Mengenrabatt. Auch liefern Versandunternehmen beim Kauf einer bestimmten Bestellmenge kostenfrei. Um die gesamten Kosten miteinander vergleichen zu können, benötigen wir das Kalkulationsschema.

- **Ökologische Gesichtspunkte**

  Die Ökologie beschäftigt sich mit unserer Umwelt. Unser Ziel ist es dabei, die Ressourcen zu schonen und Natur und Umwelt sowie die menschliche Gesundheit zu schützen. Die Beschaffung wird über Lastkraftwagen, Bahn, Flugzeug und Schiff gewährleistet, die dabei eine Reihe von Schadstoffen in unsere Umwelt abgeben. Deshalb achten viele Unternehmen beim Einkauf in zunehmendem Maß darauf, dass der Lieferant seinen Sitz in der Region hat, also nicht zu weit entfernt ist. Doch dieses Ziel steht meist im Konflikt zu den ökonomischen Gesichtspunkten.

- **Soziale Gesichtspunkte**

  Regelmäßig berichten Medien über Legebatterien bei Hühnern oder andere Massentierhaltungen. Ebenso häufig werden Skandale wie BSE-Erkrankungen bei Rindern, Schweinepest oder Antibiotika in Tiernahrung bekannt und verunsichern die Verbraucher. Jedoch möchten heutzutage immer mehr Menschen diesem Trend entgegenwirken und achten beim Kauf ihrer Produkte auf eine artgerechte Tierhaltung. Um dieser Entwicklung gerecht zu werden, achten viele Unternehmen bei der Auswahl ihrer Bezugsquellen auf bestimmte Gütesiegel (BIO, BIOLAND, PRO PLANET etc.) aufseiten der Lieferanten.

- **Ethische Gesichtspunkte**

  Wir genießen eine Vielzahl an Waren, z. B. Kakao und Kaffee aus Südamerika, Obst aus Südafrika oder Kleidung aus Asien. Selten stellen wir uns die Frage, wie diese Produkte gewonnen und hergestellt werden und welche lange Reise sie hinter sich haben. Doch nicht nur unsere Ressourcen, die Natur und die Tiere müssen geschützt werden, sondern auch die Menschen, die die Produkte herstellen. Oft leiden diese Menschen, vor allem Kinder, unter der Ausbeutung ihrer Arbeitskraft und unter ihrer Lebensumgebung und sind bei der Verarbeitung und Gewinnung der Produkte gesundheitlichen Belastungen ausgesetzt. Verschiedene Organisationen bemühen sich um einen „Fair Trade" (fair, engl. = gerecht; trade, engl. = Handel) mit der „Dritten Welt" und haben Qualitätskriterien und Siegel entwickelt. Mit dem Kauf von Fair-Trade-Produkten tragen wir zu mehr Gerechtigkeit bei und unterstützen bessere Lebensbedingungen der Menschen in den Erzeugerländern. Auch dieses Entscheidungskriterium sollte bei der Wahl eines geeigneten Lieferanten berücksichtigt werden.

Lernbereich 10II.4

10

10.1.2 Bezugsquellen

Um an die entsprechenden Informationen über mögliche Bezugsquellen zu gelangen, stehen dem Unternehmen mehrere Möglichkeiten zur Auswahl. Bei Lieferanten, mit denen man schon zusammengearbeitet hat, wird man sich zuerst betriebsinterner Informationsquellen bedienen:

Lieferantenkartei

Die Lieferantenkartei ist in der Regel nach dem Lieferantennamen oder der Lieferantennummer geordnet und enthält allgemeine Informationen zu den oben genannten Punkten.

Lieferant	Lieferanten-nummer	Sortiment	Bemerkungen
Räuber Mühle KG Oberndorfer Straße 23, 83134 Mühlthal	440001	Mühlenprodukte tiefes Sortiment	Geschäftsbeziehungen seit 2010 sehr gute Qualität
Biogut Merz e. K. Dorfgasse 8, 83098 Brannenburg	440002	Bioprodukte breites Sortiment	Geschäftsbeziehungen seit 2002 gute Qualität
Mühle Mönch AG Im Grund 22, 64296 Darmstadt	440003	Mühlenprodukte tiefes Sortiment	Geschäftsbeziehungen seit 2013 einige Male unzuverlässige Lieferungen
Bergamo Produtti Italiani s. A. Via Industriale 2, I-24121 Bergamo	440004	Italienische Spezialitäten sehr breites und tiefes Sortiment	Geschäftsbeziehungen seit 1995 enger Bekannter der Geschäftsleitung
Molkerei Milchmeister OHG Bernauer Straße 28, 83022 Rosenheim	440005	Molkereiprodukte tiefes Sortiment	neue Geschäftsbeziehung

Eine weitere Möglichkeit wäre, die Lieferanten einzeln zu führen und alle bisher erfolgten Bestellungen aufzulisten.

Lieferant	440004	Bergamo Produtti Italiani s. A.					
Artikel	Angebot vom	Preis	Bestellung	Menge	Liefer-bedingung	Zahlungs-bedingung	Bemerkung
Spaghetti al Peperoncino	12.02.20XX	12,00 € je kg	04.03.20XX	100 kg	frei Haus	14 Tage 2 %	exklusive Ware
Linguine al Limone	12.02.20XX	11,60 € je kg	04.03.20XX	100 kg	frei Haus	14 Tage 2 %	Top-Qualität
Linguine al Tartufo	12.02.20XX	14,80 € je kg	18.03.20XX	50 kg	frei Haus	14 Tage 2 %	sehr gute Qualität
Lasagne di Toscana	12.02.20XX	12,40 € je kg	18.03.20XX	100 kg	frei Haus	14 Tage 2 %	Top-Qualität
Spaghetti al Basilico	12.02.20XX	12,00 € je kg	18.03.20XX	50 kg	frei Haus	14 Tage 2 %	Top-Qualität

10

Lernbereich 10II.4

Artikelkartei

In der Artikelkartei befinden sich die verschiedenen Artikel des Sortiments eines Unternehmens. Sie sind nach dem Alphabet oder nach der Artikelnummer geordnet. Die Artikelkartei enthält Informationen zu Mengen, Preisen, Bestelldaten und Kaufdaten.

Artikel	FL 2250	Bio-Weizenmehl M 480 Premium					
Lieferant	Angebot vom	Preis	Lieferbe-dingung	Zahlungs-bedingung	Bestellung	Menge	Bemerkung
Mühle Mönch AG	14.08.20XX	1.100,00 € je Tonne	frei Haus	10 Tage 2 %	02.10.20XX	25 t	verspätete Lieferung
Räuber Mühle KG	16.09.20XX	1.170,00 € je Tonne	frei Haus	ohne Abzug	12.10.20XX	25 t	gute Qualität
Mühle Mönch AG	14.08.20XX	1.100,00 € je Tonne	frei Haus	10 Tage 2 %	16.10.20XX	25 t	verspätete Lieferung
Biogut Merz e. K.	24.10.20XX	1.080,00 € je Tonne	unfrei	10 Tage 3 %	26.10.20XX	25 t	Top Qualität
Biogut Merz e. K.	24.10.20XX	1.080,00 € je Tonne	unfrei	10 Tage 3 %	29.10.20XX	25 t	Top Qualität

Warenwirtschaftssystem (WWS)

In einem WWS werden Artikel- und Lieferantenkartei zusammen erfasst. In einer digitalisierten und auto-matisierten Welt bildet das WWS alle Warenströme im betrieblichen Prozess eines Unternehmens ab. Somit kann, beginnend mit dem Bedarf über die Bestellung bis zur Bezahlung, ein kompletter Einkaufs-vorgang vollkommen automatisiert erstellt werden. Ebenso kann, beginnend mit dem Angebot über den Auftrag bis zum Zahlungseingang, ein kompletter Verkaufsvorgang automatisiert erstellt werden.

Diese internen Informationen wird man dann durch außerbetriebliche Informationsquellen ergänzen. Hier besteht die Möglichkeit, sich die Informationen zum einen direkt auf Messen, Ausstellungen oder durch Gespräche mit Vertretern des Lieferanten zu besorgen. Zum anderen kann man sich Informationen auch indirekt über Fachzeitschriften, IHK/HWK, Branchenverzeichnisse oder Internetportale organisie-ren. Gerade bei neuen Lieferantenbeziehungen ist ein Unternehmen auf gute außerbetriebliche Informa-tionsquellen angewiesen.

10

Lernbereich 10II.4

10.2 Lernsituation 34: Wir reagieren angemessen auf Kaufvertragsstörungen seitens des Verkäufers, Teil 1

Nachdem mehrere Angebote miteinander verglichen wurden, hat sich die Chiemgauer Sportmoden GmbH dazu entschieden, bei der Wolf Import GmbH zu bestellen:

Chiemgauer Sportmoden GmbH · Industriepark 123 · 83024 Rosenheim

Wolf Import GmbH
Hafenbecken 17
28334 Bremen

Bestelldatum:	14.06.20XX
Bestellnummer:	203/20XX
Lieferant:	440056
Lieferbedingung:	ab Werk

Bestellung

Pos.	Art.-Nr.	Art.-Bezeichnung	Menge	ME	Einzel-preis (€)	Rabatt	Gesamt-preis (€)
1	WO 2567 BAR	Fußballtrikot „FC Barcelona"	50	Stück	34,95 €	10 %	1.572,75 €
2	WO 2568 MAD	Fußballtrikot „Real Madrid"	50	Stück	34,95 €	10 %	1.572,75 €
3	WO 2571 LIV	Fußballtrikot „FC Liverpool"	30	Stück	34,95 €	10 %	943,65 €
4	WO 2581 MAN	Fußballtrikot „Manchester United"	30	Stück	34,95 €	10 %	943,65 €

Mit freundlichen Grüßen

Chiemgauer Sportmoden GmbH

i. A. *Hannah Nitsch*

Hannah Nitsch
Abteilung Einkauf

Am 19. Juni erfolgt die Anlieferung der Ware durch die Spedition Lahm OHG.

Versender	Wolf Import GmbH Hafenbecken 17 28334 Bremen	**Lahm OHG** internationale Spedition	
Belade-stelle	dito		
Empfänger	Chiemgauer Sportmoden GmbH Industriepark 123 83024 Rosenheim	Datum	18.06.20XX
Ablade-stelle	dito	Versandvermerk für den Spediteur/ Terminangaben	Auslieferung am 19.06.20XX von 08:00 bis 16:00 Uhr

Zeichen und Nr.	Anzahl	Verpackung	Inhalt	Gewicht (kg)
WO 2567 BAR	5	Karton	Tikots	5,0
WO 2568 MAD	5	Karton	Tikots	5,0
WO 2571 LIV	3	Karton	Tikots	3,0
WO 2584 ARS	3	Karton	Tikots	3,0
			verladen auf 1 St. EURO-Palette	
	16		effektives Gewicht	16,0

Volumen	0,22 cbm bzw. 0,4 ldm	frachtpflichtiges Gewicht	150,0
Frankatur	ab Werk Bremen	Warenwert für SLVS	5.032,80 €
Besondere Vermerke	keine		

Übernahmebestätigung des Empfängers:
Obige Sendung vollständig und in ordnungs-
gemäßen Zustand übernommen

Datum, Uhrzeit, Unterschrift

10

Lernbereich 10II.4

Wolf Import GmbH, Hafenbecken 17, 28334 Bremen

Ihr Zeichen:
Ihre Nachricht:
Unser Zeichen:
Unsere Nachricht:

Chiemgauer Sportmoden GmbH
Frau Nitsch
Industriepark 123
83024 Rosenheim

Ihr Ansprechpartner.
Telefon: 0421 320690-0
Telefax: 0421 320690-59
E-Mail:

Datum: 18.06.20XX

Lieferschein/Rechnung

Kundennummer	Lieferschein	Auftrag	Lieferdatum	Rechnungsdatum
240133	WO 177-20XX	203/20XX	19.06.20XX	18.06.20XX

Pos.	Anzahl	Artikelbezeichnung	Einzelpreis	Gesamtpreis
1	50	Fußballtrikot „FC Barcelona" WO 2567 BAR	34,95 €	1.747,50 €
2	30	Fußballtrikot „Real Madrid" WO 2568 MAD	34,95 €	1.048,50 €
3	30	Fußballtrikot „FC Liverpool" WO 2571 LIV	34,95 €	1.048,50 €
4	30	Fußballtrikot „FC Arsenal" WO 2584 ARS	34,95 €	1.048,50 €

Gesamtpreis		4.893,00 €
Rabatt	10 %	489,30 €
Warenwert netto		4.403,70 €
Fracht und Verpackung		44,80 €
Rechnungsbetrag netto		4.448,50 €
USt.	19 %	845,22 €
Rechnungsbetrag brutto		**5.293,72 €**

Zahlungsbedingung:
Zahlbar innerhalb von 10 Tagen mit 2 % Skonto, innerhalb von 30 Tagen netto Kasse.

1. Macht euch mit der Situation vertraut, indem ihr euch zunächst orientiert: Betrachtet hierzu die erhaltenen Informationen zu den Themen Kaufvertrag und Störung des Kaufvertrages durch Schlechtleistung. Stellt sicher, dass euch klar ist, was eure Aufgabe ist. **(Orientierung und Information)**
2. Plant euer weiteres Vorgehen, indem ihr euch Gedanken macht, was in dieser konkreten Situation zu tun ist, und notiert diese stichpunktartig. **(Planung)**
3. Schreibt an die Firma Wolf Import GmbH eine normgerechte Mängelrüge, in der ihr auch ausführlich eure Rechte als Käufer aus der Schlechtleistung des Verkäufers darlegt. **(Durchführung)**
4. Präsentiert eure Ergebnisse im Klassenplenum und diskutiert über sie bzw. nehmt Verbesserungen vor. **(Bewertung)**
5. Reflektiert euer Verhalten hinsichtlich Sorgfalt, Vertraulichkeit und Objektivität und überlegt, wie ihr eure Vorgehensweisen verbessern könntet. **(Reflexion)**

10.2.1 Schlechtleistung

Der Verkäufer einer Ware hat im Kaufvertrag die Verpflichtung übernommen, seinem Kunden einwandfreie Ware zu liefern, d. h., diese muss bei der Übergabe der vereinbarten Beschaffenheit entsprechen. Als einwandfrei ist eine Ware anzusehen, wenn sie sich für die vorgesehene Verwendung eignet und die Eigenschaften aufweist, die der Käufer nach Art der Ware erwarten kann. Diese Erwartung kann sich auch auf die Aussage des Herstellers in der Produktwerbung beziehen. Die Ware muss insbesondere frei von Sach- und Rechtsmängeln sein:

Die Arten von Mängeln

Sachmängel	
Mangel	**Erklärung**
Falschlieferung	Es wird eine andere als die bestellte Ware geliefert. Beispiel: Anstelle der Trainingsanzüge werden Trikots geliefert.
Beschaffen-heitsmangel	Die Ware hat nicht die vereinbarte Beschaffenheit, Güte oder Qualität. Beispiel: Die Trainingsanzüge weisen Fehler in der Verarbeitung auf, z. B. Webfehler.
Zuwenigliefe-rung	Es wird zwar die richtige Ware, aber zu wenig geliefert. Beispiel: Anstelle der 150 Trainingsanzüge werden nur 140 geliefert.
Montage-mangel	Unsachgemäße Montage durch den Verkäufer bzw. fehlerhafte Montage-anleitung (s genannte IKEA-Klausel) Beispiel: Ein streng nach der Montageanleitung montierter Schrank hat die Türgriffe innen.
Ware ungleich Werbung	Die Ware weicht von Angaben ab, die in Werbeaussagen des Verkäufers oder auf der Verpackung gemacht werden. Beispiel: Ein Trainingsanzug wird in der Werbung als „atmungsaktiv" angepriesen. Schon beim ersten leichten Joggen stellt der Kunde fest, dass der Trainingsanzug keine Luft nach innen lässt und innen alles nass ist.

Rechtsmangel
Auf der Sache ruhen Eigentums-, Pfand- oder Urheberrechte; d. h., der Verkäufer ist gar kein Eigentümer der Ware oder bei der Ware handelt es sich um eine Raubkopie. Beispiel: Wie sich nach dem Kauf eines Fahrrades herausstellt, war der Verkäufer gar kein Eigentümer; denn das Fahrrad war gestohlen.

Kein Sachmangel liegt vor, wenn der Käufer den Mangel bei Vertragsabschluss kennt (z. B. fehlende TÜV-Plakette beim Gebrauchtwagen) oder erkennen muss (z. B. abgefahrene Reifen).

Die Rechte des Käufers
Liefert der Verkäufer eine mangelhafte Ware und kommt der Käufer seinen Pflichten nach, so gibt der Gesetzgeber dem Käufer eine Reihe von Rechten. Diese Rechte sind in zwei Stufen angeordnet:

- **Vorrangiges Recht**
  - der Nacherfüllung (Nachbesserung oder Ersatz-Lieferung)
- **Nachrangige Rechte**
  - des Rücktritts vom Kaufvertrag bzw.
  - der Kaufpreisminderung
- Unter Umständen kann auch **Schadenersatz** oder **Ersatz vergeblicher Aufwendungen** geltend gemacht werden.

Die **Nacherfüllung** räumt dem Verkäufer die Möglichkeit ein, den vorliegenden Mangel zu beseitigen. Hierzu hat er das Wahlrecht zwischen den beiden Möglichkeiten. Es ist dabei bedeutungslos, ob ein Verschulden (Fahrlässigkeit oder Vorsatz) des Verkäufers vorliegt.

Ist eine verlangte Nacherfüllung zwei Mal fehlgeschlagen oder vom Verkäufer verweigert worden, weil sie unmöglich (beim Stückkauf) oder mit zu hohem Aufwand verbunden ist, so hat der Käufer die **nachrangigen Rechte**. Die nachrangigen Rechte setzen eine Nacherfüllungsfrist voraus (Ausnahmen beim Fixkauf bzw. wenn die Nacherfüllung unzumutbar oder fehlgeschlagen ist).

Verjährung von Mängelansprüchen
Die Rechte des Käufers aus einer Schlechtleistung verjähren nach Ablauf von **zwei Jahren** ab dem Zeitpunkt des Gefahrenübergangs auf den Käufer. Nach dieser Zeit hat der Verkäufer das Recht, die Forderungen des Käufers abzulehnen.

Zwei Ausnahmen hiervon räumt das Gesetz ein: Wird ein **Mangel arglistig verschwiegen**, gilt eine Verjährungsfrist von drei Jahren. Beim **Verkauf von gebrauchten Sachen** kann eine Verjährungsfrist von einem Jahr vereinbart werden.

10.3 Lernsituation 35: Wir reagieren angemessen auf Kaufvertragsstörungen seitens des Verkäufers, Teil 2

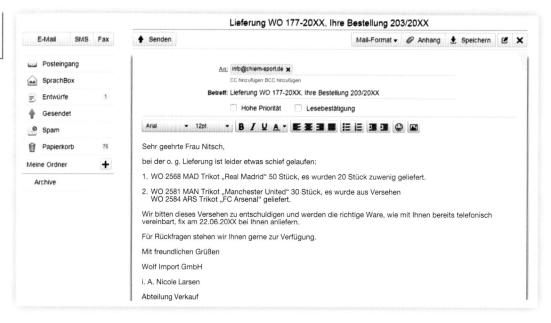

Wolf Import GmbH, Hafenbecken 17, 28334 Bremen

Chiemgauer Sportmoden GmbH
Frau Nitsch
Industriepark 123
83024 Rosenheim

Ihr Zeichen:
Ihre Nachricht:
Unser Zeichen:
Unsere Nachricht:

Ihr Ansprechpartner: Nicole Larsen
Telefon: 0421 320690-23
Telefax: 0421 320690-59
E-Mail: larsen@importe_hb.com

Datum: 21.06.20XX

Lieferschein (Nachlieferung zu Lieferschein WO 177-20XX))

Kundennummer	Lieferschein	Auftrag	Lieferdatum	Rechnungsdatum
240133	WO 177-20XX	203/20XX	19.06.20XX	18.06.20XX

Pos.	Anzahl	Artikelbezeichnung	Einzelpreis	Gesamtpreis
1	20	Fußballtrikot „Real Madrid" WO 2568 MAD	-	-

Sehr geehrte Damen und Herren,

wir bedauern Ihnen mitteilen zu müssen, dass der zweite Teil der Nachlieferung

Art. WO 2581 MAN Trikot „Manchester United"

im Moment leider vergriffen ist und deswegen nicht geliefert werden kann.

Nach Rücksprache mit unserem Lieferanten wird dieser Artikel im nächsten Container mitgeliefert und kann Ihnen frühestens in drei Wochen zugestellt werden.

Wir bitten Sie vielmals um Entschuldigung und verbleiben

mit freundlichen Grüßen

Wolf Import GmbH

i. A. *Nicole Larsen*

Nicole Larsen
Abteilung Verkauf

Hannah:	Einen schönen guten Morgen, Herr Kröner.
Herr Kröner:	Guten Morgen, Hannah. Ich habe eine gute Nachricht für dich. Ich habe gerade mit Frau Kraus telefoniert. Sie wird nächste Woche wieder da sein. Und du kannst wieder auf deinen Stammplatz im Verkauf wechseln.
Hannah:	Super ... Obwohl, eigentlich kann ich mich gar nicht so richtig freuen. Ich weiß nicht, was ich meinem Kunden Sport Huber sagen soll.
Herr Kröner:	Wieso? Was ist denn los?
Hannah:	Naja, Sie können sich doch erinnern, dass die Wolf Import GmbH bei ihrer letzten Lieferung falsche Trikots geliefert hat.
Herr Kröner:	Ja, aber die wollten sie doch bis heute nachliefern.
Hannah:	Genau das ist das Problem. Schauen Sie sich den Lieferschein von heute an ... Und das Dumme ist: Sport Huber hat 10 Trikots von Manchester United bestellt, und ich habe denen schon einen festen Liefertermin für den 25.06.20XX zugesagt.
Herr Kröner:	Das ist wirklich nicht gut. Es gibt nichts Schlimmeres, als gute und langjährige Kunden zu verärgern.
Hannah:	Genau. Als einzige Möglichkeit sehe ich jetzt noch, die Trikots bei Berger & Thaler zu bestellen ... Die liefern sogar noch rechtzeitig, in zwei Tagen. Das Problem ist nur, dass sie etwas teurer sind.
Herr Kröner:	Egal, wir kaufen die Trikots bei Berger & Thaler. Kläre anschließend bitte, inwieweit wir Wolf Import dafür zur Rechenschaft ziehen können.

1. Macht euch mit der Situation vertraut, indem ihr euch zunächst orientiert: Betrachtet hierzu die erhaltenen Informationen zum Thema Lieferungsverzug. Stellt sicher, dass euch klar ist, was eure Aufgabe ist. **(Orientierung und Information)**
2. Plant euer weiteres Vorgehen, indem ihr euch Gedanken macht, was in dieser konkreten Situation zu tun ist, und notiert diese stichpunktartig. **(Planung)**
3. Bereitet euch auf ein Rollenspiel „Telefongespräch mit dem Lieferanten" vor. Erstellt hierzu einen Stichwortzettel, auf dem ihr Aktionen und Reaktionen von Lieferant und Kunden berücksichtigt. Führt anschließend das Gespräch durch. **(Durchführung)**
4. Bewertet das Telefongespräch und diskutiert es. Nehmt Verbesserungen vor. (Bewertung)
5. Reflektiert euer Verhalten hinsichtlich Sorgfalt, Vertraulichkeit und Objektivität und überlegt, wie ihr eure Vorgehensweisen verbessern könntet. **(Reflexion)**

10.3.1 Lieferungsverzug – Nicht-rechtzeitig-Lieferung

Ein Lieferant kann in Lieferungsverzug kommen, wenn er seine Pflicht aus einem Kaufvertrag, die Ware rechtzeitig zu liefern, nicht erfüllt. Lieferverzug liegt aber nur dann vor, wenn sich die Leistung verzögert, also nachholbar ist. Andernfalls liegt Unmöglichkeit der Leistung vor, die andere Rechtsfolgen nach sich zieht.

Beim Brand einer Lagerhalle der HaLoTri Hannelore Lorz Trikots e. Kfr. wird Ware im Wert von 100.000,00 € zerstört.

Die Chiemgauer Sportmoden GmbH hatte 20 Trainingsanzüge Olymp bestellt. Da es sich bei dem Trainingsanzug um einen Massenartikel handelt, der erneut beschafft werden kann, wird sich die Leistung also nur verzögern. Das heißt, die HaLoTri Hannelore Lorz Trikots e. Kfr. wird die Lieferung zu einem späteren Zeitpunkt nachholen.

Bei dem Brand wurde auch ein von der Weltmeister-Mannschaft 1954 original unterschriebenes Trikot, also ein Einzelstück, vernichtet. Diese Leistung ist nicht mehr nachholbar, sie ist unmöglich.

Voraussetzungen des Lieferungsverzugs
Zunächst muss geprüft werden, ob sich der Schuldner tatsächlich im Lieferungsverzug befindet. Dies ist dann der Fall, wenn die Lieferung fällig ist, der Kunde die Lieferung angemahnt hat (in einigen Fällen entfällt die Pflicht zur Mahnung) und der Lieferant die Verzögerung zu vertreten hat.

Fälligkeit	Wurde in einem Kaufvertrag kein Liefertermin vereinbart, so ist die Lieferung sofort fällig. Wurde ein Liefertermin angegeben, der kalendermäßig bestimmbar ist, so wird die Lieferung nach Ablauf dieses Datums fällig.
	
	Beispiel:
	– kalendermäßig bestimmbar
	  – Lieferung am 3. Februar
	  – Lieferung im August
	  – Lieferung sieben Tage nach Bestellung
	– Nicht kalendermäßig bestimmbar
	  – Lieferung ab September
	  – Lieferung so schnell wie möglich
	  – Lieferung sofort

Mahnung	Die Pflicht, die Verzögerung einer Lieferung anzumahnen, entfällt – bei kalendermäßig bestimmbarem Termin. – bei einem Zweckkauf, da ja der Zweck des Kaufvertrages nach einer bestimmten Zeit wegfällt, z. B. die Hochzeitstorte. – bei einer Selbstmahnung des Verkäufers: Der Verkäufer kündigt selbst an, dass er den vereinbarten Liefertermin nicht halten kann und zu einem späteren Zeitpunkt liefern wird.
Vertreten	Der Lieferant haftet grundsätzlich nur für Fahrlässigkeit und Vorsatz; eine Verzögerung aufgrund höherer Gewalt hat er nicht zu vertreten. Von Fahrlässigkeit spricht man dann, wenn jemand die im Verkehr erforderliche Sorgfalt außer Acht lässt. Beispiel: Trotz Hinweisschild reduziert der Lkw-Fahrer des Lieferanten auf regennasser Fahrbahn seine Geschwindigkeit nicht und verursacht einen Verkehrsunfall. Vorsatz bedeutet, dass jemand wissentlich, d. h. mit Absicht, eine rechtswidrige Handlung vollzieht und den daraus resultierenden Schaden billigend in Kauf nimmt. Beispiel: Der Lkw-Fahrer des Lieferanten nimmt die bestellte Ware absichtlich nicht mit, weil er sich mit einem Lagermitarbeiter beim Kunden nicht versteht.

10

Lernbereich 10II.4

Rechte des Käufers und erweiterte Haftung des Lieferanten

Treffen die oben genannten Voraussetzungen zu und liegt somit ein Lieferungsverzug vor, dann erweitert sich die Haftung des Lieferanten auch auf Beschädigung oder Vernichtung der Ware durch Zufall oder höhere Gewalt.

Dem Käufer stehen dann folgende Rechte zur Wahl:

– **Ohne Setzung einer Nachfrist**
  – Der Käufer kann die Nacherfüllung verlangen. Dies ist insbesondere dann sinnvoll, wenn er die Ware bei keinem anderen Lieferanten oder nur zu einem bedeutend höheren Preis bekommen würde.
  – Der Käufer kann die Nacherfüllung verlangen und den Ersatz eines Verzögerungsschadens verlangen. Sollte der Käufer aufgrund der Verzögerung seine Kundschaft nicht beliefern können, so entstehen für ihn empfindliche Verluste. Für diesen tatsächlich nachweisbaren Schaden kann er vom Lieferanten Schadenersatz fordern.
– **Mit Setzung einer angemessenen Nachfrist**
  – Der Käufer kann nach Ablauf der Nachfrist die Nacherfüllung ablehnen und vom Kaufvertrag zurücktreten. Das wird der Käufer dann machen, wenn in der Zwischenzeit die Preise gesunken sind.
  – Der Käufer kann nach Ablauf der Nachfrist aber auch die Lieferung ablehnen und Schadenersatz fordern. Sollte also der Lieferant innerhalb der Nachfrist nicht liefern, der Käufer die Ware aber dringend benötigen und sie deshalb zu höheren Preisen bei einem anderen Unternehmen kaufen müssen, so wird er den Preisunterschied vom Lieferanten einfordern.

Berechnung des Schadens beim Lieferungsverzug

Steht im Gesetz „Schadenersatz wegen Nichterfüllung", muss der Geschädigte so gestellt werden, als sei der Vertrag wirklich erfüllt worden.

– Konkreter Schaden

  Hat der Käufer einen höheren Preis bei einem anderen Lieferanten bezahlen müssen, so kann er aufgrund der Rechnung einen tatsächlichen Schaden nachweisen.
– Abstrakter Schaden

  Ein abstrakter, also angenommener Schaden entsteht dadurch, dass einem Käufer durch verspätete Lieferung oder Nichtlieferung Gewinn entgangen ist oder dass sein Ruf als zuverlässiger Unternehmer nachweisbar geschädigt wurde. Dieser abstrakte Schaden lässt sich in der Regel nur schwer nachweisen und berechnen.
– Konventionalstrafe

  Wegen des schwer nachzuweisenden abstrakten Schadens vereinbaren Käufer und Verkäufer schon im Vorfeld eine Vertragsstrafe (Konventionalstrafe). Im Kaufvertrag wird dann vereinbart, dass bei Lieferungsverzug eine bestimmte Strafe an den Käufer zu zahlen ist.

Aufgaben zum Lernbereich 10II.4

Aufgabe 1

Das Möbelhaus Creativ AG möchte für die Fußballeuromeisterschaft 500 Tische in den Farben Schwarz-Rot-Gold anbieten und holt sich Angebote von zwei Anbietern.

Angebot 1	Angebot 2
– Preis je Tisch: 365,00 € – Zahlung innerhalb von 30 Tagen netto, innerhalb von zehn Tagen 2,5 % Skonto – Mengenrabatt 4 % – Lieferung innerhalb von sechs Tagen nach Eingang der Bestellung durch den Spediteur – Frachtkosten für den Gesamtauftrag: 540,00 € – Verkäufer im Regierungsbezirk – zuverlässiger Verkäufer	– Preis je Tisch: 385,00 € – Zahlung innerhalb von 60 Tagen, innerhalb von 20 Tagen 3 % Skonto – kein Mengenrabatt – Lieferung innerhalb von drei Tagen mit hauseigenem Lkw – Lieferung erfolgt unter Eigentumsvorbehalt. – Lieferkosten 0,25 € je km – Verkäufer ist 325 km entfernt. – Bisherige Bestellungen waren zufriedenstellend.

a) Ermittele den günstigsten Einstandspreis.
b) Erstelle eine Entscheidungstabelle mit selbst gewählten Kriterien und Gewichtungen. Gebe an, für welches Angebot sich das Möbelhaus entscheiden sollte.
c) Benenne weitere wichtige Entscheidungskriterien zum Angebotsvergleich.

Aufgabe 2

Der Einstandspreis für 100 hochwertige Büroleuchten beträgt 6.000,00 €. Wir erhalten einen Rabatt von 8 % und Skonto in Höhe von 3 % bei Zahlung innerhalb von zehn Tagen. Die Bezugskosten werden pauschal mit 199,40 € angesetzt. Ermittle den Listeneinkaufspreis.

Aufgabe 3

Mängel an gekauften Waren sind für Kunden immer sehr ärgerlich. Um die Kunden nicht zu verlieren, ist es für den Handel sehr wichtig, dass möglichst wenige Mängel auftreten. Beschreibe für einen von dir selbst gewählten Mangel, was du als Verkäufer/-in tun kannst, damit dieser Mangel gegenüber deinen Kunden nur selten oder nie auftritt.

Lernbereich 10II.4

10

Aufgabe 4

Ordne den folgenden Fällen jeweils die Art des Mangels zu:

a) Der im Supermarkt gekaufte Käse ist verdorben.
b) Der Einzelhändler erhält auf eine Bestellung von 20 Jeansjacken eine Lieferung von 20 Jeanshosen.
c) Bei einer zur Selbstmontage neu gekauften Glasvitrine ist die Anleitung nicht zu entziffern.
d) Ein für das Büro gekaufter Laserdrucker druckt statt der zugesagten 12 Seiten je Minute nur fünf Seiten.
e) Eine neu gekaufte Waschmaschine pumpt beim ersten Waschgang das Wasser nicht ab.
f) Ein Einrichtungshaus erhält eine Lieferung von 30 Gardinenstangen, obwohl 40 bestellt wurden.
g) Bei der vom Lieferanten montierten neuen Personalküche lässt sich eine Schublade nicht öffnen.
h) Ein Kunde möchte täglich joggen und lässt sich im Schuhgeschäft beraten. Der Verkäufer verkauft ihm Hallenschuhe.
i) Ein Kunde beschwert sich, da das neue Deo nicht alle Frauen dazu veranlasst, den Benutzer wie in der Fernsehwerbung zu umarmen.

Aufgabe 5

Eine kleine Geschichte – Entdecke die Mängel

Unser Nachbar Herr Huber ist ein ausgesprochener Fußballfan! Doch seine Frau Petra kann damit überhaupt nichts anfangen. Sie schaut lieber Filme von Rosamunde Pilcher. Aber leider laufen beide meistens zur gleichen Sendezeit. Deshalb möchte Herr Huber zwei Fernsehgeräte anschaffen.

Passend zur Wohnungseinrichtung bestellt er beim Facheinzelhändler Schnabel zwei schwarze Fernsehgeräte. Doch wegen der großen Nachfrage liefert Schnabel zwei gelbe Fernsehgeräte. Diese passen nun überhaupt nicht zur Einrichtung. Leicht verärgert bringt Herr Huber die Fernsehgeräte zum Händler Schnabel zurück. Dieser meint zwar, dass alles in Ordnung sei, doch getreu dem Motto „Der Kunde ist König" verspricht er, zwei schwarze Geräte nachzuliefern.

Am kommenden Tag steht Herr Schnabel vor Hubers Tür und bringt ein Fernsehgerät. Mehr war in dieser kurzen Zeit nicht aufzutreiben. Herr Huber ist langsam etwas angesäuert und verlangt die Lieferung des zweiten schwarzen Fernsehgerätes. Herr Schnabel verspricht die Lieferung für den nächsten Tag.

Doch wie der Zufall es so will, sind am nächsten Tag alle schwarzen Geräte vergriffen. „Na ja", denkt Herr Schnabel, „Fußball hören kann ja auch mal schön sein", und liefert Herrn Huber statt des Fernsehgerätes einen Radiorekorder.

Herrn Hubers Wut ist kaum zu überbieten. Doch um den Kunden nicht zu verlieren, verspricht Herr Schnabel die Lieferung der beiden schwarzen Fernsehgeräte inklusive einer Dolby-Surround-Anlage für ein optimales Klangerlebnis.

Als Herr Schnabel die Anlage eine Stunde vor dem Anpfiff des entscheidenden Fußballspiels liefert, traut Herr Huber seinen Augen nicht. Die Anleitung für die Anlage gibt es nur in japanischer Sprache. Herr Schnabel versteht zwar die Anleitung auch nicht, aber als „Fachmann" baut er die Anlage auf – selbstverständlich gegen 100,00 € Entgelt für seine Dienste.

Pünktlich zum Anpfiff steht die Anlage und Herr Schnabel verschwindet.

Doch nun traut Herr Huber seinen Ohren nicht – es ist kein Ton zu hören.

Wutentbrannt bringt er die Anlage zu Händler Schnabel zurück: „Bei Ihnen kauf ich nie wieder!"

Und am nächsten Tag hat er tatsächlich Glück. In der Tageszeitung liegt ein Prospekt vom Händler Schwan: „Schlagen Sie zu! Unsere Fernsehgeräte sind garantiert die billigsten in der ganzen Stadt!"

Und so kauft Herr Huber seine beiden Geräte bei Händler Schwan.

Glücklich und zufrieden spaziert Herr Huber mit Frau Petra am darauf folgenden Tag durch die Stadt. Am Schaufenster von Händler Schnabel bleibt er stehen.

Dort sind die gleichen Geräte zu sehen, nur 100,00 € billiger.

„Tja, so ist das Leben!"

Aufgabe 6

Gib an, um welchen Mangel es sich handelt:

a) Wir bestellten für das Büro 20 Packen Kopierpapier DIN A4 zu 80g/m² und erhielten das Papier in DIN A3.
b) Der Abteilungsleiter für den Einkauf ist entsetzt, die wasserdichten Uhren beschlagen während des Duschens.
c) Unser neuer Werbekatalog, der in der Druckerei Flink OHG in Auftrag gegeben wurde, wurde zum Teil in Schwarz-Weiß statt bunt gedruckt und die Seiten wurden vertauscht.
d) Bei der Lieferung von T-Shirts in der Farbe Blau erhielten wir statt der bestellten 50 Stück nur 48 Stück.

Aufgabe 7

Die Chiemgauer Sportmoden GmbH hat sich vor Wochen einen Geschäfts-Pkw angeschafft. Nun funktioniert der Anlasser nicht mehr. Der Händler schleppt das Fahrzeug in die Werkstatt und tauscht ihn aus. Zwei Wochen später tritt das gleiche Problem auf, sodass der Pkw erneut in die Werkstatt muss. Gebe an, welche Möglichkeiten die Chiemgauer Sportmoden GmbH hat, falls das Problem nach dem zweiten Werkstattbesuch wieder auftritt.

Aufgabe 8

Ein Industrieunternehmen, das Möbel herstellt, hat eine Spezialmaschine für Holzzuschnitte in Auftrag gegeben, für die es nur einen Hersteller gibt. Der Lieferer hat den in Aussicht gestellten Liefertermin bereits überschritten, obwohl die Maschine dringend gebraucht wird. Wie soll das Industrieunternehmen reagieren?

Aufgabe 9

Die Kommunion der Tochter von Jana Pechmann, Leiterin Verkauf, steht am Sonntag, den 08.04.20XX, an. Für diesen Tag bestellst du beim Floristen Blumengestecke für die Tische zur Feier. Die Floristen verwechselten den Termin und liefern erst am 10.04.20XX. Was nun?

10

Lernbereich 10II.4

Methodenpool

Kapitel 11

11 Methodenpool

11.1 5-Finger-Methode

Allgemeines

Bei der 5-Finger-Methode handelt es sich um eine Feedbackmethode. Es wird also zu einem Sachverhalt, einer Fragestellung usw. eine konkrete Rückmeldung gegeben. Dabei steht jeder Finger für einen bestimmten Bereich, eine bestimmte Dimension, wobei die „Symbolik der Finger" (z. B. „Daumen hoch" oder „mahnender Zeigefinger") eine maßgebliche Rolle spielt.

Die Finger dienen also als Gedächtnisstütze und helfen dem Feedbackgeber, in einer bestimmten Reihenfolge sein Feedback abzugeben, ohne etwas zu vergessen.

Vorgehensweise

1. Es wird eine Frage zu einem Sachverhalt, einem Themenbereich gestellt.
2. Die Feedbackgeber (z. B. Schülerinnen und Schüler) überlegen sich zu diesem Sachverhalt jeweils mithilfe der fünf Finger (also fünf Bereiche) Antworten.
3. Die Antworten zu allen fünf Bereichen werden nacheinander von den Feedbackgebern gegeben.
4. Ggf. können die Antworten gesammelt und später im Plenum nochmals erläutert werden.

Wie kann die Einteilung der „Finger" (Bereiche) stattfinden?

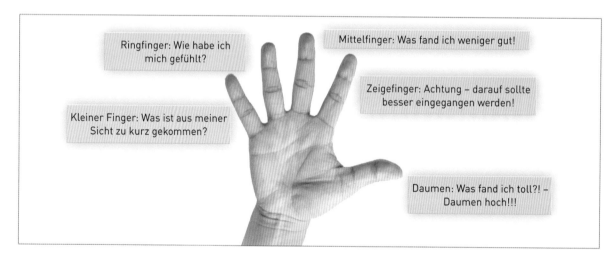

Ringfinger: Wie habe ich mich gefühlt?

Mittelfinger: Was fand ich weniger gut!

Zeigefinger: Achtung – darauf sollte besser eingegangen werden!

Kleiner Finger: Was ist aus meiner Sicht zu kurz gekommen?

Daumen: Was fand ich toll?! – Daumen hoch!!!

11.2 Ampelmethode

Allgemeines

Die „Ampelfarben" rot, gelb und grün sind jedem Menschen bereits ab Kindesalter bekannt und natürlich auch die Bedeutung dieser Farben.

Mithilfe der Ampelmethode kann schnell und einfach eine Rückmeldung z. B. zu einem bestimmten Themengebiet eingeholt werden.

Für die folgenden Fragestellungen

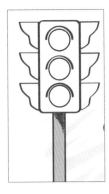

- **„Wurde etwas verstanden?"**
- „Wurde etwas teilweise verstanden?"
- **„Wurde etwas nicht verstanden?"**

stehen jeweils die Ampelfarben.

Vorgehensweise

1. Die Lehrerin/der Lehrer stellt eine konkrete Frage zu einem bestimmten Thema, Sachverhalt, usw.
2. Die Schülerinnen und Schüler signalisieren mithilfe der entsprechenden Ampelfarbe ihren Kenntnisstand/Lernstand (entweder durch hochhalten einer Karte/eines Stiftes in der entsprechenden Ampelfarbe oder durch das Anbringen von „Klebepunkten" auf einer im Raum ausgehängten Ampel).
3. Die Lehrerin/der Lehrer kann aus den Rückmeldungen (Verteilung der Farben) Erkenntnisse für das weitere Vorgehen ziehen und entsprechend handeln:
   - Plenumsrunde in der z. B. Schwierigkeiten und Unklarheiten verbalisiert werden
   - Gruppenarbeiten zwischen Schülerinnen und Schülern, die rot und grün gewählt haben, um sich die Themengebiete nochmals gegenseitig zu erläutern und offene Fragen zu beantworten, usw.

Notwendige Materialien

- Karten oder Stifte in Ampelfarben, die jeder Schüler besitzt
- ggf. Klebepunkte in den Ampelfarben
- ggf. eine im Raum aushängende Ampel

11.3 Arbeiten in Sozialformen

Unter Sozialform versteht man die Arbeitsweise von Menschen miteinander oder eines Menschen alleine. Sind gegebene Räumlichkeiten und zeitliche Strukturen (was zwingend erforderlich ist) vorhanden, findet innerhalb dieser die Arbeit in einer Sozialform statt, was oft bedeutet, dass mehrere Menschen in einem Raum auf ihre Mitmenschen Rücksicht nehmen müssen, damit ein reibungsloser Arbeitsablauf gewährleistet ist.

Oft kristallisieren sich sogar die Rollen der Personen, die in der Sozialform arbeiten, heraus (z. B. ein „Leitwolf", ein „Pessimist", ein „Optimist", eine „stille Maus", ein „Denker", ein „Einzelgänger"). Hier ist die Kunst, trotz der verschiedenen Charaktere ein gutes Arbeitsergebnis zu erzielen also gute Teamarbeit zu leisten.

Auch die Kommunikationsstruktur spielt innerhalb der Sozialform eine wichtige Rolle – hier gilt: „Aktives Zuhören, Ausreden lassen des Gegenübers und gegenseitiger Respekt".

Werden diese Regeln beherzigt, steht dem erfolgreichen Arbeiten in Sozialformen nichts mehr im Wege!

Einzelarbeit
Ein Mensch arbeitet alleine! Das Arbeitstempo wird meist vom arbeitenden Menschen selbst bestimmt und steht im Zusammenhang mit den eigenen Fähigkeiten, Fertigkeiten und Kenntnissen.

Partnerarbeit
Zwei Menschen arbeiten zusammen. Das Arbeitstempo wird durch die Kenntnisse, Fähigkeiten und Fertigkeiten beider bestimmt. Die Partner ergänzen sich von ihrem Wissensstand her oft gegenseitig. Durch den Gedankenaustausch prägen sich die besprochenen Themen meist besser im Gedächtnis ein.

Gruppenarbeit
Menschen arbeiten in einer Gruppe mit drei bis fünf Personen zusammen und sind alle gleichberechtigt. Die gegenseitige Rücksichtnahme spielt dabei eine wichtige Rolle. Themenbereiche können innerhalb einer Gruppe aufgeteilt und später den Gruppenmitgliedern vorgetragen werden. Wichtig ist immer ein „Zeitnehmer", der die vorgegebene Zeit überwacht und einen „Zwischenstand" über die Restzeit gibt. In der Gruppenarbeitsphase haben die Gruppenmitglieder die Möglichkeit, sich gegenseitig auszutauschen und ihre verschiedenen Wissensstände zu einem „Gesamtpaket" zu vereinen.
Finden Präsentationen nach der Gruppenarbeit statt, ist es wichtig, dass alle Gruppenmitglieder einen Teilbereich präsentieren.

Plenum
Das Wort Plenum ist abgeleitet vom Lateinischen (plenus, plena, plenum = voll) und bedeutet, dass alle zusammen einen Sachverhalt erschließen, besprechen oder Probleme erörtern bzw. diskutieren und/oder konstruktive Kritik während/nach Präsentationen üben.
Im Plenum treffen viele Ideen und Wissensstände aufeinander, von denen jeder Einzelne, der an einer Plenumsrunde teilnimmt, profitieren kann.
Auch im Plenum gilt: „Gegenseitiger Respekt, aktives Zuhören, aussprechen lassen des Redners".

11

Methodenpool

11.4 Arbeitsplan/Maßnahmenplan/Zeitplan

Wenn Arbeiten ordentlich und korrekt erledigt werden müssen, bietet sich das Erstellen eines Arbeitsplans/Maßnahmenplans/Zeitplans an. Mit diesem wird sichergestellt, dass einzelne Schritte nicht vergessen werden und man nicht in „Zeitverzug" gerät.

Gerade wenn mit mehreren Personen in einer Gruppe zusammengearbeitet wird, sind solche Pläne notwendig, damit jeder Schüler genau weiß, WAS er WANN und MIT WELCHEM ERGEBNIS zu erledigen hat. So kann gewährleistet werden, dass die gesamte Gruppe ein gutes Arbeitsergebnis erzielt und das Ergebnis ein Erfolg wird.

Arbeitsplan/Maßnahmenplan/Zeitplan			
Datum			
Alle Beteiligten			
Wer?	**Aufgaben/Schritte, die zu erledigen sind**	**Erledigung bis**	**Notizen**

Der Arbeitsplan kann bei „kleinen", aber auch bei „großen" Arbeitsaufträgen/Projekten eingesetzt werden!

11

Methodenpool

11.5 Bewertungsbogen „Zielscheibe"

Der folgende Bewertungsbogen dient der Einschätzung deiner Arbeitsweise bei der Bearbeitung einer Lernsituation. Du gibst dir also selbst ein Feedback. Markiere dazu bitte in jedem der vier Kreissegmente den für dich passenden Bereich mit einem Kreuz. Dabei stehen die Kreuze im „inneren Bereich" der Zielscheibe für „trifft voll zu". Je weiter du deine Kreuze in den „äußeren Bereich" setzt, umso „weniger" treffen die Aussagen für dich zu.

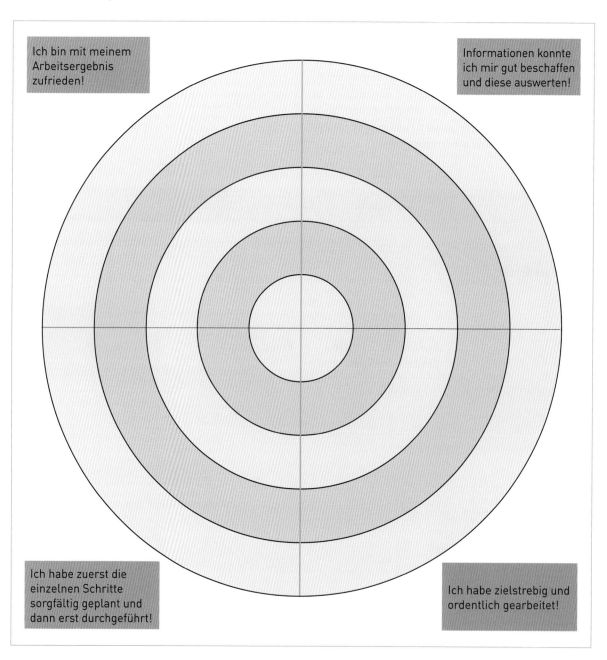

Ich bin mit meinem Arbeitsergebnis zufrieden!

Informationen konnte ich mir gut beschaffen und diese auswerten!

Ich habe zuerst die einzelnen Schritte sorgfältig geplant und dann erst durchgeführt!

Ich habe zielstrebig und ordentlich gearbeitet!

Beantworte bitte noch folgende Frage zu deiner Bewertung:
Was nimmst du dir im Hinblick auf die Bearbeitung der nächsten Lernsituation vor? Begründe deine Ansicht.

11.6   Blitzlicht

Allgemeines

Soll schnell und einfach eine Rückmeldung z. B. zu einem Arbeitsprozess, einer Unterrichtseinheit, einer Präsentation usw. erfolgen, bietet sich der Einsatz des „Blitzlichtes" an.

Was wird benötigt?

– Spontanität der Durchführer
– Ruhe im Raum

Durchführung einer Blitzlichtrunde

Der Lehrer oder Schüler überlegt sich eine möglichst konkrete Frage, zu welcher er ein Feedback erhalten möchte.

Die Feedbackgeber müssen zu dieser Fragestellung kurz und knapp antworten (manchmal reicht sogar nur ein Wort aus).

Soll keine beliebige Reihenfolge der Antworten erfolgen (z. B. keine Befragung nach dem Alphabet oder der Sitzordnung), bietet es sich an, einen Gegenstand im Klassenraum zu einem wahllosen Feedbackgeber zu werfen. Dieser gibt dann sein „Blitzlicht" ab. (Tennisball, kleiner Softball usw. eignen sich hierfür.)

Ist die Äußerung erfolgt, wandert der Gegenstand weiter und der Nächste beantwortet die Frage.

Regeln, die eingehalten werden müssen

– Nur jeweils einer äußert sich (z. B. Träger des Gegenstandes) – alle anderen hören zu.
– Die Äußerungen sollten sich auf die gestellte Frage beziehen.
– Es werden keine beleidigenden Äußerungen gemacht .
– Äußerungen sollten möglichst in der „Ich-Form" gemacht werden (Ich habe wahrgenommen, dass …).
– Wortbeiträge sollen möglichst nicht länger als ein bis zwei Sätze sein (sonst ist es kein Blitzlicht mehr).
– Äußerungen werden nicht von den anderen Teilnehmern kommentiert, bewertet oder kritisiert.
– Alle Teilnehmer sollten möglichst eine Stellungnahme zur Fragestellung abgeben.

Auswertung

Wird eine Blitzlichtrunde durchgeführt, muss diese nicht unbedingt ausgewertet werden. Sie stellt vielmehr eine „Momentaufnahme zu einer Fragestellung" dar. Die getroffenen Aussagen bleiben also „im Raum stehen".

Sie kann jedoch auch die Grundlage für ein weiteres Vorgehen bilden, was bedeutet, dass im Anschluss an die Blitzlichtrunde die verschiedenen Aussagen diskutiert/erläutert werden.

1. Die konkrete Frage/Fragestellung wird vor dem Durchführen der Blitzlichtrunde an Tafel/Flipchart notiert.
2. Getroffene Aussagen der Blitzlichtgeber können ebenfalls visualisiert werden, damit später eine bessere Auswertung erfolgen kann.

11

Methodenpool

11.7 Brainstorming

Theorie: „Rufe alle deine Einfälle in den Raum!"

Praxis: „Melde dich und wenn du an der Reihe bist, gib deine Ideen preis!"

Alle Ideen, die die Teilnehmer eines Brainstormings haben, werden auf Karten notiert, an einer Pinnwand (oder einer Magnet-/Tafelwand) gesammelt und können später nach ihrem Inhalt geclustert (sortiert) werden!

Die vielen verschiedenen Ideen können dann zu einem Gesamtergebnis und/oder zu einer Lösung/einem Lösungsansatz führen.

Grundsätze:

„Jede Idee zählt" – gemäß Mark Twain.

„Menschen mit einer neuen Idee gelten so lange als Spinner,
bis sich die Sache durchgesetzt hat!"

11

Methodenpool

11.8 Feedback

Das Wort Feedback ist dir sicherlich im Alltag schon einmal begegnet. Unter Feedback versteht man „eine Rückmeldung zu etwas geben", das heißt, sich zu einem Sachverhalt, einem Themenbereich, einer Arbeitsweise, einem Dokument oder zu Sonstigem zu äußern.

Die Ziele von Feedback liegen klar auf der Hand:

– Seiner eigenen Wahrnehmung werden Sicht und Wertung von anderen Personen gegenübergestellt
– Aufdeckung von Fehlern, Verhaltensweisen, die weniger optimal sind
– Stärkung des Selbstwertgefühls beim Feedbacknehmer
– Förderung des Lernprozesses bzw. Anregung zur Selbstreflexion in Bezug auf den Umgang mit sich selbst und anderen (Selbstkompetenz, Sozialkompetenz)
– Förderung der Zusammenarbeit mit anderen Personen

Feedback geben
Beim „Feedback geben" spielen natürlich der Ton sowie die Wortwahl eine wichtige Rolle. Berücksichtige hier:

> „Das gesprochene Wort kannst du nicht mehr zurücknehmen – es steht im Raum und wirkt."

Feedbackregeln beim „Feedback geben"
Um „Feedback geben" zu können, sind folgende Feedbackregeln zu beachten:

– Vor dem „Feedback geben" über Vertraulichkeit, Datenschutz, gegenseitiges Vertrauen sprechen.
– Gib Feedback konstruktiv, konkret, knapp.
– Analysiere oder bewerte mit deinem Feedback nicht, sondern beschreibe (was habe ich wahrgenommen?).
– Triff vor einem Feedback Absprachen und Vereinbarungen, an die sich jedes Mitglied der Feedbackrunde auch halten muss (z. B. Gesprächsregeln ...).
– Feedback darf den Feedbacknehmer nicht verletzen.

Feedbackregeln beim „Feedback nehmen"
Um „Feedback nehmen" zu können, sind folgende Feedbackregeln zu beachten:

– Nimm die Anmerkungen/das Gesagte deiner Feedbackgeber ernst.
– Beziehe das Gesagte nicht direkt auf deine Person – oft steht es vielmehr im Zusammenhang mit einem Themenbereich.
– Gehe konstruktiv mit dem Gesagten um (was könnte ich in Zukunft verändern, verbessern oder beibehalten?).
– Erstelle für dich gegebenenfalls eine Übersicht mit den positiven und negativen Aspekten, die angemerkt wurden, und nutze diese für die Zukunft (z. B. „Du hast eine sehr angenehme Stimme, wenn du Präsentationen vorträgst" – mache dir diese Aussage zunutze, indem du an deiner Stimme nicht viel veränderst).

Methodenpool

11

11.9 Fragebogen

Wie erstelle ich einen Fragebogen?

Fragebögen begegnen Menschen im Alltag recht häufig. Es gibt sie digital, in Papierform, in verschiedenen Formaten (A4 – also ganzes Blatt, A5 – so groß wie ein halbes Blatt usw.) und eigentlich jammern viele, wenn sie einen Fragebogen ausfüllen müssen. Dies liegt oft daran, dass die Fragebögen unübersichtlich und kompliziert sind.

Warum gibt es Fragebögen?
Mithilfe von Fragebögen werden die Meinungen von verschiedenen Befragten eingeholt. Sie dienen aber auch dazu, Informationen gezielt zusammenzustellen. Aus den Antworten können die Fragebogenersteller dann die für sie wichtigen Informationen „herausziehen".

Peter möchte, dass jeder Jugendliche ab 14 Jahren ein Smartphone hat, und befragt zehn Leute aus seinem Freundeskreis zu diesem Thema. Acht von zehn Befragten geben die Antwort: „Ja, das finde ich gut". Nur zwei haben mit **„Nein, finde ich nicht gut"** geantwortet.

Nun kann Peter zu seinen Eltern gehen, ihnen das Umfrageergebnis vorlegen und seine eigene Meinung zu diesem Thema mithilfe der Ergebnisse untermauern.

Bei den Fragebögen unterscheidet man verschiedene Arten:

1. Fragebögen, bei denen die Antworten **ange-kreuzt** werden können (also vorgegeben sind)
2. Fragebögen, bei denen die Antworten **schriftlich** vom Befragten **aufgeschrieben** werden müssen

Nachfolgend ein paar Tipps, damit ein guter Fragebögen erstellt werden kann:

Tipps und Tricks:

- Überlege dir Fragen, die später dein Fragebogen enthalten soll, und schreibe sie auf.
  ACHTUNG: Formuliere sie so „einfach wie möglich", damit jeder die Fragen versteht.
- Prüfe nun, um welche Fragen es sich handelt, also ob die Antworten **„angekreuzt"** werden können und **vorgegeben sind** oder ob du Platz für Antworten brauchst.
- Gib den Fragen im nächsten Schritt eine sinnvolle Reihenfolge.
- Überlege dir eine Überschrift für deinen Fragebogen und notiere sie ebenfalls.
- Prüfe, welche Gestaltung dein Fragebogen haben soll und wie du ihn erstellen willst (von Hand, am PC, ggf. zum Online-Ausfüllen) und fertige ihn an **(denke an den Platz für Antworten, falls diese in deinem Fragebogen von den Befragten eingetragen werden müssen).** Bei der Erstellung am PC bietet sich oft der Einsatz einer Tabelle (Tabellenfunktion in Word – Registerkarte EINFÜGEN – TABELLE) an.
- Prüfe, ob dein Fragebogen übersichtlich ist und ob du ihn später einfach und schnell auswerten kannst. Nimm ggf. Änderungen vor. Wenn dein Fragebogen fertig ist, wende ihn an!

Beispiel für einen „Ankreuz-Fragebogen":

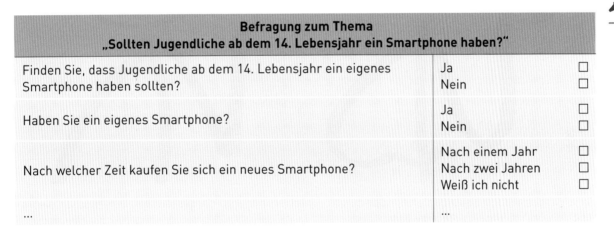

Befragung zum Thema „Sollten Jugendliche ab dem 14. Lebensjahr ein Smartphone haben?"		
Finden Sie, dass Jugendliche ab dem 14. Lebensjahr ein eigenes Smartphone haben sollten?	Ja Nein	☐ ☐
Haben Sie ein eigenes Smartphone?	Ja Nein	☐ ☐
Nach welcher Zeit kaufen Sie sich ein neues Smartphone?	Nach einem Jahr Nach zwei Jahren Weiß ich nicht	☐ ☐ ☐
…	…	

Beispiel für einen Fragebogen, bei dem die Antworten vom Befragten selbst formuliert werden müssen:

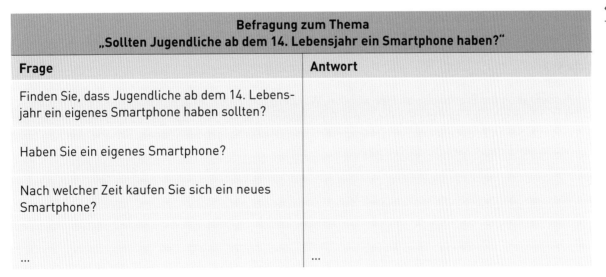

Befragung zum Thema „Sollten Jugendliche ab dem 14. Lebensjahr ein Smartphone haben?"	
Frage	**Antwort**
Finden Sie, dass Jugendliche ab dem 14. Lebensjahr ein eigenes Smartphone haben sollten?	
Haben Sie ein eigenes Smartphone?	
Nach welcher Zeit kaufen Sie sich ein neues Smartphone?	
…	…

11

Methodenpool

11.10 Galerierundgang oder „Markt der Möglichkeiten"

Sollen Ergebnisse in einer „Galerie" oder einem „Galerierundgang" dargestellt werden, müssen sie natürlich zuerst einmal erarbeitet werden, also:

Schritt 1
Erarbeitung in Gruppenarbeit oder an Stationen (Stationen-Lernen).

Schritt 2

– Präsentation der Ergebnisse an Pinnwänden, Wänden, Tafeln usw. in einem oder mehreren Räumen.
– Mitschüler schauen sich die Ergebnisse in Ruhe während eines „Rundgangs" an und machen sich auf einem eigenen Zettel oder auf einem vorgefertigten „Bewertungsbogen" oder „Kriterienkatalog", der neben den Ergebnissen hängt, Notizen.

Beispiel für einen Bewertungsbogen

Bewertungskriterien	Gut	Weniger gut	Nicht ausreichend
Inhalt			
Vollständigkeit			
Sachliche Richtigkeit			
Rechtschreibung			
Layout			
Aufteilung/ Strukturierung			
Schriftart/Schriftgröße			
Ggf. Grafik etc.			

Schritt 3

Die Notizen (auf eigenem Zettel oder auf dem Bewertungsbogen/Kriterienkatalog) werden im Plenum besprochen. Den jeweiligen Gruppen wird ein Feedback gegeben (aus den einzelnen Bewertungen wird also eine „Gesamtbewertung" zusammengesetzt).

Möglichkeiten und Ziele des Galerierundgangs sind:

- Vergleich der verschiedenen Ergebnisse miteinander
- Eindrücke von verschiedenen Ergebnissen gewinnen
- Ideen der Mitschüler aufnehmen
- Austausch mit Gruppenmitgliedern
- Austausch mit „sonstigen Mitschülern", die ebenfalls den Galerierundgang durchführen
- Ideenfindung und Steigerung der Kreativität
- Aufnehmen von Informationen, die in der eigenen Gruppe vielleicht nicht besprochen wurden
- „Bewegte Schule" – da ihr euch aktiv in dem Ausstellungsbereich bewegt

Aufgrund der oben genannten Punkte wird der Galerierundgang oft als „Markt der Möglichkeiten" bezeichnet.

11

Methodenpool

11.11 Gruppenpuzzle

Ein Gruppenpuzzle ist eine abgewandelte Art der Gruppenarbeit und funktioniert wie folgt:

1. Die Teilnehmer werden in Gruppen eingeteilt, die **Stammgruppen** genannt werden. Jedes Gruppenmitglied bekommt nun die Aufgabe, sich mit einem Teilthemenbereich auseinanderzusetzen (einem Puzzleteil also).

2. Nachdem die Teilthemenbereiche verteilt wurden, gehen die **Stammgruppenmitglieder** in ihre entsprechenden Expertengruppen, finden sich also mit den Gruppenmitgliedern aus den anderen Gruppen, die dasselbe Teilthema haben, zusammen.

3. Hat sich jeder **Experte** in der Gruppe die Inhalte des Themenbereichs angeeignet, geht er zurück in seine **Stammgruppe**. Dort werden die Wissensstände ausgetauscht, sodass jedes Gruppenmitglied der Stammgruppe nun einen Überblick über die Inhalte der Themen aus den Expertengruppen bekommt.

11

Methodenpool

11.12 Kriterienkatalog (Checkliste) für Präsentationen

Um Präsentationen bewerten zu können, bietet sich der Einsatz eines Kriterienkatalogs (einer Checkliste) an. Er kann beliebig erstellt und immer ergänzt/verändert werden.

Möchte man einen Kriterienkatalog/eine eigene Checkliste erstellen, sollte darauf geachtet werden, dass das „Grundgerüst" immer wieder verwendet werden kann und lediglich die einzelnen „Bausteine" (Fragen) ausgetauscht werden können. So wird viel Arbeit und Zeit gespart. Beim Erstellen eines Katalogs/einer Checkliste am PC bietet sich die Tabellenfunktion in Word an.

Thema der Präsentation:		
Name des Präsentierenden:		
Fragen zum Präsentierenden selbst	Trifft zu	Trifft nicht zu
Aussprache ist laut und deutlich		
Es wird frei gesprochen		
Es wird abgelesen		
Erklärungen erfolgen einfach		
Erklärungen erfolgen umständlich		
Es wird zum Publikum hin gesprochen		
Vortrag ist vollständig		
Inhalte des Vortrags sind richtig		
Rückfragen werden beantwortet		
Körperhaltung passt zum Vortrag (keine Hände in den Hosentaschen usw.)		
Sicheres Auftreten (kein „Zappeln" usw.)		
Fragen zur Präsentation an sich		
Passende Grafiken/Bilder wurden verwendet		
Gut lesbare Schrift (Schriftgröße, Schriftart und Schriftfarbe)		
Keine Rechtschreibfehler		
Keine Grammatikfehler		
Sinnvolle Überschriften wurden gewählt		
Einheitliches Design		
Präsentation passt zum Vortrag		
Bemerkungen		

11

Methodenpool

Sinn eines Kriterienkatalogs/einer Checkliste

Wenn mit einem Kriterienkatalog/einer Checkliste geabeitet wird, hat dies den Vorteil, dass

- während der Präsentation aktiv zugehört werden kann und man „nur seine Kreuze" an der entsprechenden Stelle des Kalalogs setzen muss (also nicht noch Fragen überlegen und die Antworten notieren);
- dadurch Zeit gespart wird;
- nichts vergessen werden kann, was später für die Bewertung der Präsentation/für ein Feedback an den Prässentierenden notwenig ist;
- Richtlinien für sich selbst schriftlich vorliegen, auf die bei eigenen Präsentationen geachtet werden kann.

11.13 Kugellager-Methode

Allgemeines

Häufig kommt es vor, dass ein Meinungsaustausch innerhalb einer Gruppe weniger gut möglich ist. In diesem Fall bietet sich der Einsatz der Kugellager-Methode an. Die Teilnehmer kommen miteinander ins Gespräch, tauschen ihre Gedanken und Meinungen aus und verändern so unter Umständen ihre Betrachtungsweise zu einem bestimmten Sachverhalt.

Was ist notwendig?

Um die Kugellager-Methode durchzuführen, ist eine gerade Anzahl von Teilnehmern notwendig!

Auch die Lehrerin/der Lehrer können bei dieser Methode mitmachen, um die notwendige Teilnehmerzahl zu erreichen!

Vorgehensweise

1. Alle Teilnehmer verteilen sich in einem Innen- sowie Außenkreis und zwar so, dass jeder Teilnehmer ein direktes Gegenüber hat.
2. Die Lehrerin/der Lehrer gibt die Diskussion zu einem bestimmten Themengebiet frei, welches er vorher erläutert hat.
3. Die Teilnehmer tauschen sich mit ihrem Gegenüber zu diesem Themengebiet aus.
4. Nach einer gewissen Zeit (etwa fünf Minuten) gibt die Lehrerin/der Lehrer ein Signal und die Teilnehmer des Innenkreises rutschen zwei Plätze im Uhrzeigersinn weiter. Die Diskussion beginnt mit dem neuen Gegenüber von vorne.
5. Nach weiteren z. B. fünf Minuten gibt die Lehrerin/der Lehrer das Signal erneut und der Außenkreis rutscht gegen den Uhrzeigersinn zwei Plätze weiter. Es beginnt der Gedankenaustausch mit dem „neuen" Gegenüber.
6. Nach einer gewissen „Rotationsphase" beendet die Lehrerin/der Lehrer" die Kugellagermethode.

Im Plenum kann über die während der Durchführung gewonnen Erkenntnisse nochmals kurz diskutiert bzw. offene Fragen erläutert werden.

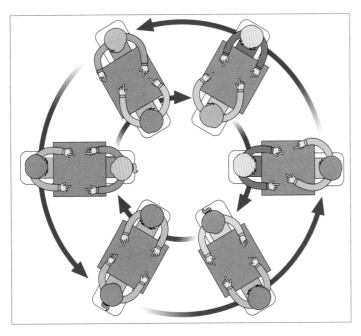

Ziele der Kugellager-Methode

– Meinungsaustausch
– Aktives Zuhören
– Förderung der Kommunikationsfähigkeit
– Anregung zum Nachdenken über andere Meinungen

11

Methodenpool

11.14 Lernkartei

Allgemeines

Um sich wichtige Informationen zu Themenbereichen schnell einzuprägen und diese nicht immer aus langen Hefteinträgen suchen zu müssen, bietet sich das Anlegen einer Lernkartei an.

Vorgehensweise

- Lege dir eine Lernbox an und beschrifte diese mit deinem Themenbereich.
- Notiere auf Karten, die in deine Lernbox passen, auf der Vorderseite ein Stichwort oder eine Frage und auf der Rückseite die entsprechende Lösung.
- Teile deine Lernbox in mehrere Fächer ein.
- Lerne jetzt mithilfe der Karten deinen Themenbereich.
- Karten mit Fragen oder Stichwörtern, die du nicht beantworten kannst, stellst du in deiner Lernbox wieder in das Fach 1 zurück.
- Karten mit Fragen oder Stichwörtern, die du beantworten kannst, wandern ins Fach 2 und werden nach etwa zwei Tagen nochmals angeschaut. Solltest du diese dann nicht mehr beantworten können, müssen sie erneut ins Fach 1 gestellt und geübt werden.

- Lege dir für mehrere Themen oder Fächer jeweils Lernboxen an, damit du beim Lernen nicht durcheinander kommst.
- Du kannst auch mehrere Fächer innerhalb der Lernbox anlegen, z. B.:
  - Fach 1: Karten mit Fragen oder Stichwörtern, die du noch nicht beantworten kannst
  - Fach 2: Fragen oder Stichwörter, die du richtig beantwortet hast und nach zwei Tagen wiederholst und wieder konntest (diese wandern dann ins Fach 3)
  - Fach 3: Fragen oder Stichwörter, die du nach zwei Tagen immer noch richtig beantwortet hast und nun nach fünf Tagen wiederholst.

1. Lernbox beschriften	2. Karteikarte beschriften	3. Karteikarten einsortieren und mit dem Lernen loslegen!
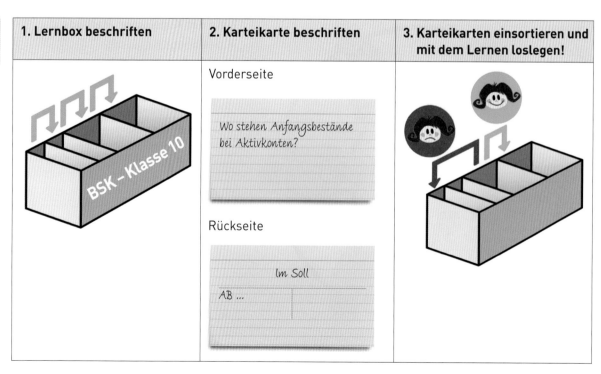		

11.15 Mindmaps (Gedächtniskarten) erstellen

Sollen verschiedene Unterpunkte, die zu einem Hauptpunkt gehören, übersichtlich dargestellt werden, bietet sich eine Mindmap an. Oft wird diese auch als Gedächtniskarte oder Landkarte bezeichnet. Sie eignet sich hervorragend, um Themenbereiche zusammenzufassen und später mit der Mindmap diesen Themenbereich zu lernen.

Eine Mindmap ist wie folgt aufgebaut und sollte nach folgenden Grundsätzen erstellt werden:

Aufbau	Grundsätze
– Mittig steht das Hauptthema – An den einzelnen Ästen und Unterästen werden die Unterthemen an das Hauptthema gehängt – Grafiken unterstützen die jeweiligen Aussagen	– Ausreichend Platz für die Mindmap vorsehen (am besten Querformat) – Nur Stichworte verwenden – Genaue Gliederung vornehmen – Grafiken verwenden

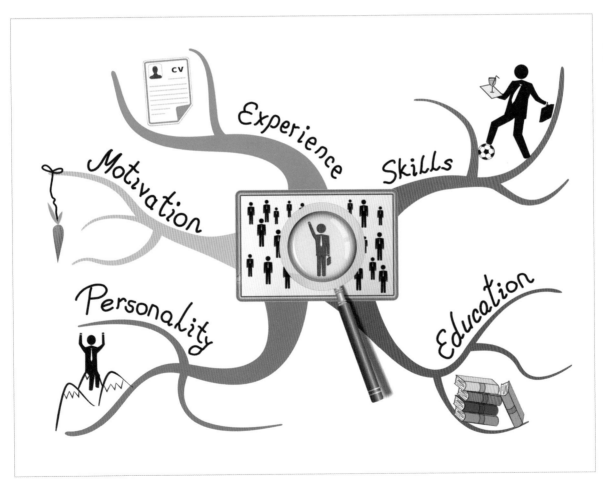

Mit dem Programm MindManagerSmart können problemlos und einfach Mindmaps erstellt, bearbeitet und formatiert werden. Einfach Programm öffnen, neue Mindmap erstellen und speichern sowie drucken oder in ein anderes Programm (Word, Paint) exportieren!

11.16 Plakatgestaltung

Wenn Schüler in einer Gruppenarbeit bestimmte Zusammenhänge und/oder Informationen sammeln und bearbeiten, können sie ihren Mitschulern die Ergebnisse mithilfe eines Plakats visuell vermitteln.

Es werden zwei Plakattypen unterschieden:

- Zum einen kann das Plakat zur Unterstützung eines Vortrages im Unterricht eingesetzt werden. Es enthält relativ wenig Text und wird deshalb eigentlich nur durch ergänzende Erläuterungen des Vortragenden verständlich.
- Zum anderen kann ein Plakat als Aushang im Klassenraum oder bei einer Ausstellung eingesetzt werden. Bei dieser Variante bedarf es keinerlei „Erklärungen", die Inhalte des Plakats sind auch ohne Zusatzinformationen verständlich.

Bei der Plakatgestaltung solltest du auf Folgendes achten:

- Wähle für dein Plakat eine passende Überschrift.
- Arbeite möglichst nur mit Stichpunkten/Schlagworten.
- Deine Schrift ist groß und gut lesbar.
- Dein Plakat hat einen logischen Aufbau, der sofort erkennbar ist.
- Jedes Plakat wird durch den Einsatz von Farben übersichtlicher. Beachte aber, dass die Farben sinnvoll eingesetzt werden.
- Jedes Plakat kann auch noch vom anderen Ende des Klassenzimmers gut gelesen werden.
- Weniger ist mehr! Achte darauf, das Plakat nicht mit Informationen zu überfrachten.
- Der Text kann durch Bilder und Grafiken unterstützt werden.

Bei der Präsentation der Plakate solltest du Folgendes berücksichtigen:

- Achte zu Beginn darauf, dass jeder Teilnehmer freie Sicht auf das Plakat hat.
- Lies die Angaben auf dem Plakat nicht vor.

Beim Deuten auf das Plakat solltest du den Zuhörern nicht den Rücken zuwenden. Ferner ist es selbstverständlich, dass du dich während der Präsentation nicht vor dem Plakat aufhältst. Dein Standort ist immer neben dem Plakat. Deute mit dem Handrücken auf das Plakat, dann stehst du automatisch richtig.

11.17 Podcast

Allgemeines

Unter einem Podcast versteht man das Erstellen und spätere Anbieten von z. B. Video- oder Musikdateien. Diese können entweder per Mail an Interessierte versendet oder im Internet heruntergeladen werden.

Der Unterschied zu Radio- oder Fernsehsendungen, die über das Internet angeboten werden, besteht darin, dass Podcasts zu jeder Zeit (also nicht nur zu einer bestimmten Zeit, wie der Sendezeit) abgerufen werden können. In manchen Fällen kann ein Podcast auch abonniert und z. B. über das Smartphone abgerufen werden, ohne dass eine Internetseite aufgerufen werden muss.

Durch das stetige Nutzen von Sozialen Medien sind Podcasts häufig verbreitet und in einer Vielzahl von Ausprägungen verfügbar. So postet der eine User ein Video von seinem „Luxus-Essen", der andere läd lieber ein Video von seinem Hund beim Spazierengehen hoch. Und ein Dritter stellt seine Singkünste unter Beweis.

Viele Unternehmen nutzen Podcasts für Werbezwecke, möchten Kunden an sich binden oder neue Kunden gewinnen.

Podcasts

- informieren,
- beraten und/oder
- Unterhalten

ihre Nutzer.

11

Methodenpool

11.18 Portfoliomappe

Allgemeines

Sollen wichtige Unterlagen zu einem bestimmen Vorgang, einem Projekt, einem Themenbereich aufbe wahrt werden, bietet sich das Anlegen einer Portfoliomappe an. In dieser werden geordnet alle anfallenden Unterlagen zu dem jeweiligen Vorgang, Projekt bzw. Themenbereich aufbewahrt und können später vom „Anleger" noch einmal gesichtet und/oder zum Lernen verwendet werden.

Inhalte können sein:

- Protokolle von Besprechungen (z. B. während der Gruppenarbeit)
- Protokolle von Befragungen
- Fragebögen
- Kurzreferate
- Mindmaps
- Notizen zu dem jeweiligen Themenbereich
- Bilder und Zeitungsausschnitte
- Lerntagebucheinträge (Die beinhalten Fragestellungen wie:
    - Wie lerne ich?
    - Wie habe ich mich in der Themenstellung zurück gefunden?
    - Wo habe ich Hilfe benötigt?
    - Kenne ich alle Methoden, die ich zum Lösen der Aufgabe brauche?
- „Handlungsprodukte" (Fotos von den Ergebnissen)
- Reflexionen
- usw.

Tipps zum Aufbau und den Inhalten einer Portfoliomappe:

- **Erstelle** ein gut gestaltetes Deckblatt mit deinem Namen, deiner Klassenbezeichnung und deinem Themenbereich.
- **Erstelle** ein Inhaltsverzeichnis (unter Berücksichtigung der Tabstoppfunktion oder mit der Inhaltsverzeichnisfunktion, welche Word bietet – Achtung: vorher müssen die Überschriften als Formatvorlage definiert werden!)
- **Hefte** deine ersten Gedanken zu deinem Themenbereich, in der Portfoliomappe ab (Mindmaps, Aufzählungspunkte, Spickzettel, usw).
- **Erstelle** alle benötigten Unterlagen, alle Materialien unter Berücksichtigung der DIN-Regeln (denke natürlich auch an Rechtschreibung und Grammatik und eine gute Gestaltung) am PC und **lege** diese ebenfalls in deiner Portfoliomappe ab (dies können auf Fotos von fertigen Handlungsprodukten sein!).
- **Reflektiere** deine Arbeit, ggf. die Zusammenarbeit mit Mitschülern, einzelne Arbeitsschritte während der Bearbeitung des Themenbereichs (Fragen, wie „Wie habe ich mich gefühlt", „Was war gut, was war weniger gut", können dir dabei helfen.)
- **Nutze** zur besseren Übersichtlichkeit die Tabellenfunktion in Word unter Berücksichtigung der dazugehörigen DIN-Regeln.
- **Gib** Zitate oder fremde Textstellen als Fußnoten in deinen Dokumenten/Plakaten an, wenn du welche verwendet hast.
- **Füge** am Ende deiner Portfoliomappe ein Quellenverzeichnis (auch von Grafiken oder Statistiken, die du evtl. verwendet hast) ein.

Ziele

- Vollständige Dokumentation von Vorgängen und Projekten in einer Mappe
- „Nachschlagewerk" zum Nachvollziehen von Arbeitsschritten bzw. zum Lernen
- Gedächtnisstütze

11

Methodenpool

11.19 Präsentationsmedien Flipchart und Folie (Overheadfolie)

Während eines Vortrags bietet sich oft das Visualisieren auf verschiedenen Präsentationsmedien wie Flipchart oder Folien an.

Dabei müssen folgende Vorüberlegungen angestellt werden:

- Was möchte ich auf meinen Medien präsentieren?
- Wie kann ich die Inhalte übersichtlich und ansprechend darstellen?
- Was eignet sich für meine Zwecke – Flipchart oder Folie?
    - Wie viel Platz benötige ich für die Informationen?
    - Was sagt die Raumausstattung?
    - Wer ist mein Publikum?

Eine ordentliche und übersichtliche Gestaltung des Mediums ist das A und O für das erfolgreiche Präsentieren. Schlecht gestaltete Folien oder Flipchartblätter wirken auf die Zuhörer abschreckend oder belustigend und die Präsentation kann – wie man umgangssprachlich sagt – „schneller in die Hose gehen, als man schauen kann".

Gestaltung – aber wie?

Gemeinsamkeiten	
Flipchart und Folie	– Ordentlich schreiben! Deine Schrift muss für jeden lesbar sein. – Geeignete Schriftgröße wählen (nicht zu klein). – Vermeide Rechtschreib- und Grammatikfehler. – Der Einsatz von Farben bietet sich oft an, um eine bessere Übersicht zu gewährleisten, aber bedenke: Weniger ist mehr. – Ggf. Grafiken oder Diagramme zur Veranschaulichung/Visualisierung einfügen. – Informationen gut strukturiert darstellen, um Übersichtlichkeit zu gewährleisten. – Ggf. Handout für die Präsentationsteilnehmer erstellen, damit sie während der Präsentation nicht mitschreiben müssen.
Besonderheiten	
Flipchart	– Möglichst dickere Stifte verwenden. – Möglichst nur Stichpunkte verwenden. – Eignet sich unter Umständen auch als „NOTIZBRETT" während einer Präsentation.
Folie	– Geeignete Stifte wählen (Folienstifte, wasserlöslich – wenn die Daten später nicht mehr verwendet werden, wasserfest – wenn die Folie mehrmals benötigt wird). – Folie nicht bis zum Rand beschriften (oft schneidet der Projektor die Seitenränder ab).

Wichtig bei der Nutzung von Overheadfolien ist, dass die technischen Geräte vor der Präsentation ausprobiert werden. Falls ein Gerät defekt ist, kann es noch rechtzeitig ausgetauscht werden und einer erfolgreichen Präsentation steht nichts im Wege.

11.20 Präsentieren, aber wie?

Lehrerin, Frau Stejskal | Schüler Laurin

Richtig präsentieren bedeutet, dass zum einen das Medium, mit dem präsentiert wird, stimmen muss, zum anderen das Auftreten des Präsentierenden selbst.

Vorüberlegungen

– Was möchte ich präsentieren, also welche Inhalte muss meine Präsentation haben?
– Wie möchte ich präsentieren (Flipchart, Folie, Plakat, PowerPoint-Präsentation)?
– Eignet sich das von mir ausgesuchte Medium eigentlich für meine Präsentation? (Wie ist die Raumgröße? Gibt es überhaupt einen PC oder Beamer in dem Raum, in dem präsentiert wird?)

Wenn du dich entschieden hast, welches Medium du einsetzt, kannst du deine Präsentation erstellen. Dabei solltest du auf die nachfolgenden Punkte achten:

Präsentation selbst (Darstellung)

– Einheitliches Design
– Möglichst nur Stichpunkte auf dem Präsentationsmedium verwenden
– Dein Inhalt muss vollständig und richtig sein
– Folien, Plakate nicht bis zum Rand beschriften
– Geeignete Schriftgrößen verwenden (nicht zu klein schreiben, damit auch in der letzten Reihe des Präsentationsraums der Text gelesen werden kann)
– Nicht zu viele Farben verwenden
– Ggf. Grafiken oder Diagramme mit einbinden und dafür auf Text verzichten
– Rechtschreib- und Grammatikfehler vermeiden
– Präsentation muss von der Gestaltung und dem Aufbau her zum Vortrag/dem Thema passen
– Ggf. Quellenangaben machen (wenn du Bilder aus dem Internet verwendest, musst du angeben, woher sie genau stammen)

Auftreten während der Präsentation

– Möglichst frei sprechen und nicht ablesen
– Rückfragen müssen beantwortet werden
– Keine Hände in den Hosentaschen haben
– Äußeres Erscheinungsbild muss zur Präsentation passen

– Laut und deutlich sprechen
– Auf sicheres Auftreten achten (ggf. vor dem Spiegel üben)
– Nicht „zappeln"

Nachbereitung

– Was war gut – was war weniger gut?
– Bin ich mit meiner Leistung zufrieden?
– Wie habe ich mich während der Präsentation gefühlt?
– Was würde ich bei der nächsten Präsentation anders machen – umstellen?

„Übung macht den Meister."

11.21 Pro-Kontra-Liste

Die Begriffe „Pro" und „Kontra" sind dir sicherlich schon einmal begegnet. Der Begriff „Pro" stammt aus dem Lateinischen und bedeutet „dafür" – das Wort „Kontra" heißt übersetzt „dagegen".

Bei einer Pro-Kontra-Liste geht es also darum, welche Argumente FÜR und welche Argumente GEGEN eine Entscheidung sprechen.

Tim möchte sich ein neues Handy kaufen. Er überlegt, was dafür und was dagegen spricht, und hält seine Gedanken fest:

Pro	Kontra
– Besserer Empfang als das alte Handy – Cool auf dem Pausenhof – ... – ...	– Teuer – Empfindlicher, wenn es runterfällt – Internetflat notwendig, damit die Updates des Handys günstig heruntergeladen werden können – ... – ...

Nachdem Tim nun die einzelnen Argumente gegenübergestellt hat, muss er entscheiden, ob er bei seinen Eltern den „Antrag auf ein neues Handy" stellt oder den Gedanken wieder fallen lässt.

Wichtig bei der Pro-Kontra-Liste ist, dass man sich wirklich Gedanken über den Themenbereich macht und sie erst dann notiert.

11

Methodenpool

11.22 Referate anfertigen – aber wie?

Du musst einen Vortrag in Form eines Referates halten? Keine Panik, wenn du einige Regeln einhälst, kann bei deinem Referat nichts schief gehen!

Grundsatz
Bringe wichtige Informationen auf den Punkt!

„Vorarbeiten"

– Informiere dich über deinen Themenbereich mithilfe von Fachbüchern, Fachzeitschriften, Internet ... und fasse wichtige Informationen zusammen (in einer Mindmap, auf Karteikarten ...)
– Überlege dir einen klaren Aufbau für dein Referat, also:
  1. Wie gestalte ich die Einleitung?
  2. Was gehört in den Hauptteil?
  3. Welche Inhalte hat mein Schluss?

Erstellen des Referats

– Erstelle ein ansprechendes Deckblatt für dein Referat.
– Erstelle dein Referat in schriftlicher Form! Achte dabei auf ansprechende Formulierungen, Grammatik und Rechschreibung.
– Verwendest du Grafiken/Bilder, Zitate oder Auszüge aus Büchern oder dem Internet in deinem Referat, musst du die Quellenangaben aufführen (als Fußnote oder in einem extra (Bild-)Quellenverzeichnis).
– Nimm entsprechende Formatierungen nach der DIN 5008 vor.
– Drucke dein Referat aus und gib es möglichst geheftet ab (in einem Schnellhefter, Heftstreifen), damit keine Unterlagen verloren gehen.

Halten des Referats

– Bereite dich auf das Halten des Referats gut vor.
– Übe es vor dem Spiegel oder trage es deinen Eltern/Freunden/Bekannten vor.
– Stehe gerade und spreche laut und deutlich.
– Sei selbstsicher, dann wird dein Referat ein Erfolg!

11.23 Spickzettel anfertigen

Diese Aussage habt ihr sicherlich schon mehrfach in eurem Schulleben gehört!

Und trotzdem werden täglich Tausende von Spickzetteln geschrieben! Aber warum eigentlich?

Ein Spickzettel dient dazu, wichtige Informationen zu einem oder mehreren Themenbereichen kurz, knapp und übersichtlich darzustellen, damit der Spickzettelschreibende diese zum einen **besser behalten** und zum anderen **des Öfteren nachlesen** kann. Durch dieses Vorgehen prägt sich das Geschriebene besser im Gehirn ein und kann z. B. bei Proben leichter abgerufen werden – und zwar dann **OHNE** Spickzettel!

Er soll nämlich nicht der Täuschung eines Lehrers dienen!

Wie schreibe ich einen Spickzettel, damit ich mit diesem besser lernen kann?

- Lies die zu lernenden Informationen genau durch und markiere wichtige Stellen.
- Schreibe die von dir gefundenen Informationen stichpunktartig auf einem Spickzettel zusammen. Achte dabei auf Übersichtlichkeit und eine gute Lesbarkeit. Die Größe des Spickzettels spielt keine Rolle – der Spickzettel kann im A4-Format oder in einem anderen, kleineren Format erstellt werden. Wichtig ist allerdings, dass er überallhin mitgenommen und somit an jedem Ort mit ihm gelernt werden kann.
- Lerne nun mithilfe des Spickzettels die wichtigen Informationen!

Du kannst auch deine eigenen Gedanken zu einem Themenbereich auf einem Spickzettel notieren und dann mithilfe von diesem mit deinen Mitschülern über die Gedanken diskutieren!

11

Methodenpool

11.24 Szenische Darstellung

Sollen Situationen praxisnah inszeniert werden, bietet sich eine szenische Darstellung an. Es werden also Szenen oder Sketche nachgespielt. Der Unterschied zum Rollenspiel besteht darin, dass bei einer szenischen Darstellung keine exakten Requisiten benötigt werden. Die Schauspieler müssen sich also nicht wirklich in eine Rolle mithilfe von *Kleidung* und *Requisiten* hineinversetzen.

Vorgehensweise

1. Überlege, wie du deinen Themenbereich mithilfe einer szenischen Darstellung präsentieren könntest.
2. Notiere Stichpunkte, die unbedingt während der szenischen Darstellung angesprochen werden müssen.
3. Frage dich: **Was** will ich mit der szenischen Darstellung erreichen? **Welches** Ziel verfolge ich?
4. Finde einen netten Einstieg.
5. Sei in deiner Rolle überzeugend, ohne zu lachen oder lustige Gesten zu machen, es sei denn, diese gehören zu deiner Rolle.
6. Überzeuge deinen Gegenüber von deiner Forderung (wenn du z. B. der Auszubildende bist und dein Gegenüber der Chef ist und du möchtest ein Fachbuch von diesem für die Berufsschule gezahlt bekommen) und natürlich auch das Publikum.
7. Lasse deine eigenen Gedanken und Gefühle einfließen. So wirkst du noch überzeugender.
8. Finde einen Abschluss für deine szenische Darstellung (z. B. Verabschiedung).

Nachbearbeitung

In einer Plenumsrunde soll im Anschluss an die szenische Darstellung über den Inhalt, das verfolgte Ziel sowie die Durchführung gesprochen werden. Denke dabei an: konstruktives Feedback geben, Feedback annehmen.

11.25 Zitieren – aber wie?

Allgemeines

Häufig kommt es vor, dass Zitate, Textauszüge oder einzelne Sätze von anderen Personen in Referaten, Präsentationen oder sonstigen Arbeiten verwendet werden. Dies ist auch erlaubt – allerdings dürfen die entsprechenden Teile nicht einfach unerwähnt, also ohne Hinweis bleiben.

Gibst du die Gedanken anderer als deine eigenen aus, machst du dich strafbar. Bei einer angefertigten Arbeit würde es sich um ein Plagiat handeln.

Regeln und Tipps für das richtige Zitieren

- Mache Textteile, Zitate und Aussagen, die nicht deinem Gedankengut entsprechen, in einem Text kenntlich (z. B. durch Fußnoten, Endnoten oder in Klammern direkt hinter der verwendeten Information).
- Erwähne die entsprechenden Quellen in einem Quellen- oder Literaturverzeichnis (Achtung: in diesem werden alle Autoren eines Werkes aufgeführt).
- Mache Angaben zum Autor/Urheber des verwendeten Gedankengutes, gib Erscheinungsjahr, Titel sowie Seitenzahl des entsprechenden Werkes an. ISBN-Nr. sowie genaue Titelbezeichnung des Werkes sollen ebenfalls angegeben werden. Zur Untergliederung können Kommata oder Semikolons verwendet werden.
- Bei Auszügen aus dem Internet musst du den gesamten Link angeben. Vermerke hinter diesem, wann der Link von dir abgerufen wurde.
- Sollen Zitate gekürzt wiedergegeben werden, sind an der Stelle, an der ein Zitatteil weggelassen wird, Auslassungszeichen, in denen drei Punkte stehen, einzufügen: [...]. Wichtig hierbei ist, dass der Sinn des zitierten Satzes durch das Auslassen eines Textteils NICHT verändert wird.
- Bei Zitaten werden Zeichensetzung und Rechtschreibung immer unverändert übernommen, auch, wenn diese nicht mehr der neuen deutschen Rechtschreibung entsprechen.
- Beim Verwenden von mehreren Textstellen einer Seite mache den Hinweis „f", was bedeutet, dass der folgende Text auf der angegebenen Seite ebenfalls gemeint ist, „ff" bedeutet, dass Text von den Folgeseiten gemeint ist.

Art des Zitats	Erläuterung	Beispiel
Direktes Zitat	Bei direkten Zitaten, die in doppelten Anführungszeichen zu schreiben sind, wird hinter diesen das Werk, der Autor/Urheber sowie das Erscheinungsjahr des Werkes und die jeweilige Seitenzahl genannt.	„Sollen Situationen praxisnah inszeniert werden, bietet sich eine szenische Darstellung an." (Profi am PC, KLV Verlag GmbH, 2014, Seite 212)
Indirektes Zitat	Bei indirekten Zitaten (hierbei handelt es sich um Aussagen eines Dritten, die du mit deinen eigenen Worten wiedergegeben hast) ist der Hinweis „vgl." (vergleiche) vor den Autor/Urheber, das Erscheinungsjahr sowie die Seitenzahl zu setzen.	Der Einsatz einer szenischen Darstellung bietet sich für praxisnah nachzustellende Situationen an (vgl. Profi am PC, KLV Verlag GmbH, 2014, Seite 212 f.)

→

Methodenpool

11

Art des Zitats	Erläuterung	Beispiel
Zitate in Zitaten	Wird in einem Zitat ein weiteres Zitat angeführt, steht das erste Zitat in doppelten und das zweite Zitat in einfachen Anführungszeichen.	„Sollen Situationen praxisnah inszeniert werden, bietet sich eine szenische Darstellung, ,das Nachspielen von bestimmten Situationen`, an." (Profi am PC, KLV Verlag GmbH, 2014, Seite 212, Kompetenz im Büro, KLV Verlag GmbH, 2014, Seite 103)
Zitate, in denen Textteile ausgelassen werden	Zitate werden gekürzt wiedergegeben.	„Erstellen Sie alle benötigten Unterlagen [...] unter Berücksichtigung der DIN-Regeln." (Profi am PC; KLV Verlag GmbH, 2014, Seite 262)
Zitate nach der „alten Rechtschreibung"	Zitate werden immer in der jeweiligen Rechtschreibung, in welcher sie verfasst wurden, übernommen.	William Shakespeare spricht von der „Bewußtmachung des Seins" (Tragödie Hamlet von William Shakespeare, Reclam, 1992).

Anhang

Bildquellenverzeichnis

KLV Verlag AG, St. Gallen: S. 46, 54.2, 55, 152

Bayerisches Staatsministerium für Bildung und Kultur, Wissenschaft und Kunst, München: S. 34.2

Picture alliance GmbH, Frankfurt a. M.: S. 35.1, 214

Thomas Luft, Cartoonalarm.de: S. 59.1

IHK, Berufsausbildungsvertrag: S. 65, 67

Fotolia Deutschland GmbH:
S. 11.1 (industrieblick) S. 11.2, S. 66 (Picture-Factory), S. 11.3, 59.2, S 91.2, 91.5 (Jeanette Dietl), S. 11.4 (Ben Gingell), S. 11.5, 11.6 (Sergey Novikov) S. 14, 28 (Atlantis), S. 15.1 (drubig-photo), S.15.2 (styleuneed), S. 15.3 (HeikeJetstream), S. 16.1 (Alliance), S. 16.2 (Halfpoint), S. 16.3 (ClickImages), S. 16.4 (TristanBM), S. 17.1 (forkART_Photography), S. 17.2 (Butch), S. 17.3 (papalapapp), S. 17.4 (akf), S. 22.1 (gromovataya), S. 22.2 (danilkorolev), S. 22.3 (inarik), S. 25, S. 37.1 (digitalefotografien), S. 29 (Marco2811), S. 10, S. 30, S. 33, 58.1, 58.2, 182, 283.1, 283.2, 290.1, 290.2, 291, 292, 293, 300.1, 300.2, 301.1, 301.2, 302, 303, 304, 305, 306.1, 307, 308.1, 308.2, 309 (Trueffelpix), S. 34.1 (Markus Bormann) S. 35.2, 36.2, 37.2, 108.1 (Robert Kneschke), S. 36.1. (jörn bucheim), S. 38.1 (lassedesignen), S. 38.2 (Sydaproduction), S. 38.3 (dolphfyn), S. 39 (vege), S. 47, 56, 73, 184.2 (contrastwerkstatt), S. 54.1 (fotoinfot), S. 60, 91.8, 184.3 (Kzenon), S. 66 (dessauer), S. 77, 78, 300.1, 300.2 (thingamajiggs), S. 68 (Mixage), S. 95.1, 108.1 (monticellllo), S. 95.2 (Sandor Jackal), S. 95.3 (stockphoto-graf), S 91.1 (Gina Sanders), (Jeanette Dietl), S. 91. 3 (Monkey Business), S. 91.4 (goodluz), S. 91.6, 91.7 (WavebreakmediaMicro), S 91.9, 91.10 (Alexander Raths) S. 108.2 (Maxim_Kazmin), S. 108.3 (Claudio Divizia), S. 108.4 (designsstock), S. 108.5, 234 (Tilo Grellmann), S. 125 (milosducati), S. 176.1,2,3,4,5,6,7 (ProMotion), S. 178 (Taffi), S. 184.1 (Ttstudio), S. 184.4 (Kadmy), S. 187 (Denys Rudyi), S.229 (gdx), S. 231 (Arsel), S. 282 (sinseeho), S. 285 (rendermax), S. 287 (ra2 studio), S 289 (DOC RABE Media), S. 299 (photo4luck), S. 306.2 (Coloures-pic)

Istock.com
S. 284.1 (sturt), S. 284.2 (AlexRaths), S. 284.3 (ericsphotography), S. 284.4 (style-photographs), S. 288.1 (aluxum), S 288.2 (GlobalStock)

A

Anhang

Schulkontenrahmen für die Wirtschaftsschule

Kontenklasse 0

AKTIVA Anlagevermögen

0 Immaterielle Vermögensgegenstände und Sachanlagen

00 Ausstehende Einlagen
0000 Ausstehende Einlagen

Immaterielle Vermögensgegenstände
02 Konzessionen, Lizenzen, Software
0200 Konzessionen, Lizenzen, Software
03 Geschäfts- oder Firmenwert
0300 Geschäfts- und Firmenwert

Sachanlagen
05 Grundstücke, grundstücksgleiche Rechte und Bauten einschließlich der Bauten auf fremden Grundstücken
0500 Unbebaute Grundstücke
0510 Bebaute Grundstücke
0530 Betriebsgebäude
0590 Wohngebäude
07 Technische Anlagen und Maschinen
0700 Anlagen und Maschinen der Energieversorgung
0720 Anlagen und Maschinen der Produktion
0760 Verpackungsanlagen und -maschinen
0790 Geringwertige Anlagen und Maschinen
08 Andere Anlagen, Betriebs- und Geschäftsausstattung
0800 Andere Anlagen
0810 Werkstätteneinrichtungen
0820 Werkzeuge u. Ä.
0830 Lager- und Transporteinrichtungen
0840 Fuhrpark
0850 Sonstige Betriebsausstattungen
0860 Büromaschinen u. Ä.
0870 Büromöbel und sonstige Geschäftsausstattung
0890 Geringwertige Vermögensgegenstände der Betriebs- und Geschäftsausstattung
09 Geleistete Anzahlungen und Anlagen im Bau
0900 Geleistete Anzahlungen auf Sachanlagen
0950 Anlagen im Bau

Kontenklasse 1

AKTIVA Anlagevermögen

1 Finanzanlagen
13 Beteiligungen
1300 Beteiligungen
15 Wertpapiere des Anlagevermögens
1500 Wertpapiere des Anlagevermögens
16 Sonstige Finanzanlagen
1600 Sonstige Finanzanlagen

Kontenklasse 2

AKTIVA Umlaufvermögen

2 Umlaufvermögen

Vorräte
20 Roh-, Hilfs- und Betriebsstoffe
2000 Rohstoffe/Fertigungsmaterial
2010 Vorprodukte
2020 Hilfsstoffe
2030 Betriebsstoffe
21 Unfertige Erzeugnisse, unfertige Leistungen
2100 Unfertige Erzeugnisse
22 Fertige Erzeugnisse und Waren
2200 Fertige Erzeugnisse
2280 Waren (Handelsware)
23 Geleistete Anzahlungen auf Vorräte
2300 Geleistete Anzahlungen auf Vorräte

Forderungen und sonstige Vermögensgegenstände
24 Forderungen aus Lieferungen und Leistungen
2400 Forderungen aus Lieferungen und Leistungen
2470 Zweifelhafte Forderungen
26 Sonstige Vermögensgegenstände
2600 Vorsteuer
2602 Abziehbare Vorsteuer innergemeinsch. Erwerb
2603 Bezahlte Einfuhrumsatzsteuer
2650 Forderungen an Mitarbeiter
2690 Übrige sonstige Forderungen
28 Flüssige Mittel
2800 Guthaben bei Kreditinstituten (Bank)
2850 Postbank
2880 Kasse
2890 Geldtransitkonto
29 Aktive Rechnungsabgrenzung
2900 Aktive Rechnungsabgrenzung
2910 Disagio

Kontenklasse 3

PASSIVA

3 Eigenkapital und Rückstellungen

Eigenkapital
30 Eigenkapital/Gezeichnetes Kapital
Bei Personengesellschaften:
3000 Kapital Gesellschafter A 3001 Privateinlage
3005 Privatentnahme
34 Jahresüberschuss/Jahresfehlbetrag
36 Wertberichtigungen
3670 Einzelwertberichtigung zu Forderungen
3680 Pauschalwertberichtigung zu Forderungen

Rückstellungen
37 Rückstellungen für Pensionen
3700 Rückstellungen für Pensionen
38 Steuerrückstellungen
3800 Steuerrückstellungen
39 Sonstige Rückstellungen
3910 für Gewährleistung
3930 für andere ungewisse Verbindlichkeiten
3970 für drohende Verluste aus schwebenden Geschäften
3990 für Aufwendungen

Kontenklasse 4

PASSIVA

4 Verbindlichkeiten und passive Rechnungsabgrenzungen
41 Anleihen
4100 Anleihen
42 Verbindlichkeiten gegenüber Kreditinstituten
4200 kurzfristige Bankverbindlichkeiten
4250 langfristige Bankverbindlichkeiten
43 Erhaltene Anzahlungen auf Bestellungen
4300 Erhaltene Anzahlungen auf Bestellungen
44 Verbindlichkeiten aus Lieferungen und Leistungen
4400 Verbindlichkeiten aus Lieferungen und Leistungen
48 Sonstige Verbindlichkeiten
4800 Umsatzsteuer
4802 Umsatzsteuer aus innergemeinschaftlichem Erwerb
4809 Umsatzsteuer-Vorauszahlung
4830 Sonstige Verbindlichkeiten gegenüber dem

Finanzamt
4840 Verbindlichkeiten gegenüber Sozialversicherungsträgern
4850 Verbindlichkeiten gegenüber Mitarbeitern
4860 Verbindlichkeiten aus vermögenswirksamen

Leistungen
4890 Übrige sonstige Verbindlichkeiten
49 Passive Rechnungsabgrenzung
4900 Passive Rechnungsabgrenzung

Kontenklasse 5

ERTRÄGE

5 Erträge

50 Umsatzerlöse für eigene Erzeugnisse und andere eigene Leistungen
- 5000 Umsatzerlöse für eigene Erzeugnisse
- 5001 Erlösberichtigungen
- 5050 Umsatzerlöse für andere eigene Leistungen
- 5051 Erlösberichtigungen

51 Umsatzerlöse für Waren und sonstige Umsatzerlöse
- 5100 Umsatzerlöse für Handelswaren
- 5101 Erlösberichtigungen
- 5150 Steuerfreie Umsätze (HW) an Drittländer
- 5155 Steuerfreie innergemeinschaftliche Lieferungen
- 5156 Erlösberichtigung steuerfreie innergem. Lieferungen
- 5190 Sonstige Umsatzerlöse
- 5191 Erlösberichtigungen

52 Erhöhung oder Verminderung des Bestandes an unfertigen und fertigen Erzeugnissen
- 5200 Bestandsveränderungen an unfertigen Erzeugnissen
- 5201 Bestandsveränderungen an nicht abgerechneten Leistungen
- 5202 Bestandsveränderungen an fertigen Erzeugnissen

53 Andere aktivierte Eigenleistungen
- 5300 Aktivierte Eigenleistungen

54 Sonstige betriebliche Erträge
- 5400 Nebenerlöse
- 5401 aus Vermietung und Verpachtung
- 5410 Sonstige Erlöse
- 5420 Gegenstandsentnahme
- 5425 Leistungsentnahmen
- 5430 Andere sonstige betriebliche Erträge
- 5450 Erträge aus der Auflösung oder Herabsetzung von Rückstellungen
- 5460 Erträge aus dem Abgang von Vermögensgegenständen
- 5465 Erlöse Anlageverkauf bei Buchgewinn
- 5469 Erlöse Anlageverkauf bei Buchverlust
- 5480 Erträge aus der Herabsetzung von Rückstellungen
- 5490 Periodenfremde Erträge und Rückerstattungen
- 5495 Zahlungseingänge auf abgeschriebene Forderungen

55 Erträge aus Beteiligungen

56 Erträge aus anderen Wertpapieren und Ausleihungen des Finanzanlagevermögens

57 Sonstige Zinsen und ähnliche Erträge
- 5710 Zinserträge

58 Außerordentliche Erträge
- 5800 Außerordentliche Erträge

Kontenklasse 6

AUFWENDUNGEN

6 Betriebliche Aufwendungen Materialaufwand

60 Aufwendungen für Roh-, Hilfs- und Betriebsstoffe und für bezogene Waren
- 6000 Aufwendungen für Rohstoffe/Fertigungsmaterial
- 6001 Bezugskosten
- 6002 Nachlässe
- 6010 Aufwendungen für Vorprodukte/Fremdbauteile
- 6011 Bezugskosten
- 6012 Nachlässe
- 6020 Aufwendungen für Hilfsstoffe
- 6021 Bezugskosten
- 6022 Nachlässe
- 6030 Aufwendungen für Betriebsstoffe
- 6031 Bezugskosten
- 6032 Nachlässe
- 6040 Aufwendungen für Verpackungsmaterial
- 6041 Bezugskosten
- 6042 Nachlässe
- 6050 Aufwendungen für Energie
- 6051 Bezugskosten
- 6052 Nachlässe
- 6060 Aufwendungen für Reparaturmaterial
- 6061 Bezugskosten
- 6062 Nachlässe
- 6070 Aufwendungen für sonstiges Material
- 6071 Bezugskosten
- 6072 Nachlässe
- 6080 Aufwendungen für Handelswaren
- 6081 Bezugskosten
- 6082 Nachlässe
- 6085 steuerfreier innergemeinschaftlicher Erwerb
- 6087 Nachlässe innergemeinschaftlicher Erwerb

61 Aufwendungen für bezogene Leistungen
- 6100 Fremdleistungen f. Erzeugnisse u. andere Umsatzleistungen
- 6140 Ausgangsfrachten und Fremdlager
- 6150 Vertriebsprovisionen
- 6160 Fremdinstandhaltung
- 6170 Sonstige Aufwendungen für bezogene Leistungen

Personalaufwand

62 Löhne
- 6200 Löhne für geleistete Arbeitszeit einschl. Zulagen
- 6210 Löhne für andere Zeiten (Urlaub, Feiertag, Krankheit)
- 6220 Sonst. tarifliche o. vertr. Aufwendungen f. Lohnempfänger
- 6230 Freiwillige Zuwendungen
- 6250 Sachbezüge
- 6290 Aushilfslöhne
- 6295 Pauschalierte Lohnsteuer für Aushilfen

63 Gehälter
- 6300 Gehälter einschließlich Zulagen
- 6310 Urlaubs- und Weihnachtsgeld
- 6320 Sonstige tarifliche oder vertragliche Aufwendungen
- 6330 Freiwillige Zuwendungen
- 6350 Sachbezüge

64 Soziale Abgaben und Aufwendungen für Altersversorgung und für Unterstützung
- 6400 Arbeitgeberanteil zur Sozialversicherung (Lohnbereich)
- 6410 Arbeitgeberanteil zur Sozialversicherung (Gehaltsbereich)
- 6420 Beiträge zur Berufsgenossenschaft
- 6440 Aufwendungen für Altersversorgung

AUFWENDUNGEN

Abschreibungen auf Anlagevermögen

65 Abschreibungen
- 6510 Abschreibungen auf immaterielle Vermögensgegenstände des Anlagevermögens
- 6520 Abschreibungen auf Sachanlagen
- 6540 Abschreibungen auf geringwertige Wirtschaftsgüter
- 6550 Außerplanmäßige Abschreibungen

Sonstige betriebliche Aufwendungen

66 Sonstige Personalaufwendungen

67 Aufwendungen für die Inanspruchnahme von Rechten und Diensten
- 6700 Mieten, Pachten
- 6705 Aufwendungen für gemietete Räume
- 6710 Leasing
- 6720 Lizenzen und Konzessionen
- 6730 Gebühren, Beiträge
- 6750 Kosten des Geldverkehrs
- 6760 Provisionsaufwendungen
- 6770 Rechts- und Beratungskosten
- 6780 Haus- und Grundstücksaufwendungen

68 Aufwendungen für Kommunikation
- 6800 Büromaterial
- 6810 Zeitungen und Fachliteratur
- 6820 Telefongebühren
- 6825 Kurier-, Express- und Postdienstleistungen
- 6850 Reisekosten
- 6860 Bewirtung und Präsentation
- 6870 Werbung

69 Aufwendungen für Beiträge und Sonstiges sowie Wertkorrekturen und periodenfremde Aufwendungen
- 6900 Versicherungsbeiträge
- 6920 Beiträge zu Wirtschaftsverbänden und Berufsvertretungen
- 6930 Verluste aus Schadensfällen
- 6950 Abschreibungen auf Forderungen
- 6951 Abschreibungen auf Forderungen wegen Uneinbringlichkeit
- 6952 Einstellung in Einzelwertberichtigungen
- 6953 Einstellung in Pauschalwertberichtigungen
- 6960 Verluste aus dem Abgang von Vermögensgegenständen
- 6964 Aufwendungen für Entsorgung von Anlagevermögen
- 6965 Restbuchwert Anlagenverkauf bei Buchgewinn
- 6969 Restbuchwert Anlagenverkauf bei Buchverlust
- 6980 Zuführung zu Rückstellungen für Gewährleistungen
- 6990 Periodenfremde Aufwendungen

Kontenklasse 7

AUFWENDUNGEN

7 Weitere Aufwendungen

70 Betriebliche Steuer
- 7020 Grundsteuer
- 7030 Kraftfahrzeugsteuer
- 7090 Sonstige betriebliche Steuern

74 Abschreibungen auf Finanzanlagen und auf Wertpapiere des Umlaufvermögens und Verluste aus entsprechenden Abgängen

75 Zinsen und ähnliche Aufwendungen
- 7510 Zinsaufwendungen

76 Außerordentliche Aufwendungen
- 7600 Außerordentliche Aufwendungen

77 Steuern von Einkommen und Ertrag
- 7700 Gewerbesteuer
- 7730 bezahlte Kapitalertragssteuer

Kontenklasse 8

ERGEBNISRECHNUNGEN

8 Ergebnisrechnung

80 Eröffnung/Abschluss
- 8000 Eröffnungsbilanzkonto
- 8010 Schlussbilanzkonto
- 8020 GuV-Konto